1743 · 2005

Mitte 1743 · Mitte 2004

Mitte 1742 · Anfang 2004

Ende 1736 · Ende 2003

Ende 1735 · Mitte 2003

Ende 1734 · Ende 2002

Ende 1733 · Ende 2001

Mitte 1733 · Ende 2000

Ende 1729 · Ende 1999

Ende 1728 · Anfang 1999

Mitte 1728 · Mitte 1998

Anfang 1728 · Mitte 1997

Ende 1727 · Mitte 1996

1726 · 1993

Für Hannelore Delau

IMPRESSUM

© edition Sächsische Zeitung SAXO`Phon GmbH, Ostra-Allee 20, 01067 Dresden
Internet: www.editionsz.de

4. erweiterte Auflage
Februar 2006 Alle Rechte vorbehalten

Layout + Satz Dresdner Verlagshaus Technik GmbH

Druck Druckhaus Dresden GmbH

Das Werk einschließlich aller seiner Teile ist urheberrechtlich
geschützt. Jede Verwertung außerhalb der engen Grenzen des
Urheberrechtsgesetzes ist ohne Zustimmung unzulässig und straf-
bar. Das gilt insbesondere für Vervielfältigungen, Übersetzungen,
Mikroverfilmungen und die Einspeicherung und Verarbeitung in
elektronischen Systemen.

ISBN 3-938325-07-0

Die Dresdner Frauenkirche

Ein Tagebuch des Wiederaufbaus

Dresden um 1752, gemalt von Bernardo Bellotto, genannt Canaletto.

INHALT

Orgelstreit und erste Kuppelsteine

Engel, Glanz und Kuppelkreuz

George Bährs Meisterwerk

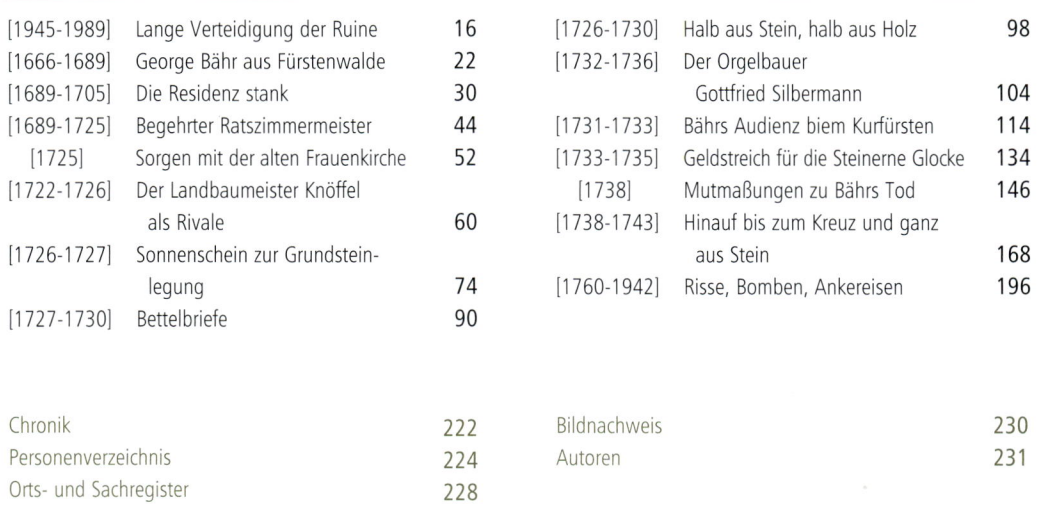

Das wohl größte Puzzle der Welt.

Andächtig verfolgen Tausende das Heben des Turmkreuzes am 22. Juni 2004.

Lange Verteidigung der Kirchruine

1945 bis 1989

Im Februar 1945 lag das „Tausendjährige Reich" in Trümmern. Der Krieg stand kurz vor seinem Ende. Dresden glaubte, glimpflich davongekommen zu sein. Dann geschah das Unfassbare. Am 13. und 14. Februar 1945 bombardierten angloamerikanische Verbände die Stadt. Die Stadt, von der man sagte, dass sie zu den schönsten Städten Europas zähle, war danach ein Trümmerfeld. Und mit ihr die Krone Dresdens, die barocke protestantische Frauenkirche. Sie überstand die Angriffe, aber am 15. Februar knisterte es in der steinernen Kuppel, die „langsam in sich zusammensank und dann mit einem ungeheuren Knall die Außenwände der Kirche barsten und eine nachtschwarze Staubwolke die ganze Umgegend erfüllte". So berichtete es Hermann Weinert, der Kircheninspektor. Dies geschah vormittags gegen 10.15 Uhr, einem Donnerstag, zwei Tage nach dem Faschingsdienstag. Die enorme Hitze hatte den Sandstein mürbe gebrannt. Er hatte den Lasten nichts mehr entgegenzusetzen. 198 Jahre nach dem Setzen des Kuppelkreuzes war das Gotteshaus George Bährs und Johann Gottfried Fehres zerstört.

Bereits 1945 begann das Ringen um die Ruine der Frauenkirche, das etwa zwei Jahrzehnte anhalten sollte. Die Kräfte, die ihr Wegbringen vorhatten, waren stark. Aber nicht nur die Ruine des Gotteshauses sollte ausgelöscht werden. Die Schlossruine bis zum Hausmannsturm, die Semperoper sollten abgetragen, der Zwinger seiner Zerstörung überlassen und mit Rosen bepflanzt werden. Diejenigen, die sich dagegenstemmten, benötigten alle Kraft, List und Entschiedenheit, um die Ruine zu schützen und sie der Stadt

zu erhalten, damit sie vielleicht wieder aufgebaut werden könnte. Denn soviel war schon sehr früh beiden Seiten klar: Verschwand die Ruine aus dem Stadtbild, war der Wiederaufbau der Frauenkirche, den so viele gleich nach Beendigung des Krieges wünschten, wohl für alle Zeit erledigt. Eine Dauerwehr gegen die herrschende Ideologie und ihre Vertreter begann. Der Ausgang war Ende der vierziger und in den fünfziger Jahren völlig ungewiss.

Bereits im März 1945 hatten die ersten Bergungsarbeiten an den Ruinen der Stadt begonnen. Im Herbst wurde die Ruine der Frauenkirche gründlich untersucht. So, wie der Trümmerberg dalag, konnte er auf Dauer nicht bleiben. Der Schuttberg musste in eine ordentliche Fassung gebracht werden. Ungewiss war die Standsicherheit der stehen gebliebenen Ruinenteile. Außerdem erhoffte man sich aus der Begehung erste Erkenntnisse zum Einsturz der Kirche. So unwahrscheinlich es aus heutiger Sicht erscheint. Es gab bereits 1945 starke Autoritäten, die einen Wiederaufbau der Frauenkirche sofort ins Auge fassten. Und dies angesichts der Zerstörung der historischen Altstadt, des Elends, der Not. Der Mythos vom Wiederaufbau des alten Dresdens begann. Die Kirche sollte mit den alten Steinen — soweit wie irgend möglich — wieder aufgebaut werden. Der archäologische Wiederaufbau der Frauenkirche, der dann nach 1990 beschlossen wurde, geht also auf die ersten Monate der Nachkriegszeit zurück.

Auch die Gegner des Wiederaufbaus formierten sich früh. Ein zäher, jahrzehntelanger Kampf wurde geführt. Die Beräumung der Frauenkirche hatte noch gar nicht begonnen, da erging im August 1948 die Anweisung durch den Rat der Stadt, dass „die als dringend anerkannten Beräumungsarbeiten an der Frauenkirche" einzustellen sind. Dies berichtet der in Dresden und Sachsen hoch geschätzte Denkmalpfleger Hans Nadler später in einem Aufsatz. Die Forderung nach Einstellung der Beräumung wurde nicht widerspruchslos hingenommen. Walter Henn, der die Ruine im Auftrag der Denkmalpflege und des Evangelisch-Lutherischen Kirchgemeinde-Verbandes untersuchen sollte, und der Architekt Arno Kiesling waren in Kämpferlaune. Sie forderten die Aufhebung des Beschlusses. Und sie hatten schließlich Erfolg. Ein erster Teilsieg war errungen, auch wenn er auf schwachen Füßen stand, wie sich bald herausstellen sollte.

Eile war geboten. Niemand wusste um die nächsten Launen und Einfälle der Stadtführung und der Funktionäre der neu gegründeten Sozialistischen Einheitspartei Deutschlands. Es wurde immer deutlicher, dass sie die Monumente der alten Zeit wenig schätzten. Sie waren Bauten parasitärer Herrscher, es waren Gebäude der Ausbeuter, die mit Fron und Unterdrückung errichtet worden waren. 1946 war der Kommunist und Zimmermann Walter Weidauer Oberbürgermeister Dresdens geworden. Er brachte kaum Verständnis für die alten Monumente auf. Neue Bauten sollten im Zentrum entstehen. Die führende Partei, die SED, und ihre Funktionäre forderten den Abbruch der zerstörten Sophienkirche. Am Neumarkt sollten Neubauten errichtet werden, darunter ein großes Haus der Kultur nach dem Vorbild stalinistischer Architektur. Plötzlich zweifelte die Bauaufsicht die Standsicherheit der Ruine an. Völlig überraschend begann der Abtransport der gestapelten Steine von der Salzgasse. Sie sollten als Baumaterial an anderer Stelle dienen. Hoch schlugen die Alarmglocken, die Denkmalpfleger reagierten empört. Das war eine heimtückische Kampferklärung an die Beschützer der Ruine. Eine Überprüfung ergab, dass es bereits zu großen Verlusten an Originalsteinen gekommen war. Vandalismus und Diebstahl hatten zur weiteren Reduzierung der geborgenen Steine geführt. Etwa 300 Kubikmeter, also etwa die Hälfte der kostbaren Steine, waren vernichtet. Der Rest der Steine wurde zum Trümmerberg zurückgekarrt. Wieder war es Arno Kiesling, der sich um diese Bergung verdient machte.

Arno Kiesling starb 1963. Er musste es noch erleben, dass zu Beginn der sechziger Jahre erneut zum Angriff auf die Ruine geblasen wurde. Steinbrocken waren herabgestürzt. Schnell war das Argument zur Hand, dass der öffentliche Verkehrsraum bedroht, das Leben von Menschen gefährdet sei. Dringende Sicherungen seien unvermeidlich. Der Ruinenberg – so wurde argumentiert – verhindere dies, da weder die Gründungen noch die Maueransätze untersucht werden könnten. Also gab es nur einen Ausweg. Die Steinfläche musste geräumt, der Kegelberg abgetragen werden. Die Kosten einer vorläufigen Sicherung wurden mit 982 200 Mark angegeben. Das Geld besaß die Stadt zum Glück nicht. Der Geldmangel erwies sich als Glücksumstand.

1966 war die Gefahr einer Beräumung endlich gebannt. Der Rat der Stadt beschloss im Mai anlässlich der Arbeiterfestspiele in Dresden „die Ruine der Frauenkirche als Mahnmal zu gestalten". Welch ein Beschluss, welch ein Sieg! Es dürfte nicht viele deutsche Städte geben, die so hartnäckig um den Erhalt einer Ruine gerungen haben. Alle Versuche, dieses Nachkriegs-Bild auszulöschen, diesen Haufen schwarzer Zeugen zu beseitigen, waren gescheitert. Später wird sich Hans Nadler, der kleine, große Mann, mit dem wahrlich nicht gut Kirschen essen ist, wenn ihm etwas gegen den Strich geht, erinnern: „Wir feierten diesen Sieg still und gefasst. Es hatte ja genug Niederlagen und Verluste an anderer Stelle gegeben." Er verwies auf die Sophienkirche, deren Mauern auf Befehl des DDR-Staatschefs Walter Ulbricht gesprengt worden waren. Der Stadtratsbeschluss rückte den Rest der Frauenkirche in den Kreis der großen Ruinen, die die Welt kennt, die behütet werden: die Kathedrale in Coventry, die Kaiser-Wilhelm-Gedächtniskirche in Berlin und die bedeutenden griechischen und römischen Monumente, zu denen die Welt pilgert.

Und wieder geschah etwas des Merkens Würdiges. Die Ruine der Frauenkirche stieg in den Folgejahren zu einem „Symbol mit mythischer Aura" (Hans Joachim Neidhardt), stieg zu einer Sehenswürdigkeit weltweiten Interesses auf. Auf Millionen Postkarten gedruckt, wurde ihr Bild in die Welt geschickt, wurde ihre Botschaft verstanden: Nie wieder Krieg, nie wieder Zerstörung, nie wieder sollten Kirchen in Asche und Schutt versinken! Und noch etwas vollzog sich in aller Stille. Am 13. Februar 1982 flackerte auf den alten dunklen Steinen Kerzenschein. Junge Leute fassten sich an den Händen und umringten die Ruine. Sie wollten Schwerter zu Pflugscharen schmieden. Die Frauenkirche wurde zum Symbol der Gedankenfreiheit, des leisen Aufbegehrens.

Das Ausmaß der Zerstörung wird Mitte der fünfziger Jahre beim Blick vom Rathausturm in Richtung Hauptbahnhof deutlich.

Vor dem Baubeginn

1989 bis 1993

Dezember 1989

Die Ruine der Frauenkirche

Dezember 1989. Dresdner Neumarkt, Ruine der Frauenkirche, abends. Kerzenschein. Angespannte Gesichter. Ungewissheit, auch Angst. Tausende sind zur Demonstration gegen die Regierung gekommen. Leise Gespräche unter dunklem Himmel. Gebärden der Unsicherheit. Ein Zupfen am Ohr, ein Reiben an den Schläfen. Selten ein Lachen. Ins Dunkel ragt ein Stück Eckturm. Geschunden steigt die schwarze Chorwand aus dem Trümmerberg. Als im Februar 1945 auf die Kirche Bomben fielen, wankte die Chorwand. Es ist kalt. H. steckt in einer warmen Jacke. Und P. fragt: „Was denkst du, wie viel Stasi hier ist? Bei denen beginnt langsam das Heulen und Zähneklappern." P. liebt es, aus der Bibel zu zitieren, aber meist nicht ganz wortgetreu. Woher soll ich das wissen, es interessiert mich nicht. „Eine Figur habe ich gesehen", antworte ich. „Sie ist mein Nachbar." P. setzt sein grimmiges Gesicht auf, dreht eine Zigarette und zündet sie an. Dann zieht er die Schiebermütze tiefer in die Stirn. Diese nasse Kälte ist wirklich unangenehm.

Seit der Zerstörung der Frauenkirche im Februar 1945 ragen die beiden Mauerstümpfe wie zwei Riffe in die Höhe. Schwarz und abweisend ruht der Ruinenberg, als wolle er für alle Ewigkeit unberührt bleiben. Der abgestürzte Westgiebel, ein zusammenhängendes Großteil, liegt schräg hingestreckt, außerhalb des Ruinenkegels, vor dem Haupteingang, voller Risse. Der feuchte Sandstein schimmert wie dunkler Samt. Die Wucht des Absturzes ist zu ahnen. Bährs Steinmetzen haben solide gearbeitet, sonst wäre der Westgiebel in zahlreiche Stücke zerborsten, als er auf das Pflaster stürzte.

Am 9. November 1989 ist abends die Berliner Mauer geöffnet worden. Seitdem hält der Aufruhr im Osten an. Zum 40. Jahrestag des DDR-Staates am 7. Oktober hatte sich die Partei- und Politprominenz im Palast der Republik versammelt. In völliger Verkennung der Tatsachen sonnte sich die Führung in ihren vermeintlichen Erfolgen. Und draußen verjagten die Deutsche Volkspolizei und die Staatssicherheit die Demonstranten. Das „Staatsvolk" wollte Veränderungen. Hunderttausende, bald Millionen demonstrierten, schnell auch in den kleinen Städten. Wofür genau die Menschen auf die Straße gingen, war im Dezember noch unklar. Demokratie wollten sie und die Auflösung der verhassten Staatssicherheit, Reisefreiheit, das Ende der Staatsdiktatur, die vorgab, die Diktatur der Arbeiterklasse zu sein. Das Becherwort „Deutschland einig Vater-

Zuversichtlich trotzend steht Luther vor den Trümmern.

protestieren. Der Theaterplatz vor der Semperoper ist voller Menschen, als Berghofer und der Erste Sekretär der Bezirksleitung der Sozialistischen Einheitspartei Deutschlands, Hans Modrow, den Menschen Rede und Antwort stehen. Die Ruine der Frauenkirche zog Tausende an. In ihrem Schatten versammelten sich die Unzufriedenen, Andersdenkenden, Ausreisewilligen, Neugierigen. Und Luther – die Bibel im Arm – schaute gelassen über den Neumarkt. Noch war die weitere Entwicklung in der DDR nicht absehbar, noch schien vieles möglich. Vor allem eines bewegte die Menschen zwischen Ostsee und Erzgebirge, Werra und Neiße: Würde sich der Staat wehren, Panzer auffahren, gar schießen lassen? Er besaß alle Mittel der Macht: Polizei, Armee, Staatssicherheit, Tränengas, Wasserwerfer, Panzer und Gewehre. Dass er sie einsetzen könnte, wurde in den Dezembertagen 1989 von den meisten befürchtet. Alle bewegte die bange Frage: Wie wird sich die Rote Armee verhalten? Wird sie ihre Panzer stehen lassen? Trotz aller Sympathie, die Michail Gorbatschow, dem ersten Mann der UdSSR, in der DDR entgegengebracht wurde, war große Skepsis vorhanden. Würde er die DDR-Führung wirklich sich selbst überlassen, würde er sich gegen die Militärs und Verfechter der Weltrevolution im eigenen Land durchsetzen? Aufregende Wochen. Kam es zu Veränderungen, vielleicht den aufregendsten seit der Teilung Deutschlands 1949?

Es ist dunkel geworden. Fahles Licht liegt auf dem Neumarkt. Langsam setzt sich der Zug in Bewegung. Das trutzhafte Polizeigebäude an der Schießgasse starrt dunkel. Dieser Bau hat mir nie gefallen, selbst im Sonnenschein nicht. Bedrohliches geht von den rustikalen Mauern und hohen Fenstern aus. Über die Dr.-Rudolf-Friedrichs-Brücke (Carolabrücke) geht es in die rechtselbische Neustadt. Und H. fragt: „Hättest du das jemals gedacht?" Schüler ihrer Klasse und Eltern winken ihr zu. Das freut sie. Lehrer und Schüler gemeinsam in dem langen Zug. Und P., der das Leben mit großem Ernst betrachtet, wieder grimmig: „Die Rote Garde lauert bestimmt hinter den Fenstern."

Neben mir läuft eine alte Dame. Sie ist gewiss an die 80 Jahre alt. Ihr weißer Semmelkopf ist gepflegt. Ihr ist das Taschentuch aus der Hand geglitten. Ich hebe es auf. Sie hat große Mühe, im Zug Schritt zu halten. Aber sie will dabei sein. In der Frauenkirche sei sie getauft und konfirmiert worden. „Es war eine wunderbare Kirche", sagte sie. „Sehr hell im Inneren. Das Schaubild der großen Orgel, der Orgelprospekt, leuchtete in üppiger Schmuckfülle." Vor allem diese Helligkeit ist ihr im Gedächtnis geblieben. „Wie eine Wiese voller Margeriten." Als sie 34 Jahre alt war, stürzte die Kuppel ein. „Wir alten Dresdner", sagt sie, „wir hängen an ihr, an der alten Stadt." Aber dann meint sie resigniert: „Leider wird die Frauenkirche wohl immer Ruine bleiben. Wer will ihren Wiederaufbau, wer soll ihn bezahlen! Vielleicht ist es auch gut so. Man kann Zerstörtes nicht zurückholen." Sie atmet schwer, ihre Bronchien rasseln, sie bedeckt einen Augenblick ihre Augen mit der Linken,

land" wurde im alten Jahr noch nicht skandiert, aber in Sachsen wehten die ersten weiß-grünen Landesfahnen.

In Dresden war es bereits am 3. und 4. Oktober vor dem Hauptbahnhof und auf der Prager Straße zu Protesten und Zusammenstößen mit Polizei und Sicherheitskräften gekommen. Steine flogen. Fensterscheiben klirrten. Ein Polizeifahrzeug brannte aus. Gewalt auf beiden Seiten. Am 3. Oktober hatte die DDR die Grenze zur Tschechoslowakei sperren lassen. Züge mit Ausreisenden aus Prag, die in die westdeutsche Botschaft geflüchtet waren, passierten den Hauptbahnhof. Aufgebrachte versuchten, den Hauptbahnhof zu stürmen. Es gab Verhaftungen, so genannte Zuführungen. Ausreisewillige besetzten drei Dresdner Kirchen. Damit versuchten sie, ihre Ausreise zu erzwingen. Am 5. Oktober rufen Ausreisewillige: „Wir wollen raus." Am 8. kommt es zur Bildung der „Gruppe der 20". Oberbürgermeister Wolfgang Berghofer erklärt sich bereit, oppositionelle Vertreter im Rathaus zu Gesprächen zu empfangen. Von Tag zu Tag schöpften immer mehr Dresdner Mut. Bald sind es Tausende, Zehntausende, die

setzt Schritt für Schritt. In der Neustadt kurz vor dem Blockhaus verabschiedet sie sich.

Über die Dimitroffbrücke (Augustusbrücke) wieder in die Altstadt zurück, auf die Kathedrale zu, der Schlossruine entgegen, wieder zurück zur Ruine. H. zündet eine Kerze an, reicht mir eine zweite. Tausende Kerzen flackern. Lebenslichter oder vielleicht Irrlichter? Wer weiß, wie das alles enden wird, in Enttäuschung, in etwas Neuem, Unbekanntem? Wolfgang F., ein Kenner der Wirtschaft, Direktor eines großen volkseigenen Betriebes, predigt schon seit mindestens zwei Jahren: „Das geht nicht mehr lange so weiter. Die Wirtschaft steht vor dem Kollaps. Nicht nur hier, überall im Osten, vom Ural bis zur Ostsee." Er kennt die Sowjetunion gut. Der Kerzenschein fällt auf die dunklen Steine, erhellt Unkraut und Sträucher. Dies beruhigt. Vielleicht doch Botschaften des Lichts. Es dauerte eine Weile, ehe der Platz wieder in Stille versinkt und die Steine zu erzählen beginnen. Jedem eine Geschichte, wenn er will, jedem seine Geschichte, unsere Geschichte, die alte, vielleicht bald eine neue? Was kommt? Was bringt das nächste Jahr?

19. Dezember 1989
Helmut Kohl an der Frauenkirche

Bundeskanzler Helmut Kohl wird an der Ruine der Frauenkirche erwartet. Der Neumarkt ist schwarz voller Menschen. Fahnen, Fahnen. Sprechchöre donnern: „Helmut, Helmut", schallt es, als er sich auf das Podest begibt. Die Masse betet ihn an, sie erwartet von ihm Wunder. Frenetischer Beifall steigt auf.

Der im November von der Volkskammer zum Ministerpräsidenten der DDR gewählte schmächtige Hans Modrow, den die westliche Presse schon längere Zeit zum Hoffnungsträger der DDR aufgebaut hatte, wirkt verloren neben der massigen Gestalt des Bundeskanzlers. Ich muss an das Märchen vom großen und kleinen Klaus denken. „Liebe Landsleute", beginnt Kohl seine Rede. Wieder frenetischer Beifall. Mir läuft ein Schauer über den Rücken. „Blühende Landschaften", verspricht Kohl und Freiheit und Wohlstand. Abends erzählt Siegfried S., der dabei war, als Kohl am Dresdner Flughafen abgeholt wurde. „Er wirkte unsicher und fahrig, als er aus dem Flugzeug stieg. Als man ihm aber mitteilte, dass ihn Zehntausende an der Frauenkirche erwarten, nach ihm rufen, soll er gesagt haben: ‚Die Sache ist gelaufen.' Danach wirkte er wie verwandelt."

14. Februar 1990
Ruf aus Dresden

Den Appell zum Wiederaufbau der barocken Dresdner Frauenkirche bereiteten einige Dresdner in aller Stille im November und Dezember 1989 vor. Sie beschlossen, den „Ruf aus Dresden" in die Weltöffentlichkeit zu senden. Den Vorsitz der Bürgerbewegung übernahm der Dresdner Musiker und Startrompeter Ludwig Güttler. Seine erste Tat: Er spendete seinen DDR-Nationalpreis in Höhe von 60 000 Mark für die Wiedererrichtung des Gotteshauses.

Am 12. Februar 1990 stellte die Bürgerbewegung den „Ruf aus Dresden" der Presse und Öffentlichkeit im Hotel Bellevue in der Neustadt vor. Es war der Vorabend des 45. Jahrestages der Zerstörung Dresdens. Die Initiatoren wandten sich an die Stadt, das Land, die Bundesrepublik, an die Königin von England und den Präsidenten der Vereinigten Staaten von Amerika und erbaten Unterstützung beim Wiederaufbau. George Bährs Kirche sollte als Zeichen der Versöhnung neu entstehen. Sie schlugen die Gründung einer internationalen Stiftung vor.

Mit Jubel wird Helmut Kohl vor der Frauenkirche empfangen.

Zwischen Rhein und Neiße herrschte Euphorie. Für den 19. März waren freie Wahlen zur Volkskammer der DDR in Aussicht gestellt. Einheitstaumel zwischen Oder und Rhein. Wohl keine Macht der Welt würde die staatliche Einheit Deutschlands auf Dauer aufhalten können. Der Zeitpunkt für die Veröffentlichung des „Rufs aus Dresden" war gut gewählt. Der Appell könnte zum Erfolg führen. Eine kühne Idee, die protestantische Frauenkirche wieder aufzubauen. Aber es gab auch Fragen, Bedenken und Ablehnung. Warum eine Kirche wiedererrichten, die im Feuer versunken war? Andere belächelten diese Absicht. Ihnen erschien ein solcher Aufbau nicht möglich. Wer sollte den Wiederaufbau bezahlen? Selbst die Evangelisch-Lutherische Landeskirche Sachsens war sich nicht einig. Einige führende Leute lehnten den Wiederaufbau ab. Die Frauenkirche besaß in Dresden keine eigene Gemeinde. Die Kirchen und Gemeinden im Land benötigten dringend Geld zum Sanieren der Gotteshäuser. Aber ein großer Teil der alten und älte-

stieg, bleiben gesicherte Nachrichten zum Leben George Bährs aus Fürstenwalde rar. Er war nicht eitel genug, sich malen zu lassen, vielleicht war er auch zu geizig. Sein Kollege hingegen, der Oberlandbaumeister Knöffel, präsentiert sich auf einem Stich in eitler Pose. Die beiden – der eine dem Hof dienend, der andere dem bürgerlichen Rathaus – werden sich nie verstehen.

George Bährs Vater war Zimmermann, der älteste Bruder ebenfalls. Der Vorname der Mutter ist unbekannt. Fürstenwalde lag weit ab von der kurfürstlichen Residenz Dresden, tief im Erzgebirge, nahe dem kleinen Lauenstein. Es war beschwerlich, nach Fürstenwalde zu gelangen. Es gab für Fremde auch kaum Gründe, den Ort aufzusuchen. Nichts Berühmtes zog dort an, kein Silber, kein Erz. Man verzehrte, was auf den Feldern gedieh und in den Ställen und auf den Weiden aufwuchs. Das Leben ging, wie es ging, seit Jahrhunderten. Geburt, Taufe, Schule und Konfirmation, Hochzeit, Mühe und Tod. Die Familie Bähr war nichts Besonderes. Ein Hans Bähr, gewiss ein Verwandter George Bährs, erwarb 1685 ein Gut in Fürstenwalde. Er konnte es nicht halten, verkaufte es ohne Gewinn. Nein, wohlhabend waren die Bährs nicht. Wer war in diesem Ort schon wohlhabend, der lange Zeit an den Verwüstungen des 30-jährigen Krieges zu leiden hatte.

George Bähr aus Fürstenwalde

1666 bis 1689

Das ist die Landschaft, in der George Bähr, der Erbauer der Dresdner Frauenkirche, am 15. März 1666 zur Welt gekommen ist. Waldstreifen und Bauernhäuser auf Hängen unter wechselndem Licht. Die schmale Straße steigt an, vom Unterdorf zum Oberdorf. Viel Abstand liegt zwischen den Gehöften. Weiden gleiten unter niedrigen weißen Wolken über die Hänge. Im Mitteldorf steht die kleine Kirche, geschmückt mit einem bescheidenen Dachreiter. Sie verrät genug: Reich war Fürstenwalde nicht. Aber das ist gewiss: Diese Kirche hat George Bähr besucht. Hier ist er getauft, hier ist er konfirmiert worden.

Ist er die Hänge hinauf gelaufen in die nahen funkelnden Wälder? Musste er Pilze sammeln und im Spätsommer Brombeeren pflücken? Saß er am Dorfbach, der vielleicht damals fischreich war? Das Glockenläuten hat er deutlich gehört, denn die Kirche stand nahe am Geburtshaus. Half er beim Einbringen der kargen Ernten? Die Böden um Fürstenwalde sind mager. Es gibt sogar die Vermutung, dass er sich als Hütejunge ein paar Pfennige verdient habe. Fragen, Fragen, Fragen. Auch später, als er zum Baumeister einer der berühmtesten barocken protestantischen Kirchen auf-

Das Geburtshaus stand im Mitteldorf. Die Zeit hat es eingeebnet. Wenn der Junge aus dem Fenster schaute, sah er auf die Straße. Neben ihr floss der Dorfbach. Und jenseits von Straße und Bach stieg wieder der Hang an. Dieser Anblick dürfte sich nicht allzu sehr verändert haben. Vielleicht wird der junge George von kühnen Unternehmungen geträumt haben. Aber wahrscheinlicher ist, dass er werden sollte, was sein Vater war: Zimmermann. Dies jedenfalls scheint gesichert. Von der Zimmerei muss er einiges verstanden haben, sonst wäre er nie zum Ratszimmermeister der Residenz aufgestiegen. Einer aus dem Erzgebirge, aus einem unbekannten Ort, gelegen hinter Wäldern und Wolken, Hügeln und Tälern, fernab der großen Straßen, ohne Gönner und Vermögen. Was zieht einen solchen Mann in die Residenz?

Vermutet wird, dass der Junge dem Pfarrer auffiel. Er gab ihm den ersten Unterricht, aber nicht nur dem jungen George, auch gewiss den anderen Dorfjungen. Vermutet wird auch, dass er eine kirchliche Stadtschule besuchte. Wo? Welche? Keine Antwort.

Also, die Zimmermannslehre im nahen herrschaftlichen Lauenstein. Täglich den Weg dorthin und zurück, sommers wie winters. Die Winter dauern im Erzgebirge länger als im flachen Land. Mühsam wird ihm der Weg im Nebel und im Winter erschienen sein. Aber es gab ja den Sommer, der die Luft über den Weiden tanzen ließ, und die farbenprächtigen Herbste und die bunten Wiesen im

Frühling. Oder wohnte er beim Meister in Lauenstein und kam nur selten ins Heimatdorf? Vielleicht zu Kirmes oder zum Tanz unter dem Maibaum?

Ich stelle mir vor, der junge Bähr liebte diese Landschaft. Er freute sich auf die Lehre, auf das nahegelegene Lauenstein. Dort saß die Herrschaft, dort stand das Schloss. Dort war schon große Welt. Und er wanderte fröhlich die Straße entlang ins dunkle, waldreiche Tal der Müglitz und wieder hinauf, vielleicht im September 1680. Da wäre er 14 Jahre alt gewesen. In Lauenstein vielleicht zwei oder drei Jahre Lehre. Dann hatte er dem Meister abgeschaut, was abzuschauen war. Und danach? Das große Rätselraten beginnt.

Es ist anzunehmen, dass George Bähr nach seiner Lehre auf Wanderschaft ging, dass er fremde Städte und Dörfer sah, Flüsse und helle Landschaften, Burgen und Brücken. Er muss schon früh seinen Blick für Kirchen, Orgeln und bedeutende Bauten geschärft haben, sonst hätte er nicht zum Baumeister der Dresdner Frauenkirche aufsteigen können.

Jean Louis Sponsel, der erste bedeutende Biograf Bährs (1858-1930), meint mit Blick auf dessen spätere Leistung, dass George Bähr wichtige Bauten in Österreich und Süddeutschland kennen gelernt hat. Bähr müsse die Kuppelbauten Oberitaliens und Roms geschaut haben, sonst hätte er die Frauenkirche nicht bauen können, schon gar nicht die steinerne Kuppel. Sponsel führt schwungvoll aus: „Aber mehr noch spricht für eine persönliche Kenntnis der italienischen Kuppelbauten der Grund, dass durch bloßes Studium von Abbildungswerken und ohne die Kenntnis der Wirkung eines solchen Baues nach Außen und Innen in seiner natürlichen Erscheinung sowie ohne den Eindruck der statischen Gesetze eines ausgeführten steinernen Kuppelbaus und ohne deren praktisches

Studium Bähr sein Werk wohl niemals hätte ausführen können." Das sind leidenschaftliche Behauptungen, Quellen belegen sie bislang nicht. Sie weben um Bähr einen Mythos, erheben ihn zum genialen Baumeister, zu einem Mann von tiefem Drange. Sponsels Logik ist nachvollziehbar: Ein bedeutender Baumeister muss sich an Bedeutendem geschult haben, muss aus einer Tradition kommen, aus einer großen geschauten Baukunst. Sie zu erleben war nur in Italien möglich, dort, wo die Zitronen blühen, im Süden, im Lande der frühen barocken Kirchen, der steinernen Kirchenheiligen, deren Schöpfer mit Gott verwandt waren. Die Quellen wissen nichts davon. Nichts als Vermutungen, die Sponsel in die Welt gesetzt hat.

In Fürstenwalde gibt es gleich zwei Gedenkstätten des Baumeisters. Im Unterdorf steht ein Obelisk. Vaterländische Bürger haben ihn errichtet, um die Erinnerung an Bähr wach zu halten. Der Obelisk steht an falscher Stelle, im grünen Schatten. George Bähr wurde im Mitteldorf geboren. Dort wird auf einem Gneisbruchstein der Irrtum korrigiert. Hier, im Mitteldorf, auf der leichten Anhöhe, stand Bährs Geburtshaus. Und in der Hammerschänke eingangs des Unterdorfes befindet sich ein George-Bähr-Stübchen. Die Wirtin ist rührend. Sie gebraucht ein sehr modernes und sehr geflügeltes Wort: „Wir müssen George Bähr besser vermarkten", sagt sie. „Dann finden mehr Verehrer und Touristen den Weg nach Fürstenwalde. Verdient hat er es, und verdient hat es das Dorf. Und: Es gebe mehr Gäste in der Schänke." Sie zapft ein Bier und sagt nach einer Weile: „Bestimmt ist der Ratszimmermeister auch in die Hammerschänke eingekehrt." Ja, gewiss. Es gab ja nur die eine Wirtschaft im Dorf. Rätsel und Fragen. In Dresden wird sich etwas mehr Licht um George Bähr legen, aber Privates wird auch dort rar bleiben. Immerhin: Er muss in der Residenz schon früh Aufmerksamkeit auf sich gezogen haben, der Zimmermann aus Fürstenwalde.

In Lauenstein ging Bähr zur Lehre.

ren Dresdner, auch jüngere, wünschten sich die zerstörte Kirche wieder ins Stadtbild zurück. Und das seit Jahrzehnten. Abends im Café redete ich mit Bekannten darüber. Professor H. lehnte den Wiederaufbau schlichtweg ab. Ich hatte auch meine Bedenken. Ich neigte der Meinung zu: Was zerstört war, sollte zerstört bleiben. Auch das ist ein Stück Geschichte. Abends rede ich mit H. darüber. Sie stimmte mir zu. Aber sie schränkte ein. „Die Dresdner lieben die alten Steine und ihre Monumente. Es könnte sein, dass sie es schaffen."

„Unser Dresden" – „Unsere Frauenkirche" – „Das alte Dresden". Diese Worte wirkten in den zurückliegenden Tagen wie Beschwörungsformeln. Die Vision vom alten Dresden war nicht auszulöschen. Selbst die Parteiideologen der DDR hatten diesem Wunsch gelegentlich Rechnung tragen müssen. Der Staatchef der DDR, Erich Honecker, hatte die Dresdner zur Einweihung der Semperoper 1985 wissen lassen, dass der Aufbau der Frauenkirche späteren Generationen vorbehalten bleibe. Eines deutete sich bereits in diesen Februartagen an. Das Zurückschauen dürfte künftig zunehmen.

28. September 1992
Gerüste am Choranbau

Auf dem Ruinenberg färbt sich das Laub der Sträucher. Es funkelt in Gelb- und Ockertönen. Am Sims des Chores leuchten die dunklen steinernen Schmuck-Blumen. Die Rosen an der Ruine blühen. Es wird Herbst in Dresden. Ein ungewöhnliches Bild. Der Chor der Frauenkirche ist vollständig eingerüstet. Geprüft wird das Mauerwerk. Fassadenflächen sind mürbe, Steine locker. Ihr Absturz ist möglich. Viele meinen, dass es an ein Wunder grenze, dass der größte Teil des Chores stehenblieb. Die Chormauer hat gewankt, als die Kuppel des Gotteshauses einstürzte, aber sie hielt. Seitdem klafft ein tiefer Riss im Mauerwerk. Er führt bis zum Ansatz des

Der Blick vom Apsisstumpf in den Chorraum zeigt die Schutzmauer vor dem Altarbild.

fehlenden Dachs. Noch ist sich das Aufbauteam nicht schlüssig, wie es die Standfestigkeit des Ruinenteils sichern wird. Nur soviel steht fest: Der Chor soll erhalten bleiben. Nur dort, wo es unbedingt notwendig ist, wird zurückgebaut, wie die Fachleute sagen. Thyssen-Hünnebeck, Niederlassung Dresden, stellte das Gerüstmaterial kostenlos zur Verfügung, die Firma Vetter aus Königsbrück baute das Gerüst, die Firma Spesa Nordhausen sicherte die Statik des Ruinenteils.

10. Dezember 1992
In jedem Falle eine Kopie

Architekt Peter Kulka: Die Barockbauten haben es schwer nebeneinander.

Peter Kulka, der Architekt des neuen Dresdner Landtagsgebäudes, ist in Dresden geboren worden, er verbrachte Kindheit und Jugendjahre an der Elbe. Nach dem Studium war er an der Deutschen Bauakademie in Ostberlin bei Hermann Henselmann tätig. Kulka floh 1965 nach Westberlin. Studien in den USA, eigenes Büro in Köln. Nach der Wende kehrte er in seine Geburtsstadt zurück. Wir trafen uns im Dezember in meiner Wohnung zu einem Gespräch für die Sächsische Zeitung. Daraus einen Auszug.

Wie steht Peter Kulka zum Wiederaufbau der Kirche?
Ein originales Kunstwerk – einmal völlig zerstört – ist eigentlich nicht ersetzbar, es wird – wieder aufgebaut – eine Kopie sein. Mit dem Wiederaufbau der Frauenkirche stehen doch gleich ganz andere Fragen. Was macht man mit dem Umfeld, dem Dresdner Neumarkt? Ihn wiederzubringen ist doch fast unmöglich. Wir müssen mit heutigen Mitteln und aus heutiger Sicht in Dresden bauen. Man muss den Architekten vertrauen, der neuen Gestalt. Sonst kommt Sentimentales heraus, eine sentimentale Architektur. Ich bezweifle, ob es möglich sein wird, die Kirche so zurückzuholen, wie sie einst gesehen worden ist, wie sie gewirkt hat. Es wird in jedem Falle eine Kopie. Den immer wieder heraufbeschworenen Canalettoblick gibt es seit dem 19. Jahrhundert ohnehin nicht mehr.

Es gibt Architekten, die sich zumindest einen modern gestalteten Innenraum des Gotteshauses vorstellen können. Jenen, die den Wiederaufbau der Frauenkirche anstrengen, ist das in keiner Weise opportun?

Der Innenraum hatte nicht die Qualität der äußeren Gestalt. Man sollte also durchaus nachdenken, ob ein neu gestalteter Innenraum möglich ist. Wo die Grenzen liegen, das wäre auszuloten. Der totale, vielleicht perfekte rekonstruktive Wiederaufbau bleibt fragwürdig.

Sprechen wir von den Gefahren, die der Stadt drohen.

Wir leben in einer sehr narzistischen Zeit. Jeder versucht, nur sich selbst und seinen Egoismus zu sehen, jeder pflegt seine Eitelkeiten. All das in Architektur umgesetzt, kann für eine Stadt tödlich sein. Dann steht ein eitles Objekt neben dem anderen. Es muss also von den Architekten Nachbarschaft gepflegt werden. Das war auch in der Vergangenheit schwierig. Die Barockbauten Dresdens haben es oft schwer nebeneinander. Da steht manches schief herum. Das ist aus der mittelalterlichen Struktur der Stadt zu erklären. Der Zwinger steht auf einem Stück Wall. Die Hofkirche steht schief. Allerdings ist damit die Elbbeziehung aufgemacht. Das Schloss hat wieder eine andere Richtung. Wie schwer tut sich Sempers Gemäldegalerie neben dem Zwinger. Es hat also nie Vollkommenheit gegeben.

Dessen sollte man sich bei aller Bewunderung des Alten bewußt werden. Wenn man aber dennoch sieht, wie frei und zum Teil genial mit Räumen und Achsen umgegangen worden ist, dann ist man schon wieder ein Stück in der Moderne. Wenn das die Dresdner zulassen würden, dann hätten wir bald eine viel lebendigere, liebenswertere Stadt. Während ich so die Gefahr sehe, daß alles in einer totalen Mittelmäßigkeit endet.

Erste Sicherungsarbeiten am Chor.

18. Dezember 1992
Die Enttrümmerung der Ruine beginnt

Unangenehmes Wetter. Kalt, feucht, etwas Wind. Aber der Striezelmarkt ist schwarz voller Menschen. Diese herrlichen Düfte: Bratwurst und Glühwein. Und dieser Duft der Orangen. Für alle Zeit haben ihn meine Kindheitsjahre im Düftegedächtnis gespeichert. Dies geschah, als ich an der Hand meines Westberliner Onkels, des Siemens-Meisters, an Obstständen vorbeispazierte. Die alten Lieder erklingen auf dem Striezelmarkt. Ich mag sie, ich mag diese Zeit, ich mag den Duft der Tannen und Kiefern. Eine prächtige Fichte ziert den Weihnachtsmarkt. Mein Gott, das Jahr ist fast herum. Und was habe ich geschafft? Brotarbeit, nichts als Brotarbeit! Es wird ernst mit dem Wiederaufbau der Frauenkirche. Gestern wurde der Vertrag zur „Archäologischen Enttrümmerung der Frauenkirche zu Dresden" von der Stiftung und der Arbeitsgemeinschaft unterzeichnet. Ich kenne einige Leute, die glaubten,

das läuft sich tot. Das schaffen die nicht. Die Ablehnung in der evangelischen Kirche selbst war nicht zu überhören. Der sächsische Oberlandeskirchenrat war gegen den Wiederaufbauplan. Er sah in ihm eine „Antipredigt zur Nachfolge Jesu und zur abendländischen Kultur". Und der ehemalige Präsident des Landeskirchenamtes Sachsen, Kurt Domsch, sagte: „Niemand kann den zusätzlichen Bedarf eines 3600 Sitzplätze bietenden kirchlichen Raumes in Dresden behaupten." Warum diese geschraubte Formulierung? Wäre es nicht besser zu sagen: Die 3600 Plätze in der Kirche werden nicht benötigt.

Über 47 Jahre ruhte der reichlich zwölf Meter hohe Trümmerberg. Niemand weiß, was er verbirgt, welche Geheimnisse unter den Schuttmassen ruhen. Mit der Entdeckung von Bomben rechnet die Bauleitung. Was würden die Grüfte enthalten? Die Ingenieure, Bauleute und Denkmalpfleger hoffen auf interessante Funde. Vielleicht ist das Kuppelkreuz noch erhalten, das Grabdenkmal George Bährs in den Kellern. Ich treffe Torsten Remus, den Denkmal-

Auf drei großen Plätzen wurden die steinernen Funde vorsortiert.

Spekulationen bleiben nicht aus. Werden es am Ende 15 000 Fassadenstücke, Steine sein, zehntausend, weniger, die geborgen und verwendet werden können? Landeskonservator Heinrich Magirius rechnet mit etwa 10 000 verwendbaren Fundstücken für die Kirchfassade. Die Altsteine könnten etwa ein Drittel der Kirchenoberfläche ausmachen, meint er. Die in der Fassade wiederverwendbaren Steine erhalten die Bezeichnung Fundstücke. Grundstücke hingegen sollen als Hintermauerungssteine dienen. Alle Fundstücke werden mit einer Messingmarke versehen und nummeriert und in einer Schadenskartei erfasst. Ihre Zuordnung zum ursprünglichen Ort beginnt sofort nach der Freilegung. Festgehalten wird der Fundort. Aus all dem erhoffen sich die Erbauer neue Erkenntnisse zum Einsturz der Kuppel.

Eine beispiellose Arbeit liegt vor dem Aufbauteam. Es besteht aus den Unternehmen Spezialbau und Sanierung GmbH Nordhausen (Spesa), der Sächsischen Sandsteinwerke GmbH Pirna und dem Ingenieurvermessungsbüro Dresden IVD Graupner-Henke-Hoffmann-Kaden. Dazu kommt die Dresdner Architekten- und Ingenieurgesellschaft mbH, kurz IPRO genannt. Von Anfang an dabei ist das Planungs- und Ingenieurbüro Dr.-Ing. Wolfram Jäger, Radebeul. Die Fachleute müssen die Fundstücke beurteilen, ihre Wiederverwendbarkeit prüfen, den Grad der Zerstörung und den Reparaturaufwand abschätzen. Dieses Herangehen ruft schon zu Beginn der Enttrümmerung großes Interesse bei der Fachwelt und den Dresdnern hervor.

Der praktische Start der Enttrümmerung soll am 4. Januar beginnen. 17 Monate bleiben dem Team für die Enttrümmerung. Baudirektor Eberhard Burger meint, alles sei gut vorbereitet, der Turmdrehkran einsatzfähig. „Nach der Enttrümmerung werden wir bestimmt mehr über George Bähr und seine Kirche wissen", sagt er. Seine Ehrfurcht vor dem Erbauer ist mir schon vor einigen Wochen aufgefallen. Sie ist ein guter Grund, die Kirche des barocken Baumeisters neu zu schaffen.

1. Juni 1993

Kirchkreuz entdeckt

Sommer. Warm. Strahlendes Blau über der Stadt. Seidig glänzt die Elbe. Der kostbare Kranz der Höhen im Grün schimmert. Es war eine großartige Idee, die Stadt auf den Strom, auf den Fluss auszurichten. Die alten Monumente der Stadt leuchten wie Bernstein. Eine Nachricht verlässt schnell den Ruinenberg. Die Vermutung, dass sich das Kuppelkreuz im Trümmerberg befindet, hat sich bestätigt. Wo sollte es auch sonst sein! Es kam heute unter den Steinen zum Vorschein. Remus und Rosenkranz entdeckten es vormittags bei einer Begehung des Ruinenbergs. Mit bloßen Händen wurden die ersten Steine zur Seite geräumt. Handgrabungen setzten das Freilegen fort. Geschunden, verbogen lag es unter den

pfleger. „Es geht los", sagt er. Seine schmächtige Gestalt vor den schwarzen Steinen. Das Ziel ist es, viele originale und wiederverwendbare Steine, vielleicht gar Schmuckwerk, Rosetten, Flammenvasen, Altarfiguren der Bährschen Kirche zu bergen. Dies ist eine wichtige Voraussetzung, um den archäologischen Wiederaufbau der Frauenkirche zu garantieren. Das ist hoch gegriffen. Die Fundstücke sollen möglichst an den ursprünglichen Platz des Gotteshauses zurückkehren. Die Experten sagen, dies sei möglich. Schließlich könne man von der Steingestalt, den Profilen, Ecken, Kanten, Kehlen, Herkünfte ablesen. Welch ein Unternehmen! Die große Suche nach den Orten beginnt. Dies trägt symbolischen Charakter. Das Ende von Nirgendwo ist eingeleitet. Es sind Kenner am Werk.

*Ein glücklicher Moment –
das Kuppelkreuz wird geborgen.*

Quadern, von grüner Patina überzogen. Aus einer Höhe von 90 Metern war es herabgestürzt. Dennoch war der Strahlenkranz gut erhalten. Auch den dazugehörigen Knauf fanden die Spesa-Bauleute. Er war allerdings stark deformiert. Baudirektor Burger kommentiert: „Ein glücklicher Tag. Jetzt haben wir das Original. Es muss einen würdigen Platz in der wiederaufgebauten Frauenkirche erhalten." Torsten Remus ist glücklich. Er zeichnete das Kreuz. Dieser geübte Blick, diese geübte Hand. Ich versuche es auch, es misslingt. Es ist zu lange her, dass ich gezeichnet habe. Vom Grabdenkmal George Bährs keine Spur, kein Hinweis, der zu ihm führen könnte.

Merkwürdig, wie manchmal die Dinge zusammenspielen. Vor einigen Tagen erinnerte sich das Aufbauteam an ein wichtiges Datum. Vor 250 Jahren, am 27. Mai 1743, war der Turmknauf auf George Bährs Kirche gesetzt worden. Der Entwurf zum Kreuz dürfte von Bährs Getreuem, von dem Bildhauer Johann Christian Feige, ausgeführt worden sein. Horst Fischer, ein Kenner der Bährschen Biographie, förderte zutage, dass Feige dafür vom Rat der Stadt zehn Taler „vor ein groß Modell zum Creuz auf Thurm" 1742 erhalten hatte. Der Ratszimmermeister hat dies leider nicht mehr erlebt. Er war im März 1738 gestorben. Vielleicht finden sich im Turmknauf Dokumente zum Kirchbau. Abends sagt H.: „Das Original des Kuppelkreuzes müsste wieder auf die Spitze des Kirchbaus gesetzt werden. Das wäre ein Zeichen wider alle Missgeschicke und Verderben." Die Spur des Kreuzes. „Daraus wird wohl nichts. Das Kreuz ist zu stark deformiert, Teile fehlen", gebe ich zu bedenken. H. widerspricht: „Wenn man eine ganze Kirche neu baut, dann kann man auch das Kreuz richten und das Fehlende ergänzen."

2. Juli 1993
Öffnung des Knaufs

Großes Medieninteresse. Im Studiotheater des Dresdner Kulturpalastes wurde heute vormittag der Knauf vom Kirchkreuz vorgestellt. Gleich drei Kenner ihres Fachs, Dr. Heinz-Werner Lewerken, Chefrestaurator der Rüstkammer, Dietmar Konrad, Leiter der Restaurierungswerkstätten des Sächsischen Hauptstaatsarchivs, und Allois Walter, Chefrestaurator des Münzkabinetts, zelebrierten die Öffnung vor laufenden Kameras und Mikrofonen. Enttäuschung: Die Urkunden waren verbrannt, zum Glück die Münzen gut erhalten. Ein schönes Gefühl, etwa 270, 280 Jahre alte Taler und Groschen zu sehen. Vielleicht hat sie George Bähr in den Händen gehalten oder der Bürgermeister der Stadt. In den Knauf haben die Vertreter der Stadt bewusst etwas gelegt, damit es ihre Nachfahren entdecken können. Diese Vorstellung bringt plötzlich Nähe zur Kirche. Jetzt hat sie einen Anfang. Dies überrascht mich. Bisher habe ich eher distanziert den beabsichtigten Wiederaufbau zur Kenntnis genommen. Dieses winzige Detail berührt mich. Bereitet

sich eine neue Sicht auf die Kirche vor? Vor der Grundsteinlegung der Bährschen Kirche ereignete sich eine kleine Geschichte, die gewisse Rückschlüsse zulässt. Die Beigaben – die Münzen, die Medaille – besaßen einen gewissen Wert. Der Bauherr hatte Angst, dass sie gestohlen werden. Der Totenbettmeister Stümer und „vier Konsorten" erhielten den Auftrag, „vier Nächte, sowohl eine Nacht vor als nach der Legung des Grundsteins zu dieser Kirche, bis er völlig vermauert gewesen", Wache zu halten. Dafür erhielten sie drei Taler und acht Groschen. Für zwei Taler bekam man etwa um 1700 ein Scheffel Weizen, 103 Liter.

28. September 1993
Neugier auf den Altar

Auf der Baustelle gewesen. Auf dem Gerüst vor dem zugemauerten Altar Bauleute. Heute begann das Öffnen des Chorraumes. Nach dem Krieg war der Altarraum mit einer Mauer verschlossen worden. Niemand weiß genau, was von den Bildwerken erhalten geblieben ist, in welchem Zustand sich der Altar befindet. Soviel ist bekannt: Herabstürzende Bauteile haben die steinerne Bekrönung des Altars zerschlagen und unter sich begraben. Die Bauleute lockerten vorsichtig die ersten Steine. Was werden sie vorfinden? Die Apostelfiguren, Jesus auf dem Ölberg, den Altartisch, die Engel? Ich treffe den Restaurator Jan Kretzschmar am Lutherdenkmal. Er ist skeptisch. Als die Kuppel in die Tiefe stürzte, wird sie wohl auch die Figuren zerschlagen und begraben haben. Kretzschmar war bei der Restaurierung des Thomae-Altars in der Neustädter Dreikönigskirche dabei. Er ist ein erfahrener Fachmann. Er hofft, bei der Wiederherstellung des Altars der Frauenkirche erwünscht zu sein. „Bestimmt entdecken wir im Ruinenberg Altarteile." Er scheint sich Mut zuzusprechen.

Geht alles gut – so ist unter dem Siegel der Verschwiegenheit zu erfahren –, soll vor Heiligabend erstmals ein Gottesdienst in der leer geräumten Ruine der Frauenkirche stattfinden. Spätestens bis Dezember soll der Altar freigelegt sein. Fast täglich verändert sich jetzt der Anblick der Ruine. Der Trümmerberg nimmt sichtbar ab. Mir passiert etwas Merkwürdiges. Es verschwindet etwas, was all die Jahrzehnte zur Stadt, zum Neumarkt gehörte. Eine Art Leere entsteht. Warum dieses Gefühl? Es müsste doch jubilieren: Die Enttrümmerung kommt voran, der Aufbau des Gotteshauses rückt näher. Vielleicht ist mir der Anblick der Ruine lieb geworden. Ich habe es nur nicht gewusst, nicht so deutlich empfunden.

Vom Grabmal George Bährs keine Spur. Alle hoffen, es zu finden. „Dann wäre der Meister wieder unter uns", sagt der Architekt Christoph Frenzel. Die Ingenieure und Architekten verehren Bähr. Frenzel ist einer der IPRO-Architekten auf der Baustelle, ein großer leiser Mann, der eine angenehme Ruhe ausstrahlt. Er ist für die Steinplanung verantwortlich. Aber auch er scheint zu zweifeln, ob

Zum ersten Mal seit 1945 findet 1993 eine Weihnachtsvesper vor der Frauenkirche statt.

die Entdeckung des Bähr-Grabdenkmals gelingt. „In den nächsten Tagen muss es sich herausstellen", sagt er.

23. Dezember 1993
Erste Weihnachtsvesper

Die Kirchruine ist in gelbes Licht getaucht. Der freigelegte Altarraum leuchtet. Lederbänder halten die Säulen an den beiden Altarseiten fest. Die geschundenen Bilder im großen Altarfries schimmern. Noch fehlt Jesus im Garten Genezareth. Noch fehlt der Engel, noch fehlt der große Strahlenkranz, die Gloriole. Aber einige Bilder im Chorraum sind gut erkennbar. Schon kommen die Häscher aus Jerusalems Toren. Dieses Relief ist erstaunlich gut erhalten. Judas hat seinen Herrn verraten. Der Weg nach Golgatha steht Gottes Sohn bevor, die Kreuzigung auf Befehl des römischen Statthalters Pontius Pilatus. Alte, anrührende Bilder. Ich kenne sie seit meiner frühen Kindheit. Meine Mutter hat mir das Lesen mit der Bibel und dem evangelischen Gesangbuch beige-

bracht, nach dem Ende des Zweiten Weltkrieges in Westpreußen, im heutigen Polen. Schulen gab es dort für Deutsche nach 1945 nicht. Ich liebe diese alten Geschichten und möchte sie alle glauben. Leider gelingt mir das nicht.

Erstmals seit der Zerstörung der Kirche im Februar 1945 findet eine weihnachtliche Vesper statt. Die schwarzen Mauerstümpfe ragen ins Dunkel. Der Neumarkt ist voller Menschen. An die 50 000 sollen gekommen sein. Sie stehen unter einem dunklen tiefblauen Himmel. Landesbischof Johannes Hempel und Superintendent Hartmut Rau betreten das Innere der Ruine. Sie stellen vor dem Altar Kerzen auf und zünden sie an. Hempel liest die Weihnachtsgeschichte aus dem Lukasevangelium. Es ist eine große Stille auf dem Platz. Dann singt der Kreuzchor. „Macht hoch die Tür, die Tor macht weit." Ludwig Güttler, der Vorsitzende des Förderkreises, mit seinem Blechbläser-Ensemble gibt ein kleines Konzert. Tausende singen mit. Gewaltig steigt das Lied in den dunklen Himmel. Der Altar, das steht jetzt bereits fest, soll wieder entstehen. Ob das gelingen wird?

So kann Dresden ausgesehen haben, als George Bähr an die Elbe kam.

Die Residenz stank

1689 bis 1705

Mehrere Straßen und Wege führten in die Residenz der Wettiner. Kam George Bähr von Meißen her oder von Freiberg oder aus dem Böhmischen, gar aus Fürstenwalde, seinem Heimatdorf? Seine genaue Ankunft ist bisher nicht ermittelt worden. Er hat sie nicht festgehalten. Warum auch! Er war ein unbekannter Mann. Viel wichtiger war, in der Stadt eine Arbeit zu finden. Wie Dresden am Strom auf ihn gewirkt hat, bleibt ebenfalls unbekannt. Er wird sich nie dazu äußern. Zumindest ist nichts davon erhalten. Die Hauptstadt des sächsischen Kurfürstentums war im letzten Jahrzehnt des 17. Jahrhunderts von einer gewissen Bedeutung. Etwa 20.000 Menschen lebten in ihren Mauern. Und Sachsen selbst gehörte zu Beginn des 18. Jahrhunderts, gut 50 Jahre nach dem Ende des 30-jährigen Krieges, zu den wirtschaftlich gut entwickelten Territorialstaaten im Heiligen Römischen Reich deutscher Nation. Manche Historiker meinen gar, das Kurfürstentum sei führend gewesen.

Hohe, starke Festungsmauern umgaben Dresden. Kurfürst Moritz, der Dresden zu seiner ständigen Residenz erhob, hatte die Verteidigungswerke anlegen lassen. Damals drohte die Türkengefahr. Seine Stadt sollte allen Angriffen erfolgreich widerstehen. Dies wird ihr auch gelingen. Seit Moritzens Tod 1553 hatte sich die Stadt in den Mauern nur wenig verändert. Die Festungsmauern schnürten Dresden ein, ließen ihm kaum Raum zum Atmen. Renaissancebauten prägten die Straßenverläufe und Plätze. Bildreiche Erker schmückten die Bürgerhäuser. Giebel und Voluten zierten die Gebäude. Der Altmarkt besaß städtische Größe. Vier-, fünfgeschossig ging es hier zu. Das Rathaus allerdings machte nicht allzu viel Eindruck. Das Schloss, das Moritz um das Doppelte hatte vergrößern lassen, war in die Jahre gekommen. Eng und winklig ging es in der Stadt zu. Unrat und Dreck lagen vor den Häusern. Es stank in den Gassen nach Kot und Schweinen. Drü-

ben, auf der rechten Seite des Flusses, hatte 1685 ein großes Feuer gewütet. Fast das gesamte Altendresden hatten die Flammen vernichtet. Steuerbefreiungen, die Bauwillige vom Kurfürsten erhielten, führten kaum zum erwünschten regen Bauen. Die Aufforderung, steinerne Häuser zu errichten, verteuerte den Wiederaufbau. Viele zogen in die Vorstädte. Dort war das Bauen billiger, dort gab es keine Vorschriften. Selbst noch im ersten Drittel des 18. Jahrhunderts lag Altendresden wüst.

Aber die Lage der Stadt war schön. Und Bähr wird sie genossen haben. Dresden ruhte im Tal, gesäumt von Höhenzügen. Auf den Hängen gedieh Wein. Die Elbe, die gemächlich und flach gegen Meißen floss, lag unter wechselndem Licht. Dieser Anblick war damals schön und ist es geblieben.

Über die Mauern und Stadttore ragten die Türme der Stadt, der flächige Turm der Kreuzkirche, der Pulverturm aus der zweiten Hälfte des 16. Jahrhunderts nahe an der alten Frauenkirche, später Standort des Coselpalais, und der von Wolf Caspar von Klengel erhöhte Schlossturm. Noch fehlten Dresden all jene Bauten, die es berühmt machen sollten: die Alte Wache am Neumarkt, das Taschenbergpalais am Schloss, der heitere Zwinger, die Hofkirche Gaetano Chiaveris, Pöppelmanns neue Brücke über den Fluss, das Kurländer Palais, die kostbaren Bauten des Premiers Brühl und drüben am rechten Elbufer das Japanische Palais und das Blockhaus; auch die neue Königsstadt mit den schönen Bürgerhäusern würde erst noch entstehen. Der Mann, der dieses große Bauen befördern würde, Kurfürst Friedrich August I., erhielt bereits Unterricht in Festungsbaukunst und Architektur. Und es lebte der Herforder Matthäus Daniel Pöppelmann, der Zwingerbaumeister, bereits in der Stadt, auch Permoser, der begnadete Bildhauer, lebte an der Elbe, und George Bähr war im Begriff, sich für Dresden zu entscheiden. Sie sollten der Residenz wunderbare Bauwerke schenken.

Gesichert ist Bährs Anwesenheit in Dresden ab 1693. Da war er 27 Jahre alt. Ein Eintrag in das Totenbuch der Dreikönigskirche im rechtselbischen Altendresden belegt es. Seine erste Frau war gestorben. Bähr ist zum ersten Mal Witwer. Er sollte noch zweimal heiraten. Der Eintrag lässt gewisse Rückschlüsse zu. Bähr bezeichnete sich als „Künstler in mechanicis" und „in der architectura civili wohlerfahren", gab sich auch als Orgelmacher aus. Wahrscheinlich war er schon vor 1693 in Dresden, vermutlich ab 1689 oder noch eher.

Wieder bleiben Fragen offen. Wie lange war er auf Wanderschaft gewesen? Zwar gibt es auch für sie keine Belege, aber die Wanderschaft gilt als sicher. Sie war damals üblich und auch von der Zunftordnung gefordert, dass die Gesellen auf die Walz gingen, um zu lernen, sich im Beruf zu bewähren. Eine sinnvolle Forderung. Brachte sie doch den Gesellen Kenntnisse von fremden Landen und Neigungen, Menschen und Bauten. Wo aber hat er sich Kenntnisse als Orgelmacher, als „mechanicis" erworben? Und: Wie kommt er als Zimmermann dazu, sich als „in der architectura civili wohl erfahren" zu bezeichnen? Schnitt Bähr auf, trieb ihn ein allzu großes Selbstbewusstsein? Fest steht: Als er nach Dresden kam, war er nicht einmal Zimmermannsmeister.

Die Versuchung, ihm auf seinen ersten Wegen zu folgen, ist groß. Gewiss ging er gleich nach der Ankunft über die alte steinerne Brücke. Städte an Flüssen haben immer ihren besonderen Reiz. Sie scheinen immer etwas aus Luft erbaut. Dresden wird seine Wirkung gehabt haben, wie dies hundertfach andere erfahren und berichtet haben. Auf den Hängen gediehen die Rebstöcke und Obstbäume. Die Höhenzüge schützten die Stadt vor allzu heftigen Winden und Stürmen.

Als Bähr in Dresden eintraf, wurde viel gebaut. Wolf Caspar von Klengel, der berühmte Barockarchitekt, könnte noch gelebt haben. Er starb 1691. Dieser weit gereiste Mann diente zwei Kurfürsten, Johann Georg II. und dessen Sohn Johann Georg III. Johann Georg II. war ein sinnenfreudiger Mann. Er liebte Frauen und Wein. Unter ihm erlebte Dresden einen ersten größeren Bauaufschwung seit Kurfürst Moritz. Bähr wird das neue Komödien- und Ballhaus Klengels fachmännisch betrachtet haben, das Schießhaus, das Reithaus. 1680 kam Johann Georg III., der Sohn Georgs II., zum Kurhut. Er schränkte die Verschwendungssucht seines Vaters etwas ein. Aber auch er liebte Frauen, Wein und Feste. Sein besonderes Interesse galt den kriegerischen Ereignissen. Der Oberhofprediger Philipp Jakob Spener zeigte sich wenig dankbar. Er kritisierte öffentlich die Mätressenwirtschaft des Kurfürsten. Dies missfiel Johann Georg III. Schließlich wurde der Hofprediger nach Berlin abgeschoben.

So waren die Zeiten, als der unbekannte George Bähr in die Stadt Dresden kam, um sie zu erobern. Wie wird ein Mensch, wie er geworden ist? Vieles bleibt auch ferner ein Rätsel. Sein Aufenthalt in Dresden muss glücklich verlaufen sein. Jedenfalls fiel er dem Rat auf. 1705 kommt es in Dresden zu einer kleinen Sensation. Bähr wird ins Rathaus bestellt. Dort schlägt ihm der Rat ein wichtiges Amt vor.

Dresden etwa 1650. Kupferstich von Matthias Merian.

Zum 250-jährigen Kirchweihjubiläum wurde am 27. Mai 1993 mit der Übergabe der Baugenehmigung der Wiederaufbau offiziell begonnen.

Der Wiederaufbau beginnt

1994 bis 1997

28. März 1994
Aktion Stifterbriefe

Die Stiftung Frauenkirche trat an, den Wiederaufbau der Frauenkirche vorwiegend mit Spendengeldern zu bezahlen. Nun sorgt die Dresdner Bank mit Sitz in Frankfurt am Main für Aufsehen. Sie startet die Aktion Stifterbriefe. Für eine Spende in Höhe von 500, 1500, 2500 DM können in den Geschäftsstellen der Dresdner Bank Stifterbriefe in Bronze, Silber und Gold erworben werden. Ich denke, von dieser Aktion darf einiges an Geld erwartet werden. Schließlich nehmen sich ihrer erfahrene Banker an. Es ist erstaunlich, wie viele Menschen aus nah und fern der Kirche Geld spenden, wie dieses Aufbauwerk Menschen zusammenführt.

Das alljährliche Anzünden der Kerzen zur Adventszeit auf der Fichte vor der Frauenkirche, die man symbolisch kaufen kann, hat bisher etwa 520 000 DM eingebracht. Angeregt wurde die Aktion „Kerzen für die Frauenkirche" von der Dussmann-Stiftung „Ascholdinger Nachmittag" (nach Schloss Ascholding in Oberbayern benannt). Cathrin Dussmann, die Frau des Unternehmers Peter Dussmann, kümmert sich um die Kerzen-Sponsoren. Mit dem Geld soll der Bau der Silbermannorgel finanziert werden. Auch die Fichte ist eine Spende. Sie wird von der bayerischen Gemeinde Wegscheid bezahlt.

Eine großartige Idee hatte der Pressechef der Stadtsparkasse Dresden, Henning Thiemann. Er initiierte die Frauenkirchenuhr. Bereits die fünfte Edition der Armbanduhr liegt vor. Noch in diesem Jahr dürfte sie ausverkauft sein. Dann wären an die 126 000 Uhren in einem Wert von 3,78 Millionen DM für die Stiftung Frauenkirche verkauft. Eine originelle Idee hatten auch die Dresdner Bäcker. Sie backten den größten Stollen der Welt und verkauften ihn zum ersten Mal am 3. Dezember im vorigen Jahr. Der 2720 Kilogramm schwere Stollen erbrachte einen Erlös von 26 000 DM. Auch dieses Geld ist für die Kirche bestimmt. Die Absicht der Stiftung scheint aufzugehen. Was für eine Herausforderung, etwa zwölf Millionen DM pro Jahr zu sammeln.

8. Mai 1994
Auf der Suche nach George Bähr

Die Zweifel wuchsen, von Woche zu Woche, der Ruinenberg nahm ab, Keller und Katakomben wurden von Schutt und Steinen befreit. Im März kamen die ersten Flächen des Fußbodens zum Vorschein. Im April bargen die Enttrümmerer winzige Teile der

Chorschranke. Särge wurden aus Grabkammern gezogen. Angehörige bekannter Dresdner Geschlechter ruhten in der Frauenkirche. Sie hatten seinerzeit für die Ruhestätten bezahlt und somit zum Bau der Bährschen Kirche beigetragen. All das waren kostbare Güter, waren originale Bruchstücke des Gotteshauses. Ein Hauch von George Bährs Kirche wehte. ein Hauch seiner Zeit.

Es war auch kein Trost, dass der Schmerzensmann, eine Steinplastik aus der Dresdner Sophienkirche, die als verschollen galt, geborgen wurde. Sie war in die Frauenkirche in Sicherheit gebracht worden. Zwar war der Kopf des Schmerzensmannes abgeschlagen, der Körper in zwei Teile gebrochen, aber ein Zusammenfügen der Bruchstücke hielt der Landeskonservator Gerhard Glaser für möglich. Damit erhält Dresden eine Plastik aus dem Jahre 1616 zurück.

Ursprünglich war George Bähr auf dem Johannisfriedhof, dessen Anlage Kurfürst August 1555 befahl, zur letzten Ruhe gebettet worden. Ab 1858 legte die Stadt den Friedhof still. Bährs Gebeine – so hieß es in Unterlagen – seien in die Frauenkirche umgebettet

worden. Das Grabmal sollte sich an der südlichen Stirnseite des Hauptkellers befinden. Sollte dies nicht stimmen? Nichts davon, keine Spur, keine Überreste. Sie suchen weiter nach George Bährs Grabmal.

12. Mai 1994
Bährs Grabdenkmal gefunden

Gestern, endlich, die Erlösung. Bauarbeiter entdeckten das Grabmal George Bährs und das Gefäß mit dessen Gebeinen im nördlichen Keller. Zwar ist die Grabmal-Plastik beschädigt. Arme, Profile liegen abgeschlagen. Aber die Kenner sahen es auf den ersten Blick: Die Plastik, die Johann Christian Feige, der Schöpfer des Altars, geschaffen haben soll, war restaurierbar. Das wollen alle am Bau der Kirche Beteiligten. Aber vorerst gilt es, alle Teile, auch die winzigsten Splitter, zu bergen. Kein Stück soll verloren gehen.

Das Grabdenkmal erhielt die Fundstücksnummer 09118. Architekt Torsten Remus, der auch nicht ohne Zweifel gewesen war, schaut ruhig über den Neumarkt. Es ist kühl. Seine rote Pudelmütze, die er wohl sehr liebt, steckt im Anorak. Dieser Fund rührt an. „Es ist, als hole man ein Stück Leben aus Tiefen herauf." Remus beschäftigt sich mit den Katakomben, ist den Steinmetz-Zeichen auf den Fundstücken auf der Spur, hält sie in Zeichnungen fest, vergleicht die Handschriften der Steinmetze. Der Ruinenberg und die Keller sind für ihn ein aufregendes kunstgeschichtliches Buch, auch ein Buch der Sozialgeschichte. „Wir erfahren nicht nur, wie die Kirche eingestürzt ist, wir erfahren auch viel über das Leben in der Barockzeit und die alten Meister, über die Begräbniskultur."

24. Mai 1994
Ende der Enttrümmerung

Die Kirche ist leer, der Ruinenberg ist abgetragen. Unnatürlich hoch wirkt der stehen gebliebene Treppenturm „E" und das Chorrund. Abends im „Szeged" sagt der Dresdner Maler Siegfried Klotz: „Die Kirche ist ausgenommen wie eine Gans." Er hat die Kirche oft gemalt, als Mahnmal, umhüllt von Schnee, bedeckt mit weißem Laken. Der Ruinenberg hat ihn fasziniert, das Motiv war ihm heilig. Das war Dresden, das war das Inferno. Und jetzt? Er schiebt seinen mächtigen Schädel vor. Sein Vollbart scheint sich zu sträuben. Nein, so will er sie nicht wieder malen, ausgenommen, ihres Dunkels beraubt, ihrer eingesogenen Zeit. Seine Hand streicht über den Bart. In seinen Brillengläsern spiegelt sich das Lampenlicht. „Sie hätte so bleiben sollen, wie sie war", sagt er. Und Professor Günter Heinrich, Spezialist für Wärmepumpen, der Klotzens Malerei liebt, bedauert den Wiederaufbau der Frauenkirche. „Eines Tages wird nichts mehr an das Inferno erinnern." Das nennt er Auslöschung von Geschichte.

Epitaph des Grabdenkmals von George Bähr kehrt zurück.

Die Statistik hält nüchtern fest. Die Arbeitsgemeinschaft Archäologische Enttrümmerung, Spesa Nordhausen, Sächsische Sandsteinwerke Pirna, Ingenieurvermessungsbüro Dresden Graupner-Henke-Hoffmann-Kaden, hat rund 22 000 Kubikmeter Trümmer abgetragen. Geborgen wurden 8400 Außenfassadenstücke und 87 000 Hintermauerungssteine, etwa 2 000 Bruchsteine vom Altar. Das ergibt 7240 Kubikmeter Baumaterial. Die Vorplanung leistete das Büro Wolfram Jäger in Radebeul, genauer, die Jäger Ingenieure GmbH. Das reparierte Steinmaterial soll wieder in die Kirche eingebaut werden. Landeskonservator Heinrich Magirius gibt sich sehr optimistisch. „Die Entscheidung, die Frauenkirche wieder aufzubauen, steht außer Frage." Auch die evangelische Landeskirche hat sich endlich eindeutig zum Wiederaufbau bekannt. Bischof Johannes Hempel: „Heilen ist besser als Wunden offenhalten."

„30 Prozent der alten Bauwerksoberfläche werden in der wieder aufgebauten Kirche erkennbar sein", meint Magirius. „Dies hat einen hohen historischen Wert. Er wird vom Schicksal des Baus erzählen. Es darf nur nicht alles geschönt, geglättet werden." Seine Forderung in die richtigen Ohren. Maschinen werden den frischen Sandstein sägen. An ihnen wird keine Individualität zu erkennen sein, kein Steinmetzschlag. Wer wird es verantworten, abgeplatzte, schiefe alte Steine wieder einzubauen? Niemand! Da bin ich sehr sicher. Ich glaube, dies wird noch ein komplizierter, langer Weg. Magirius meint: „Wir werden wohl oft von Fall zu Fall entscheiden müssen."

Das Team hat eine große Leistung vollbracht. Viele Stücke, Profile, Simsstücke, Kapitelle, Rosetten, Gewände, Eierstäbe, Flammenvasen konnten dem ursprünglichen Ort bzw. dem Bauteil, aus dem sie stammen, genau zugewiesen werden. Die Architekten und Ingenieure geben sich gelassen. Mit ein bisschen Übung und geschultem Auge kriegt man das hin. Freilich muss man Schicht für Schicht der Kirche kennen, ihren Schmuck, ihre Besonderheiten. Sie alle haben von Tag zu Tag Neues gelernt. Aber sie geben auch zu: Es war erregend, wie Pfadsuche, wie Spuren Auffinden. Frenzel hat eine ruhige Art, über die Dinge zu reden. Für die spätere Gestaltung des Kircheninneren hat das Team neue Erkenntnisse zur Kirche und ihrem Einsturz gewonnen. „Sie werden uns helfen", so der Architekt Bernd Kluge, IPRO, „bei Bähr zu bleiben." Wie alte Steine Menschen herausfordern, sie frohlocken lassen. Es macht mich froh, sie kennen zu lernen, die heutigen Baumeister der Bährschen Kirche, die Erben seines Werkes. Der Architekt Dieter Rosenkranz, Jägerbüro, ergänzt sachlich: „Wir haben den gesamten Ruinenberg in Planquadrate gegliedert und das Vorgehen festgelegt. Das war eine gute Systematik. Jeder Fundort wurde von den Mitarbeitern dokumentiert, fotografiert, jedes Stück vermessen, gezeichnet und alles in Kerndatenblättern erfasst." Welch ein Aufwand ist da betrieben worden! Aber er garantiert Sicherheit. Die Blätter stehen auch später Auswertungen zur Verfügung.

Freier Blick von der Grabkammer bis an die Spitze des Treppenturmes E.

Erste Steinversetzung.

27. Mai 1994
Erste Steinversetzung

Für die Stadthistoriker ist heute ein wichtiger Tag. Viele Dresdner sind zum Neumarkt gekommen. Sie wollen bei der ersten offiziellen Steinversetzung in der Frauenkirche dabei sein. Gewichtige Personen aus Kirche, Stiftung und Stadt sind anwesend. Würdige Posen. Ludwig Güttler, der sich als Trompeter international einen Namen gemacht hat, wird die kupferne Kapsel ins vorbereitete Mauerwerk schieben. Diese Ehre kommt ihm als Vorsitzenden der Gesellschaft zur Förderung des Wiederaufbaus der Frauenkirche Dresden e. V. zu. Der Raum für die Kapsel ist gebohrt. Sie enthält Dokumente und Zeitungen vom Tag, auch Münzen. Güttler muss sich bücken, um die Kapsel hineinzuschieben. Kurzer Beifall. Am Eingang A auf der Südseite der Kirche hängt ein originales Stück Türgewände am Flaschenzug. Es wurde repariert und an den Kanten leicht ergänzt. Deutlich zu erkennen die frischen hellen Stellen. Ein wirkungsvoller Auftakt.

Mit dem Originalgewände unterstreicht der Bauherr seine Entschlossenheit, originale Werkstücke in die Fassade einzubauen. Das Gewände schwebt am Flaschenzug herab, erreicht seinen Platz. Hoffentlich für alle Ewigkeit. Ich sehe Ernst Hirsch, den Filmemacher und Dokumentaristen. Er hält diese Augenblicke mit seiner Kamera fest. Seine Dokumentation vom Wiederaufbau der Frauenkirche wird wohl sein wichtigstes Werk. Das weiß er, und das will er. Eine alte Dame im dunkelblauen zugeknöpften Kleid mit altmodischem Stehkragen wischt sich Tränen aus den Augen. Ich hätte sie gern etwas gefragt, aber ich traue es mir nicht. Ich möchte ihre Trauer oder ihr Glück nicht stören. Es dauert, ehe der Platz wieder leer ist. Die erste Steinversetzung ist wohl mehr ein symbolischer Akt. Denn ehe der Hochbau beginnt, dürfte es noch einige Zeit dauern. Ein Teil des Mauerwerks muss – wie die Bauleute sagen – zurückgebaut werden, weil die Mauern morsch sind. Die Standfestigkeit des Chores bereitet Sorgen. Bis zum eigentlichen Baustart muss der Außenbau unter dem Neumarkt, der Funktionsräume, Garderoben und andere Räume aufnehmen wird, fertiggestellt sein. Zuvor werden archäologische Grabungen stattfinden.

2. Dezember 1994
Dach über der Ruine

Es ist geschafft. Die Montage des Wetterschutzdaches über dem Trümmerberg ist beendet worden. Schließlich soll auch bei schlechtem Wetter gearbeitet werden. Zu George Bährs Zeit wurde die Arbeit an der Frauenkirche in der Winterzeit eingestellt. Ein Zimmermann sagte mir: „Jetzt wird die Ruine zum Haus. Sie trägt ein Dach." Die Ausgrabungen um die Frauenkirche sind beendet. Sie erbrachten nichts Aufregendes. Jetzt kann das Ausheben der Baugrube für den Unter- und Erweiterungsbau, der neu hinzu kommt, in hohem Tempo fortgesetzt werden. Ein Kran ist aufgerichtet. Erst jetzt fällt mir auf, dass der gesamte Chor wieder ausgerüstet ist.

13. Februar 1995
Herzog von Kent in Dresden

Spät abends. Die Glocken der Kirchen läuten. Sie erinnern an die Zerstörung Dresdens vor 50 Jahren. Viele Menschen an der Frauenkirche. Das war heute ein großer Tag, nicht nur für Dresden, für Deutschland, für Großbritannien. Vormittags Gedenkstunde im Kulturpalast. Bundespräsident Roman Herzog verkündete Großartiges. „Nichts drückt diesen Wandel (der europäischen Völker) besser aus als die amerikanische Institution ‚Friends of Dresden' und der britische ‚Dresden Trust', deren Spenden uns beim Wiederaufbau der Frauenkirche helfen werden." Herzog teilte mit, dass das neue Turmkreuz der Frauenkirche von britischen Spenden bezahlt wird. „Das wird ein Symbol sein", sagte Herzog, „stärker als es Worte auszudrücken vermögen."

Vielleicht das Anrührendste dieses Tages. Herzog von Kent, Vertreter der britischen Krone, übergab im ökumenischen Gottesdienst in der Kreuzkirche dem neuen Bischof der Evangelisch-Lutherischen Landeskirche Sachsens, Volker Kreß, ein Bild des neuen Kreuzes. Kents Worte: „Wir bedauern zutiefst das Leid, das alle Seiten im Krieg erfahren mussten. Heute denken wir besonders an das Leid der Menschen von Dresden." Versöhnung in Dresden. Das ist ein wundervoller Tag.

Erst das Dach macht das Arbeiten bei jedem Wetter möglich.

26. September 1995

Ludwig Güttler: Frauenkirche keine Kopie

Der Dresdner Startrompeter Professor Ludwig Güttler engagiert sich seit der Gründung des Förderkreises zum Wiederaufbau der Frauenkirche im März 1990 für das Gotteshaus. Sein internationales Ansehen hat so manche Tür für die Spendenfreudigkeit geöffnet.

Herr Güttler, haben sich Ihre Hoffnungen, die Sie im Februar 1990 mit dem ‚Ruf aus Dresden' verbanden, erfüllt?
Unbedingt. Viele Dresdner bekunden mit ihrer Spendenbereitschaft ihre Zustimmung zum Wiederaufbau der Kirche. Die Dresdner Taxi-Genossenschaft zum Beispiel spendet für jede gebuchte Fahrt einen Pfennig. In mehreren Ländern gibt es Förderkreise. Hochrangige Vertreter der US-Luftwaffe billigten uns Unterstützung zu. Der Wiederaufbau wird immer mehr als Zeichen der Versöhnung und einer friedvollen Zukunft weit über Deutschland hinaus verstanden.

Es gab doch aber auch Kritik und Ablehnung, anfangs sogar bei der evangelischen Landeskirche. Andere sprachen von einer Kopie, die entstehen würde.
Natürlich kann es dazu kritische Positionen geben. Aber von einer Kopie zu reden ist falsch. Die Frauenkirche war Herz und Seele der Dresdner Altstadt, sie ist für Dresdens wiederzugewinnende Identität unverzichtbar.

Irritationen gab es immer wieder um die Kosten, zuletzt war von 400 Millionen Mark die Rede. Ist diese Summe überhaupt aufzubringen?
Ich finde es unredlich, immer nur zu fragen, was kostet das? Man sollte lieber fragen, was bringt uns das? Wir sollten ideell und wertorientiert denken. Und was die Baukosten betrifft: Wir halten an 250 Millionen DM fest.

Halten Sie bei dem Finanzkonzept am Grundsatz fest, dass der Bau im Wesentlichen durch Spendenmittel verwirklicht werden soll?
Davon rücken wir nicht ab.

Die Ruine ist enttrümmert, die Steine ruhen in den Hochregalen am Neumarkt und an der Elbe. Wird es demnächst sichtbare Fortschritte geben?
Die Bauleute legen in diesem zweiten Halbjahr den Grund für den Hochbau. Gut zwei Drittel des unterirdischen Außenbauwerkes, das die technischen Einrichtungen für die Kirche, Garderoben und Musikproberäume aufnehmen wird, sind eingebracht. Der Hochbau soll spätestens im Mai nächsten Jahres beginnen. Dann wird die Kirche für jeden sichtbar wachsen.

23. April 1996

Geld aus Celle und aus England

Ludwig Güttler gab in Celle ein Benefizkonzert. Sigrid Kühnemann, Vorsitzende des „Freundeskreises Celle e. V.", bedankte sich mit einem Scheck für die Frauenkirche in Höhe von 100 000 DM. Das Konzept, in Fördervereinen Geld für die Kirche zu sammeln, geht immer mehr auf. Es gibt anrührende Beispiele. So spendete Dr. Werner Jahn aus Nürtingen die 2500 DM seiner Haftentschädigung dem Wiederaufbau. Er hatte als politischer Häftling vier Jahre im DDR-Zuchthaus Waldheim zubringen müssen. Die Briten halten ihr Wort. Der Förderverein Dresden Trust übergab zum 13. Februar 1995 20 000 DM. Welch eine Geste der Versöhnung.

8. Juli 1996

Friends of Dresden mit großem Ziel

Gute Nachrichten aus den USA. In Columbus/Ohio wurde eine Ausstellung über die Frauenkirche eröffnet. Die Friends of Dresden, eine private Vereinigung, erklärten, in den nächsten drei bis fünf Jahren zehn Millionen US-Dollar für das Dresdner Gotteshaus sammeln zu wollen. Einer der wichtigsten Förderer und Sponsoren ist der Chef der Hunfington Bank, Frank G. Wobst, ein gebürtiger Dresdner.

23. Juli 1996

Hochbau beginnt

Baustelle Frauenkirche. Helle große Wolken über Dresden. Sie fließen unterm Blau, als hätten sie viel Zeit. Dieser Tag ist für die Wiederaufbauchronik wichtig. Güttler hatte für Ende Mai den Hochbau versprochen. Es ist knapp zwei Monate später geworden. Aber heute geht es damit los. Zuvor wurde morsches Mauerwerk abgebaut, wurden Mauern gefestigt, vernadelt, statisch gesichert. Es gab in der Stadt schon Ungeduld. Wann endlich beginnt die Kirche zu wachsen? Die Antwort ist jetzt eindeutig. Mitte April nächsten Jahres soll das Mauerwerk bis zum Gurtgesims auf einer Höhe von sechs Metern angelangt sein. Den Auftrag erhielten die Arbeitsgemeinschaft Heilit+Woerner Bau-AG, die Philipp Holzmann AG und die Sächsischen Sandsteinwerke Pirna.

Eingeweihte wissen: Hinter Heilit+Woerner verbirgt sich der ehemalige Dresdner VEB Gesellschaftsbau. An der Semperoper, am Schloss, an der Gemäldegalerie Alte Meister haben dessen Bauleute ihre Spuren hinterlassen. Der volkseigene Betrieb ist nach der Wende zu einem Großteil von der AG aufgekauft worden. 268 Jahre nach der Grundsteinlegung zum Bährschen Kirchbau ent-

Parallel zum historischen Keller entstand ein unterirdischer Erweiterungsbau zur Integrierung der Technikräume sowie für Garderoben und Sanitäreinrichtungen.

steht sein Gotteshaus wieder. Die Kritiker des Wiederaufbaus sind merklich leiser geworden. Dies wird auf dem Neumarkt mit Genugtuung zur Kenntnis genommen. Nicht laut, nein, eher selbstsicher: Es musste so kommen.

21. August 1996
Unterkirche geweiht

Das war ein hartes Stück Arbeit. Mit solchen großen Gewölben wie in den Kellern der Kirche hatte keiner der Bauleute Erfahrung. Kompliziert war die Anpassung der alten Gewölbereste an die neu auszuführenden Gewölbe. Das hat länger gedauert als ursprünglich vorgesehen und eine Menge mehr Geld gekostet als vom Auftragnehmer kalkuliert.

Bährs Frauenkirche hat etwas erhalten, was sie zuvor nie besessen hat, eine Unterkirche. Dort, wo einst die Toten in Grabkammern ruhten, dort in dem Keller unter dem Kirchengrundriss, ist ein neuer Kirchenraum entstanden. Unter großen Gewölben schimmert gelbes Licht. In der Mitte des Raumes steht ein schwarzgrauer Monolith. Dieses Geschenk des Londoner Künstlers Anish Kapoor soll künftig als Altar und Taufbecken dienen. Hier, an dieser Stelle, wurde der Pflock gefunden, von dem aus Bähr die Kirche vermaß. Die Gewölbe, rühmen sich die Bauarbeiter selbst, sind ein Meisterstück. Die Kosten dafür werden mit rund 3,5 Millionen DM angegeben, 3,5 von 250 Millionen. Wolfgang Girke, Chef der Firma Fuchs & Girke, die in Dresden ansässig ist, scheint eher geknickt, denn freudig. Natürlich haben seine Leute eine großartige Arbeit geleistet. Aber seiner Firma geht es eher schlecht. Sie hat sehr viel Geld, viel mehr Geld als veranschlagt, in die Unterkirche stecken müssen. „Mit solchen Gewölben hatten wir doch alle keine Erfahrung", sagt Girke. „Die Anbindung der neuen Gewölbesteine an die alte Substanz war überaus schwierig und zeitaufwendig. Es war ein Kreuz." Er ist sich nicht sicher, ob die Firma diese Verluste durchsteht. „Ohne Hilfe nicht. Springt mein Partner nicht ein, gehen wir ein." Die Stiftung jedenfalls, das lässt er durchblicken, ist zu weiteren Nachzahlungen nicht bereit. Sicher war es ein Lernprozeß, doch der ist nicht optimal gelaufen. Baudirektor Eberhard Burger will sich dazu nicht äußern. Auch er steht unter Druck. Mehr als 250 Millionen DM soll die Kirche nicht kosten.

Landesbischof Volker Kreß – Johannes Hempel ist in den Ruhestand getreten – weiht heute die Unterkirche. Zuvor hatten Güttlers „Virtuosi Saxoniae" für die Bauarbeiter musiziert. Eine schöne Geste. Konzerte soll es auch künftig in der Unterkirche geben. „Damit begründen wir eine Musiktradition in der Unterkirche", sagt der Förderchef Ludwig Güttler. Seine Hand fährt hektisch ins Haar. An dem Mann scheint immer etwas Rastloses zu sein. Aber wenn er Trompete bläst, dann malt und zaubert der Blechbläser.

Mit dem „Probelos 1" begann der Wiederaufbau Gestalt anzunehmen. Die Erfahrungen lieferten die Basis für die Technologie des steinernen Wiederaufbaus.

Weihe der Unterkirche.

Baudirektor Burger: Stets den Überblick bewahrt.

11. April 1997

Porträt. Eberhard Burger

Die, die ihn gut kennen, sagen, Burger ist ruhig, er kann lange zuhören. Eine selten gewordene Gabe. Seine Entscheidungen sind exakt. Ein Fachmann mit Überblick und genauester Detailkenntnis. Eines möge er überhaupt nicht: Selbstdarstellung und Profilierungshang. Und einer, der noch ziemlich neu im Aufbauteam ist, sagt: „Burger lebt auf eine leise, sachliche Art mit der Kirche. Seine Pläne sind weit in die kommenden Jahre gerichtet." Hochachtung aus engstem Kreis.

Seit acht Uhr ist Eberhard Burger im Container auf dem Neumarkt. Er hat seine Mitarbeiter in den Büros begrüßt. Das macht er täglich. Es ist der schnellste Weg zu informieren. Und man weiß umeinander. Es bleibt noch etwas Zeit, ehe der Landeskonservator Gerhard Glaser und Oberkirchenrat Dieter Zuber kommen. Über Geld und den Altar in der Unterkirche und das Turmkreuz soll beraten werden. Bauleute bargen das Kreuz aus dem Trümmerberg. „Das war ein glücklicher Tag", sagt Burger. „Wir hatten nicht mit dem Kreuz gerechnet. Jetzt überlegen wir, wie das neue Kreuz aussehen könnte."

2006, in neun Jahren, soll die Dresdner Frauenkirche fertig sein. Im Büro des Baudirektors wird weiter vorausgedacht, als es die aktuellen Bautermine gebieten. Burger bittet an den runden Tisch. Ein heller Morgen vor den Fenstern. Arbeitsgeräusche, der hohe Ton einer Steinsäge. Um sechs Uhr hat die erste Schicht begonnen. Auf dem Schreibtisch Notizen, Briefentwürfe. Burger schreibt mit der Hand. Nein, davon löst er sich nicht. Die Computer stehen bei seinen Mitarbeitern. Das weiße Blatt bringt Nähe zum Wort, zum Angesprochenen. „Vielleicht etwas altmodisch", sagt er. Ich habe den Eindruck, dass er diesen Satz genießt.

Eberhard Burger, 53 Jahre alt, verheiratet und Dresdner, ist seit 1992 Baudirektor. Die evangelische Landeskirche, in deren Baureferat er zuvor arbeitete, hat ihn für diese Aufgabe freigestellt. Zuvor hatte er seine Spur an mehreren Kirchenbauten in Sachsen hinterlassen, zuletzt an der barocken Neustädter Dreikönigskirche auf der Dresdner Hauptstraße. Und er verrät, was so nicht zu erwarten war. Im Februar 1990 wandte sich die Bürgerinitiative mit dem Ruf aus Dresden an die Öffentlichkeit. Sie schlug die Gründung einer Stiftung zum Wiederaufbau der Frauenkirche vor. Unter vielen brach Euphorie aus. Viele Dresdner jubelten. Schnell wertete man den Wiederaufbau als Symbol gesamtdeutschen Aufbauwillens. Er, Burger, war nicht sogleich begeistert, war eher nachdenklich und voller Fragen. Er kannte den Baubedarf der Kirchen im Land, wusste um den Verfall vieler Gotteshäuser, um die Sorgen der Gemeinden und Pfarrer. Würden sie Verständnis für ein so großes Aufbauwerk aufbringen? Und: War es nicht besser, die Ruine als Zeichen der Mahnung bestehen zu lassen? Es hat gedauert, ehe er mit sich eins wurde. Aber die Idee des Wiederaufbaus war wie ein Sog. Sie zog, sie drückte, sie drängte, ließ ihn nicht los, begleitete ihn auf seinen Fahrradausflügen an der Elbe entlang. Öfter hielt er an, schaute zur Stadt, sah in Gedanken die Kirche über den Brücken und Häusern, sah die Kuppel, die das Stadtzentrum bekrönte. Als die Kirchenleitung an ihn herantrat, war er bereit, die Aufgabe zu übernehmen. So nüchtern, scheint mir, ist der Mann nicht, der sich an die Anfänge erinnert.

Die Herren sind erschienen. Vorerst geht es um Geld. Nach wie vor hält sich der Freistaat Sachsen mit Fördermitteln für die Kirche zurück. Keine Mark ist bisher geflossen. Der Vorschlag des Finanzministers Georg Milbradt im Landtag, der Frauenkirche 25 Millionen DM zur Verfügung zu stellen, wurde von den Politikern abgelehnt. Das war vorauszusehen, und der Minister hatte seine Schuldigkeit getan. Gerhard Glaser bringt es auf den Punkt: Der Spitze im Finanzministerium ist der Wiederaufbau ein Luxus. Burger informiert. Ihm liege eine Liste des Wissenschaftsministeriums mit über 25 Millionen DM Fördermitteln vor. Die Mittel sind für Sanierung von Kirchenbauten gedacht, auch die Frauenkirche ist erwähnt. „Wir stehen auf der Liste ganz unten", sagt Burger.

Die Herren werden sich schnell einig. Der Bauausschuss der Frauenkirche muss zur Verteilung der Fördermittel Stellung nehmen. Zum Turmkreuz werden sich die Herren nicht so schnell einig.

Mehrere Varianten zur Gestaltung des Turmkreuzes, das im 19. Jahrhundert Schmuckzutaten erhielt, werden erwogen. Sollen sie auch das neue Kreuz schmücken? Oder ist es redlicher, die ursprüngliche Turmspitze zu rekonstruieren? Ein schwieriger Fall. Eindeutig festlegen wollen sich die Denkmalpfleger an diesem Tag nicht. Burger drängt, will einen Termin. Freunde in England, die sich für den Wiederaufbau engagieren, wollen ein neues Kuppelkreuz gestalten und bezahlen. Sie haben sich für den April angesagt. Da möchte er ihnen schon sagen können, was die Stiftung will. Deshalb sein Drängen. Schön, wie er versachlicht.

Aber dann gibt sich Burger doch hintersinnig. Wieder geht es um vorauseilende Jahre, den Orgelbau für die Kirche. Zur Zeit wird um Form und Gestalt der künftigen Orgel in einer Arbeitsgruppe gestritten. Eigens dafür wurde eine Orgelkommission gebildet. Soll man die ehemalige Orgel, die Gottfried Silbermann für die Frauenkirche geschaffen hat, streng nachbauen oder sie musikalisch erweitern? Nur in einem scheint Übereinstimmung zu bestehen: Der historische Prospekt soll rekonstruiert werden, der Grundriss ist vorgegeben, das Aussehen auf Fotos erhalten.

Burger gibt zu, dass er etwas spekuliert, dass er die Berufsehre anderer herauslocken will. „Was die Orgel leisten soll, das wissen wir etwa, aber wie das im Einzelnen zu realisieren sei, wissen wir nicht." Er hat an sieben anerkannte Orgelbaufirmen einen Brief vorbereitet. Sie sollen sagen, wie sie die Orgel bauen würden. Der Aufwand, den er den Firmen abfordert, ist hoch. Und er wird nicht bezahlt. Und wenn sie nicht mitmachen?

Burger neigt den großen Kopf, hebt ihn, fährt mit der Hand durch seinen prächtigen Haarschopf. In den Mundwinkeln ein Lächeln, das erste an diesem Tag, lustvoll geöffnete Augen, alles an ihm scheint Lust und Wagnis zu sein. O ja, er wird seine Erfahrungen haben, die er verschweigt. „Ich rechne mit ihnen. Sie werden sich doch die Chance nicht entgehen lassen, die Orgel zu bauen."

Ab in die Unterkirche zum neuen, schwarzen Altar. Burger schleppt Steinplatten heran, ein Steinmetz kommt ihm zu Hilfe. Glaser und Burger sind mit der bisherigen Einfassung des Altars unzufrieden. Sie rücken und verschieben Platten, legen sie um den schwarzen Stein. Der oberste Denkmalhüter des Landes Sachsen und der Baudirektor als Gestalter. „So müsste es gehen", sagt Glaser. Und Burger gibt Anweisungen an den Steinmetz – entschieden.

Danach hat es Burger eilig. BBC London hat ihn um ein Interview gebeten. Eine Dame, hieß es, komme deshalb eigens aus London nach Dresden geflogen. Burger hat kurzfristig zugesagt.

Die Reporterin bittet um eine kurze Baugeschichte der Frauenkirche, hält Burger das Mikrofon hin. Vom Altar in die Geschichte, hinein in das 18. Jahrhundert, als die Frauenkirche entstand. Der Baudirektor aus dem Stegreif, Vorbereitung, Grundsteinlegung, Kostenanschläge, Weihe des evangelischen Gotteshauses, kurze Würdigung der Bauleistung. Es ist ihm anzusehen: Mit den Medien geht Burger inzwischen professionell um. Einige Sätze von besonderem Gewicht fallen. George Bähr hat anfangs gewiss nicht an eine steinerne Kuppel gedacht. Der erste Entwurf sieht eine Holzkonstruktion vor. Aber die Idee, sie aus Stein zu bauen, muss er sehr früh erwogen haben. Im Inneren der Kirche war bald alles darauf angelegt, diese schwere Last zu tragen. Diese Voraussicht und dieser Kampf des Ratszimmermeisters George Bähr gegen Unverständnis und Zweifel, gegen Anfeindungen zeichnen den Ratszimmermeister aus. Wird da ein Vorbild beschworen? Der Baudirektor lässt es sich nicht nehmen, der Dame die Kirche zu zeigen. Und sie sagt: „Wonderful, indeed."

Endlich habe ich Burger allein für mich. Er gönnt sich eine kleine Atempause, geht ein paar Schritte auf und ab, verharrt am Fenster, schaut auf die Hochregale am Neumarkt. Dort ruhen die geborgenen alten Steine, die in der Fassade ihren einstigen Platz einnehmen sollen. Auf die Grünpflanzen neben den Fenstern fällt Abendlicht. Was bedeutet Burger George Bähr?

Manchmal versucht er, sich den Baumeister vorzustellen. „Leider gibt es kein Bild von ihm. Er war ein harter Arbeiter. Erstaunlich, wie er alles koordiniert, wie weit er vorausgedacht hat. Er war ein rationeller Denker. Und er hat auf die Kosten der Kirche geschaut. Ihm sind nur wenige Fehler unterlaufen. Wir bauen die Kirche neu, aber in seinem Sinne und in ursprünglicher Gestalt, mit Ergänzungen und genaueren statischen Berechnungen. Ihr Wiederaufbau ist keine Kopie, wie manche Kritiker meinen."

Burger setzt sich, nimmt die Brille ab, verharrt in Nachdenklichkeit. Die Geräusche des Baualltags sind deutlich hörbar. „George Bähr war mehr als ein Baumeister, er war ein begnadeter Architekt, ein Künstler", sagt er. „Wie er den Lichteinfall in das Kircheninnere geführt, mit Schattenspielen gerechnet hat, das ist schon erstaunlich. Und die glockenförmige Kuppel, eine einmalige Leistung ist sie. Es ist eine Herausforderung, hier bauen zu können, für alle."

Der bisherige Aufbau liegt im Zeitplan. Das weitere Vorgehen ist abgestimmt. Bis zum August nächsten Jahres soll das Los III fertiggestellt sein. Bis dahin sind dann weitere 23 Millionen verbaut.

Still geworden ist es im Container. Burger will sich seinem Vorausdenken, den Briefen, den Fragen, den Angeboten ungestörter widmen. Aber dann klingelt das Telefon. Er nimmt ungern den Hörer ab. Welche Verwandlung findet statt. Der große kräftige Mann und diese leisen, behutsamen Worte. Er legt auf. Seine Enkelin hat ihn erinnert, dass er ihr versprochen hat, auf den Rummel zu gehen. „Was soll man da machen?" Es ist so viel Strahlen in seinen Augen.

Das Bild von Bernardo Bellotto (gen. Canaletto) zeigt den Neumarkt als geschlossene Stadtkomposition.

Begehrter Ratszimmermeister

1689 bis 1725

Im Oktober 1705 geschieht in Dresden Unerwartetes. Der Ratszimmermeister Andreas Voigt war gestorben. Die Stadt suchte dringend einen Nachfolger. Es boten sich mehrere Zimmermeister an. Warum ausgerechnet der Blick auf George Bähr aus Fürstenwalde fiel, kann nur vermutet werden. Er muss sich bereits in der Stadt besonders hervorgetan haben, denn: Bähr besaß nicht mal den Meisterbrief, auch nicht das Dresdner Bürgerrecht.

Am 17. Oktober beriet der Rat über Voigts Nachfolger. Die Stadt brauchte einen Mann, „der mehr als einen bloßen Zimmermann abgibt", sondern „in der architectura civili wohlerfahren" sei. Die Herren waren sich nicht gleich einig. Ein gewisser Schäfer wollte, „daß Bähr in Altendresden, welcher ein guter Mechanicy, dazu sollte angenommen werden". Ein anderer, H. B. Dornblüth, meinte: „Man würde denselben nicht übel thun, weil er zu allen Sachen geschickt wäre." Andere erhoben Bedenken. H. Vogler: „Es wäre derselbe zwar ein guter Mechanicy, aber kein Zimmermeister, wäre also bedenklich, deßen Person anzunehmen." Das Protokoll vom 17. Oktober hielt viel Für und Wider fest. Schließlich setzten sich Bährs Befürworter durch. Lediglich an einer Bedingung hielten alle Ratsherren fest: Bähr sollte seine Meisterprüfung schnell ablegen.

Drei Tage später, am 20. Oktober, wurde Bähr vereidigt. „Ist George Bahr (Schreibung schwankt) von Lauenstein, so das Zim-

merhandwerck erlernet auch darauf etliche Jahr als geselle gearbeit, hernach auf andere Mechanische wissenschafften sich geleget, und es darin ziemlich weit gebracht, zu des Raths Zimmer-Meister vereydet, darbey er sich erbothen das Meisterrecht durch Verfertigung der gewöhnlichen Riße zu gewinnen..." Bähr war hinfort für das kommunale Bauwesen der Stadt mit verantwortlich. Er übernahm den Gesellen seines Vorgängers und hielt sein Wort. Am 21. November 1705 unterschrieb er zum ersten Mal als Meister Rechnungen. Schade, dass nicht bekannt ist, ob er sich für die Stelle des Ratszimmermeisters beworben hatte oder ob sie ihm angeboten worden war.

Hat er sich gefreut? Ich nehme es an. Ratszimmermeister war gewiss eine angesehene Position. Sicher nicht so angesehen wie Landbaumeister im Hofbauamt, aber immerhin. Die Bürger der Stadt und das Rathaus bauten ebenfalls. Gerade auch zur Barockzeit erfuhr das bürgerliche Bauen in Dresden Aufschwung.

Auf Bährs Tisch lag eine große Last an Arbeit, die er nunmehr im Auftrage des Rates auszuführen hatte. Er musste Berechnungen prüfen, Reparaturen veranlassen, Kosten für Neu- und Umbauten schätzen, sich um Brücken und öffentliche Gebäude kümmern. Die Arbeit brachte ihm jährlich sechs Gulden ein. Das war wahrlich nicht viel. Zum Leben reichte es bei weitem nicht. Zum Vergleich: Pöppelmann erhielt als Landbaumeister ab 1711 1200

Taler. Über seine Verpflichtungen hinaus war es Bähr gestattet, tätig zu werden. Über die nächsten Lebensjahre ist über George Bähr wenig bekannt. 1711 zog Bähr um. Dem Haus An der Mauer 2/Ecke Seestraße, das sein Eigentum wurde, blieb er bis zu seinem Tode treu. Dort richtete er auch im vierten Geschoss seine Arbeitsstube ein. Bähr wohnte mitten in der Stadt, nur wenige Schritte vom Altmarkt entfernt. Dies darf durchaus als Zeichen einer gehobenen Stellung gewertet werden. Das Haus gibt es nicht mehr, es wurde abgebrochen.

Inzwischen war allerhand Bewegung in die Stadt gekommen. 1694 begann eine neue Epoche in Dresden, ja in Sachsen. Sie wird später als augusteische Zeit bezeichnet (1694–1763). Der Bruder Friedrich Augusts, Johann Georg IV., war 1694 an Pocken gestorben. Unerwartet fiel dem Jüngeren der Kurhut zu. Darauf war Friedrich August nicht vorbereitet, als Zweitgeborener hatte er seine Zukunft als Soldat gesehen. Feldherrnlorbeer wollte er auf den europäischen Schlachtfeldern erkämpfen. Das Schicksal hatte es anders gewollt. Jetzt musste er das Kurfürstentum Sachsen regieren. Sehr früh trieb ihn sein Ehrgeiz an. Er wollte sein Dresden gründlich verändern. In den deutschen Landen war um die Wende zum 18. Jahrhundert eine große Baulust ausgebrochen. In den Residenzen Hannover, Berlin, Wien entstanden Paläste und Palais, Gärten und Theaterbauten. Friedrich August I., später August der Starke genannt, wollte den anderen Landesherren nicht nachstehen. Er wurde zum großen Bauherren in seiner Residenz. Dresden stieg in den Kreis berühmter barocker Städte auf. Das Bauen sollte den Wettiner erhöhen, sollte von dessen Bedeutung und der wirtschaftlichen Stärke des Hauses Wettin künden.

Aber das höfische Bauen musste vorerst in Dresden warten. 1697 erkaufte sich Friedrich August I. die polnische Krone. Die Kassen waren leer, die Schulden erreichten bedenkliche Höhen. Mit der polnischen Krone errang der Wettiner im Wettrennen um Kronen und Rangerhöhung, die viele Fürstenhäuser anstrebten, als erster einen gewichtigen Erfolg, wurde vor Brandenburg, vor Hannover König. Als polnischer König und Kurfürst von Sachsen stieg er auf der politischen Bühne zu einer europäischen Größe auf.

Leider ließ er sich zum Krieg gegen Schweden, das damals Großmacht war, hinreißen. Aber gegen Schweden Krieg zu führen, hatte er dem polnischen Adel und dem Klerus vor der Wahl zum König versprochen. Dieser Krieg wird ihm nicht bekommen. Der Schwedenkönig Karl XII. wird ihn im Nordischen Krieg durch Polen jagen und schließlich Sachsen besetzen. Erst als er nach der Niederlage Karls bei Poltawa wieder in den Besitz der polnischen Krone gelangte, begann in Dresden eine große Bauzeit. Sie wird die Residenz gründlich verändern. Die Renaissancestadt des Kurfürsten Moritz wird sich zu einer modernen barocken Stadt wandeln. Daran wird auch George Bähr mit einigen Gebäuden seinen Anteil haben.

In aller Stille bereitete sich in Bähr ein großes Werk vor, der Bau der Frauenkirche am Dresdner Neumarkt. Den Grund legte George Bähr mit mehreren kleinen Kirchen auf dem Lande. In Schmiedeberg im Osterzgebirge, nicht allzu weit von Fürstenwalde entfernt, an der Straße nach Böhmen gelegen, baute er eine kleine Zentralkirche (1713/16). Die ursprüngliche Kirche hatte ein Dorfbrand vernichtet. Neuere Forschungen ergeben, dass die Kirche in Beitsch, damals Niederlausitz, heute Polen, Biecz, Bährs Handschrift trägt (1716–1719). Es folgte eine neue Kirche im erzgebirgischen Forchheim bei Marienberg, ab 1719. Nahe Dresden, in Kesselsdorf, wurde die Kirche von Bähr vor allem im Inneren umgebaut und erweitert (1720–1724). Praktisch einem Neubau gleich kam die Stadtkirche in Hohnstein in der Sächsischen Schweiz. Er, der aus dem Fenster seines Geburtshauses in Fürstenwalde auf den dünnen Dorfbach geschaut hatte, war zu einem gefragten Architekten und Baumeister geworden, zu einem Baumeister protestantischer Kirchen, in denen das Wort der Bibel im Mittelpunkt des Gottesdienstes stand. Welch eine Bauwelt hat der Zimmermannssohn geschaffen. Da dürften wohl auch einige Taler in seinen Geldbeutel geflossen sein, genug zum Leben und fürs Alter.

Kanzler Heinrich von Bünau kaufte 1722 das Seußlitzer Rittergut bei Meißen. Er beauftragte George Bähr mit dem Umbau des großen Anwesens. Eine großartige Aufgabe! Auf dem ehemaligen Klostergelände und dem Rittergutsareal entstanden ein dreiflügliges neues Schloss und die neue Schlosskirche. Auch heute geht von diesem Ort ein wunderbarer Zauber aus. Gelegen am Fuße von Weinbergen und nahe der Elbe strömen die Gebäude fast südländische Heiterkeit aus. 1722 machte sich George Bähr an dieses Werk. Aber auch in Dresden wurde er tätig. Am Neumarkt werden ihm Bürgerhäuser zugeschrieben, so das British Hotel und das Palais de Saxe. Beide Gebäude sollen als sogenannte Leitbauten beim Wiederaufbau des Neumarkts rekonstruiert werden. Gesichert ist, dass George Bähr an der Königstraße Nummer 3 mit gebaut hat. Und: Gemeinsam mit dem Zwingerbaumeister Matthäus Daniel Pöppelmann errichtete er die Neustädter Dreikönigskirche.

Die Zeiten und Umstände waren günstig. Sie ermöglichten, dass sich ein solcher Mann entwickeln konnte, dass sich das Wunder seines Werdens formte. Gemeinsam mit Johann Gottfried Fehre, dem Ratsmaurermeister, dem Steinmetzmeister Daniel Ebhardt und dem Bildhauer Johann Christian Feige d. Ä. sollte er ein Werk von europäischer Größe schaffen. Aber noch ist es nicht so weit. Der Alltag nahm ihn in die Pflicht. Die Stadt bekam mit der alten Frauenkirche Unser Lieben Frauen zunehmend Sorgen. Der Bauzustand der Kirche verschlechterte sich zusehends. Sie drohte einzustürzen. Es bestand Gefahr für Leib und Leben der Kirchbesucher. So standen die Dinge im zweiten und dritten Jahrzehnt des 18. Jahrhunderts in Dresden.

Oberbauleiter Ringelmann: Kompromisslos um Qualität bemüht.

Porträt. Gottfried Ringelmann

Draußen ist es dunkel. Schwere Wolken hängen tief über Dresden. Ein scharfer Regen setzt plötzlich ein. Er trommelt gegen die Baracke am Neumarkt. Lautes Hämmern dringt von der Frauenkirche in das Büro des Oberbauleiters Gottfried Ringelmann. Es ist früh am Morgen, kurz nach sechs Uhr.

Ringelmann hat das Tagesprogramm kurzfristig umgestellt. Die Baustellenrapporte am Vormittag fallen aus. Professor Klemm von der Bergakademie Freiberg hat sich angesagt. „Ein wichtiger Mann", sagt Ringelmann.

Wieder einmal geht es um den weiteren Wiederaufbau der Frauenkirche. Als Oberbauleiter hat Ringelmann für die Leistung von Heilit+Woerner gerade zu stehen. Der Bauherr, die Stiftung Frauenkirche, und die Bauausführenden, die Arbeitsgemeinschaft, haben Klemm als Gutachter gewonnen. Immer noch wird an der Güte des Mörtels gearbeitet. In den zurückliegenden zwei Bauabschnitten sind Salze, sogenannte Ausblühungen, an einigen Fugenstellen aufgetreten. Klemms Untersuchungen sollen mithelfen, die Qualität des Mörtels, der den Experten seit Baubeginn der Frauenkirche Sorgen bereitet, zu verbessern. Verbindliche Entscheidungen müssen zum Mörtel fallen. Die Zeit sitzt den Bauleuten im Nacken. Die Kirche soll bis zum Dezember auf gut elf Meter Höhe wachsen.

Ringelmann lehnt sich in den Schreibtischstuhl zurück, hebt seinen Kopf, zieht die Augen zusammen. „Von Klemms Ergebnissen hängt einiges ab", sagt Ringelmann. Ich kenne Ringelmann seit dem Wiederaufbau der Semperoper. Damals stieg er als erster allein in die ausgebrannte Ruine, tastete sich an den morschen Rängen entlang. Niemand wusste um die genaue Beschaffenheit der Mauern. Bevor er seine Leute in den Bau hineinließ, wollte er wissen, wo die Gefahren liegen, was er seiner Truppe zumuten darf. Das ist mehr als 20 Jahre her.

Am ersten Oktober 1984, 12 Uhr, kletterte er mit einigen Leuten zum ersten Mal ins Dresdner Schloss. Das Ausmaß der Zerstörung erschreckte ihn nicht mehr. Er kannte auch andere Ruinen, die der Dreikönigskirche in der Dresdner Neustadt, die sanierungsbedürftige Matthäuskirche in der Friedrichstadt. Inzwischen hat es Ringelmann auf 61 Jahre gebracht. Und zieht noch immer seine Spur, die mit dem Aufbau des Dresdner Altmarktes West in den fünfziger Jahren begann. Und jetzt, nach mehr als 40 Jahren Bauen in Dresden, hat er einen großen Wunsch: Er möchte das Kreuz auf der Kuppel der Frauenkirche mit seinen Händen anfassen. „Das wäre es dann", sagt er. Dann könnte er sich endlich mehr Zeit für seine Modelleisenbahn im Garten nehmen, für seine Geflügel- und Taubenzucht, für Hund und Katze.

Die, die ihn gut kennen, sagen: Ringelmann kann lange schweigen und zuhören, er kann poltern, laut werden, leise sein, gar sanft. Fehler darfst du machen, aber du musst sie eingestehen und schnell beheben. Er kann auch loben. Und wenn es sein muss, wird er gar zum Diplomaten. Aber das hat er erst in den letzten Jahren gelernt. Lügen und Vertuschen kann er nicht ausstehen. Wer pfuscht, bekommt seine ganze Verachtung zu spüren. Er ist unerbittlich, wenn es um Qualität geht.

Dafür ist Ringelmann bekannt. Deshalb hat man ihn immer wieder auf wichtigen Baustellen eingesetzt: an den Dresdner Kirchen, im Schloss, in der Sempergalerie Alte Meister, am Kulturpalast, an anderen großen Wiederaufbauvorhaben, die ein Stück des alten und neuen Dresdens ausmachen. Seit der Wende arbeitet Ringelmann im Baukonzern Heilit+Woerner, der in Dresden eine Niederlassung gegründet hat.

Professor Klemm trifft halb neun ein. Man kennt sich und kommt gleich zum Thema. Klemm legt Farbfotos auf den Tisch, Auswertungsprotokolle. Ringelmann wirkt gelassen, überlässt Klemm das erste Wort. Die Kamera hat Ausblühungen am Sandstein festgehalten. Kurzes Schweigen. Der Regen hält an. Ringelmann beugt sich über die Fotos. Seine Hand geht zur Stirn, langsam, verharrt dort eine Weile.

Überraschenderweise beruhigt Klemm. Mit dem bloßen Auge sind die Kristalle kaum wahrnehmbar. Die Fotos zeigen sie in mehrfachen Vergrößerungen. „Der Knackpunkt ist", fährt Klemm fort, „dass niemand weiß, wie sich der Sandsteinbau auf die Umwelt einstellen wird. Verschiedene Bindemittel im Mörtel enthalten Salz. Es völlig auszuschließen ist nicht möglich." Ringelmann scheint mit dem Kommentar zufrieden. Aber Klemm setzt nach, will wissen, wie sich Salz und Sandstein an der Semperoper verhalten haben. Ringelmann war unlängst wieder an der Semperoper gewesen, hat ihre Fassade genau gemustert. Anfangs gab es auch dort geringfügige Ausblühungen. Von ihnen ist heute nichts mehr zu sehen. Im Schloss konnte er überhaupt keine Ausblühungen feststellen.

Die beiden erheben sich, gehen hinaus zur Frauenkirche, tasten Mauerwerk ab, hocken sich nieder, kratzen an Fugen. Zwei Experten, der Wissenschaftler und der Baupraktiker, sichtlich im Einvernehmen, eine Kirche zu bauen, die dem Werk George Bährs nicht nachstehen soll. Sie trennen sich freundlich und respektvoll.

11 Uhr. Ringelmann hat eine Beratung angesetzt. Er legt Jacke und Schlips ab. Langer Blick in die Runde. Dann nimmt er Berichte entgegen. Zwei bekommen eine Kopfnuss. „Morgen, neun Uhr, liegt Vollzug auf meinem Tisch." Es knistert in dem kleinen Büro. Die Älteren spricht Ringelmann mit „Sie" an, die Jüngeren mit „Du". Das „Du" kommt nicht zurück. Ringelmann will diese Distanz. Alles dreht sich um Termine, Tempo und Geld. „Wir müssen den Krieg gewinnen", sagt Ringelmann. „Geld schafft Feindschaft. Damit müssen wir leben. Die kleinste Leistung ist abzurechnen. Darin sind mir einige von euch noch oft zu ungenau." Wieder der Blick in die Runde. Kein Widerspruch. Und Ringelmann erzählt ein Geschichtchen. Er kannte mal einen, der hat seine Schwiegermutter zweimal verkauft. Und keiner hat's bemerkt. „Fragen? - Keine? - Ihr seid frei."

Die Mittagspause fällt aus, die Frühstückspause ist auch ausgefallen. Seine Frau Erika, die als Sekretärin bei ihm arbeitet, will ihm eine Schnitte machen. Er lehnt ab, er wird im Schloss erwartet. Dort gibt es Stunk. Ein Subunternehmen hat gepfuscht. Die Betondecke über dem Kleinen Schlosshof – erst jüngst geschüttet – ist an den Rändern undicht. Ringelmann prüft das neue Stahlgeflecht. Sein Gesicht ist grau vor Ärger. Der Pfusch im Kleinen Schlosshof hält auf. Der Wiederaufbau des Erkers am Bärengartenflügel ist seit Wochen in Verzug.

Seit 1986 baut Ringelmann am Dresdner Schloss. Rund 176 Millionen DM wurden bis Ende vorigen Jahres für die äußere Wiederherstellung ausgegeben, 129 Millionen davon hat Ringelmann verbaut. In diesem Jahr hat der Oberbauleiter zehn Millionen zur Verfügung, weniger als 1996. Er kommt mit den zehn Millionen aus. Ihn drückt ein anderes Problem, „schlimmer als ein neuer Schuh", sagt er. Nach Abschluss des Südflügels, gegenwärtig Bauschwerpunkt im Schloss, ist ein zügiges Weiterarbeiten nicht mög-

lich. Zur Zeit ist unklar, wie der letzte große Bauabschnitt, der Ostflügel, aufgebaut wird. Zwei Varianten werden erwogen, die ursprüngliche Baugestalt vom 16. Jahrhundert oder die Fassade von 1901.

Ringelmann gibt zu, daß er ungeduldig die Entscheidung des Bauherren, des Finanzministeriums, erwartet. Vier Jahre bleiben ihm noch bis zum 65. Lebensjahr. Spätestens bis dahin möchte er das Äußere des Schlosses rund haben. „Bauen ist etwas Großartiges", sagt er, „und immer auch ein Abschied. Die Mauern brauchen dich nicht mehr. Du bist entlassen." In den Südflügel hinein. Maurer führen ein Kreuzgewölbe aus. Sie scheinen den Oberbauleiter nicht zu beachten, fahren ungerührt in ihrer Arbeit fort. Ringelmann schaut sich das Gewölbe genau an. „Gute Arbeit", lobt er, „wirklich gute Arbeit." Noch auf dem Weg in den Südflügel stand ihm der Ärger im Gesicht, nun wirkt er wie verwandelt. „Auf meine eigenen Leute kann ich mich verlassen."

Im Büro ist der Mappenstapel angewachsen. Gottfried Ringelmann hat sich einen Spezialisten für Gewölbeverschalung und Raumrüstung eingeladen. Wieder geht es um die Frauenkirche. Zwar weiß zur Zeit niemand, wer nach der kommenden Ausschreibung den Zuschlag für den nächsten Bauabschnitt erhalten wird, aber Ringelmann will vorbereitet sein, sollten sich Heilit+Woerner und die Mitglieder der Arbeitsgemeinschaft gegen andere Bewerber durchsetzen.

Die beiden Männer betasten sich. Ringelmann erläutert ausführlich. Sein Gast stellt nur wenige Fragen. Offenbar ist er im Bilde, was ihn erwartet. Der Nachbau der Kirchenkuppel, der viel gerühmten Steinernen Glocke, ist in Bährscher Art auszuführen. „Würden Sie sich das zutrauen"? fragt Ringelmann. Die Antwort kommt leise, aber bestimmt: „Ich denke schon."

Wieder liegt die Stadt unter dunklem Himmel. Ringelmann packt Mappen in die Tasche. Das Schloss im Abenddunkel, die Frauenkirche wie eine vom Licht durchflutete große Pusteblume. Zu Hause, verrät Ringelmann, wird über die Arbeit nicht gesprochen. Das hat er mit seiner Erika so vereinbart. Nur wenn die Tochter, die Bauingenieurin ist, zu Besuch kommt, reden sie übers Bauen. Nach einer halben Stunde Ruhe auf dem Sofa widmet er sich seinen Haustieren. Da schaltet er ab wie andere beim Golf spielen oder Rasenmähen. Und sonntags lässt er es sich nicht nehmen, seine Modelleisenbahn durch den Garten fahren zu lassen, über die Brücke, die einen Teich überquert, unter Bäumen entlang. Nach dem gemeinsamen Abendbrot mit seiner Frau zieht er sich meist in sein Arbeitszimmer zurück. In der Stille des Hauses, das er sich in Dresden-Omsewitz gebaut hat, nimmt er sich die unerledigten Mappen vor. Das geht meist bis Mitternacht und später. „Früh", sagt er, „muss mich meine Frau rütteln, ehe ich aus dem Bett finde."

DRESDEN 1945
13.-14. FEBRUAR

Soll er liegenbleiben oder wieder eingebaut werden? Um den Westgiebel entbrannte eine heftige Auseinandersetzung.

Langer Streit um den Westgiebel

1998

4. Februar 1998

Die Alten bleiben die Neuen

Es gibt diese Augenblicke, die so still sind, dass man sie hört. Graues Nachmittagslicht ruht auf der großen Schutzplane, welche die Kirche umhüllt. Die Schauer der Steinmetzen am Neumarkt sind geschlossen, verklungen ist der Meißelschlag. Die Bauleute verlassen das Kircheninnere. Dunkel schimmert Ernst Rietschels bronzenes Lutherstandbild. Sehr aufrecht steht der Reformator auf dem Sockel, die Bibel fest in der Hand. Ein gute Wehr und Waffe. Luther hat sich in Dresden nur zweimal aufgehalten. Im Juli 1518 predigte er in der Schlosskapelle vor Herzog Georg. Der Wettiner hielt bis zu seinem Tode am alten katholischen Glauben fest. Nach der Disputation Luthers mit Johann Eck in Leipzig, an der Georg teilnahm, wurde der Kurfürst zum entschiedenen Gegner des Reformators. Auch nach Georgs Tod zog es Luther nicht in die Residenz an der Elbe.

Eintreten in das Kirchenrund. Stählerne Gerüste stehen im Raum. Nur eine elektrische Lampe brennt unter dem Schutzdach. Spärliches Licht im Kircheninneren. Acht Pfeiler streben schlank in die Höhe, ausgeführt sind die Portale, die Treppenhäuser höher gewachsen. Die Bauleute haben Ende Januar die 24. Sandsteinschicht versetzt, die Fassade hat 11,45 Meter Höhe erreicht, 11,45

von 91. „Wir werden immer schneller", hatte Bauleiter Holger Löwe vor ein paar Tagen gesagt. „Es zahlt sich aus, dass wir auch im dritten Bauabschnitt, auch als Los bezeichnet, dabei sind." Löwe hatte den Schutzhelm abgelegt und sich über Zeichnungen gebeugt. Der Einbau der ersten Stahlkonstruktion für die Betstuben stand bevor. Es gab einige Probleme. Noch tüftelten die Experten am optimalen Transportweg für die langen Stahlteile, die ins Innere der Kirche hinein müssen. Das wird ein kompliziertes Einfädeln. Die Stahlträger sind reichlich zehn Meter lang. Löwe ist auch einer, der nur ungern über Ungesichertes redet.

Der Beginn des dritten Bauabschnitts war mit viel Aufregung verbunden. Ich erinnere mich an das zurückliegende Frühjahr. Am 11. April liefen die Verträge für den zweiten Bauabschnitt aus. Acht Meter Hochbau würden dann bewältigt sein. Auf der Baustelle herrschte seit längerem Unruhe. Mit wem ich auch sprach, den Bauleuten von Heilit+Woerner, den Steinversetzern der Sächsischen Sandsteinwerke, sie alle fragten sich: Werden wir auch künftig dabei sein? Ich bin keinem begegnet, der dies nicht wollte. Sie alle meinten: Wir haben unser Bestes gegeben. Viel Erfahrung ist dazugekommen. Im Plan liegen wir auch. Nun ist es an der Bauherrin zu entscheiden, ob wir gut genug gearbeitet haben, ob sie die Angebote unserer Firmen annehmen kann.

Mehrere Unternehmen hatten sich um den dritten Bauabschnitt beworben. Einige kapitulierten bereits im Vorfeld vor den Anforderungen, andere wollten nur Teilleistungen übernehmen. Fünf Bewerber rückten schließlich in die engere Wahl. Eine Bauleistung von 23 Millionen DM – die Planung nicht eingeschlossen – war zu realisieren. Löwe blieb bis in die Apriltage hinein skeptisch. Er wollte erst an den Auftrag glauben, wenn er die Verträge unterschrieben sieht. „Es gibt auch andere", sagte er, „die einiges können. Legen sie bessere und billigere Angebote vor, dann fallen wir durch." Selbst der Geschäftsführer der Sandsteinwerke Pirna, Hans-Jürgen Walther, war sich nicht sicher, obschon er auf seine Steinbrüche bei Pirna setzte. Einige Wochen später war alles ausgestanden, die Ungewissheit, die Zweifel, die unruhigen Stunden

schiedenheit geführt. „Auch wir sind froh", sagte er damals, „dass das bisherige Aufbauteam mit der Arbeit fortfährt. Kontinuität und der erfahrene Blick der Bauleute sichern Qualität und Tempo am Sandsteinbau. Das wird der Kirche bekommen."

Ich steige zur 24. Schicht hoch. Der frische Sandstein schimmert. Deutlich heben sich die wenigen dunklen alten Steine, die aus dem Ruinenberg geborgen wurden, von den neuen Werksteinen in der Fassade ab. Am 27. Mai 1994 wurde der Grundstein für den Wiederaufbau der Frauenkirche gelegt. Knapp vier Jahre später ist reichlich ein Neuntel der Kirchenhöhe erreicht. Vor 251 Jahren wurden auf der Spitze des Kuppelturmes der Knopf und das Kreuz gesetzt. 17 Jahre Bauzeit waren seit der Grundsteinlegung 1726 verstrichen. 2006, zu Dresdens 800-Jahr-Feier, soll der protestantische Kirchenbau wieder aufgebaut sein, 61 Jahre nach seiner Zerstörung.

Die neuentstandenen Betstübchen lassen bereits eine vage Ahnung auf die Pracht des Kirchschiffes zu.

hatten ein Ende. Die Alten blieben die Neuen, die Arbeitsgemeinschaft erhielt den Zuschlag für den neuen Bauabschnitt. Zu ihr stieß das Bamberger Natursteinwerk Hermann Graser als vierter Partner. Ach, war das ein Tag. Es war schon ein bißchen wie Glockenläuten.

Holger Löwe schob den Helm hoch, als er vom Zuschlag erfuhr. „Jetzt glaube ich es", sagte er. „Wir sind weiter dabei. Ich war mir wirklich nicht sicher." Er zündete sich eine Zigarette an und sah zum Fenster hinaus. Im Containerbüro war es sehr still. Draußen dunkelte es. Die Kirche in ihrer Hülle leuchtete wie ein großes Licht. Selbst Baudirektor Eberhard Burger schien erleichtert. Wochen harter Preisverhandlungen lagen hinter der Stiftung und der Arbeitsgemeinschaft. Sie wurden von beiden Seiten mit Ent-

25. März 1998
Streit um Geld

Schlechte Nachrichten für die Frauenkirche. Im Dresdner Rathaus streiten die Stadträte um den Haushalt. Das Geld, das der Kommune für dieses Jahr zur Verfügung steht, reicht einfach nicht. Oberbürgermeister Herbert Wagner klagt: „Der Kommune werden immer mehr Aufgaben aufgebürdet und zugleich die Zuschüsse gekürzt." Und er belegt es: 1996 erhielt die Stadt 813 Millionen Mark Schlüsselzuweisungen, in diesem Jahr sind es nur 682 Millionen. Dresden muss 65 Millionen Mark Kredit aufnehmen, um den notwendigsten Verpflichtungen nachzukommen. Die Pro-Kopf-Verschuldung steigt auf 3239 Mark. Einsparungen sind dringend notwendig, um den Haushalt zu konsolidieren.

Darin sind sich alle Fraktionen einig. Einige Stadträte wollen den Zuschuss für die Frauenkirche beträchtlich kürzen. Die Stadt hatte sich verpflichtet, für den Wiederaufbau jährlich 2,5 Millionen Mark zur Verfügung zu stellen. Das hat sie bisher auch getan. Angesichts der knappen Kassen und der hohen Schulden wollen viele Abgeordnete eine Kürzung der finanziellen Zusage. Die PDS- und die SPD-Fraktion will eine Million weniger zahlen, die Grünen wollen wenigstens 900000 Mark einsparen. Sie sind ohnehin gegen den Wiederaufbau des Gotteshauses. Einige CDU-Stadträte setzen auf Zeit. In diesem Jahr soll die Frauenkirche gar kein Geld erhalten. Sie wollen den Zuschuss erst im nächsten Jahr gewähren. Aber es gibt im Stadtparlament auch starke Kräfte, die zu der Verpflichtung stehen.

In der Wiederaufbaustiftung Frauenkirche ist man beunruhigt. Jede Mark ist wichtig, sollen weitere Baufortschritte folgen. Die Spendenbereitschaft für die Kirche hat ohnehin nachgelassen. Baudirektor Eberhard Burger: „Wir rechnen mit dem Geld der Stadt. Eingegangene Verpflichtungen darf sie nicht einfach über Bord werfen. Das wäre unredlich und ganz gewiss ein falsches Signal. Immerhin erhält Dresden die berühmte Stadtsilhouette zurück."

Burger spielt auf die zunehmenden Anstrengungen der Stiftung und der Gesellschaft zur Förderung des Wiederaufbaus der Frauenkirche an, die sich im Ausland um Spenden bemühen. In den USA, in England, aber auch in Frankreich erfahren immer mehr Menschen vom Wiederaufbau des Gotteshauses. Es wäre gewiss nicht zuträglich, wüssten sie, dass die Stadt so schnell bereit ist, die Frauenkirche zu benachteiligen. Die endgültige Entscheidung zum Haushalt soll gegen Ende April fallen. Bange Wochen des Wartens stehen bevor.

14. April 1998
Stein des Anstoßes

Es braut sich was zusammen. Der abgestürzte Westgiebel vor dem Haupteingang der Kirche scheint zum Stein des Anstoßes zu werden. Aber auf der Baustelle will mir keiner etwas Verbindliches mitteilen. Dietmar Manig, sehr ruhig, sehr zurückhaltend, sagt: „Über ihn wird auf höherer Ebene entschieden." Und er rät mir abzuwarten, nicht in die Presse zu gehen. „Greifen Sie nicht vor, es könnte nur noch mehr böses Blut geben." Einer, der die Verhältnisse an der Frauenkirche gut kennt, erläutert die Hintergründe: „Es bestehen zwei Parteien. Die eine will den Giebel wieder in die Fassade einbauen, die andere möchte ihn als Mahnmal liegen lassen. Das ist eine alte Geschichte. Sie kommt jetzt wieder hoch, weil entschieden werden muss." Ich komme mir vor, als recherchierte ich in einem Kriminalfall, von dem die Öffentlichkeit nichts wissen darf.

Das zusammenhängend herabgestürzte Fassadenteil „Westgiebel" im Trümmerfeld.

Ein provisorisches Dach überdeckt den Westgiebel. Seit dem Einsturz der Kirche im Februar 1945 liegt das Großteil unverändert an der Westseite des Baus. Die ungeheure Wucht des Aufpralls ist noch nach 53 Jahren vorstellbar. Wie gewaltsam hingestreckt liegt das Großteil, wie ein erstickter Schrei. Schräg ragt das Simsstück in die Höhe, scharfe Kanten stehen hart im Licht. Sandstein liegt zu Schutt zerquetscht. Zeit und Wetter nagen an der Oberfläche. Risse durchziehen die dunklen Quader, abgeschlagen sind Teile des Schmucks. Gras sprießt aus dem Trümmerstück, kleine Birken wachsen. Es ist ein anrührender Ort. Seit die Kirche wieder aufgebaut wird, ist der Westgiebel zu einem Stein des Erinnerns geworden.

Bereits während der Enttrümmerung der Kirche gab es um den Westgiebel Auseinandersetzungen. Die Baupraktiker wollten ihn zerlegen und die Steine für den Wiedereinbau aufarbeiten. Damit befanden sie sich in Übereinstimmung mit der Aufbausatzung. Sie gebietet die Wiederverwendung der historischen Substanz, sofern sie sich eignet. Schließlich kam es zu einem Kompromiss zwischen

Prospect der Kirche zu ünser L. Frauen in Dreßden.

1. Die Kirche zu ünser L. Frauen. 2. die große Kirch Thür. 3. die Treppe auff daß Chor. 4. Sacristey Thüre. Hospital zu S. Materni. 6. Invention Hauß.

Die Kirche „Unser Lieben Frauen" war so einsturzgefährdet,
dass sie abgetragen werden musste.
An ihrer Stelle wurde die Frauenkirche gebaut.

Sorgen mit der alten Frauenkirche

1725

Dresden Anfang Januar 1725. Der Glöckner der alten Frauenkirche Michaelis eilt ins Rathaus am Altmarkt. Er, der kaum wie ein anderer mit dem alten Gemäuer des Gotteshauses vertraut ist, bringt eine schlechte Nachricht. In der Kirche Unser Lieben Frauen hat es „stark geknacket". Dem Rat bereitet die Nachricht große Sorge. Die Frauenkirche nimmt etwa 1600 Kirchbesucher auf. Das Haus ist ständig überfüllt. Nicht auszudenken, wenn es während der Predigt zu einem Einsturz käme und die Kirchbesucher vielleicht gar von herabstürzenden Gewölben erschlagen würden.

Dem Rat ist der schlechte Zustand der Kirche seit langem bekannt. Bereits zuvor hat es häufig „Riße und Zerberstungen" im Mauerwerk gegeben. Aber die Kassen waren leer, grundlegende Veränderungen noch nicht möglich. Der Rat ließ lediglich den Dachboden für die Kirchgänger sperren. Dies brachte die Menschen gegen ihn auf. Sie wollten ihren Gott loben und ihm dienen und fanden zu wenig Platz in der Kirche. In den anderen Dresdner Kir-

chen gab es auch keinen Platz. Ein misslicher Zustand! Dem Rat blieb nur eins. Die Kirche musste geschützt und gesichert werden. Es erging die Anweisung, das Läuten der Glocken einzustellen, damit die Töne nicht die Mauern erschüttern. Die Zimmerleute trugen gar den Dachreiter mit den Glocken ab, um den First zu entlasten. Nun zeigte Michaelis´ Nachricht, dass all diese Vorsichtsmaßnahmen nicht viel bewirkt hatten.

Bereits wenige Tage später, am 10. Januar, beraten die Ratsherren über die neue Hiobsbotschaft. Sie ist inzwischen in der Stadt bekannt geworden, wird in den Kneipen beredet. Das Beste wäre, die Kirche zu schließen. Aber dies anzuordnen traut sich keiner. Die Herren fürchten den Zorn der Kirchgänger.

Etwa dort, wo George Bähr die zweite Frauenkirche am Neumarkt errichten wird, steht die alte Frauenkirche Unser Lieben Frauen. Sie ist uralt. Ihr genaues Baudatum ist unbekannt. Der Dresdner

Kunsthistoriker Heinrich Magirius meint, dass sie „im Mittelalter die eigentliche Stadtpfarrkirche" gewesen sei. Sie steht aber außerhalb der Stadtmauer. Eine schlichte Kirche aus Holz kann dort schon vor der Stadtgründung Dresdens 1206 von den Meißner Bischöfen errichtet worden sein, ältere Quellen halten sogar einen früheren Zeitpunkt für möglich: das „ausgehende 10. Jahrhundert". Ausgrabungen haben diese frühe Gründung einer Frauenkirche allerdings nicht bestätigt. Ihre indirekte Erwähnung ist erst 1240 belegt, 1289 ist die alte Frauenkirche in einer Urkunde direkt genannt, wie der Historiker Manfred Kobuch im Jahrbuch „Die Dresdner Frauenkirche" 2003 (Seite 183) berichtet. Wahrscheinlich bildet die Kirche einen Vorposten in der Missionierung der slawischen Bevölkerung.

Ganz traut man dem Glöckner Michaelis im Rathaus offenbar nicht. Vielleicht hat er übertrieben. Der Rat bestellt seine beiden Ratsmeister George Bähr und Johann Gottfried Fehre ins Rathaus. Sie sollen die Kirche gründlich besichtigen und ein Gutachten vorlegen. Zu ihnen gesellt sich der Bauschreiber Oderich. Es ist nicht das erste Mal, dass die beiden die Kirche beschauen. Sie haben schon mehrfach auf ihren schlechten Zustand hingewiesen. Diesmal ist ihr Bericht alarmierend. Sie halten fest, „daß die Mauer an der Gaße sich seithero noch mehr herausbegeben und eine Hülfe dafür nöthig sey". Die Schäden haben seit ihrer letzten Untersuchung im Januar 1721 zugenommen. Sie schlagen vor, „diesen Zustand durch Abstützen der Kirche an den gegenüberstehenden Häusern abzuhelfen".

Ihren Vorschlag lehnen die betroffenen Hausbesitzer ab. Sie wollen ihre Mauern nicht als Stütze hergeben. Alles Reden hilft nichts. Schließlich wird die Kirche im Inneren mit Balken und Stämmen gesichert. Das ist gewiss kein schöner Anblick. Dieses Provisorium – das wissen alle Beteiligten – kann nur einen Aufschub bringen. Über kurz oder lang ist der Abbruch des Gotteshauses unvermeidlich. Das alte Gotteshaus hat seinen Dienst getan.

An der alten Kirche aus gotischer Zeit ist immer wieder herumgeflickt worden. Hinzukommt, dass der Bau und seine Umgebung zunehmend zum Ärgernis werden. Die Kirche steht auf dem Friedhof. Viele glauben, dass er die Luft verpeste und Ursache von Krankheiten sei. Dessen Verlegung und den Bau einer neuen Kirche hat August der Starke bereits 1714 gefordert. Er will keinen Friedhof mitten in der Stadt. Der Superintendent Valentin Löscher und viele Dresdner Familien, die dort ihre Grablegen besitzen, haben heftig gegen die Umbettungen der Toten auf den Friedhof vor dem Pirnaischen Tor außerhalb der Stadtmauer protestiert.

Der Kurfürst – sonst Herr in Dresden – lenkt ein und scheint seine Forderung zu vergessen. Er ist, um die polnische Krone zu erwerben, 1697 zum katholischen Glauben konvertiert. Dies haben ihm die Protestanten sehr übel genommen. Sie wittern überall Verrat

an ihrem rechten Glauben. Die Fensterscheiben katholischer Häuser werden eingeschlagen. Es ist vernünftiger, die angespannte Stimmung zwischen den Dresdner Katholiken und Protestanten nicht zusätzlich zu schüren, mag des Kurfürsten Einsicht gewesen sein. Kirche und Friedhof bleiben vorerst unangetastet. Aber inzwischen ist es dem Rat klar, dass es mit der alten Frauenkirche nicht länger gut gehen kann, trotz der Versteifungen im Innenraum des Gotteshauses.

Für den Bau der neuen Kirche bietet sich der alte Kirchhof an. Woanders gibt es keinen Platz in der von Festungswällen eingeschnürten Stadt. Die Gebeine der Toten müssen eben umgebettet werden. Dies wird man den betroffenen Hinterbliebenen klarmachen. Sofort hagelt es Proteste, es gibt Verweigerungen. Als den Hinterbliebenen sogar zugemutet wird, die Kosten für die Umbettung ihrer Verstorbenen selbst zu tragen, gärt böses Blut. Die Erklärung des Rates, dass er dafür kein Geld zur Verfügung habe, interessiert die Bürger nicht.

Aber der Bau der neuen Frauenkirche ist unaufschiebbar. Die Kirchgemeinde will sie, der Hof will sie, der Rat will sie. Er erteilt Bähr den Auftrag, Pläne für die neue Kirche zu entwerfen. Das ist der Anfang einer großen heftigen Zeit. Das kurfürstliche Oberbauamt und das Rathaus werden miteinander rivalisieren. Bähr, oft vom Bauherren, dem Dresdner Rat, enttäuscht, wird gegen alle Widerstände zu einem bedeutenden Baumeister heranwachsen. Im Schatten des katholischen Machtzentrums, dem Dresdner Schloss, wird er eine evangelische Kirche bauen, die zu den Meisterleistungen protestantischen Kirchbaus zählen sollte.

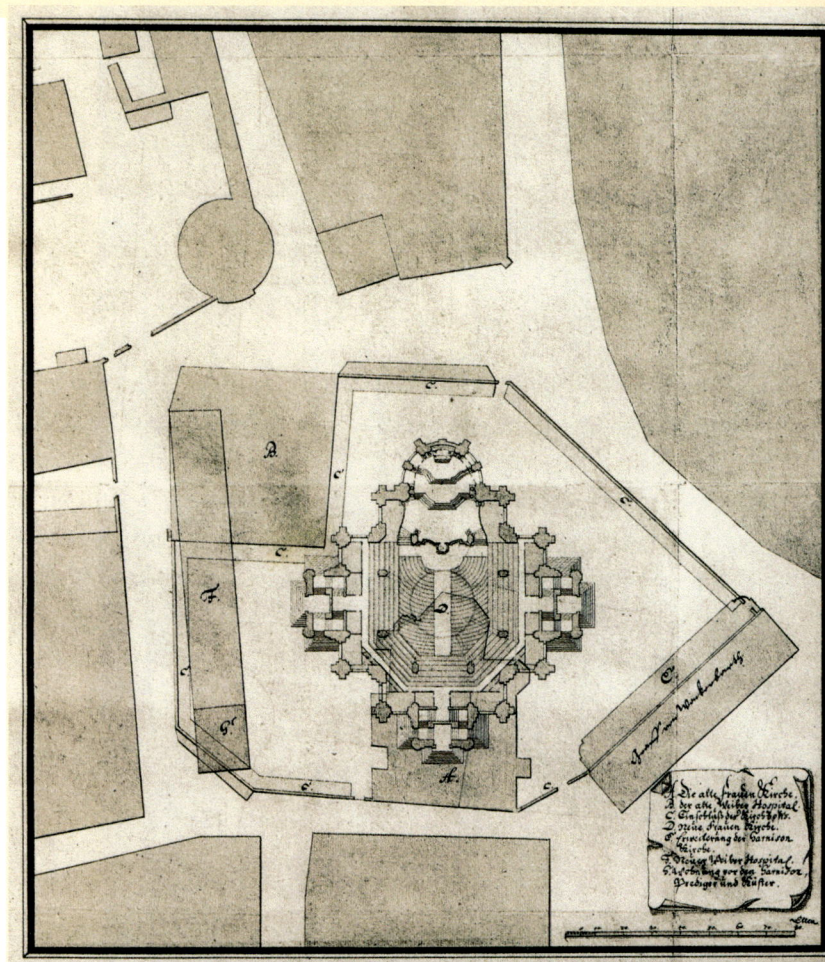

Der Lageplan zum ersten Entwurf der Frauenkirche mit Grundriss der ersten Empore.

Noch ruht das letzte Stück Trümmerberg auf der Baustelle.

Denkmalpflege und der Bauherrin. Das Großteil sollte vorerst unberührt bleiben. Dafür hatte sich Professor Hans Nadler, dieser kleine große Mann der sächsischen Denkmalpflege, entschieden eingesetzt. Vor allem ihm zu Gefallen blieb das Großteil liegen. Jetzt ist eine endgültige Entscheidung unausweichlich, falls der Einbau erfolgen soll. Ansonsten ist zügiges Bauen gefährdet. Diesmal gibt es kein Ausweichen.

16. April 1998
Um den Westgiebel Rosen pflanzen

Hans Nadler kann grantig werden, wenn ihm etwas widerstrebt. Er, der sich unermüdlich für Dresdens, für Sachsens Denkmale in all den Jahrzehnten seines Wirkens eingesetzt hatte, greift an. „Der Westgiebel ist zum Mahnmal geworden, nicht wahr? Daran besteht kein Zweifel. Es wäre sträflich, ihn wegzuräumen. Rosen sollte man um die Trümmersteine pflanzen. Nicht nur die Denkmalpfleger, sondern auch viele Dresdner wollen ihn vor der Kirche ruhen lassen. Darüber war man sich doch einig. Ansonsten hätte

man dieses großartige Stück schon während der Enttrümmerung weggeräumt. Warum nicht damals?!" Und er wirft vor: „Heute etwas anderes zu wollen ist unlauter. Die Bauleute machen es sich zu einfach." Der Vorwurf an das Aufbauteam ist deutlich. Nadler stützt sich auf seinen Gehstock, atmet heftig. Nein, gut Kirschen essen ist mit ihm nicht, wenn ihm etwas gegen den Strich läuft. „Nie", sagt er, „nie werde ich dem zustimmen." Seine schmächtige Figur schräg über dem Stock, den Kopf eigensinnig in die Höhe gestellt. Seine kleinen schnellen Augen schauen böse aus dem Faltenkreis.

Hans Nadler lässt das Argument nicht gelten, dass das Trümmerstück in unangemessener Weise den eigentlichen Haupteingang zur Kirche versperrt. Der Wiederaufbau der Kirche steht für Versöhnung. Und der Westgiebel belegt eindrucksvoll, aus welchen Trümmern die Versöhnung gewachsen ist. Er wertet keinesfalls die Frauenkirche zur Kulisse ab und wendet sich auch nicht gegen das große, schöne Ziel, die Kirche selbst als Stätte der Andacht und Besinnung zu erleben. „Wie sollen sich spätere Generationen an das Ausmaß der Zerstörung erinnern? Und Erinnern ist wichtig, in jeder Zeit. In einigen Jahren werden in Dresden die letzten sichtbaren Ruinen des Krieges restlos ausgelöscht sein. Das alte Dresden versank in 18 Millionen Kubikmeter Trümmer. Sie sind schon lange beseitigt. Der Westgiebel verweist als letzte Spur auf die zerstörte Stadt. Diese Spur zu erhalten ist Pflicht."

Ich wende ein, dass das Verbleiben der Giebeltrümmer vor dem Gotteshaus im Gegensatz zum archäologischen Wiederaufbau steht. „Junger Freund", unterbricht mich Hans Nadler, „junger Freund, man kann auch eine Ausnahme machen, man muss eine Ausnahme machen. Wer will denn wirklich wissen, wie viele der Steine zu verwenden sind, wenn das Großteil zerlegt ist. Es wird Steinverluste geben. Nein, der Westgiebel soll unberührt in die Zeit wirken wie eine heilige Ikone. Sollte er späteren Generationen missfallen, dann können sie ihn immer noch beseitigen. Aber jetzt, heute, nein. Auch Sie sollten gegen den Einbau schreiben."

Ich habe Hans Nadler noch nie so erregt erlebt, seine leise Stimme nie so laut gehört. Und ich stelle ihn mir vor, wie er in seinem schmalen Zimmer im Landesamt für Denkmalpflege am Schreibtisch sitzt, unnachgiebig, zornig. Ihn kann niemand umstimmen. Und seine Stimme zählt einiges in Dresden.

21. April 1998
Mehrheit für Einbau

Die Entscheidung ist gefallen. Vier Mitglieder des Stiftungsrates votierten für den Einbau der Westgiebeltrümmer, zwei dagegen. Auch die Vertreter der Kirche, die Evangelisch-Lutherische Landeskirche und die Kreuzkirchgemeinde, wollen die alten Steine wieder

Hans Nadler (links), Architekt und Denkmalpfleger.

Präsident des Sächsischen Landesamtes für Denkmalpflege, wird zitiert: „Diese Trümmer erinnern so anschaulich, so unmittelbar an tausendfaches Leid. Wenn sie verschwinden, verschwindet ein Stück Geschichte." Baudirektor Eberhard Burger hält dagegen. „Wir sehen die Kirche als Mahnmal, als Zeichen dafür, dass Wunden geheilt werden können. Ein Belassen des Trümmerhaufens würde diesem Anliegen widersprechen. Das Ruinenstück würde die Kirche zur Kulisse degradieren." Laut Sächsische Zeitung überlässt die Evangelisch-Lutherische Landeskirche die Entscheidung über die Verwendung des Giebels der Stadt. Er liegt auf ihrem Grundstück. Kommunensprecher Ulrich Höver beruft sich auf die Stiftungssatzung. „Der archäologische Wiederaufbau ist dort eindeutig festgeschrieben." Glaser widerspricht ihm: „Man wird nicht unglaubhaft, wenn man an einer Stelle vom Prinzip abrückt." Und Oberkirchenrat Dieter Zuber will letztlich die Dresdner entscheiden lassen. Wie soll das gehen? Sollen sie befragt werden?

Seit der Enttrümmerung der Ruine wurde in aller Ruhe gebaut. Nun liegen die alten Gegensätze vor der Öffentlichkeit bloß. Diejenigen, die sich Anfang der neunziger Jahre für die Kirchruine als Mahnmal eingesetzt hatten, konnten sich nicht durchsetzen. Kritiker sehen die wiederaufgebaute Kirche als Kopie. Unlängst bezeichnete ein Dichter die entstehende Kirche als geklonte Kuh. Einige sehen jetzt die Chance, wenigstens mit den Trümmersteinen den Gedanken des Mahnens wachzuhalten. Wird es einen anhaltenden langen, heftigen Streit geben? Mit welchem Ausgang? Die Planungen drängen. Langes Abwägen und Zögern wäre von Schaden. Die Bauleute haben etwa vier Monate Planvorsprung. Ihn wollen sie nicht einbüßen. Besonders die Steinplaner müssen wissen, wie weiter? Falls eingebaut wird, muss das Großteil zerlegt werden. Erst danach ist einzuschätzen, welche Steine wieder verwendet werden können, welche ersetzt werden müssen. Keiner weiß, wie es im Inneren des Großteiles aussieht.

im Gotteshaus versetzt sehen. Die Landesdenkmalpflege und die Stadt – mit je einer Stimme im Gremium vertreten – versagten ihre Zustimmung. Aber merkwürdig, auf dem Neumarkt gibt man sich zurückhaltend, ja skeptisch. Der Streit sei nicht ausgestanden, meint Bauingenieur Andreas Wycislok, der in Burgers Bauteam arbeitet. „Es ist nicht einmal Burgfrieden." Baudirektor Eberhard Burger sei beauftragt, Gespräche mit den Streitparteien zu führen. Sie sollen eine breite Zustimmung, vor allem unter den Politikern der Stadt, herbeiführen. Mittags treffe ich Burger im Container. Er gibt sich keinesfalls als Sieger. Er bestätigt knapp: Sollte sich eine politische Mehrheit gegen den Beschluss stellen, wird der Stiftungsrat möglicherweise erneut beraten. Im Mai soll darüber im Rathaus gesprochen werden. Am Tisch des Oberbürgermeisters Herbert Wagner. Bis dahin bleibt das Trümmerstück unberührt.

7. Mai 1998
Schlagzeilen zum Westgiebel

Alle Mühe umsonst. Es ist eingetroffen, was zu erwarten war. Die Sächsische Zeitung erscheint heute mit der Schlagzeile: „Steine des Anstoßes – Streit um den Einbau der Westgiebel-Trümmer-Stiftung kontra Denkmalpflege". Und die Dresdner Neuesten Nachrichten titeln: „Streit um den Trümmerberg an der Frauenkirche – Entscheidung über den Verbleib bis Ende Mai." Beide Tageszeitungen stellen die gegensätzlichen Positionen vor, ohne zu kommentieren. Das ist wohltuend. Professor Gerhard Glaser,

13. Mai 1998
Meisterstücke aus Brandenburg, Mainz und anderswo

Es war in den heißen Tagen des Mais, als Christoph Frenzel sagte: „Ich habe etwas für Sie. Es wird Sie interessieren. Steinmetzen von nah und fern arbeiten für die Kirche." Aber er hatte keine Zeit, näher darauf einzugehen. Wir vereinbarten einen Termin. Um Steine wird es sich handeln, um Steine.

Frenzel, der Steinplaner und Architekt, hatte es eilig. Schlank, groß ging er davon. Einmal habe ich beobachtet, wie seine Rechte über einen frischen Steinquader glitt, langsam, an der Kante verharrte. „Wir müssen acht geben, dass der Bau nicht allzu perfekt wird, zu glatt." Darüber sprachen die Architekten immer wieder. Bährs Steinmetzen haben an der Kirche ihre Handschrift hinterlassen,

Schon frühzeitig arbeiteten angehende Steinmetzgesellen und -meister in ihrer Freizeit an Frauenkirchensteinen.

den Doppelschlag, den Kehlschlag, der so typisch für das barocke Bauwerk war. Es stand und lag nicht immer alles in Lot und Waage. Es gab auch unter den Steinmetzen gute und weniger gute. Und mancher hatte vielleicht Ärger mit seiner Frau. Oder ein Kind war krank, oder es regnete, oder er fühlte sich nicht wohl, weil er Schnupfen hatte oder Halsschmerzen. „Solche Umstände muss man sich vorstellen", sagt Frenzel, „wenn man an Bährs Handwerker denkt, an die Entstehung dieses Bauwerkes." Und mir wurde wieder bewusst, wie sinnlich er die Kirche betrachtet. Dieser Mann lebt mit dem Bau, den er bewundert, der ihn herausfordert, lebt mit dessen Geschichte. Diese Anteilnahme ist vielleicht das große Geheimnis, das die Erbauer vereint, vom Maurer bis zum Planer.

Es bleibt noch etwas Zeit, bis Frenzel kommt. Nahezu vollständig entkleidet ist der Kirchbau, abgenommen ist die Schutzfolie. Hinter Stahlgerüsten steht die neue Wand. Fuge, Stein und Fuge, ockertonig. Und dazwischen einige alte Steine aus dem Originalbau George Bährs, dunkel und alt, gezeichnet von mehr als zweieinhalb Jahrhunderten und von Zerstörung. Seit die Folie abgenommen wurde, erscheint das Kircheninnere heller. Der Raum gleitet in die Höhe, wirkt größer als in dem Dämmerlicht, das durch die Hüllen sickerte. Schmal und hell streben die Pfeiler in die

Höhe. Die Stahlkonstruktion für die erste Empore ist eingezogen, Ende Mai soll die Montage der Tragkonstruktion für die zweite Empore beginnen. Der dritte Bauabschnitt, das Los 3, nähert sich dem Ende. Die Regelstücke der 33. Schicht der Außenwand liegen, 16,50 Meter Höhe sind erreicht, an den Treppenhäusern sind die Versetzer bei der Arbeit.

Frenzel ist pünktlich und wieder in Eile. „Eine halbe Stunde haben wir", sagt er.

Er berichtet eine aufregende Geschichte. „Die Resonanz unter den jungen Steinmetzen und angehenden Meistern, Werkstücke für die Frauenkirche zu fertigen, wird in den deutschen Bundesländern von Jahr zu Jahr größer", sagt er. „Kennen Sie das Brandenburger Tor an der Frauenkirche?" Er hat seinen Spaß an meiner Unwissenheit. Und dann hebt er ein Hohelied auf die Steinmetzen an, auf ihre Bereitschaft, an der Kirche mitzuwirken.

Die Brandenburger Steinmetzen setzten als erste ein Signal. Die Bundesgartenschau in Cottbus wurde ihnen zur Bühne. Sie fertigten sieben Werksteine für das Eingangsportal „B". Dass die Brandenburger den Sachsen halfen, sprach sich herum. Andere wollten es ihnen gleichtun, in Mainz, Ingolstadt, Wunsiedel, in

Königslutter. Bald begann eine Aktion, die in aller Stille auf Förderer stieß. Sie kam nicht von ungefähr. Schon lange zuvor hatten deutsch-deutsche Begegnungen den Grund gelegt, ohne dass damals jemand an ein wiedervereintes Deutschland gedacht hätte. Anfang der sechziger Jahre scharte der Obermeister der Steinmetz- und Bildhauerinnung Dresdens, Helmut Schleider, einen Freundeskreis von Gleichgesinnten um sich. Trotz Stacheldraht und Mauer suchten sie Kontakte zu den westdeutschen Berufskollegen. Schließlich stimmten sogar die DDR-Behörden zu, dass sich die Steinmetze auf der Wartburg zu Gesprächen treffen durften. So bildet sich der „Wartburgkreis" heraus, Freundschaften und Bindungen entwickelten sich über Jahre. Im September 1994 besuchte der Wartburgkreis Dresden. Die Kirche war enttrümmert, der Grundriss freigelegt. Das große Ziel des Wiederaufbaus beeindruckte. Einer der Dresdenreisenden war Paul Sauer, der langjährige stellvertretende Bundesinnungsmeister. Er schlug dem Vorstand vor, den Wiederaufbau der Frauenkirche praktisch zu unterstützen. So verwob sich ein Stück Zeitenlauf mit einer großen Aufgabe. Die Stiftung der Frauenkirche ging darauf ein. Immerhin war das ein kleines Signal gesamtdeutschen Aufbauwillens.

Wir betreten die Kirche. Frenzel weist auf die schmalen Sandsteinprofile und Bögen unter den Betstuben und den Eingang „F" an der Nordseite. Mainzer Lehrlinge und Gesellen haben sie aus dem Stein gehauen. „Nach dem Brandenburger Tor nun die Mainzer Betstuben." Frenzel lacht. „Warum nicht! Es ist eine beachtliche Leistung, die hier die Mainzer geleistet haben."

Inzwischen wird in mehreren überbetrieblichen Werkstätten für die Frauenkirche gearbeitet. Die Bauherrin stellt die zugeschnittenen Rohblöcke zur Verfügung und das Dresdner Planungsbüro IPRO liefert die Schablonen und Unterlagen. Das Bearbeiten der Steine erfolgt unentgeltlich. Was die Brandenburger begonnen haben, das wächst und wächst. Etwa 300 Werkstücke sind inzwischen auf diese Weise entstanden. Längst sind es nicht mehr nur Lehrlinge und Gesellen, die sich für die Steine der Frauenkirche interessieren. Die ersten zehn Meisterprüfungsstücke liegen vor. Für dieses Jahr sagten Innungen weitere 200 bearbeitete Stücke zu, darunter rund achtzig von angehenden Meistern. Allein das Bildungszentrum für das Steinmetz- und Bildhauerhandwerk Königslutter bei Braunschweig will 75 Werksteine liefern. Die Rohblöcke befinden sich seit langem in Königslutter. Frenzel, der Steinplaner, ist dem aktuellen Baustand weit voraus. Bereits in Auftrag gab er Architekturteile für das Kranzgesims der Innenkuppel, das erst 1999 gebaut wird. Und die Pläne fassen weiter. Vier Treppentürme standen über den Eingängen. Flammenvasen schmückten sie. Die Gestaltung des Zierats soll an Innungen und Werkstätten vergeben werden. „Das wird uns gelingen", sagt Frenzel. „Zunehmend erhalten wir Briefe, in denen es heißt: Wir wollen beim Wiederaufbau des Gotteshauses dabei sein. Geben

Sie uns ein Stück zum Bearbeiten. Die Wiedererrichtung der Frauenkirche zieht immer mehr Handwerker an. Ihre Bereitschaft mitzuhelfen, übertrifft schon lange unsere Erwartungen."

Frenzel verabschiedet sich. Ein leichter Wind weht. Pappelmuzeln schweben. Wo stehen hier nur die Pappeln? Die weißen Muzeln steigen und fallen, schweben, gleiten und wirbeln in die Höhe bis unter das Wetterschutzdach. Von den nahen Schauern am Neumarkt tönen die Schläge der Steinmetzen herüber, der dreihiebige Kehlschlag, der Doppelschlag. Etwa 1000 bis 1200 Mark kostet ein einfacher Läufer im Fassadenrund. Rund fünfzig Prozent billiger wird er für die Stiftung, wenn auf den Lohnanteil verzichtet wird. Da fallen die Ersparnisse schon ins Gewicht. Am 12. Juni wird es für die Erbauer der Kirche einen großen Tag geben. Die Bundestagung der Innungen findet in Dresden statt. Die Steinmetze kommen nicht mit leeren Händen. Architekturteile aus sächsischem Sandstein, bearbeitet in den Bildungszentren und Innungen des Steinmetzhandwerks, werden den Gabentisch füllen.

Das „Brandenburger Tor" vor dem Einbau.

28. Mai 1998

Porträt. Heinz Wissenbach

Freundlicher Empfang im Dresdner Schloss. Die Tür zum Turmbalkon ist geöffnet. Blauer Himmel und warmer Sonnenschein. Dr. Heinz Wissenbach, Finanzdirektor der Stiftung Frauenkirche, führt mich hinaus. Welch ein schöner Anblick: die barocke Fassade des wiederaufgebauten Taschenbergpalais, der festliche Zwinger, die Weite des Theaterplatzes, Gottfried Sempers imposante Oper. Ein Stück Flußbogen blitzt auf. Und die Höhenzüge der Lößnitz im klaren Licht. „Hier zu arbeiten", sagt Wissenbach, „ist ein Geschenk.

Vom Landbaumeister Knöffel ordentlich „tractiret"

1722 bis 1726

Manchmal ist es gut, wenn man nicht weiß, worauf man sich einlässt. Wüsste man es, würde vielleicht einiges nicht werden. George Bähr konnte nicht ahnen, was mit dem Bau der Frauenkirche auf ihn zukommen wird: Anfeindungen, Neid, Geldsorgen, Krankheit. Am Ende seines Lebens stehen Enttäuschungen und Verbitterung. Oft das Los des Alters. Dass er dennoch nicht verzweifelte, nicht aufgab, spricht für den Mann. Es besteht kein Grund, ihn deshalb zu verherrlichen. Das hat Bährs erster Biograph Jean Louis Sponsel zur Genüge getan. Er hob das Genie Bähr auf das Schild. Aber Bähr hat die Kirche nicht allein gebaut. An seiner Seite standen der Ratsmaurermeister Johann Christian Fehre, der Steinmetzmeister Daniel Ebhardt, der Bildhauer Johann Christian Feige d. Ä., der Schöpfer des monumentalen Altars im Chorraum. Sieht man Bähr nüchtern, dann dürfte stimmen: Er kam seiner Pflicht als Ratszimmermeister nach. Und er war der überragende Lenker und Planer, Koordinator und geistige Schöpfer der Dresdner Frauenkirche, der weit vorausschauende Baudirektor.

Der Dresdner Rat geriet am 4. Mai 1722 unter gewaltigen Druck. Der Gouverneur der Stadt, Graf August Christoph von Wackerbarth, forderte ultimativ eine neue Kirche. Dies sei der Wunsch des Königs, ließ er die Herren wissen. Protestieren getrauten sie sich nicht, absagen ebenfalls nicht. Eine neue Kirche war schon lange notwendig. Die alte Frauenkirche drohte einzustürzen. Die Forderung Wackerbarths war nicht abzuweisen. Wer aber sollte die neue Kirche bezahlen? Es war dafür absolut kein Geld vorhanden, weder in der Stadt noch in der Kirchgemeinde. Und vom Landesherren war kaum etwas zu erwarten, auch wenn er die Kirche wollte. Dies nahmen sie zu Recht an, wie sich später herausstellen sollte.

George Bähr war 57 Jahre alt, als er 1724 an den ersten Entwürfen für die neue Frauenkirche arbeitete. 35 Jahre hatte er inzwischen in Dresden gewirkt. Er war ein erfahrener Baumeister, der sich im Kirchbau gut auskannte. Dennoch: Eine solch große Kirche bauen, wie sie allen vorschwebte, würde ihm wohl sehr viel Kraft abfordern. Ja, sie wurde sogar bald noch größer gewünscht, als er es anfangs vorgeschlagen hatte.

Hat Bähr den Neubau selbst gewollt, ihn gar geschickt vorangetrieben? Einiges spricht dafür. Bähr erklärte sich als einziger schon sehr früh in einer Ratssitzung rückhaltlos für den Bau einer neuen Kirche. Der Rat folgte Bährs Vorschlag. Er ordnete an, „dass ein projekt zu entwerfen sey". Bähr wurde alle Verantwortung übertragen. Er entwarf eine Kirche mit einer Kuppel aus Holz. Kupfer oder Blei sollte das Traggerüst bedecken. Bähr und sein engster Mitarbeiter, der Ratsmaurermeister Johann Christoph Fehre, kalkulierten für den Kirchbau 103 075 Taler. Kaum dass er die ersten Vorstellungen zu Papier gebracht hatte, hagelte es doppelte Ablehnung.

Wackerbarth lehnte Bährs ersten Entwurf zur Frauenkirche ab. Zu wenig Licht scheine in die Kirche, meinte er, zu eng seien die Treppenhäuser angelegt, er wünschte eine größere Kirche. Sofort standen die Zeichen auf Sturm. Der Rat sah sich bevormundet, hielt Wackerbarths Forderungen für überzogen. Wackerbarth hingegen beauftragte den Landbaumeister Johann Christoph Knöffel, einen eigenen Entwurf zur Frauenkirche anzufertigen. Dies posaunte er nicht heraus. Aber auch dem Rat und der obersten Kirchenbehörde, dem Oberkonsistorium, war Bährs Entwurf nicht genehm, er war ihnen zu teuer. Sie wünschten eine kleinere Kirche.

Ich stelle mir die beiden vor: Johann Christoph Knöffel im Hofbauamt des Kurfürsten, als Landbaumeister schon im Aufstiegswind, und George Bähr als Baudirektor der Frauenkirche. Beide kamen aus einfachen Verhältnissen. Knöffel, in Dresden geboren, hatte

Maurer gelernt. Bähr war um einiges älter, 57 Jahre alt, Knöffel jung, 37. Zwanzig Jahre Altersunterschied können Bau- und Architekturauffassungen schon beträchtlich auseinander gehen lassen. Und sie gingen auch!

Noch fehlten die bedeutenden Bauwerke Knöffels, noch war Knöffel nicht der geschätzte Architekt, der erste Gestalter des sächsischen Rokoko, noch hatte er keinen Grund, sich Bähr überlegen zu fühlen. Immerhin hatte der Ratszimmermeister einige Kirchbauten aufzuweisen, auch Gebäude in Dresden.

Es liegt in der Natur der Dinge, dass ein solcher Auftrag, gar vom obersten Bauherrn gestellt, antreibt, herausfordert. Knöffel wird sich der Chance bewusst gewesen sein, vielleicht eine Kirche zu bauen, gar mitten in der Stadt. Gewiss wollte Knöffel dem bürgerlichen Ratszimmermann beweisen, dass er, der Landbaumeister im kurfürstlichen Bauamt, der bessere Architekt sei. Diese Rivalität musste nicht unbedingt für Dresden von Nachteil sein. Freilich – der Ausgang war ungewiss. Der Hof stand gegen das bürgerliche Dresden, die gereifte Erfahrung Bährs gegen die sich früh andeutende klassizistische Einfachheit und schlichte Eleganz der Knöffelschen Architektur.

Im November 1725 war der Eklat perfekt. Knöffel legte seinen ersten Entwurf zum Kirchbau vor. Er unterschied sich in einigem von Bährs Vorstellungen. Bährs Grundriss war verändert. Wackerbarth forderte vom Rat die Berücksichtigung der Knöffelschen Ideen in einem neuen „Riß", war aber auch mit Knöffels Arbeit nicht völlig zufrieden. Bähr wurde angewiesen, ein Modell anzufertigen, es sollte Knöffels Vorstellungen und Ideen berücksichtigen. Der Rat gab klein bei, vielleicht auch aus Einsicht. Er beauftragte Bähr mit der Ausführung des Modells. Dies sollte innerhalb 14 Tagen geschehen. Bähr stank das an, er fühlte sich von Knöffel „tractiret". Der hatte ihn ins Bauamt befohlen, hatte eine Art Vorgesetzten herausgekehrt. Schon zu Beginn des Frauenkirchprojekts wurde Bährs Haltung deutlich. Er war nicht der Mann, der die Hände an die Hosennaht legte. In 14 Tagen das Modell zu liefern, war er nicht bereit. Das Jahr verstrich, kein Modell. Auch der Januar ging zu Ende. Der Rat sah sich veranlasst, seinen Ratszimmermeister zu mahnen. Bähr beeilte sich auch danach nicht sonderlich.

Die Fronten verhärteten sich. Der Rat blieb stur, hielt am ersten Bährschen Projekt fest. Schließlich platzte der Stadt der Kragen. Der ergraute Stadtsyndikus Behrisch, der Bähr zugetan war, schrieb an Wackerbarth einen geharnischten Brief. Darin warf er dem Gouverneur vor, das Bauen mit ständig neuen Einwänden und Forderungen zu verzögern. Behrisch, schwer krank, nahm kein Blatt vor den Mund. Er forderte Wackerbarth auf, Bährs Entwurf zu genehmigen, damit es endlich zum Bauen komme. Er könne nicht verschweigen, „wie leider öffentlich gesagt werde,

dass aus allem deme, was bishero passieret, genugsam zu verspühren sei, dass aus dem Bau sobald nichts werde". Und er betonte: „Die Sache stehet in aller leuthe Augen, es seynd schon fast 8 Jahr darüber verlaufen; was im namen des Königs anbefohlen..." Noch am gleichen Tag abends starb Behrisch.

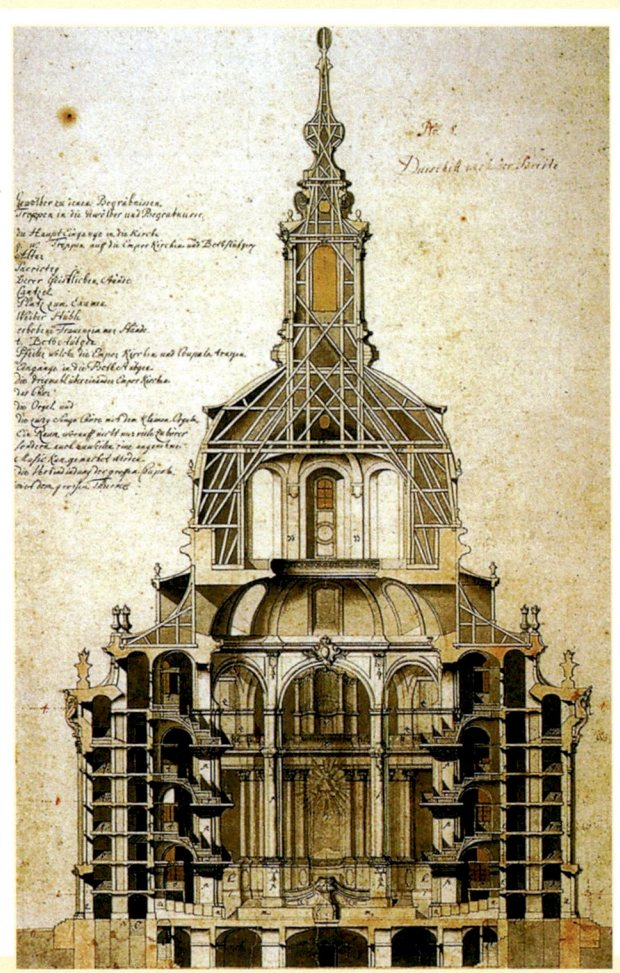

Der erste Entwurf Bährs für eine Kuppel aus Holz. Wer zuerst die Idee für eine steinerne Kuppel hatte, bleibt im Dunkeln.

Behrischs Schreiben stieg Wackerbarth „sehr hoch zu Gemüthe". Er zuerst habe die Anregung zu dem Neubau der Kirche gegeben, auf seinen Vortrag beim Könige sei die Gewährung von Vergünstigungen erfolgt. Wackerbarth widersprach, dass er seine Machtbefugnisse überschritten habe. Der Rat verhielt sich geschickt, er unterließ jede Gegenantwort.

Am 13. Mai 1726 reichte der Rat Bährs dritten Entwurf zum Bau der Kirche ein. Die Kirche schmückten nun vier Ecktürme. Größere Treppenhäuser und bessere Lichtverhältnisse wies der Entwurf aus. Die Hoffnung des Rates auf sofortige Genehmigung erfüllte sich auch diesmal nicht. Erneut verging ein Monat. Endlich, am 26. Juni 1726, unterschrieb Wackerbarth die Genehmigung zum Bau der Dresdner Frauenkirche. Jetzt schien einer neuen Kirche nichts mehr im Wege zu stehen. Aber das war ein Irrtum.

In der Kollekte am Eingang E lagen geschmolzene Münzen.

Wenn es schwierig wird, dann schaue ich nur. Aber wir wollen ja über Geld reden. Das liebe Geld, es fließt nur nach viel Aufwand auf die Konten der Stiftung und der Fördergesellschaft." Er hebt seine kräftigen, dunklen Augenbrauen.

Da ist so eine Sicherheit um ihn. Man ist in die Jahre gekommen und gewiss erfolgreich. Jene, die den dreiundsechzigjährigen Hessen näher kennen, sagen: Mit ihm haben wir Glück gehabt. Er kommt aus dem Bankgeschäft, kennt sich in Geldgeschäften aus. Der Dresdner Startrompeter Ludwig Güttler hätte Wissenbach überzeugt, von Darmstadt nach Dresden zu wechseln. Die dortige Dresdner Bank, bei der er beschäftigt war, gab ihren Segen. Seitdem leben die Wissenbachs an der Elbe, im grünen Blasewitz.

Die Gesellschaft zur Förderung des Wiederaufbaus der Frauenkirche will das Gotteshaus mindestens zur Hälfte mit Spendengeldern aufbauen. Ein kühnes Unternehmen. Die Kalkulatoren veranschlagten für das Bauwerk 250 Millionen DM netto. Kritiker meinten, dies sei niemals zu schaffen. Sie sagten eine entschieden höhere Bausumme voraus. Bis jetzt haben sie sich geirrt. Die Stiftung hält ihren Finanzplan ein. Aber es wird zunehmend schwieriger, Spendengelder einzunehmen. Daraus macht Wissenbach keinen Hehl.

Um die 96 Millionen DM liefen bisher an Spenden ein, dieses Halbjahr nicht eingerechnet. 20 Millionen flossen in die Baustelleneinrichtung und die archäologische Enttrümmerung. Aber die Kosten für die Enttrümmerung der Ruine will Wissenbach nicht in den Wiederaufbau eingerechnet sehen. Bisher gab die Stiftung 76 Millionen Mark aus. „Rund 100 Millionen Spendeneinnahmen, das ist einmalig in Deutschland", sagt Wissenbach. „Sie belegen, wie das große Aufbauwerk von vielen getragen wird. Nicht nur in

Deutschland, sondern zunehmend auch in den USA, in Großbritannien. Flösse ab heute kein Geld mehr auf die Konten, dann könnten wir noch zwei Jahre bauen." Das freilich ist nur möglich, weil die Stiftung aus dem Verkauf der Sondermünze Frauenkirche im Wert von zehn Mark 45 Millionen vom Bund erhalten hat und von der Stadt Dresden jedes Jahr 2,5 Millionen zugesichert sind. Kohls Finanzminister Theo Waigel ließ es sich nicht nehmen, die Münze im Dresdner Schloss zu präsentieren. „Der Erfolg", lächelt Wissenbach, „hat viele Väter. Und das ist gut so. Hauptsache – wir haben das Geld."

Wissenbach beugt sich über den Schreibtisch und blättert in Unterlagen. Er ist inzwischen auch zu einer Art Programmdirektor geworden. Er organisiert Benefizkonzerte, lockt potente Geldzahler zu Veranstaltungen in die Unterkirche. Und er kann feilschen wie ein Basarhändler. Unlängst hatte Wissenbach gemeint: Die großen Aktionen, die der Stiftung sehr viel Geld einbrachten, sind wohl nicht wiederholbar. Der Verkauf von Stifterbriefen durch die Dresdner Bank und die Werbeoffensive Stifter werben Stifter haben allein über 60 Millionen DM eingebracht. Die Idee – 1994 im März ins Leben gerufen – war großartig. Wer einen Stifterbrief zu 500, 1500 oder 2500 DM erwirbt oder einen Stein adaptiert, der hilft mit, die Kirche zu bauen. Die übrigen ca. 40 Millionen kamen außerhalb der Stifterbrief-Aktion zusammen.

„Wir haben die Summe überschlagen. Etwa 350.000 Menschen dürften gespendet haben. Nach Gottesdiensten, zu Führungen, Konzerten, aus Erbschaften, nach Vorträgen. Das ist eine großartige Bewegung." Er hofft, dass sie nicht versiegt.

Um die hundertzwanzig Millionen DM sind noch nötig. Mindestens 50 Prozent der Kosten, die mit 250 Millionen netto veranschlagt sind, sollen Spenden decken. Wissenbach gibt sich vorsichtig optimistisch. Er erhält zunehmend Briefe von älteren und alten Leuten. Sie fragen an, wie sie der Kirche Geld zukommen lassen können. Manche wollen die Stiftung in ihren Testamenten bedenken. „Ich denke, wir kriegen das Geld zusammen. Wir müssen es zusammen kriegen. Es sind ja noch sechs Jahre Zeit." In diesem Jahr erwartet er noch einen größeren Spendenscheck von den „Friends of Dresden" aus den USA und von anderen Fördervereinen.

Dennoch drücken ihn Sorgen. Ab 2000 müssen beträchtliche Summen her. Ohne Mittel aus der öffentlichen Hand ist das Bauwerk nicht zu bezahlen. Auch das Land Sachsen müsste seinen Beitrag leisten. Aber bisher kamen aus einem Sonderfonds des Freistaates nur drei Millionen. „Das Land hält sich stark zurück", sagt Wissenbach.

Wissenbach reicht mir einige Briefe. Ein gewisser Fritz Schmieder aus Meßkirch liegt im Krankenhaus. „Gern", schreibt er, „hätte ich für den Wiederaufbau der Frauenkirche etwas gespendet. Zur Zeit kann ich aber nicht gut Geld für Ihr Gotteshaus erübrigen." Und er übersendet frakturgültige Briefmarken, die er vor Jahren als Sammlermarken erworben hat. „Der Frakturwert", schreibt er, „beträgt 40 DM; der mögliche Erlös beim Verkauf als Sammlermarken wird darüber liegen." In anderen Briefen weben Lebensschicksale. Ella von Beulewitz wurde in Döbeln geboren. Sie starb 1962 in Göttingen. Sie wünschte, in Dresden zur letzten Ruhe gebettet zu werden. Das war ein Jahr nach dem Berliner Mauerbau nicht möglich. Die Umbettung, verfügte sie, sollte nach dem Fall des „Eisernen Vorhangs" vorgenommen werden. Dass er fällt, darauf hoffte sie bis zu ihrem Tode. Ihr Enkel entschied reichlich drei Jahrzehnte später, die Großmutter in Darmstadt ruhen zu lassen. Für einen Teil des Geldes, das die Umbettung gekostet hätte, erwarb er auf den Namen seiner Großmutter einen Stifterbrief. „Das wäre", schreibt er, „in ihrem Sinne gewesen." Aus Edmondstown, USA, kam kürzlich ein Scheck in Höhe von 500 DM. „Meine Frau", teilt Rudolf Geissler mit, „erlebte den Feuersturm in Dresden-Plauen." Er befand sich in russischer Kriegsgefangenschaft, weit östlich der Wolga, als die Stadt im Februar 1945 zerstört wurde. Nach dem Ende des Krieges und seiner Rückkehr wanderte die Familie in die USA aus. Von einem Bekannten erfuhr Geissler vom Wiederaufbau der Kirche. „Unser Scheck", lässt er die Stiftung wissen, „soll ein kleiner Beitrag für unsere geliebte Frauenkirche sein." Ein Soldat erinnert sich an seinen Einsatz in Dresden. „Wir haben etwas gutzumachen", teilt er mit und legt dem Brief einen Scheck bei. „Auf diese Menschen setzen wir", sagt Wissenbach. „Viele kündigen an, dass sie uns in ihren Testamenten bedenken wollen."

Die Zahl jener Spender nimmt zu, die aus langer Verbundenheit mit der Stadt den Wiederaufbau mit kleineren und größeren Summen unterstützen. Jede Mark ist wichtig. Aber das Geld reicht nicht. Neue Ideen sind notwendig, vielleicht noch einmal eine Renaissance der Stifterbrief-Aktion. „Erfolg", sagt Wissenbach, „hatten wir mit der Aktion Stifter werben Stifter. Sie liegt etwa anderthalb Jahre zurück." Sie erbrachte einige Großspenden in Höhe von 500.000 Mark, von „Quelle", von „Veltins" zum Beispiel. Für VW fand anlässlich der Vorstellung des „Passats" in Dresden ein Konzert mit Ludwig Güttler in der Unterkirche statt. Der Konzern legte 100.000 DM auf den Gabentisch. „Solche Höhepunkte muss es künftig öfter geben. VW versprach damals, an uns

zu denken. Wir wollen die Herren demnächst leise daran erinnern. Auch Sachspenden werden im Inneren der Kirche gefragt sein."

Heinz Wissenbach will in Dresden bleiben, bis die Kirche vollendet ist. „Danach werde ich meinen Großenkeln erzählen, dass ich auch einen Stein zum Gotteshaus beigetragen habe."

6. Juni 1998
Großer Tag der Steinmetzen

Musik, Reden, Stimmenchöre unter Gerüsten und Aufbauten, gefüllte Teller und belegte Brötchen, schäumendes Bier in Gläsern, die Kirche als Festtribüne, als Gasthaus. Steinmetze aus deutschen Landen haben sich im Kirchenrund zum Schmaus versammelt, eingeladen von der Stiftung, von der Bundestagung der Steinmetze. Sie feiern, denn viele von ihnen haben für die Frauenkirche gearbeitet.

„Welch ein Tag", sagt Susanne Wenzel-Pape. Sie hebt das Weinglas und prostet einer imaginären Höhe zu. Dort oben in 25 Meter Höhe im Kranzgesims der Kircheninnenkuppel wird ihr Profilstück im nächsten Jahr versetzt. Und die jungen Männer am Tisch, allesamt Steinmetzmeister aus verschiedenen Bundesländern, geben sich ausgelassen. Auch ihre Stücke, an denen sie sich als künftige Meister erweisen mussten, sind fürs Kranzgesims bestimmt. Und einer sagt: „Sie war die einzige Frau, die in der Steinmetzschule Königslutter ihren Meister gemacht hat. Sie musste sich gegen 19 Männer behaupten." Heute ist sie ein bisschen Festfrau, Vorzeigedame im Kostüm. Sie wird eine kleine Rede halten. Aus drei Schichten besteht das Kranzgesims der Kircheninnenkuppel. Meister und angehende Meister arbeiten dafür.

Hätte Susanne Wenzel-Pape einer vor zwei oder drei Jahren gesagt, dass sie ein Simsteil für die Frauenkirche formen würde, sie hätte es nicht geglaubt. Wie auch! Sie konnte doch nicht auf der Baustelle erscheinen und sagen: Gebt mir einen Rohquader. 1997 hatte sie wieder einmal Dresden besucht und sich lange als Zaungast an der Frauenkirche aufgehalten. Es muss ein Glück sein, hat sie damals gedacht, an einem solchen Bauwerk mitzuwirken. Und dann war Unerwartetes eingetreten. Sie bereitete sich auf die Meisterprüfung vor. Der Schulleiter des Bildungszentrums für Steinmetz- und Bildhauerhandwerk Königslutter bei Braunschweig überraschte sie: Die Bundesinnung hatte zu einer Aktion Steine für die Dresdner Frauenkirche aufgerufen. Er schlug ihr vor, das Prüfungsstück für den Bau anzufertigen. Ach, war das ein schöner Augenblick, als der Rohblock vor ihr auf dem Bock lag. Sie hatte zuvor nie mit Sandstein gearbeitet. Der Stein war hart. Kalkstein, den sie kannte, war weicher. Ich werde den Rohblock schon formen, er wird mir gehorchen. Sie sprach mit dem Sandstein, als sei er lebendig.

Über die Bundesgrenzen hinaus treffen Steinspenden ein.

Es ist gleich 16 Uhr. Ein Lastauto, mit Bändern geschmückt, rollt auf die Baustelle. Beifall, Blasmusik, kurze Reden. „Wir fühlten uns angesprochen, für die Frauenkirche zu arbeiten", sagt der Bundesinnungsmeister. „Heute legen die Steinmetze ihren Anteil auf den Aufbautisch." Susanne Wenzel-Pape scheint etwas aufgeregt zu sein. „Es kommen die Steine aus Königslutter und von anderen Werkstätten", ruft sie.

Ein Gabelstapler hebt ein Werkstück von der Ladefläche, fährt es zum Lastenaufzug. Auf dem Gerüst stehen die Versetzer bereit. Das Werkstück Bauteil B 2, 33. Schicht, Stein Nummer 15 findet seinen Platz am vorbestimmten Ort. Und Reiner Flassig, Leiter des Bildungszentrums Königslutter, sagt: „Eine schöne Inszenierung, ein wichtiger Tag. Wir werden weiter für die Frauenkirche arbeiten." Als das Fest zu verklingen beginnt, als die Gespräche in ruhige Bahnen gleiten, sagt Christoph Frenzel, der Anreger der Aktion Steine für die Frauenkirche: „Viele sehen heute den Bau zum ersten Mal. Es gab von Schulen und Werkstätten, die bisher nicht beteiligt waren, spontane Bekundungen, künftig mitzuhelfen. Wir werden zu tun haben, all die Wünsche zu ermöglichen." Etwa 300 Werkstücke entstanden bisher unentgeltlich. Weitere 200 sind für dieses Jahr zugesagt. Von einem ist Frenzel überzeugt: Auch die Flammenvasen auf den Ecktürmen werden ihre Gestalter in Werkstätten und Innungen finden.

30. Juni 1998
Entdeckungen am Westgiebel

Kalt. Schon seit Tagen. Und Wind. Ein paar Regentropfen fallen. Gestern begann das Zerlegen des Westgiebels. In aller Stille. Polier Andreas Göbel freute sich. Wie er die Handflächen gegeneinander rieb und auf das hingestreckte Großteil schaute. „In drei Tagen ist der Giebel weggeräumt. Die Steinplaner warten. Und wir haben Baufreiheit und besseren Zugang zum Kircheninneren." Auch Göbel gehörte zu jenen, die skeptisch blieben, als für den Einbau des Westgiebels gestimmt wurde. Vielleicht bildet sich doch noch eine Mehrheit gegen den Einbau. In Dresden hängt man sehr an alten Steinen. „Wir haben Glück. Die neue Kirche und diese Trümmer davor, dieser Anblick hätte nicht harmoniert. Nein. Emotionen können sich Träumer leisten." Göbel nimmt den Helm ab, betrachtet ihn, als sehe er ihn zum ersten Mal und fährt fort. „Köpfe ohne Helm auf der Baustelle tragen sich gefährlich." Er feixt. Ich verstehe seinen Satz nicht. „Das macht nichts", sagt er und hüllt sich in Vieldeutigkeit. „Manchmal bekommen eben die Praktiker recht."

Heute Vormittag, 11.18 Uhr. Auf der Spitze der Giebeltrümmer stehen Jürgen Frost und Michael Hillemann. Sie legen Gurte um ein größeres zusammenhängendes Stück Sandstein. Vorher hatten sie es von Hintermauerungssteinen befreit. „Sie kleben fest wie Zunder", sagt Frost, „überstanden sogar den Absturz unbeschadet. Diese Festigkeit." Er drückt die Brechstange in eine Fuge und lockert den Quader. Göbel hebt den Arm, nimmt Blickkontakt zum Kranfahrer Hans-Joachim Heinermann auf. Die Gurte straffen sich. Schutt fällt ab, Staub wirbelt auf. „Vorsicht, langsam", mahnt Torsten Remus. Als Denkmalpfleger ist ihm an jedem gut erhaltenen Stein gelegen. Heinermann auf seinem mobilen Gerät nickt gelassen. Man muss ihm nichts sagen, er kennt sich mit altem Gemäuer aus, hat lange am Dresdner Schloss als Kranfahrer gearbeitet. Seit 1990 ist er bei Heilit+Woerner beschäftigt.

Es bleibt beim Versprechen: Jedes Stück, das halbwegs verwendbar erscheint, soll in den Westgiebel zurückkehren. Im Großen und Ganzen wissen die Steinkenner, was der Trümmerberg enthält. Mit aufregenden Überraschungen rechnen sie nicht. Der Quader wird angehoben, sinkt langsam auf die Palette herab. Eine schöne steinerne Blume schmückt ihn. Remus mahnt noch einmal zur Vorsicht.

Dort, wo der Westgiebel 53 Jahre ruhte, wimmelt Leben. Es ist plötzlich gestört worden. Kellerasseln flüchten. Aufgeschreckte Ameisen eilen abwärts, zwei Regenwürmer winden sich. Und eine große rotbraune Spinne verschwindet in einer Lücke. Göbel stochert im Schutt. Die Spitze eines Schuhs kommt zum Vorschein, bald eine zweite. Vermodertes Leder. Es sind Damenschuhe. Wer hat sie getragen? Und wie sind sie hierher gekommen? Die Män-

Sorgsam werden die Fundstücke für ihren Wiedereinbau geborgen.

ner betrachten Göbels Fund, merkwürdig still. Plötzlich ist so eine Beklemmung da. „Ach", sagt Göbel, „die sind bestimmt auf den Ruinenberg geworfen worden." Und die Männer nicken, wollen, dass Göbel recht hat. Dann fahren sie mit der Arbeit fort.

Heinermann transportiert den Quader zum Zwischenlager. Remus kratzt mit einem Schraubenzieher Steinmetzeichen aus. Damit haben sich die Handwerker verewigt. Er entdeckt eins, das ihm unbekannt ist. Wieder eine neue Handschrift. Die Scharierung auf der Oberfläche des Quaders fällt auf. Mal ist sie waagerecht, dann nahezu senkrecht, auch schräg in die Sichtfläche geschlagen. So genau nahmen Bährs Steinmetze das Bearbeiten der Quader nicht. Undenkbar heute, lieferten die Sandsteinwerke unterschiedlich scharierte Werksteine. Am Nachmittag dann doch eine Überraschung. Auf der Spitze des Westgiebels stand eine Rauchvase. Der Sockel, auf dem sie ruhte, wurde tief unter dem Schutt freigelegt. Der Sockel ist ziemlich gut erhalten, nur ein paar Absprengungen, sonst keine weiteren Schäden. Remus` geübter Blick erkennt an ihm sofort einige Ausbesserungen. Wahrscheinlich stammen sie aus den zwanziger Jahren, als die Kirche saniert wurde. Auch mit dem Schlussstein im ovalen Fenster des Giebels hatten die Männer nicht gerechnet. Leider überstand nur die linke Hälfte unversehrt den Absturz. Ergänzungen werden notwendig sein. Zu den größeren Fundstücken kommen Fragmente von der Rauchvase hinzu, vom ovalen Fenster, von der Simskante. Frenzel und Remus beginnen sofort, die Quader und die Stücke der einstigen Fassade zuzuordnen. Sie zeichnen jedes Fundstück und nummerieren es. Blick auf die Zeichnung – Blick auf den geborgenen Stein – zumeist ist klar, wo er saß. Frenzel beugt sich über die Fundnummer 0034. Es ist ein Eckstück, hatte seinen Platz in der 46. Steinschicht. Aber dann haben die beiden doch ein Problem. Heinermann hat ein Stück abgesetzt, das sie nicht zuordnen können. „Wird schon noch gelingen", meint Frenzel.

Nachtrag: Gut drei Tage dauerte das Wegräumen des Westgiebels. Und es war ein bisschen wie im Januar 1993, als die archäologische Enttrümmerung der Frauenkirche begann. Christoph Frenzel zieht ein erstes Fazit: Fast alle Sandsteine des Westgiebels sind wahrscheinlich verwendbar. Wieder eingebaut, wird man die dunklen Flächen im hellen Sandstein des Giebels nicht übersehen. Vielleicht sind dann auch jene versöhnt, die so heftig gegen den Einbau des Trümmerstücks gestritten haben, die ihn lieber als mahnenden Stein vor der Kirche gesehen hätten. Der Kirchbau aber bietet einen völlig neuen Anblick. Unverstellt ist der Haupteingang zum Kircheninneren erlebbar, zum ersten Mal seit 53 Jahren. Bereits im nächsten Jahr – wenn die Außenmauern die nötige Höhe erreicht haben – erfolgt der Einbau der Westgiebel-Steine. Sie sollen nicht perfekt ausgebessert werden. Ihre Verwundungen sollen in der wiederaufgebauten Frauenkirche sichtbar bleiben. Auch das ist Erinnerung, die nicht so schnell vergessen wird.

Noch haben die Altarkapitelle keinen eigenen Halt.

23. September 1998
Die Wunder am Altar

Der Restaurator Christoph Hein will mir heute den Altar zeigen. Knapp 50 Jahre war er Wind und Wetter ausgesetzt. Das zerstörte Bildwerk soll weit gediehen sein. Zu Beginn der archäologischen Enttrümmerung waren viele auf den Altar neugierig. Er gehörte zu den bedeutenden barocken Bildwerken Dresdens. Mehrere Künstler hatten noch zu Lebzeiten Bährs Modellentwürfe vorgelegt, die Bildhauer und Steinmetzmeister Johann Benjamin Thomae, Johann Christian Feige und der Steinmetzmeister Daniel Ebhardt. Ihre Arbeiten haben George Bähr wohl nicht vollends überzeugt. Er schlug dem Rat zu Dresden vor, aus den drei Modellen eins zu fertigen, gewiss mit der Absicht, ihre Vorzüge in einem Entwurf zusammenzuführen. Bähr und Ebhardt starben, ehe der Altar fertiggestellt war. Feige, der wohl die Hauptarbeit leistete, führte die endgültige Gestalt mit einem anderen Künstler gegen Ende 1739 aus.

Die Schäden im Chorraum waren stark. Den unteren Teil des Altars hatte die Feuchtigkeit mürbe gemacht. Risse und Spalten klafften im Sandstein, Schmuckwerk fehlte, größere Flächen waren vernichtet, die großen Figuren abgestürzt. Dennoch war die Freude groß. Die Schäden hielten sich in Grenzen, auch der figürliche Schmuck, wenn auch abgestürzt, hatte die Jahrzehnte weitgehend überstanden. Das Bildwerk war erschaubar: der Ölberg, die Stadt

Wie Tränen tropfen vom Antlitz der Christusfigur die geschmolzenen Orgelpfeifen aus den Augenwinkeln.

Mit der Wiederherstellung des Altarbildes erhält auch die vor dem Ölberg flehende Christusfigur ihr Gesicht zurück.

Richten der Altarsäulen.

Jerusalem, die Häscher, Judas, die Faltenwürfe. Eine Säule musste abgebaut werden, später eine zweite, weil sie einzustürzen drohten. Die anderen neigten sich leicht zum Inneren der Kirche. Spezialisten sicherten Wand und Säulen mit Ankern und Spanngurten, um weitere Schäden zu vermeiden, sorgten für statisches Gleichgewicht, lösten lockere Teile und bargen sie. Alles, was sie taten, diente nur einem Ziel: so viel wie möglich zu erhalten, jedes Steinstück ausfindig zu machen und zu bergen. „Wir träumten davon", hatte mir Hein vor längerer Zeit gesagt, „den Altar wieder zusammenzufügen." Ob es gelingen wird, wusste keiner.

Eintreten ins Kirchenrund. Gerüste vor der großen Altarwand. Warmes Licht fällt auf das Relief und die Figuren, taucht sie in Grau- und Brauntöne. Rostbraune und schwarze Verfärbungen am Sandstein, Reste von Vergoldungen. In den Kanneluren der Säulen schattige Bahnen. Deutlich zeichnet sich das Relief an der Wand ab, Engelköpfe, der Ölberg. Und unübersehbar die zentrale Figur des Altarbildes: der kniende Christus auf dem Ölberg, den Blick himmelwärts gerichtet, die Arme im Gebet erhoben. Philippus fehlt der Kopf, Paulus ist nur ein Torso. Von den verwundeten Steinen geht Ehrfurcht aus, auch etwas Unnahbares, Entrücktes, die Bilder- und Heiligenwelt der Bibel. Seit ich lesen kann, ist mir das Alte und Neue Testament vertraut. Ich liebe die Geschichten

von David und Goliath, Bathseba im Bad, Joseph und seinen Brüdern, vom Auszug der Israeliten aus Ägypten.

Hein sagt leise: „Man braucht eine gewisse Zeit, ehe man sich vor dieser Bildwelt wieder frei und sicher bewegen kann." Seit mehr als vier Jahren bemühen sich Hein, Heidelmann und Kretzschmar um den Altar. Ende 1993 erlebte Hein zum ersten Mal den Chorraum. Vor dem Altartisch lag Schutt. Er sah das Ausmaß der Zerstörung, sah den verbrannten Stein, sah die größeren Fehlstellen. Der Anblick rührte ihn. Und er fragte sich: Gelingt es uns, ihn wieder zusammenzufügen? Er war sich nicht sicher, ganz und gar nicht. Sie hatten sich nach dem Auftrag nicht gedrängt. Aber sie gehörten zu den erfahrenen Steinrestauratoren, hatten mehrere Jahre in der Neustädter Dreikönigskirche den Thomae-Altar restauriert. Dort erfuhren sie viel über barocke Altäre, über das Handwerk der alten Meister. Aber der Altar in der Frauenkirche war etwa zehnmal größer. Sie sollten sich dann auch zweimal im Zeitaufwand, den sie für die Restaurierung veranschlagten, kräftig verschätzen.

„Wir hatten Angst", sagt Hein, „dass der Traubenschmuck abstürzt, dass die Säulen umkippen, dass wir mit den statischen Problemen nicht zurecht kommen. Der Traubenschmuck hatte sich von der Wand gelöst und hing nur noch an einem verrosteten Eisen. Große Putzflächen waren desolat." Wochenlang klopften sie mit den Fingern Wände Zentimeter für Zentimeter ab, entdeckten Hunderte von Hohlstellen. Es galt erst einmal den Bestand zu sichern, das ganze Ausmaß der Zerstörung, jede Verformung, jeden Verlust festzuhalten und zu dokumentieren. Bald kamen sie zu dem Schluss, dass die gesamte Altarwand mindestens einmal in ihren Grundfesten gezittert hatte. Wahrscheinlich beim Einsturz der Kuppel. Zu groß waren die Risse und Spalten, die Verschiebungen zwischen den Säulen. Die Standfestigkeit war nicht mehr gegeben. „Jeder Restaurator bemüht sich", sagt Hein, „soviel wie möglich am originalen Ort zu erhalten. Verluste schmerzen. Da steht man immer in einer komplizierten Situation." Die Restauratoren sahen sich gezwungen, einiges zu entfernen, was auf den ersten Blick gar nicht notwendig erschien, einen Engel, den Traubenschmuck, Teile vom Philippus. Dessen Gewicht betrug etwa 450 Kilogramm. Sie zersägten den verrosteten „Eisenfaden", an dem er hing.

Sie bargen etwa 2000 Einzelstücke. Sie sollten wieder in den Altar zurückkehren, an die ursprünglichen Orte. Vor der Restaurierung säuberten die drei den Altar von Ablagerungen und Salzen, die tief in den Sandstein und in das Mauerwerk eingedrungen waren. Die Schadstoffbelastung war hoch. Längst trugen sie die Bilder in sich. Dennoch standen sie vor der Frage: Wo fangen wir an, wie geben wir der Arbeit eine Richtung? Draußen auf dem Neumarkt waren drei Container und übereinander gestapelte Obstkisten mit Einzelstücken gefüllt. So ging es nicht. Sie benötigten einen Raum, um die geborgenen Schätze auszulegen. Denn nur so konnte das

Finden und Zuordnen gelingen. Längere Zeit wurde sortiert. „Eingekreist", sagt Hein. Allmählich bekamen sie einen Blick für Gestalt, Form und Herkunft. Für die Restaurierung der Fläche vom Sims bis zum Altartisch benötigten sie zwei Jahre. Etwa 600 Teile ordneten sie diesem Abschnitt zu. Am Altarbild kamen die Restauratoren schneller voran. Er war recht gut erhalten, bis auf den Engelkopf. Ihm vermochten sie etwa 30 Teile zurückzugeben. Es gab Augenblicke, in denen sie geneigt waren, die Suche aufzugeben. Immer dann, wenn sich Profile, Details wiederholten oder einander sehr glichen, war es äußerst schwierig, den ursprünglichen Ort zu finden. In einem Fall haben sie zwei Jahre gesucht, ehe sie sich der Zuordnung sicher waren.

Im Sommer begannen Johannes Peschel und Vinzenz Wanitschke mit der Bildhauerarbeit. Sie ergänzen den fehlenden plastischen Schmuck. Etwa zwei weitere Jahre dürfte die Arbeit am Altar noch dauern. Die Entscheidung über die Farbfassung — vier sind nachweisbar — steht aus. Es wird also noch einige Zeit verstreichen, ehe sich Feiges Altar in alt-neuer Schönheit zeigt. „Soviel steht jetzt schon fest", sagt Hein, „der Altar wird zu mindestens 80 Prozent, wenn nicht gar mehr, aus originaler Substanz bestehen." Er wendet sich Christus zu, der den Tod am Kreuz noch vor sich hat. Einige Tropfen Zinn sind auf sein Haupt und seine Hände getropft, als die Orgelpfeifen über dem Altarbild in der großen Hitze schmolzen. Diese Tropfen sind das einzige, was von der großen Silbermannorgel geblieben ist. Das Zinn hat sich in Christus eingebrannt und wird zum Bild einer zweiten Passion, die Jesus von Nazareth im Februar 1945 in Dresden widerfahren ist.

6. Oktober 1998
Porträt. Karl-Ludwig Hoch

Pfarrer Hoch: Als erster den Ruf aus Dresden verfasst.

Seit längerem hatte ich mir vorgenommen, den Pfarrer Dr. Karl-Ludwig Hoch kennenzulernen. Er hat den Ruf aus Dresden als erster verfasst, der überarbeitet den Wiederaufbau der Frauenkir-

che in die Öffentlichkeit trug. Wie es im Einzelnen dazu gekommen ist, wußte ich nicht. Ich rief ihn an, informierte ihn über meine Arbeit am Tagebuch und bat um ein längeres Gespräch. Hoch hörte geduldig zu und sagte abschließend: „Ich bin ein altmodischer Mensch und habe es gern, wenn man mir schreibt. Teilen Sie mir mit, was Sie vorhaben. Wir finden dann Zeit." Da hält noch einer an etwas fest, was zunehmend verloren geht, dachte ich. Telefon und Fax ersetzen das Briefgespräch. Und mir wurde bewusst, wie gedankenlos ich diese technischen Möglichkeiten nutze. Wann hatte ich den letzten Brief geschrieben, wann mit Freunden und Bekanntem auf weißem Papier gestritten? Diese Episode machte mich auf den Mann noch neugieriger, als ich es bereits war.

Ich verspäte mich. Hoch vor seinem stattlichen Elternhaus am Loschwitzhang. Er sammelt bunte Herbstblätter, bückt sich, nicht ohne Mühe. Die Knie machen ihm zu schaffen. Seine Frau ist längere Zeit verreist. Heute erwartet er sie zurück. Er will sie mit einem bunten Herbststrauß überraschen. Er führt mich zum Hang, der zur Elbe gleitet. Welch schöner Blick auf Dresden. Die Stadt im Tal, die Höhen, die sie umgeben, der Fluss, die Elbwiesen, der Turm des Rathauses, des Schlosses, die Türme der Kirchen, die rebstockreiche Lößnitz, links des Hanges das Eisengefüge des Blauen Wunders, sehr groß und laut in dieser Tal- und Flusslandschaft. Bei klarem Wetter geht der Blick über die Ausläufer des Erzgebirges weit ins Böhmische hinein. Hoch muss nicht erklären, was er an dieser Stadt liebt. Es ist eine wundervolle Landschaft. Hoch will noch erleben, wie die steinerne Kuppel der Frauenkirche ins Stadtbild zurückkehrt. Von hier aus sah er sie das letzte Mal.

Der Ton ist angeschlagen. Es sollte sehr spät werden. Als ich mich verabschiedete, stand er mit seinem kleinen Gerät am Ende der abfallenden Zufahrt, die auf die Villa zuführte, und öffnete das geschmiedete Tor, das gut 150 Meter entfernt, wenn nicht mehr, im Dunkeln lag. Das Gerät war ziemlich neu, und Karl-Ludwig Hoch hatte etwas Mühe mit der Bedienung. Es war ein Augenblick, der des Merkens wert war. Das moderne Spielzeug in der Hand, das über einen Impuls den Anstieg bis zum Tor überflüssig macht, und die Biographie eines Pfarrers, die aus einer langen Dresdner Tradition kommt und an ihr ungebrochen festhält. „Wir alten Dresdner sind eben doch stark in der Vergangenheit geprägt worden. Wer will, darf uns das vorwerfen, wenn er es toleriert."

Zu DDR-Zeiten hat Karl-Ludwig Hoch Vorträge über die Frauenkirche gehalten, vor jungen und älteren Menschen, vor anderen. Nie hat er seine Vorträge mit dem Satz belastet: Man sollte die Kirche wieder aufbauen, wie es manche Dresdner wünschten. Diese Aufforderung stand ihm nicht zu, er war kein Bischof, er war keine Landeskirche. Und er litt auch nicht darunter, dass er sich diese Aufforderung versagte, obwohl er das geliebte Bild der Kirche seit früher Jugend in sich trug. Sie war ihm Inbegriff seiner Heimatstadt. Als Zwölfjähriger hatte er sie im August 1941 von der Wald-schlösschenhöhe gezeichnet. Übergroß ragen Kuppel und Laterne aus der Stadtlandschaft. In „kindlichem Stolz" signierte er das Blatt wie ein rechter Künstler. Mitten im Krieg war die Kirche nach knapp fünfjähriger Sanierung am ersten Advents-Sonntag 1942 als „Dom" mit einem Festkonzert wieder eröffnet worden. Der junge Hoch war dabei.

Hoch stellen sich Erinnerungen ein. Alles war neu. Das Gestühl roch nach frischer Farbe. Bach und Reger brausten auf der Orgel, Chöre sangen, die Philharmonie spielte. Hoch war oft in der Kir-che, stieg unter die Kuppel. Er hat die Risse in ihr gesehen und seine Hand in die Spalten geschoben. Am 13. Februar war er vor-mittags in der Stadt. Es war ein klarer, sonniger Tag. Fasching wurde gefeiert. „Viele deutsche Städte waren inzwischen schwer bombardiert worden", sagt Hoch. „Wir Dresdner glaubten alle, dass unsere Stadt verschont bleibt. Der Krieg war verloren, das Ende nahe. Außerdem stand Dresden bei englischen und ameri-kanischen Touristen in hoher Gunst. Nein, wir glaubten nicht an Bomber über Dresden, wir wähnten uns sicher, bis das Unfassba-re geschah."

Aus Hochs Schilderungen erwächst ein Bild, das die besondere Liebe des Jungen zur Frauenkirche belegt. Alle Fensterscheiben des Elternhauses waren nachts während des Angriffs zersprungen. In der Nachbarschaft brannte es, seine Mutter half beim Löschen. Die Stadt war in dichten Rauch gehüllt. Erst am 15. Februar aber sah er in der Frühe für einen Augenblick die Kuppel, von dichtem Rauch umweht. Und er lief in das Haus zurück und rief seiner Mut-ter zu: „Es ist alles nicht so schlimm, die Frauenkirche steht." Welch Hybris eines jungen Menschen! Eine Stunde später trat der Junge wieder hinaus. Die Kuppel war verschwunden. Und er dachte: Sie ist weg, sie ist einfach weg. „In diesem Augenblick dachten wir: Jetzt ist alles zu Ende."

Karl-Ludwig Hoch schweigt. Draußen ist es dunkel geworden. Gewiß durchlebt er noch einmal den Verlust eines geliebten, ver-trauten Bildes, das seine Jugend begleitet hat. Ich scheue mich, Fragen zu stellen. Am 31. Dezember 1945 zeichnet er in sein Tagebuch die Kirche in ihrer vollen Gestalt und fügt in sie den Trümmerberg und die zwei erhaltenen Stümpfe, den Chor und den nordwestlichen Treppenturm, ein. Und darunter schrieb er: DAS BLIEB UNS! Hoch wird sich wohl der Stille und des Erinnerns bewusst. Er macht es mir leicht: „Fragen Sie nur weiter."

Hoch hat zwei Diktaturen erlebt, die der Nazis und die der Arbei-ter- und Bauernmacht. Er war dabei, als im Oktober 1989 auf der Prager Straße und am Hauptbahnhof der erste Unmut in Dresden ausbrach. „Ich wusste meine jungen Leute dort. Da konnte und wollte ich nicht fernbleiben. Einer meiner Söhne war damals bei der Armee in Pirna. Wir waren beide auf der Prager Straße und

hatten Angst, dass die Ereignisse eskalieren und in Blutvergießen enden. Anfangs gab es Verhaftungen und sogenannte Zuführun-gen."

Hoch schweigt wieder. Nach einer geraumen Weile fährt er fort. „Es erscheint mir noch heute ein Wunder, dass es zu keinem Blut-vergießen kam, dass die Staatsmacht ohne nennenswerten Wider-stand aufgab. Sie besaß doch alles, was in einem solchen Fall hätte angewendet werden können, Polizei, Staatssicherheit, Armee. Und wie wir später erfuhren, war man darauf durchaus vorbereitet, hatte sogar an Internierungslager gedacht. Ich ver-gesse nicht das erste Zeichen der Vernunft."

Es war jener denkwürdige Tag des 8. Oktobers. Tausende hatten sich auf der Prager Straße versammelt. Es war abends gegen 20 Uhr. Sicherheitskräfte standen mit heruntergeklappten Visieren, Schilden und Hundestaffeln bereit, die Befehle auszuführen und mit Gewalt vorzugehen. Kaplan Frank Richter von der Kathedrale ging dem kommandierenden Offizier entgegen: Geben Sie uns ein Zeichen guten Willens. „Und dann hörte ich den Befehl des Kom-mandierenden: ‚Schild ab!' Und die Schilder gingen zu Boden. Es gab die ersten Gespräche. Die Gruppe der Zwanzig wurde auf offener Straße gewählt. Am Vormittag des 9. Oktobers kam es zu ersten Verhandlungen mit Kirchenvertretern, der Bürgerinitiative Gruppe der Zwanzig, die sich an diesem Abend gründete, und dem Oberbürgermeister Wolfgang Berghofer. Man muss das ein-mal sagen, diesem Mann verdanken wir in Dresden viel. Er war der erste, der zu offiziellen Gesprächen mit den Bürgervertretern zu kommunalen Problemen bereit war."

Hoch dachte in den folgenden Tagen in keiner Weise an die Frau-enkirche. Noch war nicht abzusehen, welchen Lauf die Entwick-lung nehmen würde. Am 20. Oktober hielt er im Haus der Heimat in Freital einen Vortrag über die Frauenkirche. Auch an diesem Abend sprach er mit keinem Wort vom Wiederaufbau des Gottes-hauses. Auf der Rückfahrt sagte ihm Dr. Günter Voigt, ein junger Zahnarzt: „Die Frauenkirche braucht eine Stimme. Sie müssen sich für ihren Wiederaufbau einsetzen. Machen Sie was, Herr Pfarrer!" Und Hoch dachte an den Dresdner Kunsthistoriker Fritz Löffler. Er hatte ihn kurz vor dessen Tod besucht. Und Löffler, mit dem Hoch in Hochachtung befreundet war, hatte ihm gesagt. „Ich gloob nicht an den Wiederaufbau der Frauenkirche und Sie gloobens auch nicht. Aber man kann nie wissen. Seien Sie vorbereitet." Löfflers Aufforderung, bereit zu sein, bohrte. Man kann nie wissen. Was jetzt geschah, hätte niemand für möglich gehalten. Karl-Lud-wig Hoch erfuhr in den nächsten Tagen, dass Voigt an den Lan-desbischof Johannes Hempel geschrieben und den Wiederaufbau angeregt hatte. Der Wortlaut war Hoch nicht bekannt. Es kam auch zu keiner öffentlichen Reaktion. Und der Satz des jungen Voigts saß tief und fest in ihm: Machen Sie was! War es nicht an der Zeit, seine selbst auferlegte Zurückhaltung aufzugeben? War er, dem die Kirche seit frühester Jugend so viel bedeutet hatte, nicht verpflichtet, sich für sie einzusetzen? Vielleicht war das Wunder zu verwirklichen. Inzwischen war es November geworden. Am 8. November war das Politbüro der SED zurückgetreten, Modrow, der Parteichef der SED im Bezirk Dresden, wird ins Politbüro berufen. Vieles wies auf grundlegende Veränderungen hin. Und dann die Sensation. Am 9. November wurde die Mauer zu Westberlin geöffnet. Das Land versank in Jubel und in grenzenlose Hoffnungen.

Wenn die Zeit reif ist, gibt es gelegentlich wundersame Wege. Gleichgesinnte trafen sich zum ersten Mal am 24. November in der Wohnung des Kunsthändlers Heinz Miech in Blasewitz. Dieses Treffen hatten Günter Voigt und Hans-Christian Hoch angeregt. Sie machten sich Gedanken über die Frauenkirche. Karl-Ludwig Hoch hatte sich am Vorabend hingesetzt und den Ruf aus Dresden verfasst. Die Sätze formten sich wie von selbst, und es war ihm, als habe er all die Jahrzehnte auf diese Nacht hingelebt, ohne es sich eingestehen zu wollen. Noch heute, fast neun Jahre später, erinnert er sich wortwörtlich an einige Sätze: „Wir rufen auf zu einer weltweiten Aktion des Wiederaufbaus der Dresdner Frauenkirche, zu einem christlichen Weltfriedenszentrum im neuen Europa. In diesem Gotteshaus soll in Wort und Ton das Evangelium des Friedens verkündet, sollen Bilder des Friedens gezeigt, Friedensforschung und Friedenserziehung ermöglicht werden." Und er schloss: „45 Jahre nach ihrer Zerstörung ist auch für uns die Zeit herangereift, die Frauenkirche als einen verpflichtenden Besitz der europäischen Kultur wiedererstehen zu lassen. Darum rufen wir aus Dresden um Hilfe."

Zum ersten Treffen nahm er den Aufruf mit und verlas ihn. „Es gab im Kreis der ‚neun Weisen' einige Verbesserungen und Korrekturen", sagt Hoch. „Wir waren uns klar, dass wir dabei waren, etwas zu entzünden, wovon niemand wusste. Wie würde die Landeskirche reagieren, der Bischof? Sollten wir Erfolg haben, dann mussten wir Persönlichkeiten gewinnen, die Rang und Namen besaßen. Vor allem brauchten wir einen Vorsitzenden der Bürgerbewegung, der weit über Dresden hinaus bekannt war, gar internationales Ansehen genoss. Der Musiker Ludwig Güttler übernahm den Vorsitz. Der Landesbischof der evangelischen Kirche Hempel ließ durch Dr. Neidhardt wissen, dass er der Bürgerinitiative nicht entgegenstehe, wenn der Wiederaufbau der Frauenkirche als Kirche erfolge, keine finanzielle Forderung an die Landeskirche erhoben werde und eine Stiftung gegründet würde, der die Landeskirche als Eigentümer beitreten dürfe. So war das", sagt Hoch. „Wir alle hofften, dass der Ruf aus Dresden gehört und angenommen würde."

Die Uhr geht auf 23 Uhr. Hoch führt mich ins Nebenzimmer. Dort steht der Tisch, an dem sie sich getroffen haben, anfangs im Wohnzimmer bei Pfarrer Hoch in Dresden-Plauen. „Hier ist meine Mutter zur Welt gekommen", sagt er. „Sie war Mitbegründerin der

Bekennenden Kirche. An ihrer Hand betrat ich zum ersten Mal die Frauenkirche." Karl-Ludwig Hoch öffnet die Tür und schaut auf die Stadt. Kühl ist die Nacht und klar. Die Lichter der Stadt funkeln über dem Tal. Angestrahlt sind die großen Monumente, das Rathaus, die Kathedrale, die Kunsthochschule, das Schloss. Er begleitet mich hinaus. Blätter fallen von den Bäumen.

21. Oktober 1998

Porträt. Hans Joachim Bauer

„Es ist Herbst", sagt Hans Joachim Bauer, „die Blätter fallen schon." Auf dem Weg ins Dresdner Residenzschloss sah er, wie ein Lindenblatt zu Boden trudelte, scheinbar schwerelos. „So ist das", sagt er. Und sein Blick gleitet über die Tische, durch den großen Schlossraum. Viele Gäste sind gekommen, um bei seinem Abschied aus dem Berufsleben dabei zu sein. Die Ärzte haben ihm dazu dringend geraten. Das Schloss hat etwas Sinnhaftes: Am Schloss hat er fast 20 Jahre lang gebaut, im Schloss wird er aus dem Berufsleben entlassen. Er wollte es nicht, er wollte weiter an der Frauenkirche bauen.

Niederlassungsleiter Bauer: Ein Leben für den Bau.

Kurz zuvor hat er in der ersten Reihe gesessen, neben Peter Prötzel, dem kaufmännischen Geschäftsführer. Es gab viel Dank für Einsatz, Risikobereitschaft, von Jürgen Dillinger, dem Vorstandsvorsitzenden der Heilit + Woerner Bau-AG. Beide erhielten den offiziellen Abschied vom Konzern. Seit 1990 haben sie die Dresdner Niederlassung gemeinsam geführt. Und beide sagen: Wir haben uns bestens verstanden, der Kaufmann aus dem Westen und der Baupraktiker aus dem Osten. Nahezu freundschaftlich fühlen sie sich verbunden. Sie nennen es einen Glücksfall. Es bekam ihnen und ihren Bauten. Es hätte auch anders laufen können. Dies betonen beide. Man kennt das ja: die Sieger und die Besiegten,

26. August 1726: George Bähr beginnt seine Kirche zu bauen, die „von Grund aus bis oben hinauf gleichsam nur ein einziger Stein" sein sollte.

Sonnenschein zur Grundsteinlegung

1726 bis 1727

Am 26. Juni 1726 hatte der Gouverneur von Wackerbarth den Bau der neuen Frauenkirche genehmigt. Endlich! Der „Hoch-Edl. Rath" zu Dresden hatte es danach mit dem Baubeginn eilig. Die alte Frauenkirche verfiel von Monat zu Monat stärker. Er erbat sofort die Zustimmung vom Oberkonsistorium zum Baubeginn. Bereits einen Tag später, am 27. Juni, erhielt Bähr „die Aufsicht und das Directorium des Baues". Das Rathaus bestimmte den Termin für die Grundsteinlegung der neuen Kirche. Sie sollte am 26. August 1726, einem Montag, stattfinden. Es sollte ein bedeutender Tag für Dresden werden.

Der Rat lud den Kurfürsten August den Starken ein, den Grundstein zur Frauenkirche zu legen. Wenn schon er nicht selbst, so sollte doch wenigstens ein Minister diesen Akt vornehmen. August der Starke bedauerte, nicht teilnehmen zu können. Er hielt sich in Warschau auf und ging dort seinen Geschäften als polnischer König nach. Er beauftragte den Oberkonsistorialpräsidenten Gottlob Hieronymus von Leipziger, ihn zu vertreten. Den Dresdnern war die Abwesenheit des Kurfürsten sicher egal. Die neue protestantische Kirche wurde nicht für ihn erbaut, den Verräter

ihres Glaubens, den Polenkönig, den Katholiken. Immerhin erschien Graf von Wackerbarth, Gouverneur und Kabinettsminister, der auch eine Einladung des Rates erhalten hatte. Bei allem Ärger, den beide Seiten miteinander hatten, führten sie nun Gemeinsamkeit vor.

Das Feiern begann in aller Frühe. Die Bürgerwehr zog auf und nahm auf dem Friedhof Aufstellung. Um 7.30 Uhr setzte das Läuten der Glocken der Kreuz- und der alten Frauenkirche ein (sie hingen an einem Dachstuhl neben dem baufälligen Kirchgebäude). Die Bürgermeister Christoph Heinrich Vogler und Johann Christian Schwarzbach führten die wichtigen Persönlichkeiten der Stadt an, die Viertelsmeister, die Kirchenväter, die Ältesten der Innungen, Vertreter der Zünfte, insgesamt 138 Personen, alle in schwarzer Kleidung, alle sehr feierlich und würdig dreinschauend. Sie trafen sich in der alten Frauenkirche, die immer noch benutzt wurde, zum Gottesdienst. Ein eigens für den Tag vom Kantor Reinhold komponiertes Musikstück erklang. Die Festpredigt hielt der Superintendent Valentin Ernst Löscher. Nach dem Gottesdienst verlegte Löscher den Grundstein.

Mehr als 10 000 Menschen sollen zugegen gewesen sein. Diese Zahl scheint mir übertrieben. Es lebten kaum 20 000 Einwohner in der Stadt. Der Chronist Gottfried Weinart berichtete in seiner Topographischen Geschichte der Stadt Dresden, die allerdings erst ab 1771 erschien: „Die ganze Stadt war vergnügt, ein Fest zu feiern, das sie in vielen hundert Jahren nicht begangen hatte. Früh nach sechs Uhr zogen hundert Mann von der Bürgschaft ... vom Altmarkt auf den Frauenkirchhof, um Parade und einen Kreis um den gegrabenen Grund zu machen ... . Den Grundstein hatte der Steinmetzmeister Daniel Ebhardt vorbereitet, die Kelle, die auf einem silbernen Tablett lag, überreichte der Maurermeister Johann Gottfried Fehre dem Bürgermeister Schwarzbach, der sie an den Oberkonsistorialpräsidenten von Leipziger weiter gab."

Was ging in George Bähr vor? Wir wissen es nicht, nicht ein Wort zur Grundsteinlegung ist von ihm überliefert. Soviel darf vermutet werden: Gewiss war auch er froh, dass er endlich seine Pläne verwirklichen, dass er endlich die Kirche bauen durfte. Schließlich hatten ihm Knöffel und Wackerbarth kräftig zugesetzt. Berichtet wird, dass der Himmel zur Grundsteinlegung heiter war, nachdem es zuvor eine Woche geregnet hatte. Bähr wird dies gefallen haben. Vielleicht deutete er es gar als ein Zeichen göttlicher Huld. Er war ein frommer Mann.

Mittags gab der Rat im „Breihahn", dem Hochzeitshause auf der Breiten Gasse, ein großes Festessen. Weder Bähr, der Kirchbaudirektor, noch seine wichtigsten Mitarbeiter Fehre und der Steinmetzmeister Ebhardt durften an der großen hufeisenförmigen Festtafel Platz nehmen. Sie war den hohen Herren vorbehalten, dem königlichen Abgeordneten von Leipziger, dem Kabinettsminister von Wackerbarth, den Ratsherren, dem Superintendenten, den Bürgermeistern. Wackerbarth zeigte sich an diesem Tag huldvoll. Er versprach dem Bauherren, dem Rat, 1000 Taler zu schenken. Dies brachte ihm Beifall ein. Nach den Auseinandersetzungen um die Genehmigung der Kirche dürfte ihm das besonders gefallen haben. Mit dem Einlösen des Versprechens allerdings nahm er es nicht sehr genau. Bis 1730 hatte er erst 510 Taler gespendet.

Bähr und Fehre hingegen wurden wie Angestellte, wie Dienstleute behandelt. Sie durften sich gemeinsam mit den anderen Bauleuten und Ratsbediensteten im ersten Geschoss an einem Fass Königsteiner Bier und einer Mahlzeit laben. Die Grundsteinlegung änderte nichts daran, dass für den Aufbau der Kirche kein Geld vorhanden war. Es musste geliehen werden. So entstand die Frauenkirche von Anfang an auf Pump. Diese permanente Geldknappheit sollte sich noch sehr nachteilig auswirken und die Bauzeit ungebührlich verlängern.

Zügig hoben Hilfsarbeiter in den nächsten Wochen die Baugrube für die Kellergewölbe und die Gründung der Kirche aus. Mitte November waren 32 Maurer und 60 Handlanger auf der Baustel-

le tätig. Die alte Frauenkirche stand unverändert an ihrem Platz. Sie behinderte noch einige Zeit den weiteren Baufortschritt, weil sie in den abgesteckten Grundriss der neuen Frauenkirche hineinragte. Sie musste nun endgültig abgerissen werden. Am 9. Februar 1727 versammelte sich die Gemeinde zum letzten Gottesdienst in der alten Kirche. Danach wurde sie ausgeräumt, entfernt wurden die Orgel, das Gestühl, der Altar. Ende April war das Gottes-

Graf von Wackerbarth kam zur Grundsteinlegung.

haus weitgehend abgetragen. Nunmehr stand dem weiteren Aushub des Kellers nichts mehr im Weg. Der äußere Mauerring, auf dem die Wände der Kirche stehen würden, konnte nach und nach geschlossen werden. Ende 1727 ragte das frische Mauerwerk aus der Grube über die Erdoberkante. Die Umfassungsmauern standen, die Fundamente für die vier Ecktürme waren angelegt. Der Rektor der St.-Annenschule, Christian August Freyberg, schrieb zum Baustand 1727: „... also hat der neue Bau mit Gottes augenscheinl. Beystande das gantze 1727. Jahr durch einen gesegneten Fortgang gehabt, daß die schöne Symmetrie schon unvergleichlich in die Augen fällt, und iedermann sich im Geiste auf die Perfection des herrlichen neuen Tempels zum voraus sich inniglich freuet." Nun stand der Hochbau bevor. Er sollte Bähr herausfordern und bald neue Gegner mobilisieren. Vor allem aber bohrte die Frage, woher Geld zum Bauen nehmen, woher? Die Stadt informierte den Kurfürsten, dass sie 1727 bereits 27 151 Taler für die Kirche ausgegeben hat. Der Kurfürst verstand den Wink nicht. Es floss kein Geld. Eine finanzielle Katastrophe deutete sich an.

die Überlegenen und die Unterlegenen. Manche machen eine Ideologie daraus. „Dieser Unsinn ist gefährlich, er lähmt", hatte mir Prötzel vor ein paar Wochen gesagt. „Dabei rührt alles aus menschlicher Schwäche her. Keiner kann sagen, dass er der bessere Mensch ist." Bauer und Prötzel kannten keine Berührungsängste, von Anfang an nicht. Sie waren zu neugierig aufeinander und bald voneinander überzeugt, dass jeder nur eines im Sinn hatte: das Wohl des Konzerns zu mehren, den Mitarbeitern Brot und Lohn zu sichern, die Bauprojekte vorwärts zu bringen. Welcher Konzern baut schon ein Schloss, eine Gemäldegalerie, ein Wasserwerk, eine barocke Kirche. Jetzt kehrt Prötzel wieder zurück, Jürgen Dillinger nennt ihn ein „Uraltgestein". Seit seiner Lehre hat Prötzel dem Konzern gedient. Ein seltener Fall der Anhänglichkeit. Die Auflösung der Dresdner Wohnung steht ihm bevor, der Umzug. „Diese Arbeit", sagt er und setzt dieses leise, warme Lächeln auf. „Aber es war richtig, dass wir hergezogen sind. Nur so wird man etwas zugehöriger."

Prötzel wirkt abgespannt. Abschiede sind anstrengend. Es war ein schwieriger Firmenaufbau, aber es waren erfolgreiche Jahre, meinen beide. Heilit+Woerner übernahm die Schlossbaustelle 1990, erhielt den Auftrag zum Bau der Frauenkirche. Das Unternehmen hat in den zurückliegenden Jahren komplizierte wirtschaftliche Phasen durchgemacht, hatte Dillinger berichtet, reduzierte Arbeitsstellen, entließ im In- und Ausland Mitarbeiter. Der Konzern hat sich 1997 konsolidiert, die Auftragslage steigt. In diesem Jahr rechnet der Konzern mit einem Auftragseingang von 3,71 Milliarden DM. Heilit+Woerner steht auf solidem Grund, heißt es. Aber der muss täglich untermauert werden, auch in der Niederlassung Dresden. Deutliche Worte. Die Eingeweihten werden wissen, was sich dahinter verbirgt. Der Hochbau zum Beispiel bereitet mehr Sorgen als der Tief- und Straßenbau.

An der Kirche will der Konzern auch künftig weiter bauen. Die Ausschreibung der Bauherrin für den vierten und letzten Bauabschnitt liegt dem Konzern und dessen Partnern seit einigen Tagen auf dem Tisch. Man ist beim Studieren der Bedingungen, der Leistungsverzeichnisse, der Kosten, der Anforderungen. Aber niemand will auch nur ein verbindliches Wort dazu sagen, weder Geschäftsführer Walther noch Kristine Schröder von den Sächsischen Sandsteinwerken, auch Frank Spiegel nicht, Bauers Nachfolger. Aber er verspricht, mir einen Termin zu geben, für das Tagebuch. „Sie müssen das verstehen, noch unterliegt alles höchster Geheimhaltung. Da darf nichts, aber auch nichts vorschnell in die Öffentlichkeit dringen. Die Verhandlungen werden hart. Und der Ausgang ist durchaus ungewiss. Nicht um jeden Preis werden wir das Bauen an der Frauenkirche fortsetzen."

Bis Ende Januar muss der vierte Bauabschnitt verhandelt sein. Dann wird feststehen, ob die bisherige Arbeitsgemeinschaft, die sogenannte Arge, den Zuschlag erhält. Ende März läuft der jetzi-

ge Bauabschnitt aus. „Dann steht der Frühling vor der Tür", sagt Bauer. „Schöne, helle Jahreszeit." Und er fügt einen Satz hinzu: „Ach, haben es die Bäume gut, sie werden immer wieder grün."

12. Dezember 1998
Einbau des Westgiebels

Eine schöne Entdeckung an der Frauenkirche, verborgen hinter der Schutzplane: Im Mauerwerk des Außenbaus neben dem stehengebliebenen Ruinenteil an der Westseite fallen schwarze Fundstücke auf. Der Einbau der ersten Originalsteine vom abgestürzten Westgiebel hat begonnen. Sie sind im Wand- und Gewändebogen über dem Kirchenfenster neben dem Ruinenteil „E" eingefügt worden. Darunter befindet sich ein schön verziertes Fundstück, das Fachleute als Schabrackenstein bezeichnen.

Die Steinplaner und Steinmetzen haben sich beeilt. Es gilt als sicher, dass 76 Fundstücke, darunter Kapitelle, Bogensteine, Reste vom Sonnenblumenzierat wieder in den Westgiebel zurückkehren. Rund zehn Kubikmeter finden als Hintermauerungssteine Verwendung.

Die Bergung des Westgiebels und die sparsame Bearbeitung der Fundstücke bereitete den Erbauern der Kirche so manche Überraschung, nicht nur erfreuliche. Wind und Wetter trieben ihr Zerstörungswerk an der Westseite am stärksten. Überaus große Verwitterungen am Stein waren die Folge. Bereits in den dreißiger und vierziger Jahren machten sich größere Ausbesserungen und der Austausch von Werksteinen am Westgiebel notwendig. Sie wurden nicht immer sorgfältig ausgeführt. Gelegentlich waren die beschädigten Sandsteinblöcke sogar mit Mörtel und Zement ergänzt worden. Das führte später zu weiteren Schäden. Die Kapitelle — einst von Feige, dem Gestalter des Altars, ausgeführt — hatten am stärksten gelitten.

Christoph Frenzel weiß ein schwierig Lied zu singen. Seit der Enttrümmerung der Kirche reparierten und ergänzten die Steinmetze einige tausend Fundstücke. Darin besitzen sie Routine. Aber der Westgiebel stellt die Erbauer vor besondere Aufgaben. Seine zusammenhängende Flächigkeit und Geschlossenheit, aber auch seine Verwundbarkeit sollen in der neuerrichteten Kirche sichtbar bleiben. Frenzel: „Über jeden einzelnen Stein mussten wir entscheiden, wie wir ihn behandeln, was wir ausbessern. Wir wollen nicht verschönen, nicht glätten, nichts verschweigen. Das wäre am Westgiebel eine Fälschung. Die Narben, die Verwitterungsspuren, die Schäden sollen erkennbar bleiben, ohne dem Gebäude künftig zu schaden." Und Dietmar Manig, der strenge Bauüberwacher von IPRO, ergänzt: „Gelegentlich war viel Geduld notwendig, und gelegentlich musste ich auf Tempo drängen." Diese ruhige Sachlichkeit. Niemand empfindet Genugtuung.

Bögen, Kuppeln und Termine

1999 bis 2001

2. Februar 1999
Ausgeladen

Seit längerem beschäftigt sich eine Arbeitsgruppe mit George Bährs Chorschranke. Sie stand zwischen Chor- und Kirchraum. In der Mitte der Chorschranke befand sich die Kanzel. Die Chorschranke wurde völlig zerstört. Wiederverwendbare Reste konnten aus dem Ruinenberg kaum geborgen werden. Landeskonservator Heinrich Magirius steht dieser Arbeitsgruppe vor. Als ich im Oktober vorigen Jahres davon erfuhr, bat ich Magirius, an einer Beratung teilnehmen zu dürfen. Er hatte Bedenken. Es könnte sein, meinte er, dass die Damen und Herren meine Anwesenheit nicht wünschten. Es gehe immerhin um interne Dinge, die nicht für die Öffentlichkeit bestimmt seien. Ich blieb trotzdem bei meinem Wunsch, fuhr zu der Beratung und wurde ausgeladen. Magirius schien die Sache peinlich zu sein. „Es geht nicht gegen Sie als Person", sagte er damals. Gegen wen sonst, dachte ich. Und ich fragte mich: Beginnt schon wieder die Geheimniskrämerei?

Ich sprach mit Baudirektor Eberhard Burger darüber. Ein Artikel über unterschiedliche Auffassungen zur Chorschranke könnte mehr schaden als helfen, meinte er. Vielleicht später, wenn entschieden ist. Und er empfahl schlitzohrig: „Sie können ja einen Artikel vorbereiten. Falls es zu brennen beginnt, kann er schnell

veröffentlicht werden. Ich denke, den richtigen Ton werden Sie schon treffen."

Burger und viele andere Baupraktiker sind gegen den Bau der Chorschranke, wie sie seinerzeit gegen das Liegenlassen des Westgiebels gewesen waren. Aber auch ihnen scheint in diesem Falle die leise Gangart die bessere zu sein. So einen Streit wie um den Westgiebel möchte er nicht noch einmal erleben. Ihm schießt noch heute das Blut in den Kopf, wenn er an die gegenseitigen Beschuldigungen und das Parteiengezänk denkt. Schließlich wurden die Wogen am Tisch des Oberbürgermeisters Dr. Herbert Wagner geglättet.

Bereits im Vorjahr wurde im Inneren der Kirche Bährs barocke Chorschranke provisorisch aus Sperrholz errichtet. Zum Raum steht die Wand. Schwungvoll führen links und rechts Treppen zum Altartisch. Die Chorschranke vermittelt eine erste Vorstellung, wie der Kirchbesucher in wenigen Jahren auf den Altarraum schauen und ihn erleben wird. Die freie Sicht auf den Altartisch wird beeinträchtigt sein. Dies mit der Sperrholzschranke vorzuführen ist auch das Ziel der Bauherrin. Allerdings nicht Besucher, sondern Exper-

Die Außenmauern und Innenpfeiler mit ihren Spierahmen sind bis auf Höhe des Hauptgesimses gewachsen.
Nun beginnt die große Aufgabe, den Raum mit seinen Bögen, Kassetten und Küppeln zu schließen.

ten sollen sich einen Eindruck von der Raumwirkung verschaffen. Von deren Entscheidung hängt ab, ob Bährs Chorschranke rekonstruiert wird.

Zwei gegensätzliche Meinungen haben sich unter den Bauleuten, Architekten, Theologen, Denkmalpflegern und Musikern herausgebildet. Die einen wollen das Innere der Kirche ohne jede Abweichung vom Bährschen Vorbild errichten, die anderen halten Veränderungen für möglich und notwendig. Beide Seiten haben gute Gründe.

Die Befürworter der Chorschranke verweisen auf die Satzung zum Wiederaufbau des Gotteshauses. Darin steht, dass die Kirche nach Plänen George Bährs mit vorhandenem Material — soweit verwendbar — wieder aufgebaut wird. Jene, die auf die Chorschranke verzichten wollen, meinen, die „Wand" stünde künftig den vielfältigen Nutzungsmöglichkeiten der Kirche im Wege, etwa bei

Schalungen für die Verbindung der Pfeiler mit Korbbögen.

großen Konzerten. Und sie berufen sich auch auf die Satzung, die in einem solchen Fall Veränderungen einräume. Eberhard Burger: „Die Argumente der Befürworter und Gegner für oder wider die Chorschranke sind erst einmal alle richtig. Bloß die Betrachtungsweise unterscheidet sich. Wichtig ist, welcher ich Vorrang gebe. Aus denkmalpflegerischer und kunsthistorischer Sicht ist die Forderung eindeutig: Die Chorschranke wird wieder aufgebaut. Funktionelle Gründe hingegen sprechen gegen sie. Die Chorschranke schränkt den sowieso schon kleinen Raum ein, eine Öffnung in den Chor und damit unbehindertes Schauen auf den Altar wäre besser. Das Verständnis vom Gottesdienst hat sich inzwischen geändert. Die Chorschranke trennt zu stark Gemeinde und Pfarrer." Die Planer und die Geschäftsführung der Kirche sind der Auffassung, die Chorschranke nicht wieder zu bauen. Damit setzen sie sich der Kritik aus.

Ich bitte Landeskonservator Heinrich Magirius um seine Meinung. Er empfängt mich in seinem Büro im Landesamt für Denkmalpflege auf der Augustusstraße. Freundliche Begrüßung. Magirius betreut als Denkmalpfleger den Wiederaufbau des Gotteshauses. Er wendet sich vehement gegen die Absichten der Bauherrin. „Die Wiederherstellung der Chorschranke", sagt er, „ergibt sich aus der Satzung der Fördergesellschaft." Sie ist nach seiner Auffassung ein integraler Bestandteil der Architektur George Bährs. Schon in den ersten Planungen von 1723 sah Bähr den Ort für die Kanzel, die Chorschranke und ihre Aufgänge zum Altar vor. Er hat auf sie besonderen Wert gelegt. Sie war ihm das Zeichen protestantischen Gottesdienstes. Daran hielt er all die Jahre fest.

Wie nicht anders zu erwarten, zeigt Magirius keine Kompromissbereitschaft. Ich wende ein, dass es zur Chorschranke auch andere Meinungen gibt, auch zum Verständnis vom heutigen Gottesdienst. Magirius bleibt unerschütterlich: „Dies sind subjektive Auffassungen, wenn man meint, die Chorschranke sei überflüssig. Im Gegenteil: Sie war von ganz entscheidender Bedeutung für den Gottesdienst und das Raumerlebnis." Dass man das heute vielleicht anders sehen kann, will er nicht bestreiten. Die Erbauer der Kirche würden — gemessen an der Satzung — unglaubwürdig, verzichteten sie auf die Chorschranke. „Auch künstlerisch, kulturhistorisch und vom Liturgischen her muss man sie akzeptieren. Die Chorschranke ist unverzichtbar." Die Arbeitsgruppe wird ihre Wiedererrichtung dem Bauausschuss und dem Vorstand der Fördergesellschaft zum Wiederaufbau der Kirche nahelegen.

Die gegensätzlichen Positionen belegen erneut, dass der Wiederaufbau der Kirche durchaus kein reines Kopieren ist. Dass er Widersprüche und Konflikte in sich trägt, erscheint völlig normal. Obschon der Einbau der Chorschranke erst später auf der Tagesordnung steht, muss in allernächster Zeit über sie entschieden werden. Von ihr hängen unterschiedliche Lösungen der Be- und Entlüftung ab. Soviel dürfte schon jetzt feststehen. Das letzte Wort

Modell der
Chorschranke.

wird der Stiftungsrat haben. Dessen Entscheidung wird im April erwartet. Ich bin gespannt, ob es bis dahin gelingt, den Schleier des Schweigens dicht zu halten. Noch gibt es keine Anzeichen, dass sich die Zeitungen dafür interessieren. Und erneut bin ich sicher. Die gegensätzlichen Positionen sind unvereinbar, Spielräume für einen Kompromiss nicht vorhanden. Und mir klingt die Bemerkung eines Eingeweihten im Ohr: „Am einfachsten macht es sich der, der alles so haben will, wie es war. Aber so geht es nicht." Der Hieb gegen die Denkmalpfleger ist deutlich.

24. Februar 1999
Ärger mit der Chorschranke

Es ist so weit: Die unterschiedlichen Standpunkte zur Chorschranke sind bekannt. Die Sächsische Zeitung titelt: „Erneut Streit um die Frauenkirche. Denkmalpflege will Rekonstruktion der Chorschranke / Das Bauteam ist dagegen."

Gestern früh rief mich Grit Moch, Redakteurin der SZ, an. Sie hatte den Auftrag, zur Chorschranke zu recherchieren und einen Artikel zu schreiben. Er sollte heute erscheinen. Ob ich ihr helfen könne. Burger sei krank. Für einen solchen Fall hatte ich meinen Artikel vorbereitet. „Ich liefere gegen eins", sagte ich. Ich brachte den Artikel zur Zeitung. Sie schien einverstanden. Vielleicht noch ein, zwei Sätze, Stimmen, Meinungen. Abends fuhr ich noch einmal in die Redaktion, wollte die Seite vor der Veröffentlichung sehen. Grit Moch – mit dem Aufbau der Frauenkirche vertraut – hatte weitere Fakten und Hintergründe zusammengetragen und den Artikel mit ihrem und meinem Namen gezeichnet. Mit Recht, denn der Artikel war stark verändert. Er war härter geschrieben. Harte Schreibweise sei inzwischen bei den Lesern sehr beliebt, meinen die Zeitungsmacher. Das sei eingängiger. Prosa in der Zeitung, wie sie mir gelegentlich vorgehalten wird, ist unerwünscht. Zuweilen musste ich auch schon hören, dass ich stur sei. Ich vermisste in dem Artikel meine Ausgewogenheit und einige Zitate und zog meinen Namen zurück. Grit Moch warf mir vor, dass ich unfair sei. Nun müsse sie die Dresche, die sie erwartete, allein einstecken. Zum Artikel war ein Kommentar gestellt. Der Chef der Stadtredak-

tion, Ulf Mallek, fragte, warum der Expertenstreit unter Verschluss gehalten und nur in kleinem Kreis ausgetragen wird? Damit berührt er einen wunden Punkt.

Mittags zwei Anrufe von Bekannten. Der erste ein Vorwurf: Die Chorschranke ist kein Thema für die Öffentlichkeit, der zweite: höchste Zeit, dass die honorigen Herrn nicht immerzu alles unter sich ausmachen. Die Meinungen sind offenbar geteilt. Abends sagt M., der die Verhältnisse um die Frauenkirche gut kennt: „Vielleicht hat man es jetzt endlich begriffen, dass Geheimnistuerei abträglich ist." G. gibt hingegen zu bedenken, dass sich keiner die Entscheidungen leicht macht und ein Streit in der Öffentlichkeit nur die Standpunkte verhärtet und die Spendenbereitschaft gefährdet.

9. März 1999
Glockenwege

Die Marienglocke läutet wieder an der Dresdner Frauenkirche. 1925 rief sie das letzte Mal am Neumarkt zum Kirchgang. Danach verschwand sie aus dem Blickfeld der Dresdner. Lange Zeit galt sie als verschollen. Es ist ein Wunder, dass es diese Glocke überhaupt noch gibt. Kriegszeiten vernichten Glocken. Zu Tausenden, ja zu Zehntausenden schmolzen die Aufrüster sie ein, auch einige Glocken der Frauenkirche. Ihr Guss verwandelte sich in todbringende Geschosse. Nun segnet die Marienglocke mit ihrem Klang den Wiederaufbau der Kirche und ruft zum Gottesdienst in die Unterkirche. Noch steht sie draußen in einem Glockenstuhl. Groß ist sie nicht. Aber wundersam sind ihre Wege, lang ist ihre Geschichte in Sachsens Landen, aufregend sind einige Zeitenläufe, die sie überstand, glücklich ist ihre Wiederkehr. Zuletzt läutete sie täglich in Dittmannsdorf bei Freiberg.

Schön liegt das Dorf an einem Bachlauf im Tal. Sein Rauschen steigt zur Kirche auf. Hoch steht sie über dem Dorf. Das Weiß ihrer Fassade leuchtet über den Dächern. Das Gemäuer der kleinen Kirche gibt sich schmucklos. Ein Dachreiter ziert den First, matt glänzen die Schiefertafeln. Das frisch sanierte Pfarrhaus steht verwaist. Es will sich keiner finden, der das schöne alte Haus übernimmt.

Es gab einige Aufregung in der Gemeinde Dittmannsdorf, als bekannt wurde, dass die Glocke wieder nach Dresden zurückkehren soll. Sogar Proteste wurden laut. Einige Dorfbewohner forderten den Kirchenvorstand auf, die Glocke zu behalten. Viele wussten um ihr Schicksal. Selbst hartgesottene Atheisten sollen gemeint haben: Die Glocke sollte bleiben, wo sie ist. 38 Jahre lang hatte sie vier mal am Tag geläutet. Ihr Klang war den Bewohnern vertraut.

Inzwischen ist das Ereignis vom Frühjahr des vorigen Jahres fast vergessen worden. Aber manche erinnern sich: Es war der 31. März, ein Dienstag, als die alte Glocke niedergeholt wurde. Jenen, die dabei waren, wird heute noch das Herz schwer. Auf dem Pfarrhof erschienen an die hundert Menschen. Der Posaunenchor blies. Und mächtig stieg das Lied „Großer Gott, wir loben dich" in den kühlen Frühlingstag.

Ute Gelfert, Mitglied des Kirchenvorstandes, schaut aus dem Fenster. Dünner Nebel steigt aus den Wiesen und dem Bachtal. Sie war an dem Tag auf dem Kirchplatz. Sie empfand Wehmut, als die Glocke zu Boden glitt. Etwas Vertrautes verlor sie nicht gern. Aber sie tröstete sich. Es gab auch Grund zum Fröhlichsein. Am 20. März war in Heilbronn eine neue Glocke für die Dittmannsdorfer Kirche gegossen worden. Sie und andere aus der Gemeinde waren beim Gießen anwesend. Das war ein großes Erlebnis. Jetzt stand die neue Glocke vor dem Pfarrhaus und wartete darauf, gehoben zu werden.

Der Dittmannsdorfer Kirchenvorstand und der Stiftungsrat der Frauenkirche hatten sich geeinigt. Die Dresdner übernahmen alle Kosten, die aus dem Verzicht und dem Gießen der neuen Glocke der Gemeinde entstanden. Das hatte die Kirchgemeinde gefordert. Und die Stiftung hatte zugestimmt. Dennoch dachte Ute Gelfert hartnäckig: Eine solche alte Glocke ist mit einer neuen nicht aufzuwiegen. Aber sie sah auch den Dresdner Anspruch ein. Er war älter. „Es ist schon merkwürdig", sagt sie, „man spricht von Glocken, als seien sie etwas Lebendiges. Vielleicht, weil sie Geburt und Tod verkünden, Hochzeiten und Feiertage begrüßen. Damals wusste wohl auch Pfarrer Krüger nicht, welch eine kostbare Glocke er nach Dittmannsdorf geholt hatte."

Auf glücklichen Umwegen zurückgekehrt. Die letzte erhaltene und älteste Frauenkirchenglocke.

Es gibt eine Geschichte, die sich hartnäckig hält und unterschiedlich erzählt wird. In Wermsdorf gibt es noch einige Alte, die behaupten, der Dittmannsdorfer Pfarrer Krüger hätte schon früh gewusst, welchen Schatz er erwirbt, habe es aber verschwiegen. Das sei unredlich gewesen. Hätten sie gewusst, was sie besitzen, dann hätte die Gemeinde die Glocke nie und nimmer für 2660 Mark verkauft. Ein paar hundert Mark mehr wären herauszuholen gewesen. Pfarrer Krüger kann nicht mehr widersprechen. Er ist inzwischen verstorben. Aber seine Frau lebt in Nossen. Vielleicht weiß sie mehr über die Umstände. Aber sie ist auf Reisen, berichtet ihr Sohn. Geduld ist notwendig.

Merkwürdig, wie kurz das Gedächtnis ist, wie schnell vergessen wird. 1925 erhielt die Frauenkirche neue Glocken. Die älteste Glocke – 1515 gegossen – passte im Ton nicht ins Geläut. Sie wurde nach Hohenzweitschen verkauft. Bald darauf läutete sie in der Landesanstalt auf Schloss Hubertusburg in Wermsdorf. Als die Anstalt schloss, war sie überflüssig geworden. Offenbar geriet damit auch ihre Herkunft in Vergessenheit.

Im September 1957 übernahm Pfarrer Krüger die Gemeinde Dittmannsdorf. Das Geläut der Kirche war unvollständig. Es besaß nur eine Glocke. Zwei waren im Zweiten Weltkrieg zu Kriegsmaterial verarbeitet worden. Krüger überzeugte den Kirchenvorstand zum Kauf zweier Glocken. Ein Neuguss kam nicht in Frage. Zu lange hätte die Gemeinde warten müssen. Der Dresdner Glockenkantor Hans Hartung machte Krüger auf Wermsdorf aufmerksam. Dort stand die ehemalige Anstaltsglocke zum Verkauf. Pfarrer und Kantor überprüften ihren Klang und ihren Zustand. Sie hatte all die Jahrhunderte ohne Schaden überstanden, keine Haarrisse, nichts. Dittmannsdorf sicherte sich 1958 das Vorkaufsrecht bei den Wermsdorfern.

Anita Krüger ist von ihrer Reise zurückgekehrt. Freundlicher Empfang in ihrer Nossener Wohnung. Sie schwärmt von deutschen Landschaften. Ihr wacher Blick. Unsere Städte und Dörfer holen auf, auch Nossen. Sie ist dankbar, dass sie das noch erlebt. Gern will sie zur Glocke Auskunft geben, sehr gern. Keine Mühe bereitet es ihr, sich zu erinnern. Sie hat vieles aufgeschrieben. „Damit es nicht vergessen wird", sagt sie. Es war ein wundervoller Tag, als die Glocke in Dittmannsdorf gehoben wurde. Ein Fest war es, übergossen von Sonnenschein. Die Glocke war mit Girlanden geschmückt. Viele aus dem Dorf nahmen daran Anteil, auch der Bürgermeister. Als der letzte Dachziegel auf der Kirche verlegt war, begann es zu regnen. Das war am 26. Juni 1960.

Ob denn der Pfarrer um Herkunft der Glocke gewusst habe. Sie lächelt fein und stellt Kuchen auf den Tisch. „Am Anfang ganz gewiss nicht, denn er hätte es mir bestimmt erzählt." Erst später erfuhren sie von den Wegen der Glocke. Aber gefreut hat sich ihr Mann über den Glockenschatz, das gibt sie zu. Und die Gemein-

Auf einen separaten Glockenträger ruft sie schon jetzt in die Unterkirche.

de war stolz darauf. Fast jeder hat ein paar Mark zur Kaufsumme beigetragen. Das Geld zusammenzukriegen war gar nicht so einfach. Eine öffentliche Spendenaktion gestatteten die Behörden nicht. Krügers richteten ein Konto bei der Bäuerlichen Handelsgenossenschaft ein. „2260 Mark kamen zusammen." Einige Wermsdorfer sollen verärgert gewesen sein. Sie lächelt wieder fein. „Das wird erzählt. Es ist auch vorstellbar. Immerhin war die Glocke damals fast 550 Jahre alt und hing zuerst in einem der ältesten Klöster Sachsens, in Altzella."

Die Zeiten waren unruhig, als die Glocke 1515 gegossen wurde und im Zisterzienserkloster Altzella bei Nossen zum ersten Mal läutete. Ein unbekannter Augustinermönch namens Martin Luther hatte sich mit dem mächtigen Rom angelegt. Seine Thesen wider den Ablasshandel, die er an die Wittenberger Schlosskirche nagelte, hatten ein Fanal ausgelöst. Die alte katholische Kirche geriet in Bedrängnis. Das ernestinische Wittenberg wurde zum Ausgangspunkt der Reformation. Sie zog in Kirchen, Städte und Stuben ein. Georg der Bärtige, Herzog im albertinischen Sachsen, scheute weder Mühe noch Gewalt, um Luthers Lehre zu verbieten. Noch in seinem Testament bestimmte er, dass das Herzogtum beim rechten Glauben bleiben müsse. Er verkannte die Lage. Als er 1539 starb, wurde die Reformation auch im albertinischen Sachsen eingeführt. Rom hatte eine wichtige Feste verloren. Die Mönche liefen den Klöstern davon oder traten zum neuen Glauben über. Die bildreichen Altäre wurden gestürmt, Marienbilder gingen in Flammen auf. Der Besitz der Klöster wurde von den Landesfürsten eingezogen, die alte Lehre untersagt. Auch das Kloster Altzella hörte auf zu bestehen. Dessen Besitz fiel 1540 an das Kurfürstentum Sachsen. Kurfürst August gab Altzella dem Vandalismus preis. Wer wollte, konnte sich der dortigen Steine, Gewölbe und Portale bedienen, sie als Baumaterial nutzen. Das Inventar des Klosters wurde verschenkt. Die Dresdner Pfarrkirche Zu Unserer Lieben Frauen erhielt die Klosterglocke 1557 als Geschenk. Sie fand auch in George Bährs neuem Kirchbau ihren Platz. 441 Jahre war sie im Besitz der Frauenkirche, 73 Jahre trieb sie das Schicksal umher, bis sie in die Stadt zurückkehrte, die ihr so lange Heimat gewesen ist.

17. März 1999

Porträt. Eberhard Bartsch

Hin zu einem Ort, aus dem der Sandstein für die Frauenkirche kommt, hin nach Lohmen in der Sächsischen Schweiz. Dort wird seit einigen Jahrhunderten Sandstein gebrochen. Dresdens Palais, die Meißner Albrechtsburg, die Frauenkirche sind aus Sandstein erbaut. Selbst bis Torgau, der zeitweiligen Residenz der regierenden Ernestiner, wurde er verschifft. Dort erhebt er sich in den Mauern des Schlosses Hartenfels über der Elbe. Portale, Gewände sind aus Sandstein geschlagen, Balthasar Permoser hat seine Zwingerplastiken aus Sandstein geschaffen, der große Lorenzo Mattielli zwang seine 78 Heiligenfiguren auf der Katholischen Hofkirche den Sandsteinblöcken ab. Bis heute ist er als Baustoff begehrt geblieben und behauptet sich neben Stahl, Beton und Glas.

Ein schöner Tag, kalt, aber sonnig. Das liebliche Pillnitz am Fuße der Höhen. Das Lustschloss in gelben Tönen, das Grau der Schieferdächer. Der große Bogen der Elbe, die gemächlich zwischen flachen Wiesen fließt. Auf den Hängen die dunklen Reihen der Rebstöcke, die bis an die Säume der Wälder auf den Höhen reichen. Noch fehlt es ihnen an Grün. Großartig die alten Kastanienbäume an der Straße, das alte Pirna im klaren Märzlicht.

Ich konnte nicht wissen, dass die Begegnung mit Eberhard Bartsch zu einer sehr hiesigen Geschichte wird, zu einem jüngeren deutschen Lebenslauf im Osten. Es kann sein, wird er sagen, dass ihn die Gemälde des Malers Robert Sterl auf die Idee gebracht haben, in den Sächsischen Sandsteinwerken nach Arbeit zu fragen. Sterl hat die Arbeit der Steinbrecher in großen leuchtenden Gemälden dargestellt. Er kannte, was er malte, nur allzu gut, war er doch der Sohn eines Steinbrechers und gewiss mit ihrem Dasein vertraut.

Steinbrecher Bartsch: Respekt vor dem Stein.

Lohmen, die Dorfkirche, eine schmale Straße führt an der Wesenitz entlang. Erlen am Ufer, Eichen, dunkle Felswände. Ein Gebäude am Eingang zum Steinbruch. Betreten verboten, warnt ein Schild. Aber ich bin ja verabredet. Die Wände des Steinbruchs. Kein Mensch zu sehen. Nur ein Gerät schnaubt in der Stille, es sägt am Stein. Es ist Sprengzeit. Ich warte nahe am Eingang auf Bartsch. Plötzlich ein dumpfer Schlag. Blaue Rauchgebilde steigen auf, schweben unentschlossen, verflüchtigen sich. Erneut zwei Detonationen. Danach ein langgezogener Ton, das Zeichen für das Ende des Sprengens. Eine Gestalt erscheint am Ende des Bruchs, hat es eilig. Das könnte Bartsch sein.

Freundliche Begrüßung. „Und Sie denken, dass es interessant ist, über den Steinbruch zu schreiben?" – „Ich hoffe es", sage ich und bemerke, dass ihm ein halber Daumen fehlt. Wo hat er ihn eingebüßt? Später werde ich fragen. Bartsch versichert, Zeit zu haben. Darum hatte ich gebeten, als wir telefonierten. Er geht voraus. Seine schmächtige Gestalt vor mir. Immer diese Klischees im Kopf. Ich hatte mir einen kräftigen, großen Mann vorgestellt. Ich sage es ihm. Er lacht. Und es wird ein langes und gutes Gespräch.

Blickt Eberhard Bartsch vom Schreibtisch auf, dann hat er seine Arbeitswelt im Blick. Gleich vorn die dürre Birkengruppe, zerzaust und dünnstämmig, das Unkraut des Waldes, wie er die Birken nennt; Reifenspuren im feuchter, birnengelben Sand und dann die große Sandsteinwand, das Gebirge, grau und gelb und ocker. Farben, die Sterl gesehen und in seinen Gemälden mit Licht überflutet hat. Und über der Steinbruchkante nichts als Himmel, weit und hoch. Diese Blaus, seidig manchmal, und hell wie Milch oder hart wie Metallspäne. Bartsch kennt alle Farben des Himmels über dem Steinbruch und alle Farben des Sandsteins. Und er weiß: Die Wände wehren sich, sind launisch, geben sich widerspenstig. Und an ihm und seinen Männern ist es, ihnen beizukommen, sie zu überlisten, abzutragen. Wer sich ihnen nicht in ruhiger Gelassenheit und sicherem Blick nähert, der bekommt sie zu spüren.

Bartsch räumt ein, dass er naiv war, als der DDR-Staat zusammenbrach. Die Wende, die Deutsche Mark, die Einheit. Etwas Taumel auch in ihm. Dass ihn die neue Entwicklung vor Entscheidungen stellen würde, daran hat er anfangs nicht gedacht. Wer legt sich schon freiwillig unangenehme Gedanken auf. Knapp 20 Jahre hatte er bei der Wismut gearbeitet, unter Tage, Uranerz ans Licht befördert. Uran für den Frieden, Uran für den großen Bruder. Manchmal hatten sie gewitzelt. Teilen wir brüderlich. Nein, nein, füfti – füfti. Was aus dem Erz wirklich wurde, wussten sie nicht. Und es interessierte sie auch nicht. Dafür waren höhere Regionen zuständig.

Bartsch nahm die ersten beunruhigenden Signale früh auf. Ihm war bald klar: Der Erzabbau stand vor dem Ende, das Unternehmen auch. Die russischen Soldaten verließen die DDR. Panik empfand er nicht, aber er wollte nicht abwarten, bis die Entlassung kam. Er war 40 Jahre alt. Er wird sich etwas suchen, das ihm zusagt. Die Frage war nur – was? In der Industrie unterzukommen erschien ihm aussichtslos. In Pirna, in Heidenau wurden Betriebe abgewickelt.

Eberhard Bartsch sitzt am Schreibtisch. Immer wieder geht sein Blick nach draußen. Ein helles Blau über dem Steinbruch. „Die Birken werden zuerst grün", sagt er. Sie schäumen wie grüne Limonade." Und dann nach längerem Überlegen: „Wir haben in einem Gefühl der sozialen Sicherheit gelebt, als sei diese unerschöpflich. Dass uns dies untüchtig gemacht hat, konnten wir nicht wissen, wollten es wohl auch nicht. Deshalb empfinden viele die Veränderungen als brutal, auch ich. Es ist, als schlage man einem Baum die Wurzeln ab."

Steinbruch Wehlen. Im Vordergrund die gebrochenen Frauenkirchenblöcke.

Bartsch erhielt eine Anstellung als Kraftfahrer und fuhr Gemüse durch die Gegend. Die Bezahlung war schlecht. Er war kein Kraftfahrer, konnte der Arbeit nichts abgewinnen, fühlte sich als eine Art Dienstbote. „Wenn Arbeit zu bloßem Broterwerb wird, dann verkümmert man." So paradox es klingen mag, er war gern Bergmann gewesen, und wäre es gern geblieben, trotz der schweren Arbeit. Die Bezahlung war gut. Bartsch fuhr seine Unzufriedenheit über die Straßen und bemerkte kaum den Frühling im ersten Jahr der deutschen Einheit. Er war manchmal ungenießbar, auch zu Hause. Er wohnte auf dem Sonnenstein. Manchmal schaute er abends auf das alte Pirna. Erneuert die Stadt, stoppt den Verfall, wurde gefordert. Rettet Pirna! Maßlose Erwartungen und große Hoffnungen. Und die Sitze der Stühle in den Arbeitsämtern wurden nicht kalt. Er kam sich vor, als säße er in einem Schleudersitz. Was tun? Wohin? Unweit der Stadt lagen Steinbrüche. Er wusste von ihnen, hatte aber nie einen besucht. Ungerufen stieg die Erinnerung an ein Bild von Robert Sterl in ihm auf. Steinbrecher vor der Wand. Er hatte es vor Jahren im Dresdner Albertinum gesehen. Jetzt hatte sein Wohin ein Ziel. Vielleicht würde man einen Sprengmeister der Wismut brauchen können.

Im Januar 1992 stellten ihn die Sächsischen Sandsteinwerke Pirna als Steinbrecher ein. An einem Samstag fuhr Bartsch in den Wehlener Steinbruch, allein. Trotz Verbots betrat er das Betriebsgelän-

Das dem Fels abgetrotzte Ergebnis.

de. Kräftiger Wind wehte. Die Wände schwitzten vor Kälte. Und ihm war warm zumute. Das war die zweite Wende, der Neubeginn im Steinbruch. „Ich habe Glück gehabt", sagt er und schaut auf die Uhr. Wieder ist Sprengzeit herangerückt, der Meister unentbehrlich. Er eilt davon. Die schmächtige Gestalt verschwindet hinter Sandsteinwänden.

Dreimal am Tag, zu festgelegten Zeiten, darf gesprengt werden. Mit der Schnur. Das sind gering dosierte Kräfte, die zur Entfaltung kommen. Schonendes Sprengen nennen das die Fachleute. Nahe am Steinbruch stehen Wohnhäuser. Ein Trompetenstoß, der nachhallt. Dann drei dumpfe Schläge, durch kurze Pausen getrennt. Kleine eisblaue Wolken fegen hoch. Ein beißender Geruch bleibt zurück, verflüchtigt sich. Wieder ein Trompetenstoß, langgezogen und hell. Ein Bussard steigt.

Bartsch ist zufrieden. Die Wand ist gekommen wie erwünscht. „Sicher kann man nie sein", sagt er. „Wir stören den Stein in seiner Ruhe, reißen ihn aus seinem Platz heraus."

Ehrgeizig war er, er wollte vor den anderen Steinbrechern bestehen. Die nahmen ihn mit Distanz auf. Dass er aus dem Berg kam, imponierte ihnen wenig. Sie hatten schon so manchen kommen und gehen sehen, meist nach kurzer Zeit. Besonders kräftig schien

er nicht zu sein. Und als ihn die Betriebsleitung als Meister einsetzte, dachte er, Herrgott, jetzt bist du für den Steinbruch und die Leute verantwortlich. Nein, den Chef kehrte er nicht heraus. Dann passierte ihm dieses Missgeschick. Er ließ Sprenglöcher anlegen, übersah dabei einen natürlichen Schnitt im Gebirge. Die Sprengung war ein Misserfolg, die Menge des verwertbaren Steins zu gering. Geärgert hat er sich, mit Hohn hatte er gerechnet. Da klopfte ihm einer auf die Schulter. „Passiert", sagte er. „Das nächste Mal schaust du genauer hin." Da wusste Bartsch, er ist angenommen. Es war der beste Tag nach seinem Wismutende. „So wie mir", sagt Bartsch, „erging es unzähligen Menschen. Ende des Berufs, Neuorientierung, andere Tätigkeit, berufsinterne Gesetze, neue Vorschriften, andere Normen, neue Gesetze. Wir hatten nicht die Zeit, uns lange auf Schulbänke zu setzen, mussten uns das Neue nebenbei aneignen. Vielleicht wird man das einmal gerecht beurteilen und feststellen: Jene, die wieder zu Arbeit gekommen sind, haben sich selbst übertroffen und ein kleines Wunder vollbracht. Dieser Osten ist eine große Lernschmiede und jede Arroganz ist unangebracht, ist Dummheit."

Mehr als sieben Jahre steht Bartsch vor den Wänden, sommers wie winters, bei Frost und Schnee. Er ist froh, dass sich die Sächsischen Sandsteinwerke gegen die große Konkurrenz jenseits von Werra und Weser behaupten. Noch einmal umsteigen müssen, nimmt er an, wäre chancenlos. Über eines spricht er mit Wärme. Sie brechen in Lohmen den Sandstein für die Dresdner Frauenkirche. Auch zu George Bährs Zeit kam der Sandstein aus den Brüchen bei Pirna. In der Mühlleithe ist der Stein für die Pfeiler der Kirche, die inzwischen vollendet sind, gewonnen worden. Die Bauherrin stellte höchste Anforderungen. Weiß musste der Stein sein, ohne Einschlüsse und von gleichmäßiger Maserung und großer Härte. Mindestens einmal müssen die großen Quader überwintern. Aus dem Druck der Wand befreit, müssen sie sich ihren neuen Bedingungen anpassen. Danach werden sie von Experten geprüft. Denn die Pfeiler haben die steinerne Kuppel zu tragen und die Lasten abzuleiten. Bartsch hat die Wände ausgewählt, die gutes Material versprachen. Und er hat sich die Pfeiler und die Werksteine in der Kirche angeschaut. Da lagen die Schichten, makellos bearbeitet, auf dünnen Fugen, in gleichmäßig hellem Farbton. Er gibt zu, dass er zufrieden ist, Steinbrecher zu sein. „Der Aufbau der Frauenkirche war anfangs umstritten", sagt er. „Dass sie über Jahre vielen Brot und Lohn gibt, ist ein Gewinn." Manchmal aber passiert es ihm immer noch, dass er mit Sehnsucht an die Wismutzeit denkt. Aber sie ist unwiderruflich beendet. Bartsch hat Pirna verlassen und sich in Lohmen ein kleines Haus gebaut. Ein Steinbruchmeister, weiß er sich in alter Tradition, hat sich seine Bleibe in eigenen vier Wänden einzurichten.

Wir sind zu den Wänden, zum Gebirge hinausgegangen. Tief hängen die Wolken über der Mühlleithe. Nahe am Steinbruch rauscht die Wesenitz. Sie führt reichlich Wasser. Eine Bachstelze hüpft um eine Pfütze. „Vögel hier?" - „Aber gewiss", sagt Bartsch. Voriges Jahr hat ein Rotschwänzchen unter dem Wasserstrahlschnittgerät genistet, direkt unter dem Kühler. Die Männer haben gebangt, dass der Lärm es nicht vertreibt. Das Rotschwänzchen hat es ausgehalten. Früh sechs Uhr grüßt der Buntspecht. Wenn die Maschinen anspringen, fliegt er davon, kehrt aber wieder zurück. Eine Füchsin hat hier ihr Revier. Letztes Jahr warf sie zwei Junge. Und zwei Hasen fühlen sich wohl. Bartsch schaut zu den Wänden, die in vielen Farbtönen schimmern. „Hier ist noch Vorrat für gut 30 Jahre, wenn wir den Sandstein schonend abbauen", sagt er. „Wir gehen stärker in die Tiefe. Eine Ausdehnung der Mühlleithe ist nicht ratsam. Sie würde zu stark in die Landschaft eingreifen." Einer, der es geschafft hat und einer, der nicht im bloßen Broterwerb verkümmert.

Rückfahrt, dem turmreichen Dresden entgegen. Wenn sich doch ein neuer Maler fände, der fortsetzte, was Robert Sterl in seinen großen Bildern beendet hat. Immer wieder hat er in Steinbrüchen gezeichnet, hat die Arbeitsabläufe genau beobachtet und sie zu Gemälden komponiert. Die Wände und die Arbeiter haben ihn fasziniert. So ist er zum malenden Dokumentaristen der zurückliegenden Jahrhundertwende geworden. Ein Jahrhundert später ist eines unverändert geblieben: die Herausforderung, sich den Fels gefügig zu machen, ihn in seiner Ruhe zu stören. Eberhard Bartsch hat in einem Augenblick den halben Daumen eingebüßt, als er zu schnell zupackte. „Vor der Wand", hat er gesagt, „muss man ganz ruhig bleiben, dann lässt sie sich gefahrloser brechen und schlägt nicht zurück. Aber auch das will gelernt sein. So ist es und nicht anders."

11. Februar 2000
Kunst in der Unterkirche

Wieder einmal hat das Aufbauteam der Frauenkirche in aller Stille gehandelt. Der Stiftungsrat bat im Vorjahr mehrere bildende Künstler, Ideen zur Gestaltung der Unterkirche vorzulegen. Darüber öffentlich zu sprechen wagte niemand. Und diesmal klappte es. Die Presse erfuhr nichts. Kürzlich tagte die Jury und favorisierte die Arbeit des Berliner Professors Michael Schönholz. Allerdings – so hieß es am Neumarkt – sei man mit ihr nicht vollends zufrieden.

In George Bährs Gotteshaus gab es keine Unterkirche. Der historische Keller mit den vier Katakomben diente als Grablege. Das Aufbaukonzept sah eine neue Kirche in der Kirche vor. Im August 1996 wurde die Unterkirche vom Landesbischof der evangelischen Landeskirche Volker Kreß geweiht. Entstanden war ein Kirchenraum in der Gestalt eines griechischen Kreuzes mit beeindruckenden Gewölben und gut gefügtem Sichtmauerwerk aus Sandsteinquadern.

Nach der Fertigstellung der Unterkirche setzten zum Teil kontroverse Diskussionen ein. Sie galten vor allem dem neuen Altar, der aus einem schweren Monolith aus Kalksandstein besteht. Der Rohstein stammt aus einem irischen Steinbruch. Der Altar ist ein Werk des in England lebenden Künstlers Anish Kapoor. Er führte die letzten Arbeiten in der Unterkirche aus. Sehr bald schlugen die Diskussionen über den Altar hoch.

Die Schar jener, die den Altar ohne Wenn und Aber anerkannte, war nicht allzu groß. Jene, die mit Unverständnis, ja mit Ablehnung reagierten, befanden sich in der Mehrheit. Damit setzte ein Für und Wider ein, das über Jahre anhielt und gelegentlich in Profilierungsneurosen endete. Die Auseinandersetzungen galten bald der gesamten Unterkirche. Vielen erschien der Hauptraum zu nüchtern, zu wenig sakral. Schließlich setzten sich jene durch, die eine andere Gestaltung wünschten. Sie sollte dem Ort als Kirche besser als bisher gerecht werden. Arbeitsgruppen sollten Vorschläge und Lösungen erarbeiten. Pfarrer Karl-Ludwig Hoch zum Beispiel, der Verfasser des Rufs aus Dresden, stritt für eine Einbeziehung des geborgenen Kuppelkreuzes in die Unterkirche. Eine Einigung wurde nicht erzielt. Man beschloss, Künstlern Ideen abzuverlangen.

Sieben Künstler wurden um Entwürfe gebeten, vier Künstler reichten ihre Arbeiten termingerecht ein, der Dresdner Einhard Grotegut, der Däne Per Kirkeby, der Chemnitzer Michael Morgner und der Berliner Schönholz. Sie sollten ihre Vorstellungen zur endgültigen Gestaltung der Unterkirche entwickeln.

Baudirektor Eberhard Burger: „Die Künstler hatten alle Freiheiten. Das Feld der Gestaltung betraf die Räume, die Türen, die Zugänge, ja sogar die Beleuchtung. Nur eines war gesetzt. Die Künstler sollten dem Raum nicht schlechthin etwas hinzufügen, sondern aus dem Raum und seinem Geist heraus ein künstlerisches Gesamtbild formulieren, das der Würde der Unterkirche angemessen erscheint."

Schönholz – so hieß es – wurde dem am ehesten gerecht. Die Vorstellungen der Auftraggeber allerdings, dass nur ein Autor die Unterkirche gestaltet, wurde nach Auffassung der Jury nicht erfüllt. Zur Zeit wird erwogen, verschiedene Ideen der anderen in den Schönholzschen Entwurf einzufügen, sie einzuarbeiten. Dies aber wird gewiss noch einige Zeit in Anspruch nehmen, denn es setzt bei den anderen Künstlern Verständnis und Bereitschaft zum Dienen voraus. Ich rufe den Dresdner Künstler Grotegut an, will seine Meinung dazu wissen. Wir kennen uns nicht. Aber Grotegut ist aufgeschlossen. Es kann ihm ja nichts schaden, wenn er sich zum Wettbewerb äußert. „Im Prinzip", sagt er, „ist es denkbar, dass die Ideen anderer in die Arbeit von Schönholz fließen." Aber dies will er erst entscheiden, wenn er die Intentionen der anderen kennt und teilt. Eine diplomatische Antwort.

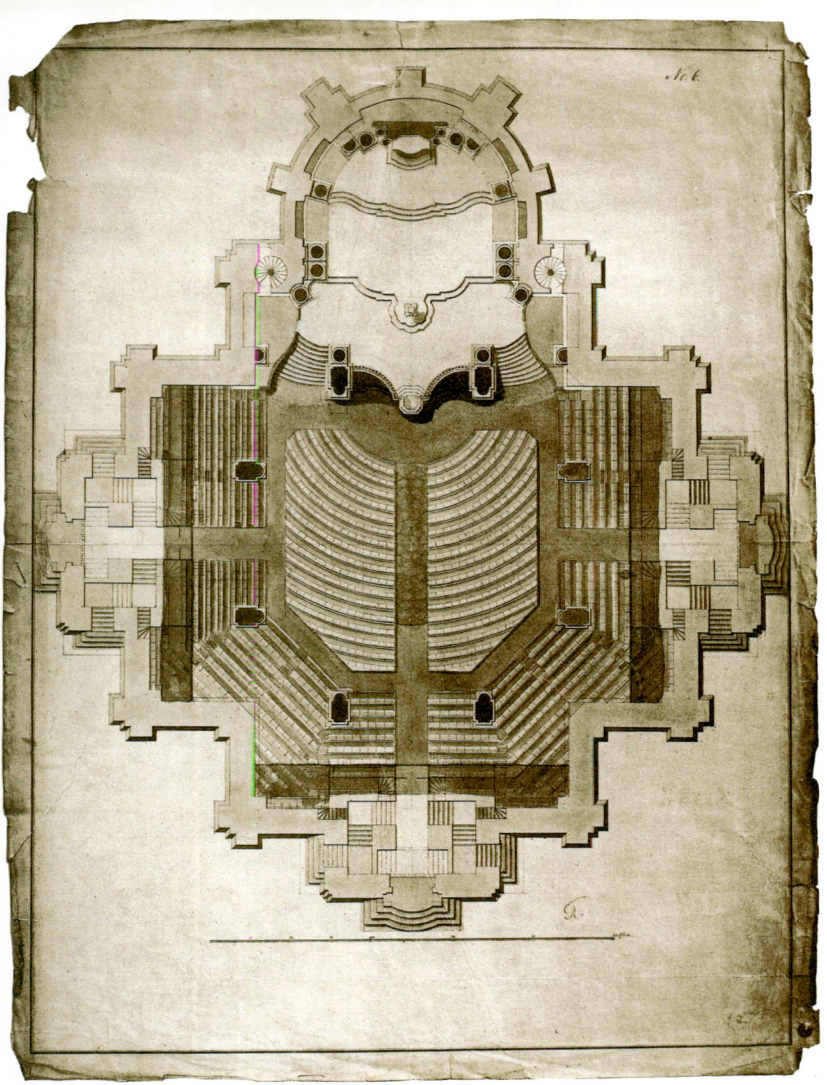

kalkulierten Ausgaben in Höhe von 82 555 Taler entsprachen keinesfalls den tatsächlich zu erwartenden Baukosten.

Bähr hatte zu niedrig kalkuliert. Dies sollte er noch mehrere Male wiederholen. Es scheint, dass er stets bewusst zu niedrige Baukosten berechnete. Vielleicht aus Angst, die Kirche nicht fertig bauen zu können. Die Verteuerung hatte mehrere Gründe. Das Hofbauamt hatte die Vergrößerung der Kirche gefordert. Insbesondere Wackerbarths Wunsch, das neue Gotteshaus mit vier Türmen zu schmücken, führte zu höheren Kosten. Bald gab es neue Hiobsnachrichten. Eine tiefere Gründung, stärkere Fundamente wurden für den Kirchbau notwendig. Bähr und der Bildhauer Feige errechneten, dass mindestens 120 000 Taler erforderlich sein würden. Auch dies war ein Irrtum. Die Baukosten sollten entschieden höher ausfallen.

Am 5. August 1726 richtete der Rat an den Landesherren den ersten Bettelbrief. Er möge „zu diesem hiesiger Residenz zur besonderer Zier gereichenden Kirchbau das nöthige Holz an Balcken und Ziegelsparren in Gnaden schenken und anordnen, dass dieses in den nächstgelegenen Wäldern gefället werde". Der Kurfürst schwieg. Er war zwar an dem Kirchbau interessiert, weil er seine Stadt schmücken würde, aber Geld zu geben war er nicht bereit. Er hatte mit seinen eigenen Bauplänen zu tun. Der Zwinger blieb unvollendet. Weder ein Schlossumbau noch ein Neubau – inniglich gewünscht – wurden möglich. Auch Schloss Übigau an der Elbe – viel größer gedacht – blieb ein Torso. Am 5. Mai 1727 setzte der Rat nach. Wenn schon kein Holz zur Verfügung gestellt werden könne, dann sollten doch wenigstens „einige hundert Kasten Kalk und 70 000 Mauerziegel geschenkt" werden. Auch darauf gab es keine Antwort. Und: Der Rat erbat die Bezahlung der Kammerschulden. 1679 hatte die Stadt der königlichen Ratskammer Geld vorgeschossen. Die Summe belief sich inzwischen mit Zinsen auf 11 018 Taler und 18 Groschen. Es ist nicht bekannt, ob diese Forderung jemals beglichen wurde.

Am 10. September zeigte sich der Rat erfinderisch. Er ließ den Kurfürsten wissen, dass kein weiteres Geld zum Bauen vorhanden sei. Er schlug vor, künftig auf jedes Fass Bier einen Taler Steuer zu erheben und den Erlös dem Kirchbau zur Verfügung zu stellen. Biersäufer sollten also die Kirche bauen helfen. Dieser Vorschlag stieß aber auf taube Ohren. Die Biersteuer – ließ man wissen – sei ohnehin schon hoch. Der gemeine Mann solle nicht noch stärker darunter leiden. Der Bauherr saß in der Klemme. Wieder musste das Vermögen der Kreuzkirche mit 9000 Talern herhalten. Aber auch diese 9000 Taler waren nur ein Tropfen auf den heißen Stein. Unmissverständlich ließ der Bauherr den Kurfürsten wissen, dass er den Weiterbau der Kirche nicht mehr finanzieren könne.

Bettelbriefe

1689 bis 1725

1726 steht der Dresdner Rat vor einer finanziellen Katastrophe. Er darf die Frauenkirche endlich bauen, aber es fehlt ihm an Geld. Die Frauenkirche besaß kein Vermögen. Auch die Stadt war knapp bei Kasse. Also mussten Schulden gemacht werden. Schließlich sprangen die beiden anderen Kirchen ein, die Kreuz- und die Sophienkirche. Den Gemeinden ging es offenbar etwas besser. Sie liehen 1500 bzw. 2000 Taler. Mit anderen kleineren Einnahmen kamen schließlich 5344 Taler zusammen. Das war nicht viel, um eine neue Kirche zu bauen. Das Geld wurde 1726 nahezu für den Kauf von Baumaterial aufgebraucht. Lediglich 669 Taler blieben übrig. Weitere Schulden mussten gemacht werden. Die Ratskämmerei schoss 4000 Taler vor.

Die Frauenkirchenlotterie, auf die große Hoffnungen gesetzt wurden, erbrachte nur 1907 Taler. Bürger, Handwerker und Innungen spendeten kleinere Summen. Wohlhabend waren sie kaum. Dresden war überhaupt keine wohlhabende Stadt. Die zweite große Aktion, zu Geld zu kommen, erbrachte schließlich 25 400 Taler. Das war sehr wenig. Denn inzwischen war klar: Die ursprünglich

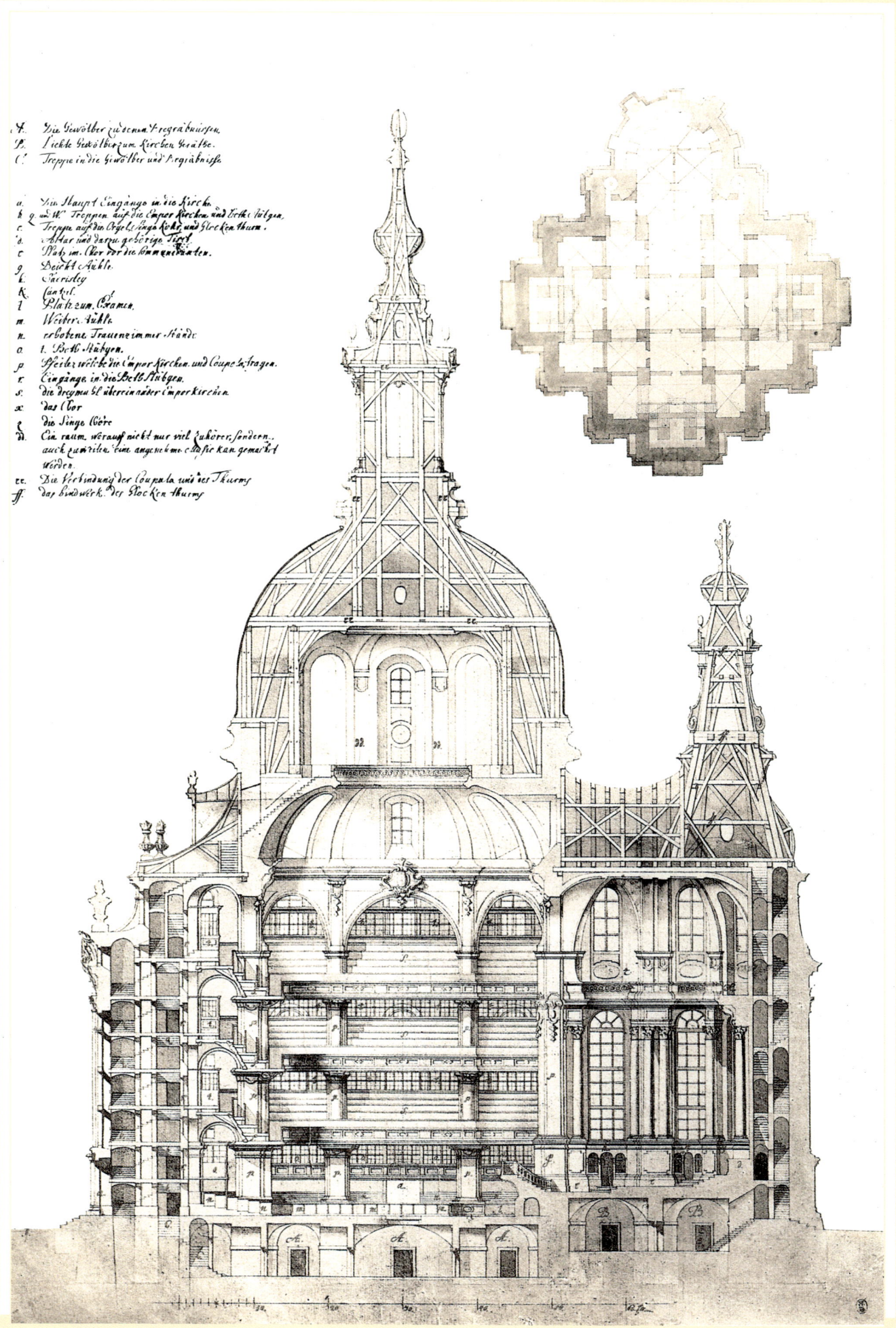

Längsschnitt des ersten Entwurfs. Oben der Grundriss des Gruftgeschosses.

Briten schenken Turmkreuz

Ein schöner Samstag. Sonnenschein. Ein Hauch von Frühling liegt in der Luft. Nach den frostigen Januartagen mit etwas Schnee scheint der Winter Abschied zu nehmen. In den Gärten blühen die Schneeglöckchen und auf warmen Gartenstücken schauen gar Krokusse aus der Erde. Viele Menschen hat es ins Zentrum gezogen, zur Frauenkirche. Das neugestaltete Kuppelkreuz, ein Geschenk der Engländer, ist am Donnerstag in Dresden eingetroffen. Es steht an der Westseite des Gotteshauses. Das Gold des Turmkreuzes gleißt in der Sonne. Die Fernsehleute des Mitteldeutschen Rundfunks bereiten die Übertragung der festlichen Übergabe vor. Einer der Techniker hat ein Amt auszuüben. „Nein", sagt er, „Sie können jetzt nicht ohne Genehmigung auf den Platz, selbst wenn sie der Bundeskanzler wären." Ein Lockenkopf, so sympathisch wie ein Reibbrett.

Morgen erlebt Dresden einen großen Tag. Edward Herzog von Kent übergibt das Turmkreuz an Landesbischof Volker Kreß. Der Engländer war schon einmal in Dresden, 1995. Bundeskanzler

Bundespräsident Roman Herzog und die britische Königin Elisabeth II. 1998 in Windsor Castle.

Gerhard Schröder will auch bei der offiziellen Übergabe des Kreuzes zugegen sein und der Ministerpräsident des Landes Sachsen, Kurt Biedenkopf, ebenfalls. Politprominenz sonnt sich gern in Erfolgen. Das Protokoll gebietet es. Über hundert Briten sind angereist, darunter Dr. Alan Russell, der Vorsitzende von Dresden Trust und der Silberschmied des Kreuzes, Alan Smith, der Sohn eines britischen Bomberpiloten.

Der Drahtzaun ist von Neugierigen umringt. „Eine Million Mark", sagt eine ältere Dame zu einer zweiten älteren Dame, „haben die Engländer für das Kreuz gespendet." Das hat sie gelesen. Aber sie ist ein bisschen im Zweifel. Soviel kann doch dieses Kreuz nicht kosten. Die Angesprochene erwidert: „Eine schöne Geste, aber die Engländer und Amerikaner haben die Kirche auch zerstört." Ein älterer Mann, bestimmt an die achtzig Jahre, gestützt auf einen Stock, atmet schwer. Immerzu schüttelt er den Kopf. „Dass ich das noch erlebe, Emma. Du weißt ja. Im Januar hatten mich die Engländer hops genommen. Und nun haben sie das Kreuz geschmiedet." - „Ist mir zu viel Rummel", höre ich eine Frauenstimme. - „Lass mal, lass, das macht die Kirche bekannt", widerspricht eine andere. „Die brauchen doch noch einige Millionen für den Wiederaufbau." Eine junge Frau legt Blumen an den Drahtzaun, gelbe Tulpen. Die meisten Besucher aber stehen still und schauen. Etwas Wind rüttelt an der großen Plane, die die Kirche einhüllt. „Brücken bauen – Versöhnung leben" steht in großen Lettern an der Kirche. Und von der Elbe her fliegen Möwen.

55 Jahre ist es morgen her, dass britische und amerikanische Bomben auf Dresden fielen und die Stadt schwer zerstörten. Eine kunstvoll gefügte Stadt versank in Feuer und glühendem Eisen. Der heitere Morgenstern wurde ausgelöscht.

Morgen, das ist sicher, werden hier, auf dem Neumarkt, Zehntausende stehen.

Große Gloriole für Altar aus Gips geformt

„Es ist vollbracht", sagt Vinzenz Wanitschke, „der Altar der Frauenkirche kann das letzte große Bildwerk zurückerhalten." Und er weist auf die Verhüllung, unter der sich Konturen abzeichnen. Wanitschke macht neugierig. Die Lider schmal gezogen, im Bart rieselt Licht, das durch die Fenster in sein Atelier fällt. „Auch der Engel mit dem Kreuz unterhalb der Gloriole ist modelliert", sagt Wanitschke. Einen Augenblick scheint er sehr zufrieden. Ich kenne ihn etwas. Zufriedenheit zeigt er selten.

Wanitschke macht keinen Anstand, Gloriole und Engel vorzuführen. Er sagt: „Es hat gedauert, ehe ich mich in die barocke Formensprache des Altars eingeschaut habe. Wirklich barock gestal-

Das „Kreuz des Friedens" wird am 11. Februar 2000 in Dresden in Empfang genommen.

Das Altarbild entsteht wieder.

ten kann man doch heute nicht mehr, man kann sich nur in diese Zeit einfühlen, dem einstigen Werk dienen, ihm nahe rücken." Er senkt den Kopf, als fiele es schwer, sich zu erinnern, und fährt nach einer Weile fort: „Diese Angst während der Arbeit, dass die Tonne Ton, die geformt werden wollte, herunterfällt, war ständig da. So viel wog das Modell der Gloriole, das Draht, Eisen und Anker an der Holzwand festhalten mussten."

Endlich erhebt sich Wanitschke, steigt auf eine Leiter und bindet die Hüllen los. Das Bildwerk, aus Ton geformt, füllt den Raum, weiß, strahlend, groß. Engel fliegen, gleiten, scheinbar übermütig. „Die Strahlen der Gloriole fehlen noch", sagt Wanitschke. „Sie gestaltet der Dresdner Thomas Jäger."

Die Gloriole im Altarbild der Frauenkirche gilt als Sinnbild des Heiligen Geistes. Von ihr geht ein Strahlenkranz aus. Im Altar hing sie über der Ölbergszene mit dem knienden Christus und stellte einen gewichtigen Teil des Bildwerkes dar. Als die Kuppel und das Chordach 1945 einstürzten, begruben sie den Altar unter sich. Von der Gloriole mit dem Strahlenkranz, den beiden großen Engeln blieb nichts, aber auch gar nichts erhalten. Stiftung, evangelische Kirche und Denkmalhüter beschlossen, den Altar weitgehend zu restaurieren. Dennoch blieben größere Fehlstellen. Die Dresdner Bildhauer Johannes Peschel und Vinzenz Wanitschke ergänzten sie sparsam. Schließlich erhielt Wanitschke 1998 den Auftrag, das Modell für die Gloriole und die Engel zu gestalten. Von der Gloriole und den Engeln gab es einige Fotografien. Aber sie sagten zu wenig über Tiefe und Größe der Gloriole aus. Nicht einmal die genaue Zahl der Engelsköpfe konnte Wanitschke im Strahlenkranz mit Sicherheit feststellen. Was, wenn einer fehlte oder zu viel war? Dies hätte er als Verfälschung empfunden. Und immer wieder setzte ihm die Frage zu: Woraus bestand die originale Gloriole? Aus Holz, aus Stein, aus Gips? So eindeutig waren die Meinungen der Experten nicht

Johann Christian Feige gilt als Gestalter des barocken Altarwerkes, das er 1739 nach George Bährs Tod vollendete. Vinzenz Wanitschke ist sicher, dass die Gloriole nicht aus Stein bestand. Sonst wären bei der Enttrümmerung der Ruine einige Reste entdeckt worden. Feige aber war Steinbildhauer. Wanitschke nimmt an, dass die Gloriole aus Holz geschnitzt war. War es trotzdem Feige, der die Gloriole schuf?

Während seiner Arbeit am Modellentwurf wurde eine Rechnung Feiges zum Altar im Archiv entdeckt. Aber leider hieß es dort nur von der Gloriole, dass sie von „allerhand Materialien" gefertigt wurde. „Schade", sagt Wanitschke, „dass Feige allerhand Materialien nicht näher bezeichnet hat." Als die Gloriole in Gips gegossen wurde, gab es noch einmal viel Aufregung. Ein bisher unbekanntes Foto wies die genaue Anzahl der Engelsköpfe aus. Ach, war er froh, dass er weder einen weniger noch einen mehr model-

liert hatte. Er hatte 14 modelliert, und das Foto zeigte genau 14 Engelsköpfe.

Die Gloriole harrt ihres Einbaus in die Altarwand, auch der Engel. Thomas Gottschlich, in der Stiftung für die künstlerische Gestaltung der Kirche verantwortlich, hat Wanitschke gefragt, ob er nicht an dem Orgelprospekt über dem Altar mitarbeiten will. Wanitschke steigt auf die Stufen, verhüllt wieder die Gloriole. „Ich weiß es nicht", sagt er, „ich weiß es nicht." Zur Zeit liegt ihm der Brunnen am Herzen, den er für Döbeln gestaltet.

Die Fachexperten sind sich einig: Mit der Sanierung und teilweisen Rekonstruktion des Altars ist ein großes Werk gelungen. Um eines freilich wird nach wie vor heftig diskutiert. Das Innere der Kirche erhält eine Ausmalung. Wie der Altar aussehen soll, dazu gibt es unterschiedliche Auffassungen. Die einen plädieren, ihn nicht zu bemalen oder nur sehr sparsam, seine ganze Verwundbarkeit wirken zu lassen, die anderen möchten ihn farblich gestalten, Gold auf die Engelsflügel, Gold auf die Locken legen, viel Gold auf die Kapitelle auftragen. Wanitschke: „Ich habe auf diese Entscheidung keinen Einfluss. Aber zu viel Farbe auf dem Altar, den Bildnissen und Engeln wünsche ich mir nicht."

14. Mai 2000
Bögen, Bögen

Diese Blicke aus der Höhe in das Innere der Kirche: Bögen, Bögen und Gewölbe. Sandsteinquader, große und kleine, sehr schwere Stücke, bis zu reichlich fünf Tonnen Gewicht. Zum Sandstein ist ein neues Material getreten, der rote Ziegelstein, aus dem die Kappen und ein Teil der kleinen Gewölbe entstehen. Bis knapp sieben Meter Höhe wölben sich die Bögen, überspannen Längen von zehn Metern.

Draußen an der Fassade umläuft das Hauptgesims den Kirchbau, gibt ihm Gliederung und Schmuck, setzt eine Zäsur. Über den Treppenhäusern werden bald die Türme wachsen. „Noch ist ihre Finanzierung nicht vergeben", sagt Christoph Frenzel. Aber der Steinplaner ist sich sicher: Es finden sich Sponsoren, Spender und Vereine, die den Bau der einzelnen Türme bezahlen werden. Dies hat auch mit vielen anderen Bauteilen geklappt. Mit den Innenpfeilern zum Beispiel, den Betstuben, den Portalen. Viele, die für die Frauenkirche spenden, wollen später sagen können: Das Fenster haben wir bezahlt, die Portaltür ist von uns. Scharen von angehenden Gesellen und Meistern aus allen deutschen Landen bemühen sich, der Kirche ihre Meisterstücke zu schenken.

Die Fähigkeit, große Bögen und Gewölbe aufzumauern, ist seit Wochen gefragt. Lange vorbei ist die Zeit, da hauptsächlich aufgehendes, senkrechtes Mauerwerk in die Höhe strebte. Die ersten

Von Pfeiler zu Pfeiler spannen die Schalungen für die Korbbögen, die die Kuppellast umlenken sollen.

großen Bögen schwingen von Innenpfeiler zu Innenpfeiler. Ihnen folgt der große Apsisbogen im Chor. Das Aufwendige: Kein Bogen, kein Gewölbe gleicht dem anderen. Das wussten die Maurer und Steinmetze bereits vorher. Und gelegentlich ging der Blick in die Höhe. Mancher, wenn auch nicht direkt dabei, wusste um die Schwierigkeiten, vor denen die Maurer in der Unterkirche standen, als sie die großen Tonnengewölbe ausführten. Da wurde Wasser geschwitzt, da geriet vieles zu teuer, da wäre eine Firma fast konkurs gegangen, weil ihre Kostenanschläge nicht stimmten.

Die Heilit+Woerner-Leute mauern in 28 Meter Höhe riesige Kasettengewölbe auf. Polier Andreas Göbel, einer der erfahrensten Bauleute, erklärt fast lässig: „Das sind keine regelmäßigen Bögen, die einander gleichen. Jeder Radius ist anders, die Höhen differieren. Bis zu acht verschiedene Radien in einem Gewölbe sind nicht selten. An bestimmten Teilen muss jeder Ziegelstein gesondert bearbeitet werden, um überhaupt in einen Verband zu kommen. Da brauchst du Auge und Pfiff, wie früher." Und er lässt keinen Zweifel, dass sie über diesen Pfiff verfügen.

Diesen Aufwand hätte das Aufbauteam vereinfachen können, indem es die zahlreichen Gewölbe stärker aneinander angeglichen und vereinfacht hätte. Über das Für und Wider wurde lange diskutiert. Die Planer entschieden sich, der ursprünglichen Ausführung zu folgen. Das macht die Bögen interessanter und lebendiger. „Wir werden schon jetzt stärker herausgefordert", sagt Göbel. „Der Kuppelanlauf, die zwei großen Kuppeln stehen ja noch

bevor." Übungszeit für die Steinerne Glocke? Göbel will davon nichts wissen. Jedes Bauteil hat seine eigenen Schwierigkeiten. Das Können seiner Leute wachse mit der Kirche.

Baudirektor Eberhard Burger verweist auf ein ganz anderes Problem, das ihnen einiges Kopfzerbrechen bereitet, mehr als die Bögen und Gewölbe. Die Hauptkuppel wird unterschiedlichen Wetterbedingungen ausgesetzt sein. Die Nordseite ist kälter als die Südseite. Unterschiedliche Ausdehnungen entstehen auf der steinernen Oberfläche. Ihnen muss begegnet werden, damit es zu keinen Rissen kommt. Seit langem wird mit einem Mörtel experimentiert, der hohe Dehnungsfähigkeit aufweisen soll. „Den haben wir noch nicht", sagt Burger. „Aber wir kriegen ihn, wir müssen ihn kriegen." Andere Sorgen bereitet der Kuppelanlauf. In Bährs Kirche hat es hineingeregnet. Dies wollen die Kirchenbauer auf jeden Fall verhindern. Lösungen deuten sich an. „Aber noch liegen auch sie nicht auf dem Tisch", sagt Architekt Uwe Kind. Als Laie denkt man, mein Gott, seit der Renaissance werden große Kuppeln gebaut, müssen Fugen dicht geschlossen werden, das kann doch kein Problem sein. Wie schnell man irrt.

Demnächst beginnt ein weiterer Bauabschnitt. Das dreischichtige Kranzgesims im Inneren des Baus ist vollendet. Wieder steht eine große Wölbung bevor: die innere Kuppel. Sie ist vorerst die größte Kuppel, die es auszuführen gilt. Weitere Bögen, Gewölbe, überwölbte Umgänge werden folgen, bis das Ende der Frauenkirche, die Laterne, das Turmkreuz, erreicht ist.

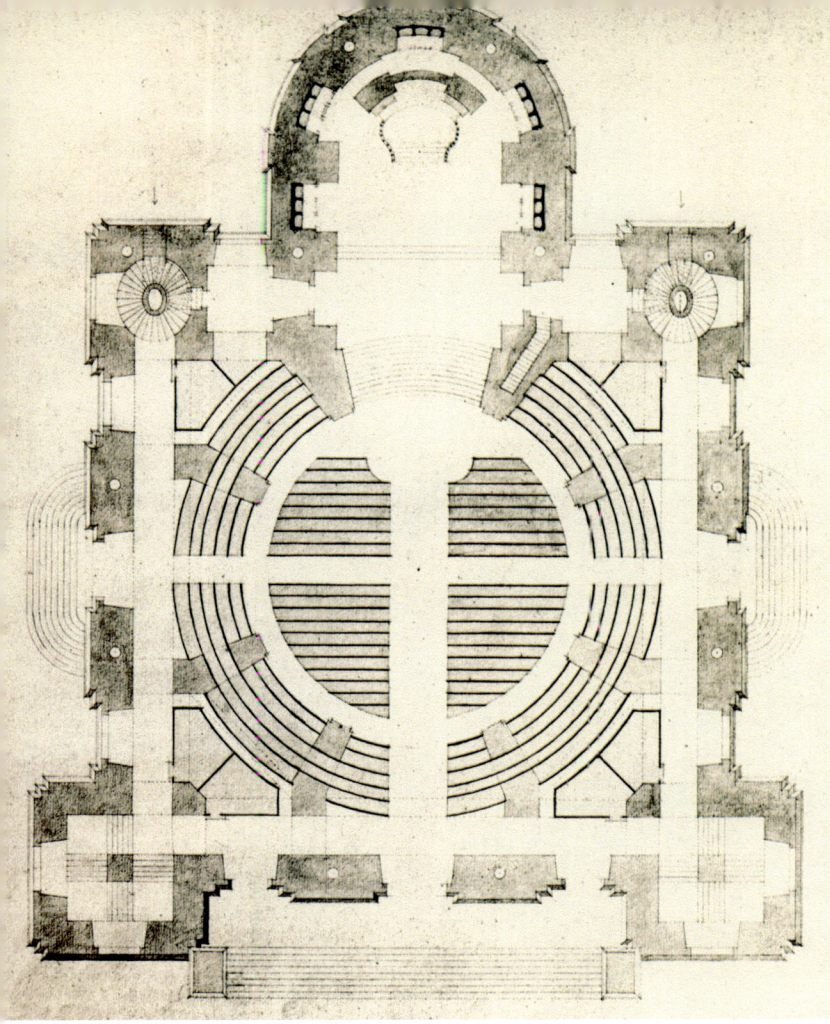

viel Kupfer benötigt. Völlig überzeugend ist Hennigs Argumentation nicht. Auch Dachziegel hätten die Kuppel abschließen können. In jedem Falle wären sie billiger gewesen als Kupfer. Weiter meint die Autorin: „Die Idee, die Kuppel steinern zu decken, ist nicht so ungewöhnlich, wie allgemein angenommen wird. Bähr war diese Möglichkeit sicher aus ‚Nicolaus Goldmanns Anweisung zur Zivilbaukunst', Wolfenbüttel 1696, bekannt." Dass Bähr das Buch kannte, bleibt freilich eine Vermutung. Gewagt erscheint auch die Meinung, dass die Kuppel „aus finanziellen Notlagen" erwachsen sei. Wer – wenn schon vermutet wird – vermag zu widerlegen, dass Bähr bewusst die finanzielle Misere des Bauherren ausgenutzt hat, um seine Idee zu verwirklichen, dass er sie nahezu dem Rat suggeriert hat? Und selbst wenn er das getan haben sollte, schmälert all dies die Bährsche Leistung nicht. Es bleibt also einiges Dunkel um die Idee zum Bau der Hauptkuppel. Und dies passt zu diesem bedeutenden Kirchbau. Großartiges entsteht meist nicht auf geraden, vorgelegten Wegen.

Es ist nicht völlig von der Hand zu weisen, dass Bähr schon sehr früh eine steinerne Kuppel wollte, dass er sie früh im Geiste entworfen hatte. Bereits 1724 soll er den Versuch unternommen haben, den Rat von der Idee einer hölzernen Kuppelkonstruktion abzubringen. Mit welchem Erfolg, ist nicht bekannt. Eines aber fällt auf: Die Gründungen und Pfeiler für die hölzerne Kuppel sind auf den ersten Entwürfen viel dünner angelegt. Als es zum Bauen kommt, werden sie kräftiger und tiefer ausgeführt. Sicher auch deshalb, weil Kabinettsminister Graf von Wackerbarth vier Türme und größere Treppenhäuser gefordert hatte. Gefragt aber hat Bähr nicht, ob er die Mauern verstärken darf. Und: Es gibt nirgends eine Zustimmung dazu. Allerdings setzt dies voraus, dass Bähr Fehre, den Ratsmaurermeister, informiert hat. Fehre war als Maurermeister für die praktische Ausführung des Steinbaus verantwortlich. Er hat, das darf betont werden, eine gewichtigere Rolle beim Bau des Gotteshauses gespielt als es Sponsel dargestellt hatte. Die Veränderungen waren einem solchen Mann nicht zu verbergen. Fehre muss in stiller Übereinkunft mit Bähr mitgegangen sein. Ein Komplott der beiden wichtigsten Baumeister der Frauenkirche, die an ihrem Lebenswerk bauten? Einiges deutet darauf hin, zumindest für den Anfang. Die Abrechnung für die Maurer nahm Fehre vor, Bähr bestätigte sie als Baudirektor. Stärkere Mauern kosteten mehr Geld. Auch dem musste Fehre zustimmen.

Bähr könnte die steinerne Kuppel von langer Hand vorbereitet haben. Aber er behielt diesen Plan für sich, wohl wissend, dass er auf Widerstand stoßen wird. Kuppelkonstruktionen aus Holz hatten sich in den Metropolen Europas bewährt. Sie stellten kein großes statisches Wagnis dar. Also wartete Bähr listig auf günstige Umstände. Sie sollten kommen.

Halb aus Stein, halb aus Holz
1726 bis 1730

Dies war vom Dresdner Rat beschlossen und vom Gouverneur Christoph August von Wackerbarth 1726 genehmigt worden: Die Kuppel der Frauenkirche sollte als Holzkonstruktion entstehen und mit Kupfer bedeckt werden. Dem entsprachen auch Bährs erste Entwürfe. Bleibt die Frage: Wann wurde von diesem Beschluss abgerückt? Und: Warum? Und: Wer fasste den ersten Gedanken zu einer steinernen Kuppel? Bähr selbst? Wackerbarth, der sich rühmte, den Kirchbau befördert zu haben? In der Antwort besteht keine Einigkeit.

Jean Louis Sponsel, der große Verehrer Bährs, schreibt dem Mann aus dem Erzgebirge die erste Idee zu. Gitta Kristine Hennig meint in ihren jüngsten Forschungen zur Baugeschichte der Frauenkirche, dass die steinerne Kuppel aus Kostengründen ins Auge gefasst wurde, sich also fast zwanghaft ergeben hätte. Also kein Geniestreich Bährs! Lediglich das schnöde Geld, das dem Bauherren immer fehlte, hätte die Bährsche Kuppel zur Folge gehabt. Kupfer sei zu teuer gewesen. Deshalb entschied sich der Rat für die Steinvariante, aber keinesfalls sollte die gesamte Kuppel aus Sandstein gefügt werden, sondern nur der Kuppelanlauf. Die Deckung darüber, also der Hauptkuppel, hätte dann immer noch

1729 wird den Chronisten der Frauenkirche zu einem wichtigen Jahr. Das Gotteshaus war nahezu bis zum Hauptgesims gediehen. 80 000 Taler waren inzwischen verbaut. Der Rat saß wieder einmal auf dem Trocknen. Die zurückliegenden Bettelbriefe an Wackerbarth und den Kurfürsten hatten so gut wie nichts eingebracht. Bereits im September 1728 hatten Bähr und Fehre vorgeschlagen, den unteren Teil der Kuppel, genauer, den Kuppelanlauf und die Treppentürme, „aus massivem Stein" auszuführen. „Weil nun dieses große Dach von Kupfer an Kosten sich zu hochbelauffen möchte so wird hier durch uhnmassgeblich vorgeschlagen, wenn beliebt würde – dass man die 4 Pyramiden, oder thürme auf denen treppen, und das gantze unterdach bis auff dem Gurtgesims, so oben umb die Cuppell geht, von Massiven Steinwercke machen dörffte, so würden diese Kosten weit geringer sein, und an diesem Baue wohl 1/6 Kosten erspahret werden, da den nicht alleine dass viele Kupfer sondern auch ein gutter Theil von Bauholtze erspahret würde..."

Interessant ist, dass sich Bähr 1728 nur auf den Kuppelanlauf beschränkte. Dies war ganz und gar kein Zufall. Allzu Kühnes durfte er den Herren im Rathaus und seinen Gegnern und Neidern nicht zumuten. Und er setzte einen herrlichen Punkt. Den Kuppelanlauf aus Stein auszuführen, bedeutete auf das teure Kupfer zu verzichten. Dieser Trumpf stach. Aber zu einer endgültigen Entscheidung konnte sich der Rat dennoch nicht durchringen. Nun aber – 1729 – war sie unvermeidbar. Sollte die Kirche weiter gebaut werden, war die Entscheidung fällig: Holz mit Kupfer oder Stein?! Aber die Lage war prekär. Im September 1729 ließen Bürgermeister und Bauinspektor keinen Zweifel. Im zurückliegenden Jahr waren 10 000 Taler verbaut worden, ein Weiterbau des Gotteshauses schien ausgeschlossen, da in den Kassen Ebbe war. Wackerbarth erhielt einen neuen Klagebrief. Er klingt bitter. Auch Vorwürfe an die Dresdner Gotteskinder sind unüberhörbar. Alle Kassen seien erschöpft, „da niemand freywillig zur Vollführung des Baues etwas beyträgt". Unmissverständlich ließ man den Kabinettsminister wissen, dass die Stadt „nicht im Stande" sei, den Bau fortzusetzen. Dies wird Wackerbarth sehr missfallen haben. Immerhin hatte ihn August der Starke beauftragt, den Kirchbau zu beschleunigen. Und er ließ immer wieder erkennen, dass er sich für den Kirchbau in seiner sächsischen Residenz interessiere. Aber zwingen konnte er, Wackerbarth, den Rat nicht zum Bauen. Es war schon ein Kreuz mit dem Geld. Vielleicht erinnerte sich Wackerbarth an die tausend Taler, die er dem Rat zur Grundsteinlegung versprochen hatte. Es fehlten noch einige hundert Taler am Versprechen.

Im Oktober 1729 rang sich der Rat durch, dem Vorschlag Bährs und Fehres zu folgen. Endlich! Aber Bähr erwuchsen noch einmal gewichtige Gegner. Der Bauinspektor der Frauenkirche Johann Christoph Behnisch wandte sich gegen die steinerne Ausführung des Kuppelanlaufs. Und er hatte den regierenden Bürgermeister

auf seiner Seite. Wieder geschah, was so oft der Fall war und die Bauzeit ungebührlich verlängerte. Der Rat begann an seiner eignen Courage zu zweifeln, zweifelte Bährs Fähigkeit an, den Bau auszuführen. Mehr noch: Plötzlich fragte er, ob denn die Steinvariante wirklich billiger würde: „...wie er die Kuppel an gedachter Frauen Kirchen tüchtig und beständig fertigen wolle?" Bähr und Fehre standen ohne Wenn und Aber zu ihrem Vorschlag. Aber die Zweifler mehrten sich wie faules Laub. Es sollten noch einmal zweieinhalb Jahre vergehen, ehe endlich mit dem Kuppelanlauf begonnen wurde.

Es gehört zu den tragischen Geschichten des Kuppelbaus, dass ausgerechnet Bährs nächster Vertrauter, der Ratszimmermeister Fehre, den Fortgang des Steinbaus später skeptisch sieht. Dies war so nicht vorauszusehen und sorgte für einige Verwirrung.

Querschnitt des zweiten Entwurfs.

Aufbau des Lehrgerüstes für die innere Kuppel.

Große innere Kirchenkuppel vor Baubeginn

Nein, es gibt keine Sommerferien an der Frauenkirche. Gedämpftes Licht. Ketten rasseln über Rollen. Sechs Züblin-Stahlbauer im Kirchenraum. Stahlträger schweben zu Boden. „Es sind die letzten, die hinaus müssen", sagt einer. Vor kurzem noch trugen sie die Holzleeren, auf denen die Bögen zwischen den Pfeilern aufgemauert wurden. Die Blicke der Männer sind in die Höhe gerichtet.

Acht Pfeiler gleiten in die Höhe, weißgrau, schlank, filigran. Sie scheinen den Raum zu strecken. Zwischen den Pfeilerauflagen spannen sich die Sandsteinbögen, gleichsam wie ein Kranz umschließen sie das Kircheninnere. Und darüber wächst das Kranzgesims, leicht nach innen geneigt. Eine Ahnung ist angedeutet. Über dem Kranzgesims wird sich bald der Raum schließen. Eine neue Sicht bietet sich dar, ein neues Raumgefühl: Der Blick auf Pfeiler und Bögen ist unverstellt, befreit von den Stahlträgern. Erstmals ist Bährs zentrale Kuppelkirche, die evangelische Predigtkirche, besser vorstellbar.

In dieses Bauwerk fließt Arbeitszeit ineinander, als sei es erst gestern gewesen. Am 19. Oktober 1999 versetzten die Maurer von Heilit + Woerner den ersten Pfeilerstein, der letzte fand am 30. November 1999 seinen Platz. Und nun, Ende Juli 2000, stehen die Erbauer erneut vor einem gewichtigen Bauabschnitt. Am 27. Mai 1994 wurde der erste Stein an der Frauenkirche versetzt. Dieser Tag gilt als offizieller Baubeginn. Sechs Jahre später sind reichlich 28 Meter Höhe erreicht.

Das kunstvolle Hauptgesims, die prägenden Giebeldreiecke umlaufen den Kirchbau, die steinernen Sprossen in den hohen Fenstern werden eingezogen. Unwiederbringlich ist ein gewohntes Bild verschwunden: der weit aufragende Chor und der nordwestliche Treppenturm. Der Turm, der an die 50 Jahre als Ruine stand, ist in das angrenzende Mauerwerk nahezu eingebunden. Ende eines mahnungsreichen Bildes. Versöhnung ist angesagt, Brücken bauen. Jetzt steht die Innenkuppel bevor. Es ist die erste und größte, die auszuführen ist. Sie wird sich auf das Kranzgesims stützen. Zur Zeit verschließt ein Holzboden, ein Deckel den Kirchenraum.

Nach dem Heben des Wetterschutzdaches im Mai dieses Jahres sind plötzlich wieder Weite und Höhe vorhanden. Kühler Wind. Durch die Gerüststreben fällt viel Licht in den Bau. Die neuen Mauern und Bögen können wachsen, weit über 40 Meter. Das Wetterschutzdach liegt auf 43,90.

Bögen, große und kleine, Zwickelgewölbe. In der Mitte auf dem Stahlturm ruht die Abdeckung. Die Spitze des Chores ragt kaum einen Meter über das frische Mauerwerk. Und drüben am Treppenturm ist der Ruinenstumpf fast völlig verschwunden. Nur das alte Rundfenster – gerissen und ausgebrochen – ist noch sichtbar. Es muss erneuert werden.

Bauleiter Holger Löwe hat 62 Mann in der Kirche. Die 60. Steinschicht ist erreicht. Die Männer mauern den inneren Tambour-Ring auf, das Zwischenglied zwischen Kranzgesims und der inneren Kuppelwand. Jetzt stehen sie vor der hohen Kunst, eine Kuppel zu formen, die bis auf die Öffnung in der Mitte den gesamten zentralen Kirchraum überwölbt. Sie hatten Zeit zum Üben, sagen sie. Längst haben sie ihre Gesellenstücke hinter sich. Oberbauleiter Gottfried Ringelmann: „Wir wissen, was vor uns liegt. Und wir wissen, wie wir es lösen. Und ich habe die Jungens, die das können." So kenne ich ihn. Gelassen, etwas kühl. Wortreiches Ausmalen liegt ihm nicht.

Rund zehn Meter innere Kuppelhöhe sind auszuführen. Danach setzt die Kuppelkrümmung ein, die in die steinerne Glocke, in die große Kuppel übergeht. Alles strebt diesem Ziel entgegen. Bei 28 Meter sind sie angelangt. Die Höhe von 37,80 Meter innerer Kuppel und der Kuppelanlauf sind das nächste Großziel. Im März 2002 wollen die Erbauer auf dieser Höhe stehen. Vielleicht sogar etwas eher, hat einer verraten. Aber damit soll noch nicht posaunt werden.

12. Februar 2001
Entscheidung für Orgel in Silbermanns Geist

Ich fahre ins Hotel Hilton am Neumarkt. Dort tagt der Stiftungsrat der Frauenkirche. Am späten Nachmittag soll die Entscheidung über den Bau der Frauenkirchenorgel fallen. Viele Leute sind gekommen, auch etwas Presse. Alle sind gespannt, wie entschieden wird: Nachbau der Silbermannorgel oder eine moderne Variante? Tags zuvor hatte ich mit Eberhard Burger gesprochen, aber der Baudirektor zeigte sich zugesperrt. „Kein Kommentar. Die Orgelkommission wird die Dinge darlegen. Danach entscheidet der Stiftungsrat." Womit er ganz persönlich rechne, wollte ich wissen. Burger blieb bei seinem Schweigen. „Es kann sich immer etwas ändern. Die Sache ist sensibel. Morgen werden wir es wissen, vielleicht gegen 16 Uhr."

Seit langem brodelt der Streit um die Ausführung der Frauenkirchenorgel. Die Puristen wollen einen strengen Nachbau des Musikinstruments, die Stiftung und Orgelkommission eine Orgel in Silbermanns Geist, also keinen Nachbau. Ob dem Streit heute ein Ende bereitet wird? Ich glaube es nicht. Als die verschlossenen Türen aufgehen, ist die Botschaft eindeutig. Die Stiftung Frauen-

kirche und die geldgebende Dussmann-Stiftung „Ascholdinger Nachmittag" – heißt es – haben sich auf den Bau einer neuen Orgel nach dem Vorbild Gottfried Silbermanns geeinigt. Demnach wird es keine strenge historische Rekonstruktion der einstigen Orgel im Gotteshaus geben. Auch die zweite Orgel, die immer wieder von Musikkennern und Musikhistorikern ins Spiel gebracht wurde, ist abgelehnt worden. Also habe ich mich geirrt: klare Entscheidung.

Das Ergebnis wurde bis zur letzten Minute geheim gehalten. Noch kurz zuvor sagte mir Oberbürgermeister Herbert Wagner im Hilton: „Falls der Stiftungsrat die Einigung bestätigt, bin ich froh. Endlich ein Ende des Streits und gewiss eine kompetente Entscheidung." Er verwies auf den langen Streit um den Einbau des Westgiebels. „Nicht noch einmal soviel Unversöhnliches." An seinem Tisch im Rathaus hatten sich die streitenden Parteien bereit erklärt, die Gefechte zu beenden. Und Hans-Joachim Jäger, Geschäftsführer der Fördergesellschaft, meinte: „Der Bau der Orgel wird die Veränderungen des ursprünglichen Originals zur Kenntnis nehmen müssen und eine moderne Version anbieten." Katechetin Ingrid Heinermann aus Würzburg, die mit Spannung die Bekanntgabe der Entscheidung erwartete: „Ich lese alles, was ich zur Kirche bekommen kann, auch im Internet. Mir wäre ein strenger Nachbau lieber." Und Katja Wasinski, Dresdnerin, aber in München lebend: „Man kann doch heute, denke ich, keine Silbermannorgel bauen. Wie will man das denn tun? Silbermann war ein barocker Orgelbauer, lebte in einer ganz anderen Zeit. Was soll dieser Streit!" Welch eine nüchterne Dame!

Die Argumentation des Stiftungsrates. Die neue Orgel knüpft mit ihrer inneren Gliederung in drei Manualwerke und Pedal sowie mit ihrer mechanischen Traktur, die Tasten und Pfeifenventile verbindet, an das Konzept Silbermanns an, heißt es in der Erklärung. Die äußere Gestalt, also der große barocke Prospekt über dem Altar, erhält die Fassung von 1736. Der Neubau schließt die Veränderungen und Umbauten nach 1736 ein. Die jetzige Lösung nimmt wesentliche Elemente des ursprünglichen Originals wieder auf. Für das Musizieren im Kirchraum mit alten Instrumenten kann ein Teil des Werkes auf die immer wieder von Musikwissenschaftlern geforderte alte Stimmtonhöhe von 415 Hertz umgestellt werden.

Die Erweiterung von 1912 auf vier Manuale – heißt es weiter – wird in der neuen Orgel auf drei Manuale zurückgeführt. Auch die pneumatische Traktur ersetzt eine mechanische. Und schließlich sieht die jetzige Lösung nicht 85, sondern 71 Register vor. Scheint nun das Ende des Streits eingeleitet zu sein? Erst kürzlich hatte es geheißen, dass die Dussmann-Stiftung, die für den Bau der Orgel drei Millionen Mark sammeln will, nur einer strengen Rekonstruktion zustimmen werde. Andernfalls lehne sie eine Finanzierung des Orgelbaus ab.

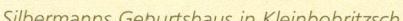
Silbermanns Geburtshaus in Kleinbobritzsch.

und Aufträge nicht beklagen konnte, reagierte er schnell. Offenbar war ihm der Auftrag, der ihm winkte, überaus wichtig. Schließlich war es die Landeshauptstadt!

Der Brief des Rates an Silbermann entsprang nicht irgendeiner Laune. Er war wohl überlegt. Silbermann war in Dresden längst kein Unbekannter. Er hatte bereits die Orgel für die Sophienkirche ausgeführt. Das war inzwischen zehn Jahre her. Im November 1720 fand ihre Weihe statt. Erst kürzlich, im September 1731, spielte der Leipziger Kantor Johann Sebastian Bach auf dieser Orgel. Rat und Kirche waren also mit Silbermanns Werk zufrieden, sonst hätten sie ihm den Vorschlag nicht unterbreitet.

Silbermann zögerte nicht lange. Bereits im Mai legte er die ersten Entwürfe zu einer neuen Orgel vor. Entstehen sollte ein großes Instrument, das den Raum des Gotteshauses ausfüllen und Gott den Allmächtigen lobpreisen sollte. Der Meister schlug drei Manuale, also drei Handklaviaturen, und 41 Register vor. Die Arbeit hatte ihren Preis. Und wie nicht anders zu erwarten, gab es gleich am Anfang Streit über Geld und Ausführung.

Gottfried Silbermann lebte in der augusteischen Zeit (1694–1763), in der Zeit des Barock. Die Entwicklung Silbermanns, der 1683 in Kleinbobritzsch bei Frauenstein geboren wurde, darf wohl als glücklich bezeichnet werden. 1710 kehrte er von der Lehre als Orgelbauer bei seinem Bruder Andreas aus Straßburg nach Sachsen zurück. Im Elsaß hatte er die ersten Erfahrungen im Orgelbau gesammelt. 1711 baute er seine erste Orgel in Sachsen für die kleine Frauensteiner Kirche. Er wusste, wie er besonderen Eindruck hinterlassen kann. Er schenkte die Orgel der Stadt seiner Jugendzeit. Er berechnete weder für die Arbeit noch für sich einen Taler. Lediglich den Lohn für zwei Gesellen, die Kosten für das Material und Verpflegung für sich und die Gesellen stellte er der Stadt in Rechnung. Das wurde ihm bewilligt. Entsprechend groß war der Dank seiner Heimatstadt.

Im ersten Drittel des 18. Jahrhunderts brachte es Silbermann zu Ansehen und Anerkennung. Er verließ das kleine Städtchen Frauenstein und zog in die nahe Bergstadt Freiberg. Sehr schnell folgten Aufträge. Sachsen war wirtschaftlich ziemlich stark. Eine große Baulust hatte das Land erfasst. Bereits 1710 schloss er den Vertrag zur Ausführung der Orgel für den Freiberger Dom ab. 1714 war das Instrument vollendet. 1718 und 1719 entstanden zwei weitere Orgeln in der Freiberger Jakobi- und Johanniskirche. 1718 rief ihn die Dresdner Sophienkirche. In nur zehn Jahren hatte sich Gottfried Silbermann einen allseits anerkannten Ruf als Orgelbauer in Sachsen erarbeitet. Aber das reichte ihm nicht. Sein Ehrgeiz trieb ihn nach höherer Anerkennung.

Der Orgelbauer Gottfried Silbermann

1732 bis 1736

Dresden vor gut 270 Jahren. Im April 1732 sandte der Dresdner Bürgermeister Johann Christian Schwartzbach an den Freiberger Orgelbauer Gottfried Silbermann einen Brief. Der Inhalt war von Gewicht. Der Rat schlug dem Meister den Bau der Orgel für die neue Frauenkirche am Neumarkt vor. Es ist nicht bekannt, ob Silbermann außerordentliche Freude empfand, als er die Zeilen las. Aber zufrieden dürfte ihn die Einladung zu Vertragsverhandlungen gestimmt haben. Vielleicht wusste er, dass es bereits andere Vorschläge zum Orgelbau in der Frauenkirche gab. Selbst der Baumeister der Frauenkirche George Bähr hatte zuvor drei Orgeln für das neue Gotteshaus ins Auge gefasst, eine größere über dem Altar und zwei kleinere an den Seiten auf gesonderten Orgelemporen. Hofarchitekt Johann Christoph Knöffel, kein Freund des bürgerlichen Baumeisters Bähr, erarbeitete ebenfalls Vorstellungen zum Orgelbau. Dazu entstand sogar ein Modell, das Bähr anfertigen lassen musste. Die Entwürfe blieben Stückwerk. Auch weitere Korrekturen überzeugten nicht. Als Silbermann den Brief erhielt, war es offensichtlich: Weder Bährs noch Knöffels Ideen hatten befriedigt. Obwohl sich Silbermann über mangelnde Arbeit

1723 wandte er sich mit einer Bittschrift an den Kurfürsten Friedrich August I., später August der Starke genannt. Nicht ohne Selbstbewusstsein schrieb er, dass seine Arbeit dem Landesherren „eine erkleckliches an Accise und Abgaben einbringt". Er bat den Kurfürsten um „ein besonderes Praedicat". Von dieser Verleihung wollte er seine Entscheidung abhängig machen, ob er künftig in Sachsen bleiben werde, wozu er sich „bishero noch nicht habe entschließen können". Das ist eine herrliche Erpressung. Er war sich seines Wertes wohl bewusst. Friedrich August I., dem sehr daran gelegen war, gute Fachkräfte und Handwerker in seinem Land zu halten, beeilte sich, dem Meister das Prädikat zuteil werden zu lassen.

Am 8. Mai 1732 erschien Silbermann vor dem Dresdner Rat. Er erläuterte seine Vorstellungen und Pläne zum Orgelbau. Die Herren wurden sich einig. Silbermann erhielt den Zuschlag. Er forderte 5000 Taler für seine Arbeit. Darin war kein Geld für Tischlerarbeiten, Maler, Bildschnitzer enthalten. Das war dem Rat zu viel. Er schlug eine kleinere Orgel vor. Als Beispiel diente ihm die zweimanualige Orgel in der Sophienkirche. Silbermann lehnte den Vorschlag ab. Er bestand auf einer dreimanualigen Orgel.

Die Zeiten sind manchmal so eingerichtet, dass sich gewisse Leute begegnen oder sich suchen. Wenn sie sich schätzen, sind sie eine Kraft und prägen ihre Zeit. Dieser glückliche Umstand trat in Dresden ein. Silbermann dürfte George Bähr zum ersten Mal während dessen Arbeit in der Sophienkirche kennen gelernt haben. Bähr war damals noch nicht der bekannte Baumeister, der er später werden sollte. Wahrscheinlich entwarf Bähr das Orgelgehäuse für die Sophienkirche. Jetzt rückten vier Große näher aneinander, Silbermann, Bähr, Ratsmaurermeister Johann Gottfried Fehre, der maßgeblichen Anteil am Aufbau der Frauenkirche besitzt, und Johann Christian Feige d. Ä., der Schöpfer des Altars des Gotteshauses. Der Ratszimmermeister Bähr und Fehre erklärten dem Rat, „dass die Proportion des (Silbermannschen) Werkes wohl verbleiben" müsse. Aber der Rat zeterte, wollte weniger Geld für die Kirche ausgeben. Silbermann, der Unterstützung der beiden Baumeister sicher, beharrte, dass sein Entwurf der „Peripherie und Höhe der Kirche" angemessen sei. Der Raum sei „mit einer geschickten Gleichheit des Tones auszufüllen". Er gab im Preis nach und verlangte „aufs genaueste" 4000 Taler, also 1000 Taler weniger. Das war viel, sehr viel weniger. Allerdings musste der Rat anderthalb Jahre für Transport, Kohlen, Brennholz und eine geräumige Wohnung der Orgelbauer in Dresden aufkommen. Ein zäher Verhandler. Sollte der Rat dennoch auf einer kleineren und billigeren Orgel bestehen, ließ er die Herren wissen, dann lehne er die Verantwortung ab, wenn die Orgel „nicht genugsamen Effect tun" würde. Der Rat wollte sich trotzdem nicht geschlagen geben.

Er gab ein Gutachten zu Silbermanns Plänen in Auftrag. Es fiel nicht sehr günstig für das Rathaus aus. Es enthielt einige Korrek-

turen, stellte aber ebenfalls fest, dass eine Orgel in der Größe der Sophienkirche für die Frauenkirche „viel zu schwach" sei. Schließlich kam es am 13. November zur Einigung. Silbermann wurden 4000 Taler bestätigt. Für Transport und Brennholz erhielt er zusätzlich 200 Taler. Noch am gleichen Tag wurde der Vertrag abgeschlossen. Der Bau der Orgel begann in der Freiberger Werkstatt. George Bähr entwarf den großartigen Prospekt, die barocke Ansicht der Orgel. Allein die Kosten für das Gehäuse betrugen schließlich 1200 Taler. In Silbermanns Werkstatt wurde akkurat gearbeitet, wurden die Termine eingehalten. Bereits im September 1734 waren die Orgelteile hergestellt. Aber in der Kirche selbst kam es zu Bauverzögerungen. 1734 erklärte Silbermann dem Rat, dass die Orgel nicht wie vorgesehen eingebaut werden könnte, da Gehäuse und Bälgerraum nicht fertiggestellt seien. Bähr, der dies zu verantworten hatte, geriet unter Druck. Der Rat hielt sein Versprechen und stellte Silbermann eine Wohnung zur Verfügung. Im Januar 1736 begann der Einbau der Orgel. Die Reinstimmung des Instruments nahm neun Monate in Anspruch. Sie wurde erst Ende September abgeschlossen.

Am 22. November 1738 nahm eine vielköpfige Kommission die Prüfung der Orgel vor. Sie war mit der Arbeit zufrieden und attestierte dem Orgelbauer, dass das Instrument „in allen Accorden annehmlich zu gebrauchen" sei.

In Frauenstein baute Silbermann seine erste Orgel.

Die Auseinandersetzungen um die Orgel wurden kontrovers und unversöhnlich geführt. Die für die meisten Silbermannorgeln typische barocke Kammertonhöhe von 415 Hertz galt den Puristen als absolutes Muss. Die Orgelkommission jedoch wies nach, dass 415 Hertz – wie von ihnen gefordert – nicht bei allen Silbermannorgeln zu verzeichnen war, sie plädierte für eine moderne Stimmtonhöhe von 440 Hertz. Ihr Hauptargument: Diese Veränderung sei für ein modernes Zusammenspiel mit anderen Instrumenten notwendig. Zwischendurch wurde auch über den Bau von zwei Orgeln nachgedacht, einer rekonstruierten und einer modernen Orgel. Dies erwies sich zunehmend nicht als ideal, weil ein ordentlicher Platz für eine zweite Orgel kaum im Kirchenraum vorhanden ist. Außerdem wäre es eine zu teure Ergänzung gewesen.

Die Silbermannorgel in der Frauenkirche hatte vor ihrer Zerstörung nur noch wenig mit dem einstigen Original gemeinsam. 1911/12 nahmen Fachleute Eingriffe vor. Der Spieltisch wurde von drei auf vier Manuale erweitert und die mechanische Traktur durch eine pneumatische ersetzt. 1919 erfolgte eine Höherstimmung. Damit wurde das Werk der damals gebräuchlichen Stimmtonhöhe angepasst. Zwischen 1939 und 1943 wurde auf 85 Register erweitert. All das führte dazu, dass man bezogen auf 1945 nun wahrlich nicht von einer originalen Silbermannorgel sprechen kann.

Die beiden Stiftungen behaupten: „Damit ist unsere Konzeption der Silbermannorgel von 1736 näher als das Werk nach 1911/12 und wird trotzdem unseren heutigen Nutzungsanforderungen gerecht." Eberhard Burger dazu: „Der Versuch der Rekonstruktion hätte eine schlechte Kopie ergeben. Wir haben heute andere Materialien, andere Fertigungsmethoden. Jede Silbermannorgel klang anders, war anders. Deshalb nehmen wir Abstand von einer strengen Rekonstruktion."

Eine erfreuliche Nachricht. Am Rande der Sitzung übergab Ludwig Güttler dem Landesbischof und Vorsitzenden des Kuratoriums der Stiftung Frauenkirche, Volker Kreß, einen Scheck in Höhe von 5,67 Millionen Mark. Diesen Betrag hat die Fördergesellschaft zum Wiederaufbau der Frauenkirche im Jahre 2002 zusammentragen können.

19. März 2001
Orgelprospekt wie 1736

Warmes Märzlicht fällt in Vinzenz Wanitschkes Pillnitzer Atelier. Aus dem Hell des Raumes quillt der kräftige, noch sehr männliche Kopf des Cherubs heraus, als wolle er zum Flug auf die Erde ansetzen (Cherub, das Paradies und die Bundeslade bewachende geflügelte Mischwesen). Und über ihm an den Seiten schwingen zwei Voluten. Augen, Mund, Nase des Cherubs sind ausgebildet, das Mittelteil des Orgelprospekts hat Gestalt angenommen.

Auf den letzten Sprossen der Leiter steht Dieter Graupner, das graue Haar wirr um den Kopf, Ballen und Finger drücken Ton gegen das Gesicht des Cherubs. Und Vinzenz Wanitschke aus gebührender Entfernung (so kann man besser das Gestaltete erfassen) begutachtet ihre gemeinsamen Fortschritte: „Das ist zu dick, Graupner, nimm das Profil etwas zurück. Ja, so ist es besser." – „Die Profile sind schwierig", sagt Graupner. „Wir müssen uns an sie herantasten. Keiner weiß genau, wie hoch, wie breit sie waren. Die Maße, die wir kennen, sind nur von ungefähr."

Für das Innere der Frauenkirche hat ein neuer Gestaltungsabschnitt begonnen, die Arbeit am Orgelprospekt. Drei Künstler – Dieter Graupner, Christian Schulze und Vinzenz Wanitschke – erarbeiten seit Beginn des Jahres die ersten Modellvorlagen für das Mittelstück des barocken Orgelprospekts. Der Cherubkopf und die zwei Voluten dominieren im großen Mittelteil. Im Atelier Christian Schulzes wird am Modell der Tragkonsolen geformt.

Die äußere Gestalt der Orgel, das Gehäuse, wird in allen Einzelheiten originalgetreu rekonstruiert, die Orgel selbst folgt dem Vorbild der ursprünglichen Silbermannorgel, ist aber kein strenger Nachbau. Wanitschke legt den Kopf schief, schaut von unten auf die herabquellende Plastik. „Ist ziemlich knifflig, kniffliger als die Gloriole und der Engel, der das Kreuz trägt, die ich gemacht habe." Zeichnungen, Originalpläne und zuverlässige Aufmaße des Orgelprospekts sind nicht vorhanden. Der Prospekt bestand aus Nadelholz. Aber schon dessen Farbgestaltung ist nicht genau bekannt. Glücklicherweise liegen Schwarz-Weiß-Fotos mit Ansichten der Orgel vor. Die Fotos wurden meist aus großer Entfernung aufgenommen, sind daher in der Vergrößerung zum Teil unscharf und geben nur ungenau Details wieder. Ein gutes Foto liegt von den Engelfiguren und den Bildhauerarbeiten im oberen Teil des Prospektes vor. Die Fotos bilden die Bekrönung des Prospekts anschaulich ab. Wie der Prospekt an den Seiten ausgesehen hat, kann nur erahnt werden.

Das Mittelteil, an dem Graupner und Wanitschke arbeiten, ist auf mehreren Fotos ziemlich deutlich zu sehen. Dennoch vermitteln die Vorlagen keine genauen Maßvorstellungen, sagen so gut wie nichts über Tiefen, Höhen, Schattenwirkungen, Profilstärken, Schwellungen aus. Die Fachleute sind sich einig: Der Orgelprospekt der Frauenkirche „war ein wesentlicher Bestandteil der beeindruckenden Innenarchitektur" des Gotteshauses. Sie soll wieder erreicht werden. Mit den ersten Modellen sollen gestalterische Erfahrungen gesammelt werden, die dann möglicherweise auf andere Abschnitte des Prospekts übertragen werden können.

Graupner ist von der Leiter gestiegen. „Ohne ihn", sagt Wanitschke, „würde ich die Arbeit nicht schaffen." Ein Zweifel plagt beide. Was sie in der Kirche machen, sind moderne Kopien, sind heutige Nachschöpfungen. „Wir wissen nicht, wie jene Künstler gelebt und gearbeitet haben." Und Graupner ergänzt: „Seit dem Orgelbau sind über 260 Jahre vergangen. Keiner kann sagen, dass er sich ganz in die Formenwelt jener Zeit einfühlen kann, selbst wenn er formal sein Handwerk beherrscht." Dennoch wollen sie dem Original so nahe wie möglich kommen. Das ist der Auftrag der Stiftung. Und damit befinden sie sich in der großen Familie der Erbauer der Frauenkirche, der Architekten, Statiker, Restauratoren. Graupner: „Wenn man sich einmal aufs Dienen einer Zeit, einem Künstler eingelassen hat, dann muss man ganz und gar seine Eitelkeiten fahren lassen. Sonst geht es schief."

Der Prospekt der Orgel stammt nicht von Silbermann. George Bähr, der Erbauer der Kirche, war Zimmermeister. Er fertigte den endgültigen Entwurf an. Dafür benutzte er die Ideen und Entwürfe des Bildhauers Feige und des Steinmetzmeisters Daniel Ebhardt. Der Bau der Orgel lief nicht ohne Spannungen ab. Silbermann beschwerte sich im Oktober 1734 beim Rat über den Baudirektor Bähr. Der Orgelbauer hatte das Orgelwerk fertiggestellt und wollte es in der Kirche aufsetzen. Aber „Zimmermeister Herr Bähr" sei „mit dem Orgelgehäuse samt der Tischler-Arbiten und Mahlerey" nicht fertig. Er, Silbermann, sei deshalb am weiteren Arbeiten gehindert. Darauf sagte Bähr zu, Pfingsten 1735 „mit völliger Tischlerarbeit, Malerey und Ausstaffierung" fertig zu sein. Die offizielle Abnahme der Orgel erfolgte im November 1736.

Gegen Ende April soll das Mittelteil des Prospekts im Modell von eins zu eins fertiggestellt sein. Wer den Auftrag für die Holzge-

staltung erhält, steht noch nicht fest, hatte mir Thomas Gottschlich, Architekt beim Bauherren, vor meinem Atelierbesuch gesagt. Der Auftrag wird ausgeschrieben. „Die Zeit drängt", hatte er gemeint. Demnächst stehen große Entscheidungen bevor, die Vergabe des Orgelbaus. Fünf Angebote liegen bereits vor.

Graupner ist wieder auf die Leiter gestiegen. Die Sonne ist hinter den Höhen versunken. Im Atelier liegt jetzt ein Schimmer von Blau. Graupner knetet am Kinn des Cherubs, und Wanitschke nähert und entfernt sich von der Plastik, wieder und immer wieder. Findlingskatze Findi — erst vor kurzem von der Familie Wanitschke aufgenommen — klettert ausgelassen die Leiter hoch und schaut Graupner bei der Arbeit zu. „Manchmal kratzt sie respektlos den Cherub", sagt Graupner. Wanitschke scheint nicht völlig zufrieden. „Hoffentlich tragen wir morgen einen Großteil des Tones nicht wieder ab", sagt er, „weil es uns nicht gefällt, weil ein Detail nicht zu stimmen scheint. Wäre nicht das erste Mal."

28. Juni 2001
Große innere Kuppel im Rohbau vollendet

Auf der Arbeitsbühne in rund 40 Meter Höhe fliegen Tauben. Geschickt weichen sie Mauern, Stahl und Portalkranen aus. Die Arbeitsbühne ist sauber wie eine gute Stube. Wieder ist ein wichtiger Bauabschnitt vollendet. Morgen wird der letzte Stein in die Innenkuppel versetzt. Einer der Chefs der Dresdner Niederlassung der Walter Bau AG, Frank Spiegel, wird gewiss lobende Worte für seine Leute finden.

Die Steinversetzung ist mehr ein symbolischer Akt. Die innere Kuppel war bereits vor einigen Tagen aufgemauert, die Lücke für den letzten Stein blieb offen. Die Bauarbeiter waren wieder schneller als geplant. Mit der inneren Kuppel erhielt der Kirchenraum seinen Rohbauabschluss. Noch bedarf es einiger Phantasie, um sich den künftigen Raum vollständig vorstellen zu können. Denn eine Arbeitsbühne verschließt den Blick in die Kuppelhöhe. Rundherum ist die Frauenkirche bei knapp 38 Metern Höhe angelangt. Baudirektor Eberhard Burger: „Die Verzüge sind aufgeholt. Eine schwierige und aufwendige Bausituation ist gemeistert. Wir liegen im Zeitplan." Und der ist straff. Nach wie vor wird in zwei Schichten gearbeitet, sind durchschnittlich 40 Leute im Einsatz, von früh sechs Uhr bis 22 Uhr.

Ein aufregender Anblick: Die Innenkuppel wölbt sich, verjüngt sich bis zum Öffnungskranz, dem „Auge der Kuppel". Die Innenkuppel steigt gleichsam aus dem Kranzgesims heraus, das auf den Innenpfeilern ruht. Zu zwei Dritteln ist die Kuppel aus Sandstein gefügt. An das letzte Drittel setzte Bauleiter Holger Löwe seine besten Maurer. Sie führten die Wölbung bis zum „Auge" zwischen den Sandsteinrippen mit Ziegelsteinen aus.

Probeputz und -ausmalung der Innenkuppel.

Das Tempo des Wiederaufbaus lässt Zeitabstände zusammenschrumpfen. Mir ist es so, als sei erst kürzlich der Baustart zur inneren Kuppel erfolgt. Im zurückliegenden Dezember lag noch das Lehrgerüst über dem „Deckel". Es roch nach frisch gesägtem Holz. Im Februar wurden dann die ersten Sandsteinschichten versetzt. Die Anspannung war groß. Die Konzerte in der Frauenkirche im Advent des vorigen Jahres hatten kürzere Arbeitszeiten erzwungen. Die Maurer und Steinversetzer waren in Verzug geraten. Eine leichte Nervosität war zu beobachten. Es knirschte etwas im Bauablauf. „Wir kriegen aber schon wieder Vorlauf", versprach Oberbauleiter Gottfried Ringelmann. „Meine Leute können schuften." Da hat er recht.

Sein Bauleiter Holger Löwe drückte die Schultern nach innen: „Wir leben von der Hand in den Mund." Er wünschte größeren Vorlauf in der Ausführungsplanung. Und die Poliere, die großen Könner vor Ort, schwiegen. Auch Baudirektor Eberhard Burger prophezeite schnelles Aufholen. Einer drückte seinen Ärger deutlich aus. „Die Konzerte stören den Bauablauf. Wir sind nun mal eine Baustelle und kein Konzertsaal. Aber meinen Namen lassen Sie weg, zugesagt?" – „Zugesagt!"

Reichlich zehn Meter Kuppelhöhe waren zu bewältigen. Keiner der Praktiker hatte jemals eine so große Kuppel aufgemauert. Sie dürfte ohnehin die größte in Dresden sein. Die Innenkuppel musste von 26,43 auf 37,78 Meter wachsen. Anfang Mai waren 35 Meter erreicht. Jetzt ist es ausgestanden. Gut 200 Tonnen Stein ruhen auf den Pfeilern, drücken das untere Gemäuer.

Schwungvoll strebt der äußere Kuppelanlauf in die Höhe. Auf den Zugängen zum Kuppelanlauf Kränze aus Stein, kleine Bögen. Dunkel schimmert der Sandstein in der Tiefe. Bedauern möchte man dies: Steine, Bögen, Gänge werden bald von der Kuppelrundung verdeckt sein. Aber es bleibt ja die Gewissheit, sie im Kirchraum erleben zu können, veredelt und ausgemalt. Denn den Maurern und Versetzern werden bald die Maler und Restauratoren folgen. Die innere Kuppel schmückten vor der Zerstörung der Frauenkirche große Bilder. Sie sollen rekonstruiert werden.

Auch die Fassade und die äußere Gestalt der Frauenkirche nehmen Gestalt an, verborgen hinter Planen und Eisenstreben. Vier Türme über den Treppenhäusern schmückten das Gotteshaus. Bis zur 72. Schicht sind sie gewachsen. An zwei Türmen – „A" im Süden und „G" im Osten – ist bereits mit dem Bau der eigentlichen Turmspitze begonnen worden. Bei „E", dem ehemaligen Altstumpf auf der Westseite, geht es am langsamsten vorwärts. Tilo Seifert: „Bei größeren Altteilen ist die Anpassung schwieriger. Aber dafür bleibt Originales erhalten." Der Wiederaufbau der Frauenkirche acht Jahre nach der Versetzung des ersten Steins und 258 Jahre nach der Vollendung der Kuppel bis zum Kreuz wächst unaufhaltsam, begleitet von Segenswünschen.

18. Oktober 2001

Frank-Harald Gress: Unredliches Vorhaben

Herr Gress, Sie sind ein renommierter Musikwissenschaftler und geschätzter Bachkenner. Im Februar beschloss der Stiftungsrat nach fünfjähriger Diskussion den Bau einer modernen Orgel im Geiste seines Erbauers Gottfried Silbermann. Die Gegner dieser Entscheidung, zu denen auch Sie gehören, entfachen nun einen neuen Streit um die Orgel. Ist das redlich?

Musikwissenschaftler Gress setzte sich für einen Nachbau der Silbermann-Orgel ein.

Es ist sowohl redlich als auch notwendig. Was die Stiftung Frauenkirche vorhat, ist viel mehr unredlich. In dem Aufruf der Fördergesellschaft zum Wiederaufbau des Gotteshauses heißt es: Die barocke Innenausstattung mit der berühmten Orgel, auf der Johann Sebastian Bach 1736 spielte, wird wieder hergestellt. Es war also ein originalgetreuer Nachbau versprochen worden. Wer jetzt etwas anderes will, verwendet die Spendengelder zweckentfremdet.

Aber die Geldgeber der Dussmann-Stiftung, die drei Millionen Mark sammeln wollen, haben dem neuen Konzept zugestimmt.

Das mag schon sein. Deshalb bleibt der originalgetreue Nachbau trotzdem auf der Tagesordnung. Die Umschreibung Orgel in Silbermanns Sinne ist sachlich sehr nebulös. Im Sinne Gottfried Silbermanns würde bedeuten, dem Original soweit wie möglich zu entsprechen.

Die Befürworter einer modifizierten Fassung verweisen darauf, dass nichts mehr von Silbermanns Orgel vorhanden ist, ein Nachbau also einer Spekulation gleich käme. Sie wollen ein Instrument, das auch moderne Musikinterpretationen ermöglicht. Das würde ein strenger Nachbau nicht leisten können.

Lehrgerüst, Schlußstein und Probeausmalung der Innenkuppel.

Das sind Behauptungen und nicht einmal von ausgewiesenen Fachleuten. Die gesamte Kirche – innen wie außen – wird wieder genau aufgebaut. Dafür wurde der Begriff archäologischer Wiederaufbau bemüht. Der scheint mir ohnehin überzogen. Nur wenige Prozent der alten Originalstücke erscheinen wieder in der Fassade des Bauwerkes, die Unterkirche ausgenommen. Sei es drum. Auch der neue Orgelprospekt erhält seine ursprüngliche Fassung. Warum dann nicht die Orgel selbst?

Wie müsste die Orgel Ihrer Meinung nach beschaffen sein?
Es gibt keinen überzeugenden Grund, den Prospekt nachzubauen, aber die eigentliche Orgel, das Herzstück der Kirche, nicht. Die Argumente, dass man auf einer nachgebauten Orgel mit der typischen Bachschen Stimmungsart nur Musik bis Bach spielen kann, halten nicht stand. Auf der Silbermannorgel im Freiberger Dom werden zu 56 Prozent Kompositionen der Nach-Bach-Zeit aufgeführt. Übrigens setzt sich inzwischen international mehr und mehr historische Aufführungspraxis durch. Dazu gehört das Musizieren in den altoriginalen Stimmungen. Die Dinge stehen also auf dem Kopf. Wir müssen sie wieder auf die Füße stellen.

Sie befürworten also in jedem Fall den strengen Nachbau. Dann hat nach Ihrer Auffassung die Orgelkommission die Stiftung falsch beraten?
Ich will noch ein Argument anführen, das die Fehlentscheidung verdeutlicht. Die Hauptorgel wird über fünf Stockwerke über dem Altarplateau stehen. Auf ihm werden künftig die Aufführungen des Chores stattfinden. Über diese Höhe kann mit einer Orgel nicht kommuniziert und musiziert werden. Die Orgel müsste etwas in der Nähe des Orchesters, des Chores sein. Das ist nun mal nicht so. Deshalb ist eine Zweitorgel mit moderner Stimmung und innovativer Disposition unabdingbar. Auch diese Lösung schließt die Entscheidung aus.

All diese Argumente sind der Fachwelt bekannt. Sie konnten die Entscheidung nicht verhindern. Es gibt keine neuen Argumente dagegen.
Was nichts daran ändert, dass sie richtig sind. Deshalb haben führende Orgelkenner ihre Stimme erneut erhoben.

Es ist seit Februar viel Zeit vergangen. Orgelbauer haben ihre ersten Vorstellungen zum Nachbau der neuen Frauenkirchenorgel eingesandt. Was müsste denn passieren?
Es muss neu entschieden werden. Die Zeit dafür ist noch vorhanden. Erfahrene Orgelbauer wären durchaus in der Lage, die Silbermannorgel in einem Jahr nachzubauen. Denkmalpflegerische Erfahrungen, neue Erkenntnisse der Orgelforschung, die Sanierung von Silbermannorgeln bieten die Gewähr, dass Gottfried Silbermanns Stimmungslage annähernd wieder entstehen könnte. Dass dies natürlich keine Silbermannorgel wäre, liegt auf der Hand.

Der Kirchenführer Andreas Zimmermann sammelt eine Million Mark.

30. Oktober 2001

Porträt. Andreas Zimmermann

Dies geht Andreas Zimmermann durch den Kopf: Heute, an diesem Dienstag, könnte es passieren, könnte er die Million Mark zusammenkriegen. Dieser Gedanke beschäftigte ihn schon mehrere Tage. Er hat an diesem Tag drei Führungen in der Dresdener Frauenkirche. Kommen genug Leute – und daran zweifelte er trotz des regnerischen Wetters nur wenig – dann müsste der Rest des Geldes zur Million zusammen kommen. Wenn er die Zahl richtig im Kopf hatte, fehlten noch reichlich 1000 Mark. Er holt kräftig aus, den Hut auf dem Kopf, das kantige Gesicht gegen den Wind gestellt. Von der Ziegelstraße, wo er wohnt, ist es nicht weit bis zum Neumarkt.

Vor dem Eingang F, der zur Unterkirche führt, steht in aller Frühe schon eine mittellange Menschenschlange, meist Leute über 45, 50 Jahre. Das ist auch so eine Erfahrung, die er im Laufe der Jahre gemacht hat. Die Jüngeren interessieren sich weniger für die Kirche. Manchmal ärgerte ihn das. Und er fragte sich, warum das so ist? In das allgemeine Gejammer, dass die Jugend immer oberflächlicher wird, will er nicht einstimmen. Dagegen hat er sich immer gesträubt. Dennoch: Sie ist weniger auf die Kirche neugierig. Das bestätigen auch seine Kollegen Kirchenführer.

Zimmermann sieht es auf den ersten Blick, die Zahl der Menschen wird nicht reichen. Für die Führungen, die er und die anderen halten, wird kein Eintrittspreis erhoben. Nicht jeder, der sich die Geschichte und den Wiederaufbau der Frauenkirche erklären lässt, gibt etwas. Rechnet er all die Jahre hoch, kommen im Schnitt rund fünf Mark pro Person an Spenden heraus.

Er schließt die Tür auf, lässt die Wartenden herein. Dann stellt er das durchsichtige Kollektegefäß bereit. Angenehme Wärme in der Unterkirche. Das Gewölbe schimmert ockerfarbig. Er liebt diese Farbtöne. Sie erinnern ihn an reife Dattelfrüchte. Ein merkwürdiger Vergleich. Wie er nur darauf kommt?

Er sieht den Leuten in die Augen, spürt ihre Erwartung, ihre Neugier. Das ist es, was er braucht, Neugierige, die sich für die Kirche und ihr Schicksal interessieren. Dass es diese Menschen gibt, empfindet er immer wieder als Glück. Eigentlich ist er ein großer Egoist, er beschenkt sich selbst, er sorgt für sein Zufriedensein. Ein gutes Gefühl mit 70 Jahren. 15 ehrenamtliche Führer wirken für die Frauenkirche, 14 Männer und eine junge Theologiestudentin. Zimmermann ist der Dienstälteste. Als er 1990 vom Ruf zum Wiederaufbau des Gotteshauses hörte, gab es für ihn kein langes Überlegen. Er wollte auf seine Weise beim Wiederaufbau helfen.

Die Stadt, in der er lebt, ist ihm lieb und teuer. Sie hat ihn schon immer interessiert, und er hat sich öfter in ihre Läufe eingemischt. Schon als man anfing, den Altmarkt in den fünfziger Jahren aufzubauen, hat er gegen den vorgesehenen Hochhausbau protestiert. Später hat er Steine in die zerstörte Kathedrale, die einstige Hofkirche, gekarrt. Es hat Leute gegeben, die ihn gefragt haben: Warum hilfst du den Kommunisten? Er fand diese Frage töricht. Er half nicht den Kommunisten, er half Dresden, seiner Stadt.

Er liebt ihre alten Monumente. Interessiert beobachtete er die Enttrümmerung des Ruinenberges. Man hatte ihn, den Physiker, nach der Wende in die Vorruhe geschickt. Mit 60 Jahren! Mit 60 Daumen drehen und Garten genießen, war nicht sein Fall. Er wollte noch etwas Nützliches tun. Zimmermann meldete sich beim Baudirektor Eberhard Burger an. Er bot ihm Führungen an. Burger und andere zeigten Skepsis. Ob das wirklich etwas einbringen wird? Fremde Leute auf der Baustelle. Was, wenn ein Unfall passiert?! Zimmermann ließ nicht locker. Schließlich stimmte Burger zu. Als nach einigen Tagen die ersten tausend Mark zusammen waren, verlor sich die Skepsis. Seit 1994 ist Zimmermann für die Frauenkirche tätig.

Die Stunde ist herum. Er bittet um Spenden. Einige drängen sich um ihn, stellen Fragen zur künftigen Orgel, zu Dresden, zum Neumarkt. Wann – wollte ein Herr aus Kaiserslautern wissen – wird er denn wieder aufgebaut. Zimmermann schielt in den Kasten, sieht auf den ersten Blick: Das reicht nicht.

Im Herbst vorigen Jahres hatte Zimmermann 781 000 Mark zusammen. Damals lernte ich ihn kennen. Er ging davon aus, dass er etwa zwei Jahre später die Spendenmillion zusammen haben könnte. Dass er sie erreicht, zweifelte er nicht. Aber dann hatte ihn bald eine unerklärliche Unruhe befallen. Er sah dem Euro mit gewisser Skepsis entgegen. Mit dem neuen Geld mussten die Menschen erst umgehen lernen. Eine vertraute Zehn- oder Zwanzigmarknote gab man schon ab, ob man dies auch so mit dem Euro handhaben würde? Gelegentlich spürte er Herzschmerzen, es zwickte hier und zwickte dort. Die Million musste her. Er wollte sie, unbedingt. Das hatte er sich irgendwann vorgenommen. Es drückte wie ein Gelübde.

Der zweite Schwung der Neugierigen ist größer. Etwa 150 Leute, auch jüngere darunter. Und er denkt: Diesmal könnte es reichen. Er weiß es, wenn er die Million für die Kirche zusammen hat, dann wird er einen Augenblick sehr zufrieden sein. Einst hatte er gedacht, dass dieses Ziel vermessen sei. Und er hat auch niemandem davon erzählt. Mit einer Ausnahme. Seiner Frau hat er sich anvertraut. Und nun steht er vor der Erfüllung, an diesem letzten Dienstag im Oktober.

Andreas Zimmermann ist ein gründlicher Mann. In sein kleines Buch trägt er alles ein, was an der Kirche wichtig ist. Auf 3546 Führungen kann er verweisen. Fast sechs Jahre rennt er in die Kirche und sieht sie wachsen. Wenigstens einmal in der Woche schaut er sich in ihren Höhen oben auf den Arbeitsgerüsten um. Die Bauleute kennen ihn. Zu seinem 70. Geburtstag haben sie ihn reichlich beschenkt. Er bat, auf Präsente zu verzichten. Sie haben ihn mit Geld beschenkt. Er legte dazu und erwarb einen Stifterbrief für 2500 Mark, für seinen Großvater Dr. Oskar Kramer. Sein Großvater war Architekt gewesen, kein Unbekannter in der Stadt. Den Schumann-Bau am Münchner Platz hat er gebaut. Zimmermann erinnert sich gern an seinen Großvater. Er hatte den Wiederaufbau der Kirche gewünscht. Er wusste es, der Stifterbrief war in seinem Sinne. Sein Name soll für alle Ewigkeit zu den Spendern zählen.

Er wartet, bis der Letzte die Unterkirche verlassen hat. Er war ziemlich sicher. Es würde noch heute reichen. Als er das Geld nach der dritten Führung zählt, jubelt es in ihm. Eine Million und 50 Mark stehen auf seinem Konto. Aber er behält es für sich. Er kostet diese Freude aus, allein für sich, er vollführt sogar einen Sprung auf dem Heimweg. Dabei fällt ihm fast der Hut herunter. Alter Knochen, kannst ja noch hüpfen, denkt er. Abends nimmt er seine Frau in die Arme. „Ich hab´s geschafft", sagt er, „ich bin Millionär." Und sie denkt: Mein Gott, dieser Mann.

Am nächsten Tag teilt Andreas Zimmermann der Fördergesellschaft zum Wiederaufbau der Frauenkirche schriftlich das Ergebnis mit. 3546 Führungen stehen im Buch. Rechnete er die Zeit der Führungen hoch, dann kommt er auf eine durchgehende Arbeitszeit von fünf Jahren, ohne Sams- und Sonntage.

Übermorgen wird er wieder in die Kirche gehen. Sie ist bei knapp 40 Meter Höhe angekommen. 2004 soll der Steinbau stehen. Es bleibt noch etwas Zeit, denkt er. Aber er verrät keinem, was er in den nächsten drei Jahren vorhat.

Bährs Audienz beim Kurfürsten

Führte George Bähr den Dresdner Stadtrat auch in den nächsten Monaten an der Nase herum? Oder war er gar ein gewiefter Taktiker? Eines behielt er auch im weiteren Bauverlauf bei. Er gab die künftigen Kosten stets zu niedrig an. Dass er den Stadtrat in einigen Dingen tatsächlich im Unklaren ließ, fördert Gitta Kristine Hennig aus den Akten hervor: „Es sei dem Rat zu Ohren gekommen, es solle dem Baumeister H(err) gesonnen seyn, den oberen Teil der Frauenkirchenkuppel ebenfalls steinern zu machen." Der Rat reagierte sofort, ließ Bähr wissen, dass eine Änderung der Kuppel nicht in Frage käme. Und Bähr beeilte sich geflissen zu erklären, dass er „niemahls ein anderes intendiert (beabsichtigt)" habe.

Es sollte also unumstößlich dabei bleiben: Der Kuppelanlauf war aus Stein, der obere Teil als kupfergedeckte Holzkonstruktion auszuführen. Das war der Stand der Dinge 1731.

Voll des Lobes war August, der Starke, über den Kirchbau. Aber Geld gab er keines.

Ein Ereignis von Rang schien den bevorstehenden Kuppelbau günstig befördern zu können. Zumindestens dürfte dies Bähr erhofft haben. August der Starke befahl den Baumeister am 18. August 1731 ins Schloss, damit er über seinen Kirchbau berichte. Nachmittags drei Uhr stand Bähr dem König gegenüber. Das war gewiss des Baumeisters große Stunde. Der Baumeister der Stadt beim Kurfürst-König zur Audienz.

August der Starke saß auf „einem Wagen", als sich Bähr verbeugte. Der Kurfürst und polnische König war schon lange nicht mehr gut zu Fuße. An den europäischen Höfen hatte man bereits mit seinem Tode gerechnet. Aber dann hatte er sich wieder erholt, wie ein junger Hahn, hieß es in Preußen. Der Kurfürst bat Bähr seine Risse zu erläutern. August den Starken interessierte, warum die Kirche „kein rechte(s) Entrée" (Eingang) besäße. Bähr war um eine Antwort nicht verlegen: Er habe nicht anders bauen können „als nach dem approbierten (genehmigten) Risse". August der Starke wollte das Hauptportal auf die Mittagsseite und den Chor auf die Abendseite verlegt haben. Sein Wunsch kam reichlich spät. Die Kirche war längst bis zum Hauptsims gediehen. Teure Umbauten hätten folgen müssen. Obrist-Lieutnant Pöppelmann, der Sohn des Oberlandbaumeisters Pöppelmann, sprang Bähr bei. Er stimmte zwar der Forderung, den Haupteingang auf die Mittagsseite zu legen, zu, meinte aber, dass der Altar auf der Morgenseite, also im Osten, bleiben sollte.

Das Gespräch endete mit einer kleinen Sensation. Am Neumarkt war 1715/16 die Hauptwache, auch Alte Wache genannt, errichtet worden. Die Hauptwache ist auf den Veduten Canalettos zu sehen. Dieser langgestreckte eingeschossige Bau diente der Altstädter Wache als Unterkunft. Die Frauenkirche entstand inmitten hoher Bürgerhäuser, konnte ihre städtebauliche Wirkung zu wenig entfalten. August der Starke forderte den Abriss der Wache, weil sie den Blick auf die Frauenkirche verstellte. Die Forderung Augusts des Starken – aus der Nachmittagslaune entstanden – wurde zu seinen Lebzeiten nicht erfüllt. Die Wache wurde erst nach ihrer Zerstörung im Siebenjährigen Krieg 1765 abgetragen.

Der Tod August des Starken am 1. Februar 1733 im Warschauer Königsschloss führte zum Thronwechsel in Warschau. Sein Sohn Friedrich August II. kam zum Kurhut. Was war von ihm, dem Katholiken, zu erwarten? Würde er der Baukunst geneigt sein? Der Rat jedenfalls erhoffte es, hoffte auf dessen Unterstützung. August der Starke wird als großer Bauherr gerühmt. In seiner Regierungszeit bildete sich das barocke Dresden heraus. Aber eines steht fest: Für die Frauenkirche hat er kaum einen Taler aus eigener Kasse bezahlt, sieht man von der 4000-Taler-Schenkung ab, die auf den letzten Willen seiner Frau Christiane Eberhardine zurückgeht.

Längenschnitt des dritten Entwurfs mit Holzkuppel.

Landeskonservator Heinrich Magirius: Nicht wieder jede Locke am Altar herstellen

Herr Magirius, der Altar der Frauenkirche ist ausgerüstet. Die Arbeit an den Figuren und Reliefs ruht. Über die Ergänzung des Bildprogramms wird diskutiert. Die lutherische Kirche erhebt Anspruch auf die weitgehende Rekonstruktion und Ergänzung des Altars. Sie begründet dies vor allem mit liturgischen Vorstellungen. Also ist die Wiederherstellung jeder Apostelfalte, jeder Haarlocke zu erwarten?

Nein, das nicht. Wir haben mit dem Altar von Johann Christian Feige d. Ä. einen großen Schatz überliefert bekommen. Das Original steht vor uns, auch in den plastischen Werten. Etwa 2000 kleine Stücke, die aus dem Schutt geborgen wurden, sind wieder mit dem Original verbunden worden. Die Altargestaltung ist gerettet. Wesentliches ist ergänzt. Das war der erste Schritt, den wir gegangen sind. Und der ist unstrittig. Denkmalpfleger in aller Welt haben diese Leistung akzeptiert. Wir machen uns schon lange Gedanken, wie es mit der Arbeit am Altarbild weitergehen soll. Der künftige Altar soll nicht laut werden. Dies würde aufdringlich wirken, wenn er laut schreien würde. Außerdem gilt es, den richtigen Maßstab, den richtigen Ton zum Außenbau zu finden, zu den schönen alten patinierten Steinen.

Also starke Zurückhaltung bei der Verschönerung. Besteht dazu Einigkeit?

Nicht in allen Fragen. Am Altarbild gibt es noch eine ganze Menge Schäden, Risse. Es fehlen kleinere Details. Die Landeskirche wünscht die Figuren plastisch vervollständigt. Wir Denkmalpfleger hingegen hätten lieber weniger Ergänzungen, eine stärkere Betonung der Versehrtheit, der Schäden.

Damit konnten Sie sich wohl nicht durchsetzen? Es sind Korrekturen im Sinne der Liturgie erfolgt?

Die Figuren sind plastisch fast vollständig wiederhergestellt. Ich hätte gern etwas mehr Erinnerungswert konserviert. Aber in dieser Frage hat letztlich die Kirche das letzte Wort und nicht die Denkmalpflege.

Erhält die Frauenkirche am Ende doch einen sehr schönen Altar mit viel Gold und Heiligenschein? Überspitzt formuliert. Uneingeweihte werden vielleicht gar nicht mehr die Zerstörungen des Altars, seine Male und Verwundungen ablesen können.

Nein. Soweit gehen wir nicht. In keinem Fall. Es wird nicht alles bis ins Letzte durchgeformt, geglättet. Die Schäden markieren zurückhaltende Farben, Steinersatzmasse, also Ergänztes bleibt erkennbar. Schwierigkeiten bereitet uns allerdings das Gold auf den Figuren und Kapitellen. Wenn man es in historischer Weise herstellt und aufträgt, dann wirkt es außerordentlich laut. Ist die-

ser Zustand erst einmal vorhanden, könnte sich dann schnell der Zwang zur vollständigen, vielleicht gar glatten Ergänzung des Altars ergeben. Schwierig ist auch die Behandlung der Figuren. Sie waren weiß. Aber auch sie sollen nicht wieder vollständig weiß werden. An ihnen sollen die Wunden erkennbar bleiben. Es sind also ständig viele Einzelheiten zu klären. Die strahlende neue Gloriole, das barocke Orgelgehäuse über dem Altar, der wieder hergestellte Kirchenraum in der Bährschen Fassung, das alles muss harmonieren, muss sich wieder zu einem Ganzen fügen. Dass es in diesem Bemühen auch unterschiedliche Auffassungen gibt, halte ich für völlig normal. Pauschallösungen gibt es nicht. Deshalb muss vieles ausprobiert werden.

Landeskonservator Magirius: Der Altar soll nicht aufdringlich wirken.

Die Proben links und rechts am Altar zeigen eine sehr kräftige farbige Gestaltung und eine stark zurückhaltende. Die Patina auf den alten Steinen, jenes Dunkel voller Geschichtlichkeit steht uns heute viel näher als der barocke Kirchenglanz. Von manchem wissen wir nicht genau, wie es aussah. Trotz hervorragender Dokumentation ist unbekannt, in welchem Maße zum Beispiel die Figuren des Altarbildes vergoldet waren, waren sie hochglanzvergoldet oder matt? Waren die Tiefen nur ockerfarbig ausgemalt? Diese unterschiedlichen Versionen haben eine sehr unterschiedliche Wirkung, wie wir an einer Säule, die wir in unterschiedlichen Farbtönen vergoldet haben, feststellen konnten. Bei allem Dienen an Feiges Altar, die eigene Erlebnisfähigkeit der Restauratoren lässt sich nicht ausschließen. Mit einer mechanischen Wiederholung ist diese Aufgabe nicht zu bewältigen. Dies würde auch gar nicht funktionieren. Alles kennen wir nicht so genau. Es gibt zum Beispiel keine klare Überlieferung, wie die Vergoldungen im Detail ausgesehen haben. Es waren ja auch drei Restaurierungen über das Ganze hinweggegangen. Die letzte Restaurierung war weit weg von dem Original. Wir müssen uns doch an einiges sehr herantasten.

Gibt es dafür anschauliche Beispiele?

Eine Quelle spricht von Säulen in Alabasterart. Demnach waren das keine lauten, sondern helle, wolkenartige Maserungen. Andere Überlieferungen sprechen von grünlichen Säulen. Demnach waren sie ganz hell, also nicht so dunkel wie die von 1944.

Wann ist mit der Fortsetzung der Arbeit am Altarbild zu rechnen?

Im nächsten Jahr, wahrscheinlich im Februar. Jetzt hat die Rekonstruktion des Altarraumes begonnen. Der Fußboden wird fertiggestellt, die Stufen sind desolat. Es gibt also Arbeit in Hülle und Fülle.

Sie wollen eine Probeachse gestalten. Sie soll Einsichten in die künftige Gestaltung des Inneren vermitteln.

Dieser Arbeitsschritt ist uns ganz wichtig. Nicht alles kann man sich vorstellen. Selbst gute Zeichnungen und Entwürfe geben eine unzuverlässige Vorstellung. Daher gestalten wir ein Stück der Kirche so, wie wir uns den gesamten Innenraum denken.

29. Dezember 2001
Baudirektor Eberhard Burger: Termine drücken

Herr Burger, vor etwa einem Jahr äußerten Sie, dass das Jahr 2001 große technische Herausforderungen bereithalten wird. Am Kuppelanlauf zum Beispiel kam es zu Umplanungen. Liegt das Aufbauteam der Frauenkirche Ende 2001 trotzdem im Plan?

Wir haben unsere Ziele halbwegs erreicht. In einigen Bereichen besteht Vorsprung in anderen liegen wir zurück. Das hat mehrere Gründe. Unsere Technik lässt nur eine gewisse Baukapazität zu. Der Kuppelanlauf ist der sensibelste Bereich des gesamten Kirchgebäudes. Dort geht der Kirchbau vom Quadrat in den Kreis über. Die Lastverteilung stellt hier hohe Ansprüche. Bähr hat die Sandsteinplatten zur Wetterschale bestimmt. Das war auch der Grund, warum in die Kirche Wasser eindrang. Dies muss künftig verhindert werden. Ursprünglich hatten wir eine andere Lösung für das Anbringen der Platte auf der äußeren Haut des Kuppelanlaufs. Sie war durchaus gut. Aber schließlich verwarfen Denkmalpfleger und einige Ingenieure diese Lösung. Die jetzige Lösung ist sicherlich die bessere. Aber es hat gedauert, ehe wir uns ganz sicher und einig waren.

Warum wurde die erste Lösung abgelehnt? Sie mussten umplanen. Das hat zusätzlich Geld gekostet.

Die erste Lösung sah eine Auflagerung der Abdeckplatten auf vier Stahlplatten vor. Sie wurde als unserer Zeit zu sehr nahe stehend verworfen. Die Stiftung schloss sich diesen Vorbehalten schließlich an. Ich möchte betonen, die ursprüngliche Lösung war gut, die

jetzige ist besser. Wir kommen völlig ohne Stahl aus. Damit stehen wir der Bährschen Bauwahrheit näher als vorher. Die Platten ruhen auf Sandsteindübeln. Dies hat viel Zeit und mehr Geld gekostet, das ist richtig. Es ist einige Male im Verhältnis eins zu eins geprobt und geprüft worden. Die Schwierigkeit: Keine Abdeckplatte gleicht der anderen, jede hat ihre eigenen Maße. Sie sind konkav und konvex gekrümmt. Selbst mit hoher PC-Rechenkunst war die Berechnung kompliziert und aufwendig.

Sie hatten etwa ein halbes Jahr Bauvorlauf. Ist der stark geschrumpft?

Nein, stark nicht. An den Eckterminen wie dem Heben des Daches im April lasse ich nicht rütteln. Ihn nicht zu halten, würde die gesamte weitere Planung umwerfen.

Wo drückt es den Baudirektor am meisten?

Größere Verzögerungen gibt es im Choranbau. Er ist weit nach hinten gerutscht. Wir haben Mühe, ihn wieder in die Terminkette zu fügen. Um dies zu relativieren: Der Choranbau macht aber nur etwa 25 Prozent der gesamten Grundrissfläche aus. Wir holen die Verzüge auf. Es wird zweischichtig gearbeitet, und wenn es sein muss, auch die Nacht hindurch. Unsere Nachbarn müssen keinen Lärm befürchten. Es wird lärmschonend zugehen. Alles ist einem Punkt untergeordnet, dem Heben des Daches.

Die Arbeit am Altar ist unterbrochen worden. Hängt das mit den Verzögerungen im Choranbau zusammen?

Nein. Die Restauratoren liegen dort sogar mit den ersten Probeachsen, die sie ausgeführt haben, im Plus. Der Ausbau des Chorraumes macht die Unterbrechung notwendig. Im April beginnt wieder die Arbeit am Altar.

Die Diskussion um den Bau der Frauenkirchenorgel kam vor einigen Wochen erneut hoch. Wieder wurde der strenge Nachbau der einstigen Silbermann-Orgel gefordert. Bleibt es ohne jedes Wenn und Aber bei der im Frühjahr getroffenen Entscheidung des Stiftungsrates, die Hauptorgel der Kirche nicht streng nachzubauen, sondern modern zu gestalten?

Ohne Wenn und Aber bleibt es nicht. Die erneut vorgetragenen Argumente sind zwar nicht neu, dennoch werden wir sie noch einmal in uns bewegen. Dies wird auch der Stiftungsrat tun. Ich komme mir ein bisschen vor, als säße ich zum zweiten Mal im gleichen Film. Dennoch gilt eins: Man soll nie nie sagen. Dem Stiftungsrat ist am 19. Dezember noch einmal das ganze Für und Wider vorgetragen worden. Anfang Januar gibt es die endgültige Entscheidung zum Bau der Orgel. Im Februar muss die Orgel in Auftrag gegeben werden.

Die Frauenkirche erhält sieben neue Glocken und die alte Maria. Ihre Tonlagen werden nicht den ursprünglichen entsprechen. Als Grund werden bautechnische Unzulänglichkei-

Erster 1:1-Modellversuch für den Kuppelanlauf.

ten in der Originalkirche angegeben. Das klingt nicht sehr überzeugend. Bereitet sich hier wieder ein neuer Streit zwischen der Stiftungsleitung und den Puristen vor?

Über die Tonlage der Glocken kann es gar keine Diskussion geben. Die heutige Tonlage der Glocken kann sich nicht nach dem richten, was einmal gewesen ist. Die neuen Glocken der Frauenkirche müssen sich in das vorhandene Klangumfeld einfügen. Diese Glockenlandschaft wird durch die Kathedrale, die Kreuzkirche und den Schlossturm sehr dominant bestimmt. Dort müssen sich die neuen Glocken einfügen. Übrigens wurden Glocken nach Kriegsverlusten immer neu geordnet, sie hielten sich nicht an alte Vorbilder. Ich will es bildlich ausdrücken. Ein Bischof hält heute auch keine barocke Predigt, ich denke, dass die Glocken dann auch nicht in barocken Tonlagen tönen müssen. Ich hoffe, dass es dazu keinen Streit geben wird.

Ist die beschränkte Ausschreibung zum Glockenguss bereits erfolgt?

Noch nicht. Die Frauenkirche erhält kleine, dickwandige Glocken. Diesen Guss beherrschen nur wenige Firmen. Wir werden wahrscheinlich mit zwei Firmen verhandeln.

Welche Firmen sind das?

Ich möchte sie jetzt noch nicht nennen. Die Gründe sind fachlicher Art. Wir machen etwas Einmaliges, oder anders gesagt, etwas,

was in der neueren Zeit nicht mehr üblich ist. Die Glocken erhalten Verzierungen. Es sind biblische Sprüche. Die Entwürfe sind zur Zeit noch in Arbeit. Der Glockengießer muss gewährleisten, dass er diese Glockenzier auch gut heraus bringt. Da werden von vornherein viele sagen, das lassen wir lieber, weil sie es nicht können.

Wann wird der Bau der Orgel ausgeschrieben?

Der Bau der Orgel ist im Grunde genommen – wenn man so will – mit der Einholung der Angebote und den technischen Lösungen eingeleitet. Deshalb hat die Ausschreibung mit dem Anschreiben der sechs Firmen stattgefunden. Spätestens Mitte Februar muss die Orgelkommission dem Stiftungsrat den Vorschlag unterbreiten, mit welcher Firma bzw. mit welchen zwei Firmen der Vertrag verhandelt wird.

Wo will der Baudirektor Ende 2002 sein?

Nächstes Jahr passiert viel. Bisher ist immer wieder beklagt worden, dass man das Gebäude hinter dem Gerüst nicht sieht, dies wird sich ändern. Im Mai wird das Hauptgerüst ein ganzes Stück abgebaut. Das Kirchgebäude wird bis zum Hauptsims einschließlich des Kuppelanlaufs in einer Höhe von 38 Metern frei sichtbar sein. Aus dem jetzigen Wetterschutzdach wächst eine Art Zylinder heraus. Im November geht es dann um 10,50 Meter höher. Darunter entsteht dann die Hauptkuppel. Ende des Jahres erreicht die Kuppel ungefähr 50 Meter Höhe. 2003 wird sie vollendet.

Ein 800-Tonnen-Kran setzt das als „Schmetterling" bezeichnete größte zusammenhängende Trümmerstück auf die Treppenturmspitze G.

Orgelstreit und erste Kuppelsteine

2002

13. Januar 2002
Die Pro-Silbermann-Gruppe fordert erneut Orgelnachbau

Der Streit um den Bau der Orgel eskaliert. Im Rundfunk, in den Printmedien wird diskutiert, gestritten, ja geschimpft. Was für eine Orgel soll die Frauenkirche erhalten, eine „moderne in Silbermanns Geist" oder einen originalgetreuen strengen Nachbau der ursprünglichen Silbermann-Orgel? Das ist der Kernpunkt. Die Stiftung hält sich zurück. Ganz anders verhält sich die eigens gegründete „Pro-Silbermann-Gruppe". Sie setzt sich vehement für einen strengen Nachbau des Musikinstruments ein. Am Wochenende rief sie Organisten und Gegner einer modernen Orgelbaufassung in die Loschwitzer Kirche. Auch Vertreter der Stiftung Frauenkirche und der evangelischen Landeskirche waren eingeladen. Mehr als 20 Organisten spielten für den Wiederaufbau der Frauenkirche und für einen strengen Nachbau der „Bachschen" Orgel: Orgelexperte und Buchautor Frank-Harald Gress: „Ein überwältigendes Gefühl und eine Demonstration für das Bachsche Orgelwerk." Und Kristian Wegscheider, Orgelbaumeister: „Das Musizieren war ein klares Bekenntnis für eine Silbermann-Orgel."

Angenehm die Betonung zu Beginn des Pressegespräches. Christoph Wolff, Harvard-Professor und Direktor des Leipziger Bach-

Archivs: „Die Veranstaltung soll den Wiederaufbau der Frauenkirche unterstützen. Wir wollen keine Konfrontation mit der Stiftung. Aber wir verstehen, dass der Stiftungsrat Gesichtsverlust befürchtet." Die Positionen waren klar: Im Februar hatte der Stiftungsrat den Bau einer neuen Orgel in Silbermanns Geist beschlossen. Er will eine Orgel in einer Stimmtonhöhe von 440 Hertz, die Puristen des Orgelbaus hingegen wünschen die barocke Kammertonhöhe von 415 Hertz.

Der Streit um die Orgel erreichte am Wochenende zweifellos den bisherigen Höhepunkt und wahrscheinlich auch dessen Finale. Denn noch in diesem Monat soll der Orgelbau vergeben werden. Die Haltung des Stiftungsrates und der Orgelkommission — sie behauptet, dass es nach dem Februar keine neuen Argumente gebe — wurde erneut entschieden zurückgewiesen und als Arroganz bezeichnet. Richtige Argumente werden nicht falsch, nur weil sie länger im Gespräch und gültig sind, hieß es an diesem Abend.

Das Silbermann-Forum bedauerte, dass der Einladung kein offizieller Vertreter der Stiftung Frauenkirche sowie der evangelischen

Landeskirche gefolgt war. Man habe gekniffen, hieß es am Rande. Andere sahen darin eine Diskreditierung der Pro-Silbermann-Gruppe. Fast beschwörend wurde der Stiftungsrat noch einmal gebeten, die Faktenlage zu überdenken. Der archäologische Wiederaufbau der barocken Frauenkirche sei ein Ereignis von internationalem Rang, die Rekonstruktion der ursprünglichen Orgel stünde diesem Anliegen in keiner Weise nach. Sie biete der Musikwelt eine einmalige Chance. So, wie man zu der wiederaufgebauten Frauenkirche pilgern werde, so werde die rekonstruierte Silbermann-Orgel die Fach- und Konzertwelt anziehen. Wer diese Chance nicht nutzt, handele fahrlässig, ja gar engstirnig und beraube Dresden einer Einmaligkeit.

Trotz allen Bemühens um Ausgewogenheit und Sachlichkeit fielen kräftige Worte. Der Hauptvorwurf an die Stiftung Frauenkirche: Sie nehme die Argumente und neuen Erkenntnisse der Bachforschung und des Orgelbaus nicht zur Kenntnis. Die Entscheidung vom Februar basiere – so Wegscheider – auf dem Kenntnisstand der 70er-Jahre. „Der strenge Nachbau ist das zeitgenössische Konzept, weil wir heute dazu in der Lage sind, es zu realisieren." Die Schuldzuweisung gipfelte in der Behauptung: Die von der Stiftung und gewissen Personen erwünschte Orgel passe in die Tonwelt der Wilhelminischen Zeit, aber nicht in den Beginn dieses Jahrhunderts. Auf der vom Stiftungsrat gewünschten Orgel könne man alles spielen, nur nichts richtig.

Die Fachvorträge von Frank-Harald Gress, Dresden, Ibo Ortieges, Universität Göteborg, und Kirchenmusikdirektor Martin Rost, Stralsund, ließen – so die Meinung des Silbermann-Forums – keinen Zweifel aufkommen, dass der originalgetreue Nachbau der Silbermann-Orgel möglich sei. Diese Fakten sollten endlich vom Stiftungsrat und der Orgelkommission zur Kenntnis genommen werden. Der gegenwärtig angestrebte Orgelbau sei eine Verfälschung des Spenderwillens, wenig transparent und undemokratisch. Schließlich habe die Stiftung anfangs suggeriert, dass sie einen solchen Nachbau wolle. Jetzt davon abzugehen sei unseriös.
Die Teilnehmer forderten den Stiftungsrat zum Gespräch auf. „Wir strecken die Hand aus." Noch sei etwas Zeit, den Beschluss vom Februar zu revidieren. Wolff: „Ich hatte Kontakt zu Stiftungsmitgliedern. Noch habe ich Hoffnung, dass dies möglich ist. Lassen wir jedes Prestigedenken und Beharren weg und dienen wir dem Werk. Nur darauf kommt es an. Dresden wird dadurch an Internationalität gewinnen."

14. Januar 2002
Austritt Günter Blobels aus dem Kuratorium

Die Haltungen zur Frauenkirchenorgel werden immer unversöhnlicher. Nobelpreisträger und Ehren-Kuratoriums-Mitglied Günter Blobel erklärt in einem Brief dem Vorsitzenden des Stiftungsrates

Bernhard Walter seinen Austritt aus dem Kuratorium. Ein gewichtiger Satz: „Die zahlreichen Förderer der Frauenkirche, allen voran die ‚Friends of Dresden' (USA), nehmen die unlauteren Methoden der Orgelkommission betroffen zur Kenntnis und werden in Zukunft ihre Aufmerksamkeit eher auf andere Dresdner Projekte lenken müssen." Dies bedeutet wohl nichts anderes, dass künftig kein Geld mehr aus den USA für den Wiederaufbau der Bährschen Kirche fließen wird. Ist eine solche Drohung angemessen?

10. Februar 2002
Kuppelanlauf vollendet

Endlich, endlich ist es geschafft, bis auf das Chordach ist der Kuppelanlauf vollendet. Bauleiter Holger Löwe ist erleichtert: „Das war eine angespannte Zeit, besonders in den letzten vier, fünf Monaten. Wir hatten Verzug, vor allem am Choranbau, aber auch am Kuppelanlauf." Die Bauablaufpläne gerieten leicht durcheinander. Und im Hinterkopf saß der Termin April, das Heben des Wetterschutzdaches.

Im April muss das Dach gehoben werden. Hält das Bauteam diesen Termin nicht, würde es Monate verlieren. Selbst Baudirektor Burger war eine gewisse Angespanntheit anzusehen. „Es ist ernst", sagte er, „es war noch nie so ernst." Und Dietmar Manig, der Bauleiter vom Ingenieurbüro IPRO, sagte: „Das wird noch ein hartes Stück Arbeit. Aber wir sind eine Gemeinschaft, die vieles bewältigt." Ein schönes Wort: Gemeinschaft. Das schließt Wärme und gegenseitiges Vertrauen ein. Ein schönes Wort, denn manchmal habe ich den Eindruck, dass auf der Baustelle auch kleine Kriege ausgefochten werden. Immer geht es um Geld, um Termine, um Lösungen, um Qualität, um Tempo, auch um Versäumnisse, kleine Fehler. „Geld schafft Feindschaft", hatte Oberbauleiter Ringelmann in einem Zeitungs-Porträt gesagt und damit heftige Diskussionen ausgelöst. Die Reportage – in der Sächsischen Zeitung veröffentlicht – wurde kopiert und der Satz rot unterstrichen. Mehrere Wochen hing die Kopie im Container.

Schon seit längerem wird in zwei Schichten gearbeitet, und als dies nicht mehr ausreichte, ging es bis tief in die Nacht hinein. Der Kuppelanlauf muss zum Termin kommen. Dieser Druck war ungeheuer. Auch Polier Andreas Göbel, der sonst die Ruhe selbst ist, wurde nervös und trieb seine Männer an. „Los, los!" Dabei wusste er, dass sie schon lange über das normale Maß hinaus arbeiteten. „Das kann man nur mit Leuten machen, die an dem Bau hängen wie ein Verlobter an seiner Braut." Ein schöner, altmodischer Vergleich! Man merkt es, Göbel kommt aus der Schule Ringelmanns. Auch Ringelmann liebt deftige Vergleiche. Einmal hat er gesagt, dass auf der Baustelle Krieg stattfindet. Und: Ihr müsst die Schwiegermutter zweimal verkaufen. Auch diesen Satz hat sich IPRO ausgeschnitten. Und das Staatshochbauamt, das Auftraggeber zum Bau des Dresdner Schlosses war, hatte spitze Ohren bekommen. Da müssen wir untersuchen, was dran ist, vertraute mir ein Mitarbeiter an. Und tatsächlich, eine solche Überprüfung wurde in aller Stille eingeleitet.

Oberbauleiter Gottfried Ringelmann hat recht behalten. „Jungens", hatte er gesagt, „das wird das Schwerste, was vor uns liegt." Und in seiner trockenen Art hatte er vorausgesehen: „Gute Pferde bleiben nicht auf der Strecke." Sie alle kennen ihn gut, und sie wissen: Wenn der Alte so etwas von sich gibt, dann schlägt die besondere Stunde, dieser Haudegen, der fast sein ganzes Leben in Dresden gebaut hat, an der Semperoper, am Schloss, an Kirchen, an der Westseite des Altmarkts in den fünfziger Jahren.

Die Verzögerungen hatten handfeste Ursachen. Wie die Sandsteinplatten an der Kuppel befestigen? Dafür musste eine Technologie entwickelt werden. Die gab es nirgendwo zu holen. George Bähr hatte die Abdeckplatten auf den Mörtel gelegt. Stein rieb sich an Stein. Regenwasser drang durch Sandstein und in die Fugen. Im Bereich des Kuppelanlaufs war die Kirche ständig feucht, es regnete sogar ins Gotteshaus hinein. „Diesen Fehler wollten sie nicht noch einmal machen", sagte Uwe Kind. Also waren Veränderungen notwendig. Das Entwicklerteam fand eine Lösung. Stahldübel sollten die Platten halten, darunter ein Zwischenraum entstehen. Man war sich nahezu einig, die Planung war abgeschlossen. Aber dann kam es zur kritischen Betrachtung der Lösung. Der Statiker und Tragwerksplaner Prof. Fritz Wenzel aus Kassel, der gemeinsam mit dem Radebeuler Ingenieurbüro Wolfram Jäger für die Tragwerksplanung der Frauenkirche verantwortlich zeichnete, soll als erster diese Lösung in Frage gestellt haben. Projektleiter Volker Stoll von der Jäger Ingenieure GmbH soll sie vehement verteidigt haben. Und natürlich Uwe Kind, der maßgeblich an dieser Lösung beteiligt war. Schließlich wurde diese Lösung verworfen. Es setzte sich die Meinung durch, dass die vorgesehene Anbringung der Platten zu modern sei. Das hat die ehrgeizigen Entwickler stark getroffen. Manche zogen den Mund schmal und schwiegen. Schließlich einigte man sich. Auf Sandsteindübeln, sogenannten Höckern, sollten die Platten sitzen und Wind und Regen trotzen. Etwas später wird der Baudirektor sagen: „Es ist die beste Lösung. Am Ende haben alle diese Entscheidung mit getragen." Hier, am Kuppelanlauf, wurde Neues erdacht. Die untere Steinschicht erhielt eine wasserdichte Dämmschicht. Aber Mauerwerk und Dämmschicht mussten austrocknen. Wieder war Warten angesagt. Kostbare Tage verstrichen.

Am 12. November 2000 starteten die Versetzer mit dem Verlegen der ersten Sandsteinplatten am Kuppelanlauf. Damals hatte die Kirche etwa 26 Meter Höhe erreicht. Jetzt ist der Kuppelanlauf bei rund 38 Metern angelangt. Die mehrfach gekrümmten Platten haben allen Beteiligten höchste Präzision abverlangt. Etwa 515 Platten sind verlegt. Kaum eine, die der anderen gleicht. Ihre

Schließen des Kuppelanlaufes.

kleinste liegt unter einem Quadratmeter, die größten erreichen 2,5 Quadratmeter. Für ihr Versetzen und Verlegen gab es kein Werkzeug. Das Bauteam entwickelte dafür das geeignete Spezialwerkzeug, die Zangen, Krallen, passte sie den räumlichen Bedingungen an. Denn es ging sehr eng auf den Gerüsten zu.

Der neue, an Bährs Grundidee angelehnte Kuppelanlauf versteckt unter den Deckplatten eine elastische Dichtung, die auf die Sandsteinauflager gespritzt wurde.

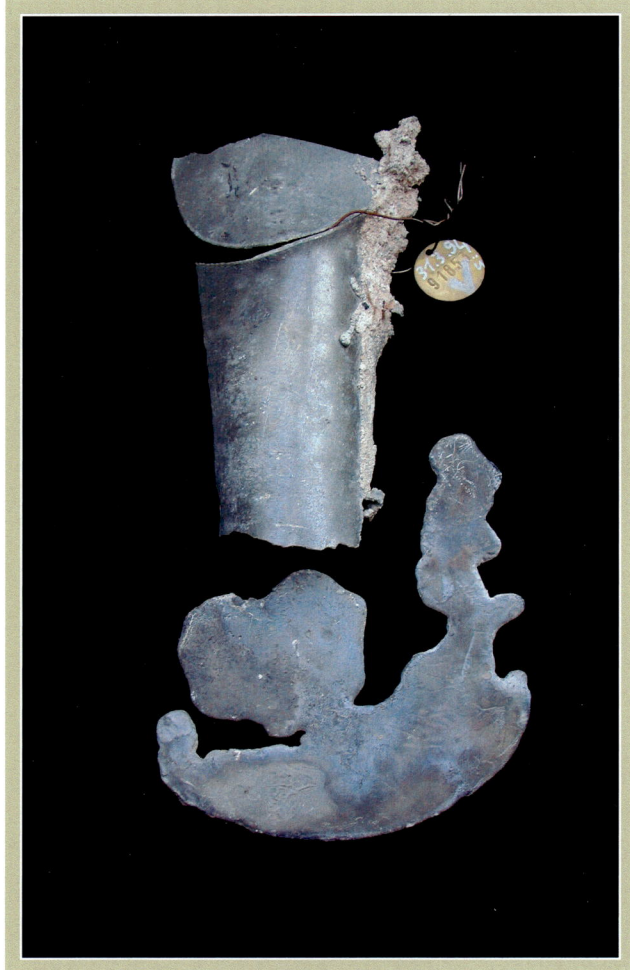

Eberhard Burger: „Wir hatten mit mehr Nacharbeit und Anpassung vor Ort gerechnet. Diese Präzision, diese Passgenauigkeit, die uns das Ingenieurbüro IPRO und die Sächsischen Sandsteinwerke lieferten, ist großartig."

Superlative am Ende und Lob. Aber was heißt am Ende! Zur Zeit werden die ersten Schichten am Tambour, dem Zwischenstück zwischen Kuppelanlauf und Kuppel, verlegt. Dort erfolgt der Übergang vom rechteckigen Grundriss des Kirchbaus zur runden Steinernen Glocke, der Krönung der Frauenkirche. Holger Löwe: „Ganz haben wir den Rückstand noch nicht aufgeholt. Am Chor gibt es Verzug. Aber es bleibt dabei: Am 24. April muss das Wetterschutzdach um weitere zwölf Meter gehoben werden. Das wird noch heftig."

14. Februar 2002
Straßburger Firma soll Frauenkirchenorgel bauen

Die Ereignisse zum Bau der Orgel kulminieren. Am Sonntag bestätigten der Stiftungsrat der Frauenkirche und das Kuratorium, dass es keine Imitation der Silbermannorgel geben wird. „Es bleibt beim Entschluss vom Februar 2001", so der Vorsitzende des Stiftungsrates Bernhard Walter im Interview mit der Sächsischen Zeitung am Dienstag. Nunmehr sollen die nächsten Entscheidungen ganz schnell fallen. Obschon es vorerst keine offizielle Erklärung gab, dass in der Sitzung des Stiftungsrates über die Vergabe des Auftrags zum Orgelbau verhandelt worden sei, sickert durch, dass eine Straßburger Firma in die erste Wahl gezogen worden sei. Die Orgelkommission hätte die Firma vorgeschlagen. Jetzt sorgte die Stiftung für eine Nachricht, die zumindest in Sachsen helle Aufregung auslöst.

Sechs Orgelbaufirmen waren im Mai 2001 von der Stiftung gebeten worden, ihre Vorstellungen zum Bau der Frauenkirchenorgel einzureichen. Darunter befanden sich auch die sächsischen Orgelbaufirmen Jehmlich, Dresden, und Eule aus Bautzen. Sie sollen – so wurde gestern noch spekuliert – jetzt leer ausgehen. Endlich gelingt es, Baudirektor Eberhard Burger zu einer Stellungnahme zu bewegen. Er bestätigte, dass fünf von sechs Orgelbaufirmen, die ihre Vorschläge zum Bau der Orgel eingereicht hatten, per Fax abgesagt wurde, darunter auch Eule und Jehmlich. Er sei gezwungen gewesen, das Fax zu wählen, damit die Firmen noch vor einer eventuellen Veröffentlichung in der Presse Bescheid wüssten. Ein Brief würde folgen.

Burger bestätigte, dass in der Tat die Waage zur Straßburger Firma neige. Die Orgelkommission habe sich verantwortungsbewusst und mit hoher Sachkenntnis auf diesen Vorschlag mehrheitlich einigen können. Burger: „Wir haben es uns nicht einfach gemacht.

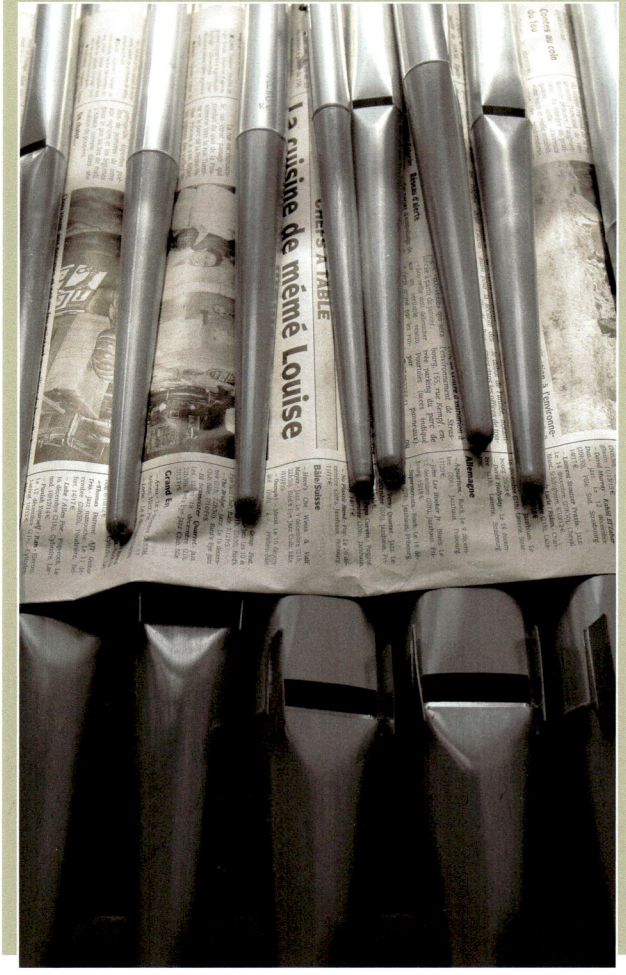

Die Reste der geschmolzenen Silbermannorgel.
Die neuen Pfeifen aus Straßbourg.

Der Stiftungsrat ist der Empfehlung der Orgelkommission gefolgt, das Orgelbaukonzept der Firma Alfred Kern und Fils aus Straßburg zu favorisieren." Die ursprünglich angekündigten Reisen zu einigen anderen Orgelbaufirmen würden wegfallen. Nach Straßburg aber würde gereist.

Aus dem Fax, das die Firmen erhielten, ist zu entnehmen, dass eine „endgültige Entscheidung noch nicht getroffen sei". „Allerdings", – so wörtlich – „bedarf die endgültige Ausgestaltung des Konzeptes weiterer Gespräche mit dem Straßburger Orgelbauer, die am Ende dieses Monats stattfinden werden."

Es gelte vor allem, noch einige technische Details zu lösen. Schon jetzt stünde fest, dass das Fernspielwerk und der Fernspieltisch wegfallen. Nächste Woche wolle die Stiftung in die Öffentlichkeit gehen und anerkannten Kirchenmusikern das genaue Konzept vorstellen. Er sei sicher – so Burger – dass das Konzept Anerkennung finde.

Inzwischen gibt es die ersten Reaktionen auf diese Entscheidung. Die Belegschaft der Orgelbaufirma Jehmlich: „Wir sind fassungslos", hieß es dort, „auch von der Art und Weise, wie wir informiert wurden. Wir haben vier Angebote abgegeben, die immer wieder neu gefordert wurden. Das war Arbeit, viel Arbeit."

Orgelbau Jehmlich betreut rund 150 Jahre Silbermannorgeln in Sachsen. Die Firma hatte sich auf Grund ihrer Fachkompetenz einiges ausgerechnet. „Immerhin gab es die Idee", so bei Jehmlich weiter, „dass die sächsischen Orgelbaufirmen gemeinsam beim Bau der Frauenkirchenorgel kooperieren. Ein Fünkchen Hoffnung haben wir noch." Auch in Bautzen ist die Enttäuschung groß, zumal in der Orgelkommission zumindest bei einigen Mitgliedern die Neigung bestanden haben soll, Eule für den Auftrag vorzuschlagen.

Orgelexperte und Silbermannkenner Frank-Harald Gress geht mit Fragen in die Öffentlichkeit: „Warum wählt die Stiftung bei der Bezugnahme auf Silbermann nicht eine der sächsischen Werkstätten, die durch zahlreiche Arbeiten mit diesen Orgeln eng vertraut sind?" Und er fragt: „Sollte die befürchtete Blamage für die Musikstadt Dresden unabwendbar sein?"

Nobelpreisträger Günter Blobel fordert Rücktritt des Stiftungsrates

Der Streit um den Bau der Orgel wird heftiger. Orgelkenner sind empört, dass der Bau der Orgel nach Straßburg vergeben werden soll. Günter Blobel, der von seinem Medizin-Nobelpreisgeld 1,6 Millionen DM dem Wiederaufbau der Frauenkirche zur Verfügung

gestellt hatte, fordert heute im Interview der Dresdner Neuesten Nachrichten den Rücktritt des Frauenkirchen-Stiftungsrates. „Der Stiftungsrat hat sich in der Orgelfrage derart kompromittiert, dass dessen weiteres Verbleiben und das Beharren auf seinen gefassten Beschlüssen nur noch größeren Schaden an dem Frauenkirchenprojekt verursachen wird." Sein Zorn sei berechtigt, meinen einige. Ich kenne aber auch andere, die sich fragen, warum sich dieser große Freund Dresdens und bedeutende Wissenschaftler auf ein Feld begibt, von dem er nicht allzu viel versteht. Kritiker Blobels meinen, dass er das Nobelpreisgeld nahezu vollständig der Frauenkirche gespendet hat, war eine großartige Geste (100 000 gingen an die Dresdner Synagoge und 50 000 an die Gesellschaft historischer Neumarkt), aber sie berechtigt ihn deshalb nicht, sich so vordergründig einzumischen.

Die Dussmann-Stiftung „Ascholdinger Nachmittag", die sich ständig in Entscheidungsnot sieht und oftmals nicht glücklich agiert oder schlecht beraten ist, will heute entscheiden, ob sie den Bau der Orgel bezahlt. Sie hatte im Februar ihre Zusage zur Finanzierung des Musikinstruments zunächst zurückgezogen, nachdem bekannt geworden war, dass der Straßburger Orgelbauer Kern die Orgel in Dresden bauen soll.

28. März 2002

Kein Dussmanngeld für Kern-Orgel

Seit Tagen viele Spekulationen um die Dussmannstiftung „Ascholdinger Nachmittag". Wie wird sich Dussmann entscheiden? Er hatte im Februar vorigen Jahres zugesagt, auch eine modernere Orgel zu bezahlen. Dies hatte für Aufsehen gesorgt, weil es ursprünglich geheißen hatte, dass die Spendengelder nur für einen historisch getreuen Wiederaufbau der Orgel fließen würden. Zwischendurch gab es wiederholt Erklärungen, einen modernen Orgelbau nicht zu finanzieren. Heute veröffentlicht die Dussmann-Stiftung eine Presseerklärung. Darin sieht sie „die Chance einer einvernehmlichen Lösung für die Orgel der Frauenkirche". Das überrascht. Zur Begründung heißt es: „Das von der Orgelkommission der Frauenkirche beschlossene Konzept des Straßburger Orgelbauers Daniel Kern ist vom Tisch."

Woher diese Gewissheit rührt, bleibt offen. Sollte die Stiftung ihre Meinung in aller Stille geändert haben? Kaum anzunehmen. Weiter heißt es: „Eine in Straßburg gebaute und von der Dussmann-Stiftung bezahlte Orgel wird es in der Frauenkirche nicht geben." Ich rufe Burger an, will wissen, ob es eine Meinungsänderung gibt. Der Baudirektor ist nicht zu erreichen. Stiftungsmitarbeiter Thomas Gottschlich weiß von nichts, auch Andreas Wycislok, Burgers Mitarbeiter, ist nichts Neues bekannt. Er würde es mir wahrscheinlich auch nicht sagen, bevor es abgesegnet ist. In solchen Fragen führt Burger ein eisernes Regiment.

Mehr Eindeutigkeit ist von der Presseerklärung nicht zu erwarten. Wohin geht nun die Reise? Mir ist bekannt, dass im Kuratorium und in der Stiftung viele am Orgelbauer Kern festhalten. Was wird gespielt? Im engeren Umfeld der Frauenkirche gibt es ebenfalls dazu keine Auskünfte. Alle Beteiligten sind sichtlich nervös. Dresdens Öffentlichkeit ist sich weitgehend einig, dass der Streit um die Orgel dem Wiederaufbau des Gotteshauses schadet. Es gibt sogar Spekulationen, dass Mitglieder der Orgelkommission Kern den Auftrag zugeschoben haben. Aber das alles ergibt keinen Sinn und ist durch nichts bestätigt. Ein Kenner aus kirchlichen Kreisen sagte mir, bei der Besetzung der Orgelkommission seien Fehler gemacht worden. Einige andere Leute hätten hineingemußt. Dass sie nicht berücksichtigt wurden, rächt sich jetzt besonders stark. Verletzt befinden sie sich auf der Seite der Pro-Silbermann-Gruppe. „Auch persönliche Empfindsamkeiten spielen eine gewisse Rolle."

13. März 2002

Landeskonservator Heinrich Magirius gegen moderne Orgel

Die Stiftung hat erneut bekräftigt, dass es keinen Nachbau der Silbermannorgel geben wird. Dennoch tritt keine Ruhe ein. Sogar Landeskonservator Heinrich Magirius, der zumeist auf Ausgleich bedacht ist, überlegt laut in der Öffentlichkeit: „An dieser Stelle vom ‚Original' abzuweichen", schreibt er, „heißt, den einmaligen Klangraum Frauenkirche zu verzerren. Als Denkmalpfleger möchte ich klar meine Stimme für eine möglichst getreue Wiederherstellung der ursprünglichen Silbermannorgel erheben." Immer öfter ertönt der Vorwurf an die Stiftung, sie missbrauche Spendengelder. Sie seien unter der Zusicherung gesammelt worden, dass die Silbermannorgel nachgebaut würde. H. meint, dass sich die Auseinandersetzungen verselbstständigt haben. „Jetzt geht es nur noch ums Prestige. Niemand will das Gesicht verlieren." Aber das wird offiziell von beiden Seiten bestritten.

13. Mai 2002

Erste Sandsteine der Steinernen Glocke versetzt

Kräftiger Wind weht auf knapp 40 Meter Höhe. Das verkleinerte Wetterschutzdach, das so oft in Frage gestellt war, ist pünktlich im Februar auf 57 Meter gehoben, die Gerüste sind nachgezogen worden. Die Tauben sind verschreckt davongeflogen. Viel Luft und Bauhöhe befindet sich wieder unter dem Wetterschutzdach, reichlich 14 Meter. Die letzten Wochen, die letzten Handgriffe waren auf den heutigen Tag ausgerichtet. Heute beginnt der spektakulärste Bauabschnitt des Wiederaufbaus des protestantischen Gotteshauses, der Start zu der viel gerühmten Steinernen Glocke.

„Das wird der Höhepunkt unserer Arbeit", hatte Oberbauleiter Gottfried Ringelmann gesagt. „Die Kuppel wird uns noch einiges abverlangen". Und IPRO-Bauleiter Dietmar Manig: „Heute muss der erste Stein der Schicht 16 versetzt werden, um das zweite Heben des Wetterschutzdaches im November zu sichern. Wir stehen unter starkem Termindruck." Baudirektor Eberhard Burger hingegen gab sich gelassener: „Ich habe die Fachleute, die den Bährschen in nichts nachstehen. Aber eine große Kraftanstrengung wird es dennoch." Und in den Sächsischen Sandsteinwerken Pirna, die den Sandstein abbauen und für die Kuppel in Passform bringen, hieß es: „Die große Bewährung war der Kuppelanlauf. Wir sind auf die Kuppel bestens vorbereitet." Am Nachmittag treffe ich Andreas Wycislok im Container. Er hält sich meist stark zurück, gibt nur ungern Informationen weiter. Zumindest ist das mein Eindruck. Aber diesmal sagt er: „Auf diesen Tag haben wir alle hingearbeitet. Jetzt ist es so weit. Wir wissen um jeden weiteren Schritt."

Mit der 16. Schicht setzt über dem Kuppelanlauf die Bährsche Hauptkuppel ein. Sie beginnt etwa auf 38 Meter Höhe. Danach strebt sie 24 Meter hinauf. Nie zuvor sind in der knapp achtjährigen Bauzeit so große Steinmengen versetzt worden. Die Kuppel erhält nur frische Steine. Altsteine aus dem Trümmerberg finden aus statischen Gründen keine Verwendung. Das Material ist zu alt und vielfach zu weich.

Vor 268 Jahren begann George Bähr mit dem Aufmauern der Kuppel. Anfang 1734 wurden die ersten Steine zur Hauptkuppel gefügt. Im Winter ruhte die Arbeit, sie wurde erst wieder im Frühjahr 1735 fortgeführt. Im Oktober 1736, nach mehr als zweieinhalb Jahren, war die steinerne Kuppel weitgehend bis zum Postament, das die steinerne Laterne aufnehmen würde, vollendet. So viel Zeit haben die heutigen Kirchenbauer nicht.

Die Hauptkuppel besteht aus zwei Schalen, der äußeren und der inneren Schale. Dazwischen befindet sich der spiralenförmige Aufgang zur Laterne, auf dem einst Esel Material geschleppt haben. Bögen zwischen den Schalen versteifen das Mauerwerk. Die ersten acht Meter der Hauptkuppel steigen nahezu senkrecht auf, erst danach erfolgt die glockenförmige Biegung. Um den zweiten Hebetermin in diesem Jahr im November zu halten, muss die gesamte Kuppel jeden Monat 2,16 Meter wachsen. In einem Meter Kuppelhöhe stecken 152,38 Kubikmeter Sandstein. Um die geplante Bauhöhe von 2,16 Meter zu erreichen, müssen 329,14 Kubikmeter Sandstein versetzt werden. Dies bedarf genauester Berechnungen in der gesamten Feinplanung vom Steinbruch bis zum Versetzen des Sandsteins. Von allen ist zu hören: Es darf nichts dazwischenkommen. Und hoffentlich gibt es nicht schon Anfang November einen Frosteinbruch. Das wäre für den Bauablauf eine Katastrophe. Denn dann wäre das Setzen des Kirchkreuzes gegen Ende Juni 2004 gefährdet.

24. Mai 2002

Etwas Barock im Blut

Das Innere der Frauenkirche in ockerfabigem Licht. Der stählerne Mittelturm ragt bis zum Ansatz der inneren Kuppel empor. Weiß strahlt, es gibt dem Kirchraum Weite. Hinter Streben und stählernen Treppen entstehen Entwürfe zur Gestaltung des Kirchraumes.

Wichtige Entscheidungen zu Farbfassungen müssen beschlossen werden. Die Zeit drängt. Verzug ist ohnehin vorhanden. Wie soll der barocke Kirchraum aussehen? Soll er sehr farbig gefasst werden, in hellen Farben erstrahlen? Sollen Stuckaturen vergoldete Ränder erhalten? Wie sollen die Brüstungen der Emporen tönen? In schlichtem Grau oder in marmorierten Grüntönen? Wie die Fensterrahmen der Betstuben bemalen? - Eine ist inzwischen fertiggestellt und verglast. Marmoriertes Grün dominiert.

Es gibt inzwischen Farbleitlinien für den Innenraum, es gibt farbige Großformate, Entwürfe, Zeichnungen mit bemalten Kapitellen. Der Restaurator Wolfgang Benndorf hat Farbkonzepte entworfen. Aber auf das Bild, das sie vorstellen, will sich das Aufbauteam nicht verlassen. Zu groß könnten die Unterschiede zwischen Entwurf und Ausführung ausfallen.

Was die Sache so kompliziert macht: Sichere und genaue Gestaltungshinweise und Kenntnisse zur Farbgestaltung gibt es kaum zum ursprünglichen Kirchraum und dessen Farbigkeit zur Entstehungszeit. Es ist nicht bekannt, wie Johann Christian Feiges erste Fassung tatsächlich im Detail ausgesehen hat. Gewisse Aufschlüsse ergeben Farbreste an den Chorpfeilern und am Altar. Wolfgang Benndorf wies fünf verschiedene Farbfassungen im Innenraum nach. Die jüngsten Fassungen nach der letzten Sanierung 1942, auch die aus dem 19. Jahrhundert, sollen nicht wieder entstehen. Baudirektor Eberhard Burger: „Wir wollen dem ursprünglichen Original von 1740 so nah wie möglich kommen." Daher hat sich die Stiftung für ein großes Experiment entschieden.

Ein sechs Meter breiter Streifen im Kircheninneren bis in die innere Kuppel hinein wird als sogenannte Probeachse ausgeführt. Diese Methode hat sich schon beim Wiederaufbau der Semperoper bewährt. Gewölbe, Betstuben, Stuckbänder und Profile, Schmuck bekommen eine verbindliche Farbigkeit. Selbst das künftige Kirchgestühl wird getestet. Hält die Rekonstruktion den gestrengen Augen des Bauherren, der Architekten und der Denkmalpfleger stand, dann wird sie im gesamten Kirchraum umgesetzt. Aber davon ist man noch in diesem Mai ein ganzes Stück entfernt. Dennoch: Erste wichtige Ergebnisse liegen vor.

Aufstieg zum Engel an einem Pfeiler. Blaue starre Augen schauen unter halboffenen Lidern. Ockerfarbig und weiß wachsen die Flügel, rot schimmern die dünnen Lippen, bräunliches dichtes Haar

Ausschnitt aus der Probeachse am „Pfeiler F".

bedeckt den wohlgeformten Kopf. Kirchenmaler André Voltére: „Langsam bin ich zufrieden." Er hat Ocker auf Weiß gesetzt. Das war in der Vorlage nicht so vorgesehen. „Erst in der Arbeit zeigt sich, dass manches, das möglich erschien, die erwartete Wirkung nicht bringt. Schließlich soll die Farbigkeit des Engels vom unteren Kirchraum aus erlebt werden können." Voltére trägt Ocker auf. Nächste Woche haben sich die Herren von der Denkmalpflege und der Stiftung angesagt. Sie werden über seine Arbeit entscheiden. Auch die Denkmalpfleger müssen sich an die überzeugendste Lösung herantasten.

Inzwischen ist auch eine Emporenbrüstung farbig gefasst. Rolf Lungwitz aus Chemnitz schaltet einen Lichtstrahler ein. Die grün marmorierten Felder leuchten. Auch er ist von der Vorlage, die eine stärkere graue Umrandung des Feldes vorsah, um einiges abgewichen. Der Wirkung wegen. Er hat das Brüstungsfeld farblich kräftiger bemalt, das marmorierte Blau an den Rändern wirkt heiter. Lungwitz ist ein erfahrener Restaurator. Er hat bereits in mehreren Kirchen gearbeitet. „Nach 40 Jahren Berufserfahrung", sagt er, „möchte man schon etwas können und etwas Barock im Blut haben."

Hinauf zur großen Innenkuppel. Dort riecht es nach Kalkfarben. Die Kuppel schmückten einst die großen Figuren des Italieners Giovanni Battista Grone. Ihre Rekonstruktion ist vorgesehen. Aber davon ist man noch weit entfernt. Eckbert Kaßner, der erst kürzlich von seinem mehrjährigen Aufenthalt in Tirol zurückgekehrt ist, trägt ein blasses Rot auf Weiß auf. Noch ist er sich nicht völlig schlüssig. „Der Untergrund muss eine weihevolle Stimmung verbreiten. Die fehlt noch", sagt er.

Niemand weiß genau, wie das Innere der Kirche um 1740 farblich gestaltet war. Geringe Farbbefunde lassen allerdings Ahnungen und einige Sicherheit aufkommen. Es gibt schließlich andere Kirchen, die in dieser Zeit entstanden sind, in Großenhain, in Pulsnitz zum Beispiel. Dort und in den anderen kleinen Kirchen Bährs haben die Restauratoren und Maler genau hingeschaut. Der Ratszimmermeister war ein Mann seiner Zeit. Auch er wird dem barocken Zeitgeschmack verpflichtet gewesen sein. Eines aber erweist sich bereits jetzt als richtig. Die Probeachse wird den Restauratoren und Malern mehr Sicherheit geben. Bestätigen die Experten, der Bauherr und die Landeskirche Detail für Detail, steht der endgültigen Gestaltung des Kircheninneren nichts mehr im Weg. Wann das allerdings genau sein wird, weiß noch keiner. Im Juni, heißt es, müssen einige verbindliche Entscheidungen fallen.

5. Juni 2002
Alan Russell: Dresden Trust will eine Million Pfund spenden

Was hat Sie nach längerer Zeit nach Dresden geführt?
Ich wollte wieder einmal etwas Zeit für die Frauenkirche haben, sehen, wie hoch sie ist. Außerdem fand eine Beratung der Arbeitsgruppe „Satzungsänderung" statt. Wir müssen uns langsam intensiver Gedanken über das Gotteshaus nach dessen Fertigstellung machen. Wie werden wir mit der Kirche umgehen? Entschieden werden muss auch, wie es mit der Fördergesellschaft zum Wiederaufbau der Frauenkirche weitergeht. Wenn sie über 2005 hinaus bestehen will, ist eine Satzungsänderung notwendig. Die bisherige Satzung des Fördervereins sieht nach der Fertigstellung der Frauenkirche ihre Auflösung vor. Und: Das nächste Dresdner Heft widmet sich dem Verhältnis Großbritannien – Sachsen. An den Texten habe ich noch etwas gearbeitet.

Sie sind Gründer und Präsident des Dresden Trust in Großbritannien, der den Wiederaufbau der Dresdner Frauenkirche

Modell für die Farbfassung der Emporenbrüstung.

seit Jahren finanziell unterstützt und fördert. Wie groß war anfangs die Bereitschaft auf der Insel, sich am Wiederaufbau der Kirche zu beteiligen? In der englischen Presse gab es ja nicht nur Zustimmung.
Wir haben 1993 stark geworben und auch ein interessiertes Publikum entdeckt. Der Gedanke, die Versöhnung aktiv zu leben und zu befördern, ist in Großbritannien schon vorhanden. Sicher, Deutschland war Feindesland im Zweiten Weltkrieg, Deutschland hat England angegriffen. Aber deshalb mussten doch die Royal Air Force und die 8. US-Luftflotte nicht das historische Stadtzentrum zerstören. Dresden besaß das größte Kasernenareal Deutschlands. Das wurde nicht bombardiert, auch der Verschiebebahnhof Friedrichstadt nicht.

Was bewog Sie, diese Gesellschaft anzuregen und ins Leben zu rufen?
Ich liebe Deutschland, seine Kultur, seine Geschichte. Ausschlag gab die Aufstellung des Denkmals von Luftmarschall Harris. Er hat als Oberbefehlshaber des Bomberkommandos die mörderischen Angriffe stark mit zu verantworten. Dagegen wollte ich ein Zeichen setzen.

Es gibt Stimmen in Deutschland, die eine offizielle Entschuldigung für die Luftangriffe auf Dresden fordern. Bisher blieb sie aus.
Im Grund gibt es sie doch. Die englische Königin hat Geld für die Frauenkirche aus ihrer Privatschatulle gespendet. Der Herzog von Kent, königlicher Schirmherr des Dresden Trust, engagiert sich für den Wiederaufbau.

Wie viele Menschen gehören inzwischen dem Dresden Trust an?

Um die 2000. Aber darüber hinaus setzen sich viele andere für den Wiederaufbau des Gotteshauses ein, die nicht Mitglied von Dresden Trust sind.

Dresden Trust hat am 13. Februar 2000 das Turmkreuz der Stiftung Frauenkirche übergeben. Es wurde in London dem Original nachgestaltet und mit britischen Spenden finanziert. Diese Geste der Versöhnung wurde weltweit zur Kenntnis genommen. Wird sich Dresden Trust auch weiter für das Gotteshaus engagieren?

Ich denke schon. Neben dem Kreuz sind bereits rund 100 000 Euro in die Westfassade geflossen. Wir haben bisher etwa 750 000 Pfund gesammelt. Unser Ziel ist eine Million Pfund. Ich bin sicher, dass wir dies mit einiger Mühe schaffen. Wir planen weitere große Benefizveranstaltungen. Wir wollen uns finanziell auch an der Hauptkuppel beteiligen. Sie wissen vielleicht, dass der finanzielle Grund für einen neuen Stipendienfonds gelegt wurde. Er soll deutschen Journalisten für ein postgraduales Studium im Oxforder Reuter`s Haus zugute kommen. Mir liegt es sehr am Herzen, Schüleraustausche zu organisieren. Die wiederaufgebaute Kirche ist das eine, Versöhnung und Freundschaft dauerhaft leben das andere. Wir müssen viel dafür tun. Nichts entsteht im Selbstlauf. Es bleibt also genug Arbeit.

23. Juli 2002

Münchner schenken Betstube

Hermann Winkler zögert einen Augenblick, ob er in die Öffentlichkeit gehen soll. Immerhin, das Jahr ist noch lang. Es könnte ja sein, dass die Hochrechnung des Vorsitzenden der Münchner Freunde der Frauenkirche nicht aufgeht. Aber dann entschließt er sich doch dazu: Bis Ende 2001 sammelte und erwirtschaftete der Verein 1.3 Millionen Euro. Mindestens 1,6 Millionen Euro sollen Ende des Jahres 2002 erreicht sein. „Wir müssen das schaffen", sagt Winkler. „An der Südseite der Frauenkirche wollen wir auch weiter symbolisch Bauherr bleiben." Und er fügt hinzu: „Dort soll künftig von der ‚Münchner Betstube' gesprochen werden. Wir bezahlen sie."

Das Konzept der Stiftung, gewisse Bauteile der Kirche an Förderer und Fördervereine zu vergeben, hat sich bewährt. Die Münchner können auf gewichtige Ergebnisse verweisen. Mehr als 600 „Freunde" haben Stifterbriefe erworben. Das große Kirchenfenster über dem Südportal bis zum Hauptsims spendeten die Münchner, die Gewände, Sprossen, die Verglasung und den Metallrahmen ebenfalls. Die „Münchner Betstube" ist das nächste Teilstück, das die Freunde an der Isar finanzieren wollen.

Die Betstubenempore ist die erste von fünf Emporen. Sie fällt im Inneren der Kirche besonders auf. Ihre Brüstung ist mit Stuckatu-

ren verziert. Ein durchlaufendes Fensterband hebt sie heraus. Ursprünglich war die Empore in 68 einzelne Betstuben geteilt. Wohlhabende Dresdner hatten sie für sich erworben. Sie saßen auf bequemen Stühlen und hörten dem Gottesdienst zu, im Kirchraum nahm man auf Holzbänken Platz. Diese Einzelteilung wurde aufgegeben, aber die Idee aus der Bauzeit, die Stühle der Betstuben symbolisch zu verkaufen, wurde von der Stiftung Frauenkirche aufgenommen.

Die „Münchner Betstube" besitzt 44 Stühle. Mit einer Spende von 10 000 Euro kann ein Stuhl adaptiert werden. 10 000 Euro entspricht einem Stifterbrief aus Platin. „Wir haben also noch einiges vor", sagt der gebürtige Dresdner und einstige Sänger des Kreuzchores Hermann Winkler. Als Kind hat er den Angriff auf Dresden erlebt. Später verließen seine Eltern die DDR. Der Ruf aus Dresden, die Frauenkirche wieder aufzubauen, fand bei ihm sofort ein offenes Ohr. Es gab kein großes Überlegen. Er wollte sich für das Gotteshaus in Dresden engagieren. Es fanden sich schnell die ersten Gleichgesinnten.

Der Verein Freunde der Dresdner Frauenkirche in München e. V. wurde Ende 1994 gegründet. Ihm gehören reichlich 400 Mitglieder an. Etwa 900 Sympathisanten fördern den Wiederaufbau der Bährschen Kirche. Unnachahmlich ist das Beispiel des Mitgründers des Vereins, Volkhard Dümmler. Er verließ als 20-Jähriger die DDR. Seit Jahren erbittet er vor den Münchner Kirchen für das protestantische Dresdner Gotteshaus Spenden. Bei meinem letzten Besuch in München sah ich ihn vor der Liebfrauenkirche stehen. Es war ein schönes Gefühl, in München in seine Büchse ein paar Münzen zu werfen. Inzwischen hat er allein über 100 000 Euro gesammelt.

In Benefizkonzerten, Lesungen, Vorträgen werben die Münchner unermüdlich für die Frauenkirche. Mit öffentlich wirksamen Aktionen machte der Verein auf sich aufmerksam. Am spektakulärsten ist die internationale Radtour Paris-Straßburg-Dresden, die von den Münchnern eigens für die Kirche ins Leben gerufen wurde. Sie wirbt für den Wiederaufbau und informiert in den großen Rathäusern an den Zielorten über das einzigartige Aufbauwerk. Im Vorjahr erbrachte sie einen Reinerlös von 34 000 Euro.

Die Münchner Freunde wollen den Wiederaufbau bis zum Ende begleiten und vielleicht darüber hinaus. Ihr Vorstand macht sich schon Gedanken, wie es nach der Weihe der Kirche weitergehen wird. „Es müsste nun langsam ein verbindliches Konzept wachsen", drückt sich Ludwig Haffner, ein Vorstandsmitglied, vorsichtig aus. „Brücken bauen — wie wollen wir sie bauen und mit wem?" Wie wichtig den Münchnern diese „Brücken" sind, haben sie im Vorjahr bewiesen. Sie spendeten 5 000 Euro für das erste Treffen von Jugendlichen aus Dresdens Partnerstädten im September in der Frauenkirche.

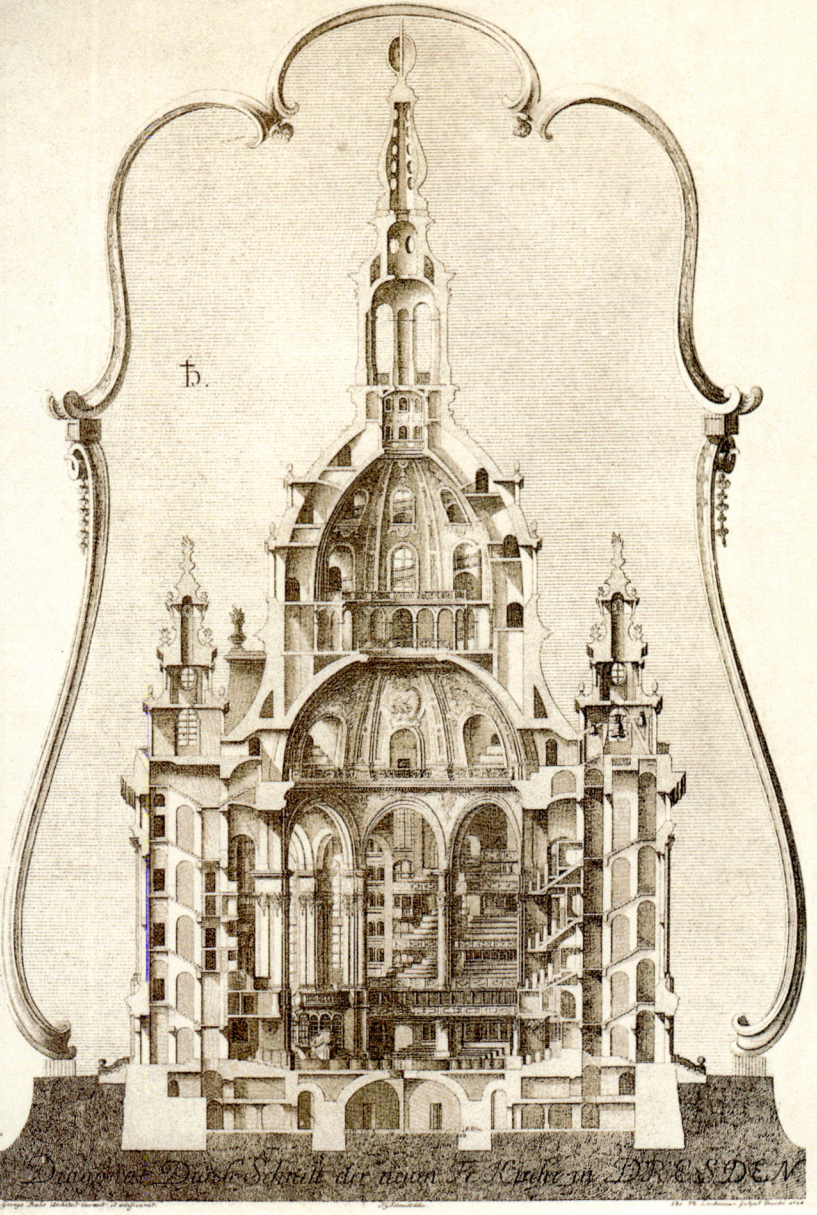

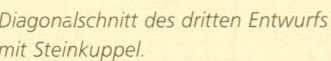
beeindruckt, die inzwischen in den Bau geflossen war, über 100 000 Taler.

Für die Salzburger Flüchtlinge, die ihres protestantischen Glaubens wegen 1731/1732 aus dem Erzbistum Salzburg vertrieben wurden, hatten die Sachsen Geld gesammelt. Der Kurfürst ordnete an, dass die Kollektegelder zum Weiterbau der Kirchenkuppel verwendet werden. Das war zwar nicht edel, aber sowohl das Oberkonsistorium als auch der Rat hatten keine Bedenken, das Geld anzunehmen. Sie quittierten stillschweigend, ohne die große Glocke zu rühren. Obschon dies tatsächlich mehr als bedenklich war. Im Kurfürstentum war nicht für die Kirche gespendet worden, sondern für die verfolgten Christen. Damit gab Friedrich August II. zwar kein eigenes Geld der protestantischen Kirche, aber immerhin sorgte er mit diesem Geldstreich, dass an der Frauenkirche in Dresden weiter gebaut werden konnte.

Die Summe war beträchtlich. Sie betrug 28 366 Taler. Etwa 500 Taler gingen an Unkosten und Tauschverlusten ab. Das Geld wurde in zwei Raten ausgezahlt. Am 15. August 1733 bedankte sich der Rat für die Überweisung des Geldes beim Kurfürsten. Jetzt gab es für den Bauherren kein Ausweichen mehr. Der Bau der Kuppel musste fortgeführt werden. Offenbar hatte Bähr die Herren inzwischen soweit überzeugt, dass sie einer steinernen Kuppel zuzustimmen bereit waren. Wie dieser Sinneswandel zustande gekommen ist, lässt sich im einzelnen nicht belegen. Sicher durfte das teure Kupfer dazu beigetragen haben und Bährs Versprechen, die Hauptkuppel aus Stein billiger zu bauen. Anzunehmen ist auch, dass Bähr hartnäckig an seiner Idee festhielt. Aufschlussreich dürfte auch sein, dass Bähr das abgelagerte Holz, das für die Kuppelkonstruktion gedacht war, für die Emporen verwendet hatte. Es hätte einige Jahre gedauert, ehe gut ausgetrocknetes Holz für eine Kuppel zur Verfügung gestanden hätte.

Aber ein Ereignis verschwor sich noch einmal gegen den Baumeister Bähr. Am 26. Juni 1733 erlebte Dresden ein verheerendes Unwetter. Sturzbäche fielen vom Himmel, Straßen wurden zu Bächen. Im „Auserlesenen Kern Dreßdnischer Merkwürdigkeiten" heißt es: „... von 7 bis 10 Uhr war ein so starker Regen gefallen, daß dergleichen die älteren Leute sich nicht erinnern, indem das Wasser auf allen Straßen und Märckten bey nahe einer Ellen hoch, auch an manchen Orten noch höher, angelauffen, daß fast niemand zum anderen gehen können, und das Wasser in alle Unter-Stuben getreten ..."

Auch die Frauenkirche bekam einiges ab. In die Fugen des steinernen Kuppelanlaufs drang Wasser ein. Sofort gewannen die Skeptiker, die das Eindringen von Regenwasser in die Kirche pro-

Geldstreich für die Steinerne Glocke

1733 bis 1735

Friedrich August II., der Sohn August des Starken, hatte nach dem Tode seines Vaters im Februar 1733 den Kurfürsten-Thron bestiegen. Er war ein kunstliebender Mann. Seine Aufenthalte in Venedig und am Wiener Kaiserhof hatten ihn geprägt. Vor allem begeisterte er sich für die Malerei und ließ sich von italienischer Musik berauschen. Die Dresdner Galerie „Alte Meister" verdankt seinem Sammeleifer die kostbarsten Gemälde, darunter die „Sixtinische Madonna". Vom Bauen verstand er weniger als sein Kurfürst-Vater, ließ aber mit der Hofkirche ein Stück steinerne Gegenreformation in Sachsen erbauen. George Bähr wird von dieser Idee noch hören, aber er starb, als der Baustart zur Hofkirche 1738 erfolgte. Die wiederholte Bitte des Rates, eine Biersteuer zu Gunsten der Frauenkirche zu erheben, lehnte Friedrich August II. ebenso ab wie August der Starke. Aber dem Kirchbau zu helfen, war er dennoch bereit. Vielleicht hat ihn auch die Gesamtsumme

phezeit hatten, kräftiges Oberwasser. Der Rat reagierte wie ein aufgescheuchter Hühnerhaufen. Er forderte neue Gutachten an.

Aufsehenerregendes, sehr Kritisches geschah: Der Ratsmaurermeister Johann Gottfried Fehre bezweifelt am 13. Juli 1733 Bährs steinernes Kuppelvorhaben. Das war ein Schlag. Bährs engster Mitarbeiter mit diesen Bedenken! Fehres Meinung hatte Gewicht, gewiss nicht viel weniger als die Bährs. Er war der Ratsmaurermeister, er verstand viel vom Stein, von Mauern und Lasten. Verständlich, dass der Rat erneut in Zweifel geriet. Steinmetzmeister Daniel Ebhardt hingegen verteidigte Bähr einen Tag später, am 14. Juli: Er behauptete, dass nur solche „extraordinairen Zufälle, wie gegenwärtiger gewesen, dafür verantwortlich gemacht werden könnten, daß Wasser durch die Kuppelfugen dringe". Dann behauptete er: „... so bin (ich) der Meynung, dass die Kuppel und Laterne gar wohl steinern erbaut werden könne, in mehrerer Erwegung, ich noch grössere auff einem weit schlechteren Fundament gesehen, um sovielmehr vermag so ein wichtiges Fundament, wie gegenwärtiges, dergleichen zu tragen, und getraute mir, wenn ich im Stande wäre, solches auf meine Kosten ohne einziges Bedencken ins Werck zu richten, welches Pflichtmässig dafür halte."

Der eine dagegen, der andere dafür. Zwei gewichtige Stimmen. Damit war dem Rat nicht geholfen. Er nahm wieder Zuflucht zu Generalleutnant Jean de Bodt, dem obersten Bauchef Dresdens nach Wackerbarths Tod. Er sollte das entscheidende Urteil sprechen. Bähr hingegen verteidigte seine steinerne Hauptkuppel am 4. August 1733. Er führte aus, dass Mauern, Pfeiler und Spierahmen durchaus die Lasten tragen könnten. „Daher (sei) gar nicht zu vermuthen, als ob dieses Werck, die Cuppel mit Ladern(e) und Piramide nicht ertragen würde, den eine Krafft von Mehr als 24 Pfeilern und nicht von 8 Pfeilern, unterstützen dieses Werk."

Bähr bot am Schluss seiner Ausführungen dem Rat an, die Kuppel ohne Laterne und Pyramide für 19 000 Taler zu fertigen. Dies war zum Aufhorchen. Was ging in dem Baumeister vor, dass er dem Rat ein so niedriges Angebot machte? Es lag weit unter den früheren Kostenanschlägen. Fehre hatte 26 328 Taler dafür berechnet. Dazu kamen noch die Kosten für die Gerüste. Damit erhöhte sich die Summe auf 27 626. Für 19 000 Taler war die obere Kuppel nie und nimmer zu bauen. Es bleibt nur ein Schluss: Bähr wollte den Rat endgültig auf seine Seite ziehen, lockte mit niedrigen Kosten. Er wollte die steinerne Hauptkuppel endlich bauen. Das wollte er mit aller Macht. Sie dürfte ihm als sein Lebenswerk erschienen sein. So kurz vor dem Ziel waren ihm alle Mittel recht, auch die Lüge. Er war 67 Jahre alt. Schon öfter hatten ihn Krankheiten geplagt. Er musste sich beeilen.

Am 27. August 1733 trat der Rat zusammen. Jean de Bodts Gutachten wurde verlesen. Daraufhin beschloss der Bauherr, „den obern Theil der Cuppel steinern fertigen zu lassen". Bähr musste

noch einmal versichern, dass von seiner Kuppel keine Gefahr ausgehe und der Bau „weit sicherer und bequemer sei".

Der Mann aus Fürstenwalde, der sich anfangs in Dresden als „Mechanicus" ausgegeben hatte, war am Ziel. Es lag nun an ihm zu beweisen, dass er die Hauptkuppel sicher auszuführen in der Lage war. Der Bau sollte bis Michaelis (29. September) 1734 fertiggestellt sein.

Es vergingen noch einmal sieben Monate, ehe der Baustart an der Hauptkuppel erfolgte. Am 23. März 1734 begann ihr Aufmauern. Die Maurer und Steinmetze arbeiteten in hohem Tempo. Über dem Zentralbau entstand eine Kuppel aus zwei Schalen, einer äußeren und einer inneren. Esel trugen im spiralenförmigen Gang zwischen den Schalen das Baumaterial hinauf. Über 30 Maurer und 30 Handlanger arbeiteten von früh bis spät abends. Bereits in der zweiten Junihälfte 1734 langten die Kircherbauer bei den großen Kuppelfenstern an, am 9. Juli 1735 war die Höhe der kleinen ovalen Fenster erreicht. Auch der innere Ausbau lief zügig.

Halbe Ansicht und Aufsicht des genehmigten Entwurfs der Steinkuppel.

Die Frauenkirche bekommt „nasse Füße".

Am 14. August erreicht der Elbepegel 6.97 Meter, sein Normalstand beträgt in Dresden 2 Meter. Am 16. August steht der Elbepegel bei 8,68 Metern. Große Teile der historischen Altstadt stehen unter Wasser, auch der Zwingerhof und der Theaterplatz. In die Depots der Gemäldegalerie dringt Wasser ein. Zum Glück können vorher die meisten Gemälde gerettet werden. Nur einige erleiden Wasserschäden. Die Keller des Schlosses, der Semperoper, des Staatstheaters sind überflutet, die Bühnentechnik ist verschlammt und unbrauchbar. Die Friedrichstadt liegt im See. Eine beispiellose Hilfsaktion setzt in Sachsen ein, schnell in ganz Deutschland. Neue Voraussagen verneinen jede Entspannung. Mit 9,40 Meter sei zu rechnen, heißt es im Fernsehen sowie in den Ansagen des kurzfristig eingerichteten „Wasserstandstelefons".

Alarm in der Frauenkirche. Auch im Keller des Baus steigt das Grundwasser. Die Pumpaggregate fallen aus, da es keinen Strom gibt. Angehörige des Technischen Hilfswerkes, die aus allen Himmelsrichtungen nach Dresden geeilt sind, befinden sich im Dauereinsatz. Die Garage des benachbarten Hilton-Hotels wird geflutet. Die Männer, deren Einsatz am Hotel damit beendet ist, verhindern das weitere Eindringen von Elbwasser in den historischen Keller der Frauenkirche. Denn auch dort steigt das Grundwasser und erreicht schnell 40 Zentimeter Höhe. Schon fließt es durch den Liftschacht in die Versorgungsschächte des neuen Außenbauwerkes. Aber noch ist es Grundwasser. Die Verschmutzung ist relativ gering.

Im Radebeuler Büro für Tragwerksplanung „Jäger Ingenieure GmbH", das für den Bau des Außenbauwerkes verantwortlich gezeichnet hat, herrscht angespannte Stimmung. Wolfram Jäger, der Chef, ist an der Ostsee. Sein Arm liegt in Gips. Er steht mit den wichtigsten Leuten telefonisch in Verbindung, mit dem Chef von „Walter Bau" Frank Spiegel. Projektleiter Volker Stoll übernimmt gemeinsam mit Torsten Pflücke die Krisenleitung im Ingenieurbüro. Das unterirdische Außenbauwerk, das der historischen Kirche zugefügt wurde und sie umgibt, ist aus Beton gegossen. Die sogenannte Weiße Wanne, wie die Fachleute sagen, ist wasserdicht. Die Gefahr ist groß, dass das Grundwasser die Wanne hochdrückt, „aufspült". Die Prognosen übersteigen das Vorstellungsvermögen der Statiker. Muss das Bauwerk wirklich gegen solch extremes Hochwasser zusätzlich gesichert werden? Die Situation

17./18. August 2002
Die Jahrhundertflut

Im Erzgebirge und beim tschechischen Nachbarn regnet es ohne Unterlass. Die Flüsse und Bäche schwellen schnell an. Die Talsperren füllen sich in beängstigendem Tempo. Die Weißeritz und die Elbe verwandeln sich in reißende Ströme. Sachsen erleidet die größte Naturkatastrophe seiner Geschichte. Schnell ist das Schreckenswort gefunden: Jahrhundertflut. Es wird sich in seiner ganzen Bedeutung verwirklichen. Die Weißeritz überflutet große Teile von Freital, Häuser stürzen ein, Mauern knicken weg; in Dresden sucht sich die Weißeritz, sonst ein harmloses Flüsschen, ihr altes Flussbett wieder. Sie strömt zwischen dem Landtagsgebäude und dem Italienischen Dörfchen in die Elbe, schießt in den Hauptbahnhof. Die Doppelstockzüge stehen bis zur oberen Etage unter Wasser. Ein Großteil der Prager Straße steht unter Wasser. Die Erdgeschosse der Hotels und Läden werden überflutet. Als das Weißeritzhochwasser etwas zurückgeht, kommt die Elbe in voller Wucht. Die Prognosen lassen das Schlimmste befürchten.

Aus ganz Deutschland kamen Helfer.

Der Kampf mit Sandsäcken und Sandsteinpaletten gegen die Kraft der Flut.

verbietet langes Philosophieren, wie hoch das Wasser wirklich steigen wird. Volker Stoll und seine Mannen rechnen die Statik unter den Bedingungen des Hochwassers durch und legen notwendige Maßnahmen fest. Eine beispiellose Nachtaktion setzt am 17. August ein.

Schnell sind mehrere zu Hause in Bereitschaft sitzende Bauleute auf der Baustelle erschienen, Bauleiter Holger Löwe, die Statiker, die Fahrer der Gabelstapler, Versetzer. Ihre Kirche ist in Gefahr! Sie wollen Schaden abwenden. Es ist dunkel. Der Schein der Gabelstapler und vieler Taschenlampen muss ausreichen. Auf der Baustelle lagert ein großer Steinvorrat. Es sind Steine für die Steinerne Glocke. Stoll hat die Last ausgerechnet, die das Außenbauwerk zusätzlich beschweren muss. Etwa hundert Tonnen würden eine nahezu absolute Sicherheit ergeben. Die Entscheidung ist schnell gefallen. Alle verfügbaren Steine auf das unterirdische Außenbauwerk! Dann ist nur noch das Dröhnen der Gabelstapler zu hören. Palette für Palette setzen sie ab. Die Auflast von oben gegen den Wasserdruck von unten wächst. Gegen 21 Uhr beginnt die Aktion. Irgendwann taucht auch Wolfram Jäger auf. Ihn hat die Ostsee nicht mehr gehalten. Kurz nach Mitternacht ist die Steinaktion beendet. Das Außenbauwerk hält. „Das war ein Kraftstück", sagt Stoll. „In solchen Situationen bewährt sich Zusammenhalt. Wir sind alle glücklich."

25. August 2002
Uhrwerk für die Kirche

Steffen Höppner sagt, er war zweimal im Glück, fährt aber nicht fort, sein Glück zu beschreiben. In seiner Werkstatt in Pirna hoch oben auf dem Sonnenstein stehen Kostbarkeiten, alte Uhr- und Schlagwerke, es tickt, mal schnell, mal langsamer, lauter, leiser.

Und die Pendel schwingen. Die Gleichmäßigkeit beruhigt. Auf geschliffenen Zahnrädern gleißt Licht.

Als Höppner nach der Ausschreibung den Zuschlag für den Bau des Uhrwerks für die Dresdner Frauenkirche erhielt, war er stolz. Jetzt war er auch einer, der sich in die Schar der anerkannten Turmuhrmacher einreihen konnte. Fachlich, das wusste er, wird er bestehen. Immerhin hatte er über 135 Turmuhr-Werke rekonstruiert, überholt. In Sachsen, Brandenburg, Thüringen. Schon zu DDR-Zeiten hatten den Feinmechaniker Uhren und Türme interessiert. 1990 machte er sich selbstständig. Gern denkt er an seinen ersten wichtigen Auftrag, an die Rekonstruktion der vier Zifferblätter am Turm des Weesensteiner Schlosses. „Das war ein Referenzobjekt, wie ich es mir nicht besser wünschen konnte." Er, der so gerne Berge besteigt, hing am Seil vor den Sandsteinzifferblättern am Schlossturm, und seine Frau, auch Bergsteigerin, reichte ihm Pinsel und Farbtopf. „Da muss man wirklich schwindelfrei sein", sagt er.

Das erste Glück des Steffen Höppner: Bei einer Erfassung von Turmuhren im Auftrag der Landeskirche entdeckte er auf dem Dachboden der Lohmener Kirche ein Uhrwerk der Meißner Firma Fischer aus dem Jahre 1910. Dass diese Entdeckung ein Glück sein wird, sollte sich später herausstellen. Die ursprünglichen Überlegungen, in die Frauenkirche ein neues Uhrwerk einzubauen, wurden schließlich von der Stiftung verworfen. Auch der Vorschlag, mit den wenigen geborgenen Resten der letzten Uhr eine neue zu rekonstruieren, wurde fallen gelassen. Und nun regierte das Glück. Das Uhrwerk in der Frauenkirche, das 1945 in der Glut zerschmolz, stammte ebenfalls aus der Meißner Firma Fischer. Und er, Höppner, wusste davon. Was lag näher, als das dortige Uhrwerk auf eine Verwendung für die Frauenkirche zu untersuchen.

Höppner: „Auf den ersten Blick war der Zustand des Uhrwerks nicht erfreulich. Rost hatte sich angesetzt, einige Teile fehlten, Zahnzacken waren defekt. Aber sonst schien es brauchbar." Am

Deformiertes Original-Uhrwerk aus dem Trümmerberg.

Montage des neuen Uhr- und Schlagwerkes.

15. April dieses Jahres war der Auftrag perfekt, das war das zweite Glück. Damit hatte er nicht wirklich gerechnet.

Im Treppenturm „C" der Frauenkirche gab es vor der Zerstörung ein Uhrwerk mit zwei Schlagwerken. Das Zifferblatt schmückten Römische Zahlen. Ein Schlagwerk schlug die volle und das zweite die Viertelstunden an. So soll es auch in der wiederaufgebauten Kirche sein. Ein geborgener Rest vom Zifferblatt, etwa die Hälfte, ließ keinen Zweifel über dessen Größe aufkommen. Es war 2,06 Meter hoch und 1,44 Meter breit, leicht ellipsenförmig.

Das Lohmener Uhrwerk lief wohl bis Anfang der fünfziger Jahre des vorigen Jahrhunderts. Danach hatte es ausgedient. Einige Teile sind inzwischen verschwunden. Wohin? Ist nicht bekannt. Die Gemeinde überließ das Uhrwerk der Frauenkirche. Höppners Filigranarbeit begann. „Ein Uhrwerk ist kein Sägebock", sagt er lachend. Seine Hand streicht über goldig glänzende Zahnräder. Die zerstörte Uhr der Frauenkirche war 1898 gebaut worden, die Lohmener 1910, war also gerade mal zwölf Jahre jünger. Höppner ergänzte die Gabel und den Anker. „Alles in allem kann man fast von einem Original sprechen."

In den nächsten Monaten muss das Uhrwerk den Probelauf auf dem Prüfstand bestehen. Höchstens eine Minute vor oder nach darf sich das Uhrwerk in einer Woche leisten. Turmuhren unterliegen den Witterungsbedingungen. Da sind minimale Abweichungen unvermeidbar. Pfingsten 2003 ist Abgabe.

Die Steinerne Glocke wächst über der Stadt

Die Tauben sind nach dem Heben des Wetterschutzdaches zurückgekehrt. Wind pfeift über Gerüstbohlen. Grell kreischt eine Steinsäge. Der Sandsteinstaub versinkt im Wasserstrahl. Die Richter-Leute in der Nachmittagsschicht. Sie legen Tempo vor. Sie wollten nicht unbedingt streiken, sagen sie. Aber die Gewerkschaftszentrale hat es so entschieden. Meister Dietrich winkt ab. Wichtiger ist: Der erste Anker, der die große Kuppel wie ein Fassring umschließt, ist gespannt. Seine Montage hat aufgehalten. „Dafür sind wir sicher", sagt er, „dass die Kuppel keine Risse haben wird." Auch Bähr hatte die Kuppel mit Ankern umschnürt. Seine Ringe bestanden aus Eisen, diese aus Stahl.

Im November soll das Wetterschutzdach zum zweiten Mal in diesem Jahre gehoben werden. Wird der Termin nicht gehalten, käme der streng geplante Bauablauf durcheinander. Weitere Verzögerungen wären dann unvermeidbar, die Baukosten würden steigen. Darauf hat Baudirektor Eberhard Burger schon vor Monaten hingewiesen. Und Bauleiter Holger Löwe von „Walter Bau" wusste, was auf ihn und die Männer zukommt: Noch nie in der nahezu achtjährigen Bauzeit mussten so viele Sandsteintonnen versetzt werden wie für den Kuppelbauabschnitt.

Am 13. Mai hatten die Bauleute die ersten Steine der großen Bährschen Kuppel versetzt. Das war die 16. Schicht über dem Kup-

pelanlauf, die erste der Außenkuppel in 38 Meter Höhe. Jetzt sind sie bei 44 Meter angelangt. Noch ist alles relativ einfach, sagen die alten Hasen. Anfangs steigt die Außen- und Innenschale senkrecht auf. Erst nach acht Metern setzt die Glockenform ein, diese „herrliche Verjüngung". Schon liegt das erste Stück der schrägen Rampe. Sie führt allmählich zwischen den beiden Kuppelwänden zur Aussichtsplattform der Kirche hoch, zur Laterne. Auf ihr hatten einst Lastesel das Baumaterial befördert.

Die Steinerne Glocke gilt als die Krönung des protestantischen barocken Kirchbaus im 18. Jahrhundert in Deutschland, ja darüber hinaus. Sie war ganz aus Stein erbaut, ohne Dachstuhl und Versteifungen. Im Frühjahr 1734, vor 268 Jahren, formten die Steinmetze die ersten Sandsteinquader zur Steinernen Glocke.

Die Bährsche Kuppel erreicht eine Höhe von 62 Metern. Die Kuppel selbst ist 24 Meter hoch. „Wir schaffen das schon", sagen auch die Richter-Leute. Es ist ihnen anzusehen: Sie sind in guter Laune.

Abfahrt mit dem Personenaufzug. Das ist eine moderne Zugabe. Mit ihm werden die Besucher später zum Rampenaufgang gelangen, um dann das letzte Stück zu Fuß zu gehen, zwischen den beiden Schalen, unter den Bögen, im elektrischen Licht.

Im Inneren der Kirche unverstellte farbige Überraschungen. Ein Teil der Gerüste ist demontiert. Die Probeachse ist ausgeführt. Jetzt ist ein Stück des künftigen Kirchraums wirklich vorstellbar: Farbig gleißen die Emporenverkleidungen, grün marmoriert ist die große Säule, vergoldet und streng schaut der Säulenengel in den Kirchraum. „Die Probeachse wirkt sehr farbig, sagt ein ehrenamtlicher Kirchenführer. Aber so soll es wohl gewesen sein."

Der Altar ist zum Teil wieder ausgerüstet. Auch hier muss endgültig über zwei Farbfassungen entschieden werden, der matten, sparsamen, der leisen, die Verletzungen der Zerstörung spüren lässt, oder der kräftig goldig glänzenden. Die Kirche im September, innen strebt sie ihrer Vervollkommnung entgegen, draußen eilt sie dem Kreuz entgegen.

17. September 2002
Altar golden oder schlicht?

Das Innere der Kirche ist wieder eingerüstet. Der große Altar der Frauenkirche ruht in warmem, gelbem Licht. Die Sandsteinfiguren schimmern. Vergoldungen glänzen. Auf den Gerüsten wieder Restauratoren bei der Arbeit. Knapp ein Jahr ruhte ihre Arbeit. Die Zeit des Nachdenkens ist abgelaufen. Entscheidungen stehen an.

Wesentliches ist bisher geschehen. 1642 Bruchstücke, die als Altarteile identifiziert wurden, fügten erfahrene Restauratoren

zusammen. Ursprünglich war von knapp 2000 Bruchstücken die Rede, die eingefügt werden sollten. Der Engel ist völlig neu gestaltet, die Gloriole mit den Sonnenstrahlen ebenfalls. Die großen heiligen Figuren sind plastisch fast vollständig wiederhergestellt. Experten sagen, dass Feiges Altarwerk weitgehend im Original entstanden sei. Dieses Ergebnis „grenzt an ein Wunder". Etwa 85 Prozent der ursprünglichen Substanz, der Bruchstücke, wurden dem einstigen Platz im Altar zugeordnet. Nun muss festgelegt werden: Wie weiter mit den fehlenden 15 Prozent?

Dies zu beantworten ist jetzt am schwierigsten. Die Stiftung Frauenkirche und die evangelische Landeskirche wollen einen Altar mit nahezu vollständigen Ergänzungen. Ihr Argument ist plausibel: Wenn das Kircheninnere historisch getreu hergestellt wird, dann kann der Altar nicht als Fragment im Kirchraum bestehen bleiben, zumal der rekonstruierte prächtige Orgelprospekt darüber steht. Allerdings soll „Versehrtheit auf den zweiten Blick" trotzdem erkennbar sein. Dem stehen Gedanken gegenüber, dass das Leid, das dem Altar zugefügt wurde, stärker wahrnehmbar bleiben soll. Landeskonservator Heinrich Magirius i. R. hatte schon vor längerem darauf hingewiesen, dass es dazu unterschiedliche Auffassungen gibt. Magirius möchte mehr „Erinnerungswert" am Altar „konserviert" wissen.

Es scheint, dass die Experten auch nach einem Jahr der Arbeitspause keine endgültigen Lösungen gefunden haben. Restaurator Jan Kretschmar: „Oft sind es nur winzige Einzelheiten, um die es geht: Sollen zum Beispiel die beschädigten Falten der Gewänder vollständig geglättet werden? Was ist mit den anderen Fehlstellen, Absprengungen an Fingern, Armen, Beinen, Fruchtgehängen, Ähren?" Und Wolfgang Benndorf, der gemeinsam mit anderen die barocke Farbgestaltung für den Kirchraum entwickelt hat, lässt vorsichtige Unzufriedenheit erkennen: „Es müsste nun schneller entschieden werden. Sicher sind in dieser Arbeitsphase keine generellen Festlegungen möglich. Aber wir brauchen Ergebnisse." Einigkeit besteht nur darin, dass nicht alles geglättet, geschönt, vergüldet werden soll. Aber das sind keine neuen Erkenntnisse. Und: Allzu laut soll der Altar nicht wirken. Wieviel Blattgold oder Ocker er dann schließlich doch noch erhält, hängt von dem Gesamteindruck der Innenraum-Farbigkeit ab. Mehr erbrachte das Jahr des Nachdenkens nicht. Die komplizierte Gratwanderung wird wohl auch weiter mit leichten Verstimmungen anhalten. Der Altartisch und das Relief der drei christlichen Tugenden unter der Ölbergszene harren der Restaurierung. Die drei schadhaften Stufen zum Altartisch sollen auf Wunsch der Denkmalpflege saniert werden. Die Architekten der Stiftung hätten sie lieber erneuert gesehen, weil stark zerstört.

1994 begann der Anbau der Fundstücke an den Altar. Noch drei Jahre bleiben für die Gestaltung des Kircheninneren bis zur Weihe der Kirche 2005. Baudirektor Eberhard Burger: „Die Rückstände im

Probeachse für die Farbfassung und Vergoldung am Altar.

Bauablauf sind weitgehend aufgeholt. Das Putzen des Kirchenraumes ist fortgeschritten. Leichte Korrekturen der Proben an den Emporebrüstungen sind vorzunehmen, auch an der Probemalerei in der Innenkuppel. Wir dürfen mit berechtigtem Optimismus nach vorn schauen."

27. Oktober 2002

Entscheidung zum Orgelbau erneut vertagt

Eine unendliche Geschichte. Die Entscheidung zum Bau der Frauenkirchenorgel verzögert sich erneut, erfuhren die Teilnehmer der 12. Ordentlichen Mitgliederversammlung. Inzwischen seien zu der Orgelkommission fünf zusätzliche Gutachter gebeten worden, ihren Standpunkt zum Nachbau der Silbermannorgel in der Frauenkirche zu formulieren.

Der Bau einer modernen Orgel „im Geiste Silbermanns" war bereits im Februar vorigen Jahres vom Stiftungsrat beschlossen worden. Darauf setzte eine Protestwelle von Orgelbauern, Wissenschaftlern und Silbermannexperten ein. Der Stiftungsrat sah sich genötigt, seinen Standpunkt noch einmal zu überdenken. Eine Nachrichtensperre wurde verhängt, die bisher von beiden Parteien eingehalten wurde.

Stiftungsratsvorsitzender Bernhard Walter ließ die Mitglieder der Fördergesellschaft wissen, dass die Ergebnisse der Gutachter noch ausgewertet werden müssen. Danach würde der Dussmann-Stiftung, die den Bau der Orgel mit 1,5 Millionen Euro finanzieren will, der endgültige Standpunkt des Stiftungsrates mitgeteilt. Wie am Rande der Vollversammlung bekannt wurde, will die Stiftung

nach wie vor den Bau einer modifizierten Orgel. Walter ließ durchblicken: Sollte die Dussmann-Stiftung, die zuletzt erklärt hatte, nur das Geld für den strengen Nachbau zur Verfügung zu stellen, ihre zugesagte Finanzierung zurückziehen, werde man sich nach andern Spendern umsehen.

Die erneute Verschiebung des Orgelbaus begründete Walter nicht. Mit einer verbindlichen Entscheidung zum Bau der Frauenkirchenorgel sei aber vor Weihnachten zu rechnen. Im Rennen befänden sich nur noch die Straßburger Firma Kern und die Bautzner Orgelbaufirma Eule, heißt es jetzt. Also, vielleicht doch noch eine Chance für ein sächsisches Unternehmen? Zuvor hatte es schon geheißen, dass auch sie nicht mehr für den Bau der Orgel in Frage komme. Von einer Arbeitsgemeinschaft sächsischer Orgelbauer, die vor mehreren Monaten erörtert und vorgeschlagen wurde, ist keine Rede mehr.

Inzwischen haben sechs Leipziger Organisten, Restauratoren und Wissenschaftler vor der Tagung der Vollversammlung die Stiftung gebeten, „konsequent die optische und klangliche Rekonstruktion der Orgel von Gottfried Silbermann" auszuführen. Kommt nun wieder alles hoch? Es ist ein so unsäglicher Streit.

1. November 2002

Wetterschutzdach erreicht 68 Meter Höhe

Erleichterung an der Frauenkirche. Die wochenlangen extremen Anstrengungen der Bauleute sind aufgegangen. Trotz des Hochwassers und mehrtägigen Stromausfalls ist das heutige Heben des Wetterschutzdaches gesichert, zum fünften Mal seit dem Beginn

143

des Wiederaufbaus 1994, zum zweiten Mal in diesem Jahr. Das Dach soll um zwölf Meter auf 68 Meter gehoben werden. Wenn kein Sturm kommt, wenn jede Schraube gelöst ist, wenn es keine Verkantungen gibt, wenn alles, aber auch alles präzise abläuft.

Aus der Höhe senkt sich ein Korb mit zwei Stahlbauern herab. Sprechfunkgeräte kratzen. Die letzten Überprüfungen erfolgen. Tausende von Schrauben und Verbindungen sind gelöst, der Stahlbau ausgeführt, der Automobilkran hat die Stahlstützen auf die Stützköpfe gesetzt. Sie ragen vor dem Abendhimmel über die bisherige Dachhöhe hinaus. Das Dach ist 50 Zentimeter gelüftet, kurz angehoben, hängt an Seilen, damit sie sich gleichmäßig ausdehnen.

Hinter dem Gerüst hat die Frauenkirche rund 50 Meter Höhe erreicht, bis über den Hauptsims ist die neue Fassade schon seit längerem im Stadtbild sichtbar. Etwa die Hälfte der Steinernen Glocke ist ausgeführt. Rund um die Kirche liegen Gerüstmaterial, Eisenrohre, Holzbohlen, denn dem Heben folgt das sofortige Einrüsten der neuen Höhen.

Seit dem Frühjahr stand dieser Termin unter extremem Druck. Im April fand der erste Hub statt. Noch vor kurzem war das Bauteam nicht absolut sicher, ob der Termin zu halten sein wird. Andreas Wycislok, Burgers Mitarbeiter, sah die Situation sehr kritisch. „Es darf nichts, aber auch nichts dazwischenkommen. Die Anspannung ist ungeheuer groß." Wieder einmal hat das Bauteam eine angespannte Bauphase gemeistert. Das Wetterschutzdach wird — wie die Experten sagen — vor Zylindern in die Höhe gezogen. Dies ist ein faszinierender Vorgang. Diese Technologie, die eigens für die Frauenkirche entwickelt wurde, ermöglicht es, das gesamte Dach zu befördern, also mit all seinen Gewichten, den Scheinwerfern, Wärmestrahlern, Laufschienen, Portalkränen. Das Dach wird an zwei Tagen Millimeter für Millimeter in die Höhe geschoben. Computer steuern den Vorgang und überwachen das Heben.

Wie im April, so haben der Bauherr und der Generalauftragnehmer wieder die Stahlbauer von Züblin und die Schweizer Firma Hebetec, Spezialist für aufwendiges Heben, verpflichtet. Bauleiter Holger Löwe von der Walter Bau AG: „Die Leute leisten Maßarbeit. Nun kann uns nur noch das Wetter einen Strich durch die Rechnung machen. Ein plötzlicher Sturm, und das Heben müsste verschoben werden."

Maximal zwei Tage stehen zum Heben zur Verfügung. Damit wird weitere Baufreiheit für die steinerne Kuppel geschaffen und das Arbeiten auch bei schlechtem und kaltem Wetter ermöglicht. Im Oktober 2003 soll die Kuppel bis zur Aussichtsplattform vollendet sein. Die Kirche wird dann eine Höhe von 62 Metern erreicht haben. So jedenfalls sieht es die Planung vor, die mit dem heutigen Heben gesichert werden soll.

26. November 2002
Neue Glocken für die Frauenkirche

Termindruck in der Glockengießerei Bachert in Bad Friedrichshall. Die Frauenkirche erhält sieben neue Bronzeglocken. Die Kerne und Modelle sind ausgeführt; die Formen stecken in der Erde. Der Mantel der künftigen Glocken ist vor wenigen Tagen aufgetragen worden. Den Glockenzierat auf dem Wachsrelief hat Christian Feuerstein aus Neckarsteinach gestaltet. Der sächsische Glockensachverständige der Ev.-Luth. Landeskirche Rainer Thümmel bestätigte den Zierat. Jetzt steht dem baldigen Gießen nichts mehr im Weg. Allerdings sei die Luftfeuchtigkeit zu hoch, meint Albert Bachert, Meister und Chef der alten Glockengießerei. „Die Glockenmäntel trocknen zu langsam. Aber wir haben einen kleinen Zeitpuffer." Das Gießen im Dezember sei nicht gefährdet, bestätigt er am Telefon. Gleich nachdem sein Unternehmen den Auftrag von der Stiftung Frauenkirche erhielt, begannen die vorbereitenden Arbeiten. Das war im Oktober.

Die beiden Frauenkirchen, die erste und die zweite, besaßen mehrere Geläute. Das erste ging auf eine Schenkung Kurfürst Augusts 1557 zurück. Es waren drei Glocken. Sie stammten aus dem Kloster Altzella, das nach der Reformation in Sachsen aufgelöst wurde. 1619 kam eine vierte Glocke hinzu. Dieses Geläut rief bis 1732 die Gläubigen in die Kirche, zuletzt auf einem gesonderten Glockenstuhl neben der Kirche. In George Bährs barockem Gotteshaus fanden zwei Vorgängerglocken Aufnahme, zwei neue kamen hinzu. Das Geläut bestand also eine Zeitlang aus vier Glocken. Im Ersten Weltkrieg fielen zwei Glocken der Rüstung zum Opfer. Sie wurden eingeschmolzen. 1925 erhielt das Geläut drei neue Glocken, eine war noch vorhanden. Damit war die Frauenkirche wieder vierstimmig. Drei Glocken wurden nach 1940 erneut eingeschmolzen. Lediglich eine verblieb der Kirchgemeinde. Sie zerschellte beim Einsturz der Kuppel im Februar 1945.

Das künftige Geläut besteht aus acht Glocken, den sieben neuen und der alten Marienglocke von 1518. Die Töne der neuen Glocken werden auf die alte Glocke abgestimmt. Ursprünglich befand sich das alte Geläut im Südwest-Treppenturm. Die Glocken waren größer als die künftigen. Jetzt wird das Geläut in zwei Treppentürmen an der Westseite des Gotteshauses an Glockenstühlen aus Eichenholz aufgehängt. Damit dürften Schäden, die ihr Dröhnen im Mauerwerk auslöst, vermieden werden.

Der Glockenguss ist für den 20. Dezember vorgesehen. Etwa fünf Tonnen Bronze fließen in die Formen. Das Metall kühlt bis in den Januar hinein ab. Danach werden die Glocken geputzt und gestimmt. Vom 2. bis 4. Mai kommenden Jahres erwartet die Frauenkirche ein großes Ereignis. Die neuen Glocken werden auf dem Dresdner Schlossplatz zum Anfassen und Bestaunen aufgestellt und geweiht, bevor sie in den beiden Türmen aufgehängt

In einem Guss erhalten die sieben neuen Glocken ihre neue Form. Ist alles geglückt?

werden. Und auf der größten Glocke wird zu lesen sein: „Ich und die sechs Schwestern sind von der ‚Fördergemeinschaft Dresdner Frauenkirche in Remagen' im Jahre 2003 gestiftet worden." Die Kosten des Gusses und des Glockenstuhls sind mit rund 115 000 Euro veranschlagt. Am Pfingstsonntag sollen alle Glocken erstmals von der Frauenkirche läuten.

27. November 2002

Fünf Jahre Studenteninitiative

Das ist schon ein Grund zur Anerkennung. Im November 1997 wurde die „Studenteninitiative Wiederaufbau Dresden e.V." gegründet. Ende des Jahres zählte sie sechs Mitglieder. Zu einer spontanen Idee kam erst einmal viel Arbeit. Junge Leute, denen der Wiederaufbau der Frauenkirche als eine Ingenieurleistung von Rang erschien, wollten junge Leute für das Bauwerk begeistern. Manche schüttelten mitleidig den Kopf: Wird nichts! Es gab ja die große Glucke, den Förderverein Frauenkirche. Wozu einen neuen Verein in Dresden gründen! Die Skeptiker irrten. Der Studenteninitiative gehören inzwischen 516 Mitglieder an. Knapp 68 000 Euro stehen auf dem Spendenkonto der Initiative.

Im Februar 1999 erschien die Nummer eins der „Frauenkirchen Nachrichten". Herausgeber ist die Studenteninitiative. Damit stieg ihre Bekanntheit. Die Nachrichten haben sich zu einem gut lesbaren Blatt entwickelt. Reportagen, Berichte, Porträts und Beiträge von den Erbauern der Frauenkirche begleiten den Wiederaufbau des Gotteshauses. So ist inzwischen eine kleine Chronik entstanden, die ihr Gewicht hat. Ergänzt werden die „Frauenkirchen

Nachrichten" durch die „Newsletter", die Aktuelles rund um die Frauenkirche berichten.

Das jüngste Heft erschien erstmals im Oktober mit einigen farbigen Abbildungen von der künftigen Gestaltung des Innenraums des Bährschen Gotteshauses. Mitbegründer Steffen Müller: „Studenten für den Wiederaufbau zu begeistern ist uns wichtig. Viele verlassen nach ihrem Studium oder einigen Semestern Dresden. Wissen sie Bescheid, tragen sie den Wiederaufbau der Kirche in ihre Regionen, berichten davon." Dies bleibt auch weiter das wichtigste Anliegen der Studenteninitiative. Und natürlich soll das Spendenkonto für die Frauenkirche weiter wachsen. Wer etwas Geld übrig hat, kann Spendenurkunden im Wert von 75 und 50 Euro erwerben. Die „Frauenkirchen Nachrichten", immerhin in einer Auflagenhöhe von über 1400 Stück, sind für fünf Euro im Jahr als Abonnement zu haben.

21. Dezember 2002

Glockenguss in Bad Friedrichshall

Gestern wurden in der Glockengießerei Albert Bachert im baden-württembergischen Bad Friedrichshall sieben Glocken für die Frauenkirche gegossen. Fünf Tonnen Bronze flossen in die Formen, begleitet von Gebeten und dem Wunsch des Wohlgelingens. 200 Gäste waren anwesend. „Die Gießerei Bachert", so der Baudirektor Burger, „ist ein erfahrenes Unternehmen. Sie hat das überzeugendste Angebot eingereicht. Deshalb haben wir uns im September für sie entschieden." Alle hoffen, dass alles zur Zufriedenheit gelaufen ist.

Immerhin, er hatte einiges erreicht. Vor 45 Jahren war er in die Stadt gekommen. Künstler in mechanicis hatte er sich genannt und Orgelmacher. Das war ein guter Einfall gewesen. Er hatte dies im Kirchbuch festhalten lassen, als er das erste Mal geheiratet hatte, drüben über dem Fluss in der Dreikönigskirche. Alles in allem war ihm das Glück hold gewesen. Dass ihn der Rat rief und zum Ratszimmermeister bestellte, hat ihm damals sehr geschmeichelt. Dass ihn der Rat zum Baumeister der Frauenkirche auserwählte, war ein Geschenk. Eine solche große Kirche zu bauen, das ist nicht vielen beschieden. Wie sie über dem Fluss und der Stadt thront, wie sie aus dem Tal steigt, das ist ein Anblick der Gnade. Freilich, es hat auch viel Verdruss gegeben. Und jetzt, am Ende, verweigerten ihm die Herren sein Geld, das er für die Kirche vorgeschossen hatte. Er hatte es genommen, um die steinerne Kuppel zu vollenden. Die 19 000 Taler, die er für die Kuppel haben wollte, hatten nicht gereicht. Als er den Kontrakt unterschrieb, wusste er, dass das Geld nicht reichen würde. Aber er musste den Rat gnädig und willig stimmen. Die Herren waren launisch wie gärender Wein. Dieses ewige Jammern ums Geld! Es stimmte schon, die Kassen waren ständig leer. Natürlich hatte er auf Rückerstattung seines Geldes gehofft. Wie kleinlich sie waren, wie vergesslich, ganz und gar ohne Dank. So begegnete man seinem Ratszimmermeister nicht. Geld und Ehr, dachte er, sind wie zwei ungleiche Schuhe. Der Vergleich gefiel ihm, er krächzte ein Lachen. Aber es missriet zu einem Gurgeln. Begriffen sie denn nicht, dass der Bau viel mehr bedeutete als nur ein Gotteshaus. Es war ein Zeichen gegen das lauter werdende Rom in der Stadt, es war ein Gotteshaus im rechten Glauben.

Diese Hofarchitekten und Günstlinge! Der Kurfürst war katholisch, seine Josepha eine Betsäule. Allerdings, auf den Oberlandbaumeister Pöppelmann ließ er nichts kommen, auch nicht auf den Obristen, seinen Sohn. Gott sei seiner Seele gnädig. Auch Permoser, dieser Steinmusikant und Rotschopf, war tot. Pöppelmanns Zwinger, das gab er ohne Neid zu, war ein wunderbares Werk, seine Brücke war ein Meisterstück. Auch Wackerbarth lag im Grab. Mit dem Mann war es schwierig gewesen, aber vom Bauen hatte er einiges verstanden. Wie sie nach der Audienz beim König gemeinsam ein Glas Wein getrunken haben, aus kostbaren geschliffenen Gläsern, das hatte ihm gut getan. Tokajer war es gewesen, wenn er sich richtig erinnerte, goldgelber Tokajer. Er hatte zuvor nie Tokajer getrunken, auch danach nicht wieder. Er zog vorsichtig die Beine an. Sie waren kalt wie Eiszapfen. Die Knie schmerzten. Das viele Steigen hatte sie ramponiert. Jetzt war Knöffel der erste Mann im Hofbauamt. Nein, er Bähr, hatte ihn nicht gemocht. Zu sehr hatte er seine Stellung herausgekehrt, zu sehr den Überlegenen gespielt und ihn tractiret. Hätte die Kirche wohl gern selbst gebaut. Dies musste er zugeben, in diesem Falle hatte

Mutmaßungen zu Bährs Tod

1738

Im März 1738 legte sich George Bähr aufs Krankenlager. Um seine Gesundheit stand es schon länger nicht gut. Bereits zuvor war er einige Male erkrankt, raffte sich aber immer wieder auf. Die Kirche trieb ihn an. Diesmal schien es sehr ernst zu sein. Sein Hauptwerk, die Frauenkirche, war noch nicht vollendet. Aber die Hauptkuppel war ausgeführt. Das Gotteshaus war 1734 geweiht worden, aber es fehlte die Krone der Kirche, Laterne, Haube, Knauf und Kreuz. Der Streit um die weitere Fortsetzung des Bauens war neu entbrannt. Und er, Bähr, konnte jetzt so wenig eingreifen, lag auf dem Lager, japsend.

der Rat zu ihm gehalten, hatte sich gegen Wackerbarth und Knöffel gestellt, schließlich hatte er keine andere Wahl, wenn er sich nicht alles gefallen lassen wollte. Eines allerdings musste er zugeben, sehr ungern zwar, aber es war nicht von der Hand zu weisen. Der Knöffel hat ihn herausgefordert, ihn getrieben, ihm manchen neuen Gedanken abverlangt. Sei es, er mochte den Mann trotzdem nicht. Man muss nicht alle Menschen mögen und nicht alle müssen einen mögen. Das wusste er schon länger. Er schnappte nach Luft, seine Bronchien rasselten wie ein Sägewerk, er spuckte ab, verfehlte den Napf.

Bähr legte sich auf den Rücken, atmete flach. Das Fieber war wieder gestiegen, er fühlte es. Er blickte zum Fenster. Das Zimmer war abgedunkelt. Nur an den Seiten der Fenstervorhänge fiel etwas Licht in den Raum. Sein Gehör hatte sich in den letzten Tagen spürbar verschlechtert. Es summte im Ohr wie im Bienenkorb. Die Geräusche draußen, die er so liebte, waren kaum zu hören. Er versuchte ruhig und langsam zu atmen. Vielleicht kam er noch einmal hoch. Dann wird er auch das letzte Stück der Kirche vollenden, vollständig aus Stein, wie er es von Anfang an gewollt hatte. Wie er allmählich die meisten Zweifler auf seine Seite gezogen hatte, wie sie nicht aus noch ein gewusst hatten nach dem großen Sturm, wie sie sich in die Hosen geschissen hatten. In die Kirche könnte das Regenwasser in Massen eindringen. Er versuchte wieder ein Lachen. Wie ein Schaukelpferd schwangen die Herren, vom Ja zum Nein und wieder zum Ja. Eines hatte er früh begriffen, sich in Geduld zu üben, nicht alles hinauszuposaunen, was ihn bewegte, auf richtige Augenblicke und Umstände zu warten. Sie kamen, sie kamen mit Gewissheit. Man musste nur darauf vorbereitet sein. Er musste noch einmal hochkommen, er musste die Laterne beginnen, wollte noch einmal zum Gottesdienst in seine Kirche, wollte Silbermanns Orgel brausen hören. Die kostbare Schauseite, da war er, Bähr, sicher, war ihm gelungen. Feige war vergnatzt gewesen, er hätte den Orgelschmuck gern selbst ausgeführt. Aber dann, als sich der Prospekt über dem Altar erhob, hatte ihm Feige die Hand gereicht. „Zwei Meisterstücke sind uns gelungen", hatte er gesagt und auf seinen Altar und auf die Orgel gewiesen. Bähr schloss die Augen, atmete ruhig. Die Schwindsucht hatte ihn gepackt.

Als Bähr auf dem Krankenlager lag, witterten seine Gegner neue Chancen. Was hatten sie gezetert, die Pfeiler und Mauern würden die Kuppellast nicht tragen. Ihren Einsturz hatten sie prophezeit. Nun, nach Vollendung der Hauptkuppel, zeigten sich einige Risse an Pfeilern und Mauern. Und sofort hielt man das schwere Steinwerk wieder für gefährlich. Bähr schnaufte. Diese Zweifler und Afterlecker. Und der Rat zauderte wieder, suchte Zuflucht in Gutachten, ließ ihn nicht die Laterne aus Stein bauen. Knöffel sollte wieder befragt werden und de Bodt. Diese Ratskrämer, diese Biersäufer, diese Geizlinge. Es schoss aus ihm, was er Jahre zurückgehalten hatte. Sie trauten ihm weniger als den Unbeteiligten,

hatten ihm gar befohlen, dem Knöffel die Risse persönlich vorzustellen. Es hatte Knöffel nichts genutzt. Er, Bähr, hatte die Kuppel so vollendet, wie er es wollte. Aber mit der Laterne ging es nicht weiter.

Mit Mühe richtete er sich auf, kroch vom Lager, ging zum Fenster. Welch ein klarer blauer Himmel. Die herrlichen Höhen im Süden im kräftigen Braun und Grün. Er liebte diesen Anblick. Deshalb hatte er sein Haus an den Rand der Stadt gesetzt, damit er freie, unverstellte Sicht hatte. In den letzten Wochen waren Gerüchte aufgekommen. Er hatte sie sehr genau verfolgt. Der Kurfürst, hieß es, wolle eine neue große Kirche, eine Hofkirche, bauen, Rom zu Ehren, dem Heiligen Stuhl zum Gefallen. Ein gewisser Gaetano Chiaveri, ein Römer, sollte der Baumeister sein. Bähr schüttelte den Kopf. Vorstellbar war dies. Die Frauenkirche musste den Pfaffen in Rom ein Dorn im Auge sein. Ein katholisches Gotteshaus musste her. Die Kurfürstin wird ihn schon bedrängen, dass es geschieht, sie war fromm wie ein Kirchenschiff voller Gläubigen, hieß es. Nun gut, sollte die katholische Kirche kommen, sein Gotteshaus dürfte schwerlich zu übertreffen sein.

George Bährs Tage waren gezählt. Er starb am 16. März 1738 in seinem Wohnhaus „An der Mauer 2", später Seestraße 12, an „Steckfluss und Verzehrung", an Schwindsucht, einen Tag nach seinem 72. Geburtstag. Am 20. März wurde er auf dem Johannisfriedhof begraben. Der „Kern Dreßdnischer Merckwürdigkeiten" teilte mit: „Den 16. Mart. starb allhier der bekannte Architectus und Raths-Zimmermeister Herr George Bähr, im hohen Alter, welcher Baumeister von hiesigen Frauen-Kirche gewesen ..." Er wurde nahe der alten Stadtmauer begraben. 1859 wurde der Johannisfriedhof stillgelegt. Bährs Gebeine wurden in die Katakomben der Frauenkirche überführt.

Die Hohnsteiner Kirche von Bähr zählt zu den schönsten Barockkirchen Sachsens.

Engel, Glanz und goldnes Kuppelkreuz

2003 bis 2004

10. Januar 2003

Baubeginn der Steinernen Glocke

Die Frauenkirche im Januar. Kalt, 14 Grad Minus, abends gegen 21 Uhr. Zweite Schicht. Dresden im Schnee. Auf dem Bauplatz vor der Frauenkirche frieren die Sandsteinstapel. Sie bedecken fast den gesamten Vorplatz des Gotteshauses. Die Sächsischen Sandsteinwerke Pirna, die den Sandstein brechen und zurechtsägen, haben für den Winter Vorlauf geschaffen.

Im Vorwärmzelt fauchen die Warmluftgebläse. Hinter den Wetterschutzplanen leuchtet es apfelgelb. Oben, auf rund 50 Meter Höhe, ist die Dietrich-Mannschaft bei der Arbeit. Die Gesichter der Männer im gelben Licht. Welch ein Anblick bietet sich dar. Das große Lehrgerüst schwingt in die Höhe, bis kurz unters Wetterschutzdach. Warm schimmert das Holz. Die Konstruktion des Lehrgerüsts, ein Meisterstück der Zimmerleute, ist vollendet.

Das Versetzen der Steine, die sich an die Sparren lehnen, begann in der zweiten Januarwoche. Die viel gerühmte Steinerne Glocke erhält ihre Gestalt. Die Männer hatten auf diesen Bauabschnitt mit Ungeduld gewartet. Jetzt können sie beweisen, dass sie den alten Meistern ebenbürtig sind. Aber daran zweifelt keiner auf der Baustelle. Die meisten sind seit vier, fünf Jahren dabei, haben schon

vorher auf wichtigen Baustellen gebaut, am Schloss, an der Semperoper, an der Sempergalerie, an Kirchen und Palais.

Die Glockenform der Kuppel setzt bei rund 51 Metern ein. Polier Karl-Heinz Dietrich: „Den Termin zum Heben des Daches haben wir mit äußerster Anstrengung geschafft. Da ist manches liegen geblieben. Und nun diese Hundekälte. Die Steinmetze früher saßen im Winter in der guten Stube, die Arbeit an der Kirche ruhte. Das können wir uns heute nicht leisten." Skeptisch schaut er in die Höhe. Demnächst erfolgt das Spannen des nächsten Druckankers an der äußeren Kuppelschale. „Das wird auch wieder aufhalten".

Die Temperatur von rund fünf, sechs Grad plus unter den Planen ist bisher gehalten worden. Kälter darf es nicht werden, sonst müsste das Versetzen der Steine ausgesetzt werden. Der Mörtel würde nicht optimal abbinden. Und Bauleiter Holger Löwe, der an die Stelle Gottfried Ringelmanns getreten ist, sagt: „Ein so großes Lehrgerüst, das die Hauptkuppel tragen muss, haben wir noch nie gemacht. Freilich sind unsere Erfahrungen mit der Innenkuppel in die neue Konstruktion eingeflossen." Löwe, den Oberbauleiter Gottfried Ringelmann schon früh als seinen Nachfolger an der

Frauenkirche ausgewählt hat, reibt die Handflächen gegeneinander. „Wir können schon was, wir können schon was." Ringelmann ist ausgeschieden. Er hat noch einige Monate über sein Rentenalter hinaus gearbeitet. Er wollte das Kreuz auf der Kuppel mit seinen Händen berühren. Nun wird er wohl nur zuschauen, wenn es im nächsten Jahr gesetzt wird. 106 Tonnen Stahlmaterial stützen die Steinerne Glocke, 70 Kubikmeter Holz sind im Lehrgerüst verarbeitet. Keiner zweifelt. Im Juni ist die Kuppel am oberen Ring und damit am Abschluss angelangt.

Auch im Inneren der Kirche gibt es Anfang Januar Baufortschritte. Die endgültige Gestaltung des Altarraumes zeichnet sich ab. Die Restauratoren Jan Kretzschmar und Matthias Schrön sind bei der Arbeit. Sie modellieren die Kapitelle an der Sakristei. Jan Kretzschmar, seit Jahren am Altar und im Chor tätig, weiß zu berichten: „Es ist merkwürdig. In dieser Kirche ist fast alles aus Stein. Ausgerechnet diese Kapitelle wurden zu Bährs Zeit aus Gips geformt. Natürlich halten wir uns ans Original. Nach den Modellen werden die anderen Kapitelle gegossen."

17. Februar 2003
Moderne Orgel für Frauenkirche

Ein leidiges Kapitel scheint nun endlich abgeschlossen. Das Anrennen der Pro-Silbermann-Gruppe gegen eine moderne Orgel war erfolglos. Der Stiftungsrat blieb unbeeindruckt. Zumindest stellt sich das so nach außen dar. Am Sonntag Abend entschied sich der Stiftungsrat für den Bau einer modernen Orgel. Stiftungschef Bernhard Walter informierte, dass der Beschluss einstimmig gefasst worden sei. Man wolle „eine moderne Orgel" und keine „epigonale Rekonstruktion". Sie sei in Gottesdiensten und in Konzerten für ein breites Repertoire aus unterschiedlichen Epochen geeignet und nicht musealer Selbstzweck wie im Falle eines originalgetreuen Nachbaus. Die sächsischen Orgelbaufirmen gehen leer aus. Die elsässische Firma Kern erhält den Auftrag zum Bau einer viermanualigen Orgel. Die Arbeiten sollen sofort beginnen. Das Festhalten an Kern kommt selbst für Kenner überraschend. Zwischendurch hatte die Stiftung durchblicken lassen, dass sie sich ein Team am Bau der Orgel vorstellen könnte. Selbst Kern soll über die Entscheidung erstaunt gewesen sein. Er habe damit nicht gerechnet, hieß es in der Presse. Die Schauseite des Orgelprospekts hingegen soll dem Original nachgestaltet werden.

26. Februar 2003
Glockenguss misslungen

Viel Aufregung. Der Guss der Glocken in der Gießerei A. Bachert im baden-württembergischen Bad Friedrichshall entspricht nicht den hohen Erwartungen der Experten. Sechs von sieben Glocken bestanden die Klangprüfung nicht. Nur die größte, die Friedensglocke, die den Namen Jesaja trägt, erfüllt die Klangvorstellungen. Warum die Klänge von den gewünschten Tönen abweichen, wissen die Glockenexperten nicht genau. Sie vermuten, dass der hohe, schwere Zierrat an den Glockenwänden die Ursache sein könnte. Nach dem heftigen Streit um die Silbermannorgel befürchtet man auf dem Neumarkt Häme. Nur das nicht. Der Glockenstreit hat alle genervt. Es hatte zur Vergabe des Glockengusses Kritik gegeben. Manche wollten den Guss in der traditionsreichen Gießerei Lauchhammer ausgeführt sehen. Und der dortige Geschäftsführer gab sich dann auch in der Öffentlichkeit enttäuscht. In der Gießerei Bachert scheint Ratlosigkeit zu herrschen: Christiane Bachert: „Was aus den Glocken wird, steht noch nicht fest. Wahrscheinlich ist ein neuer Guss notwendig. Entschieden ist dies noch nicht." Es gibt tröstende Worte. Noch sei Zeit für einen zweiten Guss. Die Glockenweihe zu Pfingsten in Dresden könnte dennoch stattfinden, wenn sofort neu gegossen würde und der zweite Guss gelinge.

24. April 2003
Guss gelungen

Zum zweiten Gießen wurden keine Gäste in die Glockengießerei Bachert eingeladen. Ein weiterer Fehlguss wäre wohl zu peinlich gewesen. Aber nun die erfreuliche Nachricht. Das Gießen der neuen Glocken ist gelungen, die Töne stimmen. Eineinhalb Tage wurde geprüft. Nicht auszudenken, wenn dieser Guss wieder missglückt wäre. Sechs Glocken waren noch einmal gegossen worden, mit leicht verändertem Schmuck. Der sächsische Glockensachverständige Rainer Thümmel: „Die Glocken erfüllen sämtliche Kriterien, die angelegt werden müssen." Große Erleichterung in der Stiftung. Die Häme blieb aus.

4./5. Mai 2003
Glockenweihe

4. Mai, 14 Uhr, Schlossplatz. Dieser Tag – das ist gewiss – wird in die Chronik der fast 800 Jahre alten Stadt eingehen. Der Himmel über Dresden jubelt in Blau. Der Schlossplatz ist bis auf den letzten Winkel voller Menschen. Ins Blau strebt der Hausmannsturm des altehrwürdigen Schlosses, honigfarben türmt sich die schmuckreiche Fassade des Georgentores. Voller Menschen sind die Stufen zur Brühlschen Terrasse. Die Mauern der alten Renaissancefestung leuchten. Und auf dem Platz, den das alte Ständehaus einfasst, wogt die Menge in steigender Erwartung.

Der Schlossplatz ist zur Bühne geworden. Etwa 25 000 Neugierige sind gekommen, um dem Festgottesdienst beizuwohnen. Sie erwarten die Weihe der Frauenkirchenglocken, den Höhepunkt

Mehr als 25 000 Menschen folgten dem Festzug der Glocken durch die Innenstadt.

der dreitägigen Glockenfesttage. Der Wiederaufbau der Dresdner Frauenkirche ist weit gediehen. Nahezu vollendet ist die berühmte Kuppel, die Steinerne Glocke. Knapp 60 Meter Höhe sind erreicht. Ihre Glocken sind gegossen und in Dresden eingetroffen. Sieben neue Glocken erhält das Gotteshaus.

Es wogt, Winken und Grüße. Stimmen wie bunte Bänder im Wind. Fröhlichkeit, Erwartung, Besinnung. Kameras surren, Japanerinnen zwitschern. Nur der Fluss, der die Stadt mit einem Bogen umarmt, fließt gelassen zwischen Wiesen und Ufern. Von der Schlossuhr schlägt es 14 Uhr. Jetzt richten sich alle Blicke zu den Glocken, zum evangelischen Landesbischof Volker Kreß, zum Baudirektor der Frauenkirche, Eberhard Burger. Aufgestellt sind die sieben Glocken, die auf einem mit Girlanden geschmückten Wagen ruhen. Zinnkupfern glänzen ihre Leiber.

Nach altem Brauch, der im Mittelalter üblich war, hat jede Glocke einen Namen erhalten, ziert jede ein Bibelspruch. Sieben Glocken, sieben Namen, sieben Bibelsprüche. Sie künden von einem ganzen Programm christlicher Gläubigkeit. „Jesaja" – die Friedensglocke: „Sie werden ihre Schwerter zu Pflugscharen machen"; einst Bekenntnis der jungen Generation, die sich in den Restjahren der DDR gegen Rüstung und Militärdienst auflehnte; „Johannes" – die Verkündungsglocke, „Bereitet dem Herrn den Weg"; „Jeremia" – die Stadtglocke, „Suchet der Stadt Bestes"; „Josua"

– die Trauerglocke; „David" – die Gebetsglocke; „Philippus" – die Taufglocke; „Hanna" – die Dankglocke. Burger schlägt „Jesaja", die Friedensglocke, dreimal an. Er trägt als Baudirektor der Frauenkirche die Verantwortung für den Wiederaufbau des Gotteshauses. Beim Radfahren an der Elbe hat er vor Jahren darüber nachgedacht, ob er die Verantwortung übernehmen soll, damals, 1990, als der Ruf aus Dresden zum Wiederaufbau des Gotteshauses durch die Welt gegangen war. Nahezu in Hocke gehen die beiden Männer, der Bischof und der Kirchenbauer. Wunderbar erklingen die Töne, steigen, schwingen über den Fluss. Und die Menge schaut und lauscht. Und es ist Stille vor Dresdens berühmter Kulisse, der einstigen Hofkirche, dem Eingang zur Augustusstraße, dem großen Theaterbau Gottfried Sempers. Lange klingt „Johannes" nach, dunkler als „Jesaja". Jede der Glocken hat einen anderen Ton. Welch ein Jubeln wird es sein, wenn sie sich zu einer Stimme vereinen. „Hanna" ist die letzte, die ihre Stimme ertönen lässt, hell und rein.

Der Bischof Volker Kreß hat die Namen der Glocken genannt, die Bibelsprüche verkündet. „Glocken haben einen besonderen Klang, der in unsere Seelen führt", sagt er in seiner Predigt. Und: „Die Glocken sind wie gute Geister über der Stadt, sie mahnen vor Gedankenlosigkeit und trösten in schweren Stunden." Es ist fühlbar: Langsam fällt die Spannung, langsam atmet man leichter. Stimmen werden laut: „Dass ich das erlebe."/ „Welch wunderba-

Aufziehen der neuen Glocken.

In der Nacht vom Sonnabend zum Sonntag fand ein besonderes Spektakel statt. Zu jeder vollen Stunde rezitierten Dresdner Schauspieler Friedrich Schillers „Lied von der Glocke", die ganze Nacht durch, die kalt war. Und es kamen bis morgens um sechs Uhr immer wieder Menschen, die sich des Schwaben Glockengesang anhörten: „Rot wie Blut / Ist der Himmel; / Das ist nicht des Tages Glut! / Welch Getümmel / Straße auf! / Dampf wallt auf / Flackernd steigt die Feuersäule; / Durch der Straßen lange Zeile / Wächst es fort mit Windeseile; / Kochend, wie aus Ofens Rachen, / Glühn die Lüfte, Balken krachen, / Pfosten stürzen, Fenster klirren, / Kinder jammern, Mütter irren / Tiere wimmern / unter Trümmern; / Alles rennt, rettet, flüchtet, / Taghell ist die Nacht gelichtet..." Ahnungsvoll leuchtet das Inferno dieser Stadt in den Versen auf. Die Botschaft am Ende der Schillerschen Verse spricht wohl allen aus dem Herzen: „Friede sei ihr Erstgeläut." Händels Halleluja schwang durch die Nacht.

Nachtrag: Am Montag und Dienstag wurden die Glocken gehoben. Sie verschwanden in den beiden Türmen über den Treppenhäusern, wieder begleitet von den Blicken Tausender. Noch nie hat die Frauenkirche ein so vielstimmiges Geläut besessen. Zuletzt waren es vier Glocken in einem Turm. Zu Pfingsten, 58 Jahre nach der Zerstörung der Kirche, werden sie über Dresden erschallen, achtstimmig vom großen Aufbauwerke jubeln. Man muss kein Prophet sein: Das wird wieder ein Tag, der Tausende Dresdner zur Frauenkirche locken wird.

4. Juni 2003
Jetzt muss sich die Kuppel selbst tragen

Hohe Stimmung auf der Baustelle am Dresdner Neumarkt. Hinter den großen Planen, im apfelgelben Licht, geschieht in diesen Tagen Aufregendes. Die Erbauer der barocken Frauenkirche sind kurz vor ihrem ersten großen Ziel. George Bährs Hauptkuppel, die in der europäischen Baukunstgeschichte als Steinerne Glocke gefeiert wird, steht vor ihrer Vollendung. Die Kuppelhöhe von nahezu 23 Metern ist erreicht. 3355 Sandstein-Werksteine sind versetzt. Die Kirchenhöhe liegt bei 60 von 91 Metern.

In den nächsten Tagen ruht der Steinbau. Und das hat einen gewichtigen Grund. Heute beginnt das Ausrüsten des Lehrgerüsts, das bisher die Last der Hauptkuppel tragen musste. Diesem Ausrüsten fiebern alle entgegen. Nun muss sich die Kuppel selbst tragen. „Aber wir sind sicher, dass sie hält", sagt der Maurer Jürgen Frost, ein Spaßvogel. „Schließlich wollen wir unter ihr feiern und Lieder singen." Wie viel Gerüstmaterial unter der Kuppel steckt, macht ein Vergleich vorstellbar. Fügte man das gesamte Material zusammen, dann reichte es vom Dresdner Neumarkt bis Dippoldiswalde, 23,6 Kilometer. Der Abbau des Lehrgerüsts erfolgt in hohem Tempo. Am 29. und 30. Juni sollen die letzten Steine der

re Fügung."/ „Welch ein Tag des Glücks."/ „Wir sind aus Hannover hergekommen, um dabei zu sein."

Im Anschluss an Predigt und Weihe steigt ein kleines Konzert. Ludwig Güttler, Trompeter und Vorsitzender der Gesellschaft zur Förderung des Wiederaufbaus, hat für den Tag ein Stück für Glocken, Blechbläser und Schlagwerke komponiert. Posaunen und Glockenschlag brausen über den Platz. Der Mann, der für die Kirche streitet, wirbt, hat sich wohl selbst an diesem Tag das schönste Geschenk bereitet.

Drei Tage lang hat Dresden die Glocken in Empfang genommen. Durch die Stadt sind sie gefahren worden, begleitet von Gesängen, Liedern und Chormädchen. Tausende Menschen warteten geduldig, bis sie an der Reihe waren und die Glocken berühren durften. „Nie wieder werde ich sie anfassen dürfen."/ „Nie wieder werde ich ihnen so nahe sein." Ein anrührendes Bild: Ein Mann in einem Rollstuhl. Man will ihn vorlassen, er lehnt ab, wartet. Dann, als er endlich vor den Glocken anlangt, wird ihm geholfen. Er berührt das kühle Metall, schließt die Augen.

Außenkuppel versetzt werden. Dann können die Chronisten der Stadt festhalten: Bährs barocke Kuppel ist in ihrer äußeren Gestalt vollendet.

Am 13. Mai 2002 hatten die Bauleute die ersten Steine in der Kuppel verlegt. Damals betrug die Höhe des Gotteshauses knapp 38 Meter. Am 1. Juli werden die Bauleute tatsächlich feiern, dann verwandelt sich der Raum unter der Kuppel in einen Festplatz. Das hätten sie sich im neunten Wiederaufbaujahr auch verdient, meinen sie. Ende August, Anfang September soll mit dem Abtragen des Außengerüsts um die Steinerne Glocke begonnen werden. Das werden wieder große Tage für Dresden. 58 Jahre nach der Zerstörung der Frauenkirche wird die neue Hauptkuppel in den Stadtraum hineinwirken

1. Juli 2003
Steinerne Glocke vollendet

Unter dem Wetterschutzdach der Frauenkirche fließt Licht wie durch Milch gefiltert. Das Ocker der Sandsteinplatten leuchtet. Die Höhe über den bunten Helmen der Steinversetzer ist geschrumpft. Zwei Männer haben soeben die letzten Steinplatten an der Außenkuppel versetzt. Das Werk ist vollbracht. 61 Meter sind erreicht. Die Steinerne Glocke ist vollendet. Endgültig. Stille.

Steffen Rauh richtet sich auf: „War eine anstrengende Wegstrecke." Er sagt es leise, in der ihm eigenen ruhigen Art. 49 Jahre alt ist er. Am Wiederaufbau der Semperoper war er dabei, am Residenzschloss, als dort noch gebaut wurde. Seit 1996 baut er an der Frauenkirche. Für ihn ist die Vollendung der Steinernen Glocke der Höhepunkt seiner beruflichen Laufbahn. „Das wird es nicht wieder geben", sagt er. „Nicht hier in Dresden, nirgendwo. Die wichtigsten Gebäude sind aufgebaut."

Rauh vertritt den Polier Bernd Göbel. Der liegt im Krankenhaus, konnte die letzten Meter an der Kuppel nicht mit erleben. Auch Holger Löwe, der verantwortliche Bauleiter, muss sich das Geschehen berichten lassen. Ein Tumor hatte ihn hingestreckt, aber zum Glück geht es ihm schon wieder besser. Turbulenzen in der Endphase der Kuppelausführung. Für Löwe ist Bauleiter Steffen Müller eingesprungen, auch er ein exzellenter Fachmann, sagen die Planer und Bauüberwacher von IPRO Dresden, auch ein Ringelmann-Schüler. Er und Löwe und Rauh und viele andere sind Jahrzehnte durch die strenge Schule Gottfried Ringelmanns, des Oberbauleiters, gegangen. Manchmal wiederholen sich Parallelen, die vorher wohl kaum einer aus dem Bauteam für möglich gehalten hat. Und was für Parallelen! Und welcher Streit! Ursprünglich hatte Bähr die Hauptkuppel aus Holz geplant. Als er sich zu ihrem Bau ganz aus Stein entschloss, stieß er auf Ablehnung. Die Hauptkuppel sei zu schwer, hieß es, die Pfeiler trügen die Last nicht, würden einknicken. Diese Umstände griffen einige Kritiker des Wiederaufbaus der Frauenkirche auf. Es kümmerte sie wenig, dass der Wiederaufbau der Dresdner Frauenkirche ganz und gar Bährs ursprünglicher Kirche zu folgen hatte. Der archäologische Wiederaufbau war von der Stiftung Frauenkirche und der Fördergesellschaft beschlossen worden, galt als ehernes Gesetz.

Den Reigen der Kritik eröffnete Professor Curt Siegel im Februar 1994, kurz vor der ersten offiziellen Steinversetzung im Mai 1994. Siegel hatte bereits in den 30er-Jahren die Frauenkirche untersucht und damals armdicke Risse im Simsbereich entdeckt. Er bezweifelte, dass die Kirche originalgetreu wieder aufgebaut werden konnte. Im gleichen Jahr sorgte der Dresdner TU-Professor Günter Zumpe, vor der Emeritierung Inhaber des Lehrstuhls für Mechanik und Flächentragwerke, für Aufsehen: Er wollte den Ansatz der Kuppel aus Stahlbeton gegossen sehen. Gar ein Ministerium meldete sich zu Wort. Um Geld zu sparen, sollte die gesamte Kuppel aus Beton geschüttet werden. Es gab auch die Idee, die Innenpfeiler wegzulassen und eine Kuppel aus Beton auf die Außenmauer zu setzen. Schließlich löste ein weiterer Vorschlag heftige Diskussion aus. Der Dresdner Architekt Michael Kaiser, längere Zeit Bau-Chefplaner im Dresdner Rathaus, wollte die aufstrebenden Ruinenteile, den Chor und andere Bauteile erhalten und konserviert wissen. Sie sollten sich bewusst und unverändert von dem Neubau absetzen. Die Kirche sollte verkleinert entstehen. Seine Grundidee: Die verwundete und zerstörte Kirche soll als Mahnmal wirken.

Durch die innere Schale der Kuppel scheint die Wendelrampe.

Der Bauherr, die Stiftung Frauenkirche, überstand alle Vorschläge, blieb ihrem Konzept treu.

Mit Zumpe wurde vorerst Burgfrieden geschlossen. Aber er sorgte noch einmal für Furore, indem er eine Kuppel vorschlug, die Bähr eigentlich bauen wollte, aber nicht gebaut hat. Diese eigentliche Vision Bährs, forderte er die Stiftung auf, sollte nunmehr ausgeführt werden. Da wurde schon an der Kuppel gebaut, wie zu Bährs Zeit, als die Kuppel wieder abgetragen werden sollte. Günter Zumpe entfaltete eine große Kampagne, und die Medien nahmen dies dankbar auf. Freilich, ein Manko gab es. Zumpes Thesen von der eigentlichen Vision Bährs, die perfekte Glockenform auszuführen, waren nirgends zu belegen.

Schloss des originalen Ringankers.

Das Aufbauteam baute Bährs Steinerne Glocke und keine andere. Denn auch das war klar. Die Spendenmillionen, die seit dem Ruf aus Dresden für das protestantische barocke Gotteshaus flossen, waren für den originalgetreuen Wiederaufbau bestimmt. Dass die Ingenieure und Statiker alles tun würden, um künftig Risse und Absenkungen zu vermeiden, dafür stehen Wolfram Jäger aus Radebeul und Fritz Wenzel aus Karlsruhe. Baudirektor Eberhard Burger: „Bährs statisches Konzept stimmt. Dieser Beweis wurde erbracht. Aber Bähr konnte nicht auf statische Berechnungen zurückgreifen, die uns heute absolute Sicherheit geben. Er verwendete zum Teil minderwertiges Sandsteinmaterial, die Ausführung der Fugen zum Beispiel fiel sehr unterschiedlich aus. All das führte zu Rissen, stellt aber Bährs Tragwerksidee nicht in Frage."

Um von vornherein allen Problemen aus dem Weg zu gehen, erhielt die Kuppel stählerne „Fassringe", stählerne Ringanker, die für eine gleichmäßige Kraftableitung sorgen.

Vor rund 265 Jahren hatte sich Bähr durchgesetzt. Von seiner Idee überzeugt, begann er mit dem Ausführen der Kuppel. Auch die modernen Gegner waren schließlich verstummt. Für die kommenden 24 Meter blieben den Erbauern nur reichlich 13 Monate. Zwischendurch war der Termin der Fertigstellung gefährdet. Jeden Monat musste die Kuppel um 1,85 Meter wachsen, damit im November wieder gehoben werden konnte. Der Stromausfall während des Hochwassers in Dresden im August vorigen Jahres führte zu weiteren Verzögerungen im Bauablauf. Zeitweilig war der zweite Dachhub im Februar extrem gefährdet. Aber sie schafften es, arbeiteten bis tief in die Nacht hinein. „Es nervt", hatte Göbel gesagt. „Wir arbeiten an der Grenze unserer Leistungsfähigkeit." Heute feiern die Bauleute die Vollendung der Steinernen Glocke, wie einst ihre Altvordern, denen der Rat zu Dresden ein Fass Bier gespendet hatte.

1. September 2003
Engel der Frauenkirche blasen wieder Posaune

Die beiden Engel des künftigen Orgelprospekts stehen unter dem Wetterschutzdach der Schulzeschen Werkstatt. Der große vorn, der kleinere etwas dahinter, wie sich das gehört. Auch an dem originalen Schaubild der Orgel, dem Prospekt, gab es einen kleineren und einen größeren Engel. Der kleinere schaute mit einem gewissen Respekt zum größeren Engel, dem Meister, herüber. Dem Kirchbesucher fiel das kaum auf. Der Meister war nur zehn Zentimeter höher als der kleine Engel und zehn Zentimeter breiter. Dies hat Renate Schulze, die Architektin, herausbekommen. Dass die unterschiedliche Größe Absicht war, ist sie ganz sicher. „In der barocken Kunst geschah nichts ohne Absicht und nichts zufällig", meint sie. Was sich aber dahinter verbirgt, weiß sie nicht.

Die Flügel der weißen Gipsengel sind gespannt. Christian Schulze schiebt das Posaunenmundstück in den runden Mund des Meisters. So werden sie an den Seiten der unteren Orgelkrone, auf denen sie sitzen, zu erleben sein.

Anfang Januar 2001 erhielt der Dresdner Bildhauer Christian Schulze den Auftrag, die Engel, die Kartusche und andere Schmuckdetails des großen Orgelprospekts zu gestalten. Jetzt, Anfang September, sind die Modelle fertiggestellt. Die Engel gehen wahrscheinlich morgen auf Reise nach Bayern. Dort gibt es einen Geldgeber, der die plastische Umsetzung des Modells in Holz bezahlt. Er hat auch gleich den Holzbildhauer mit geliefert. „Wird ein kleiner Abschied", sagt Christian Schulze. Die Engel,

Konsolen, Rosetten, Voluten und die Kartusche haben die Schulzes lange beschäftigt und ihnen so manches Rätsel aufgegeben. Seine Hand streicht über den weißen, glatten Gips, als nehme sie Abschied.

Während der Steinbau mit der Laterne seiner Vollendung entgegen strebt, herrscht auch im Inneren der Kirche Hochbetrieb. Der Bildschmuck der Emporen ist in Vorbereitung, im ersten Bildfeld der inneren Kuppel wird der Evangelist Lucas gemalt. Das Hauptaugenmerk aber gilt dem großen Orgelprospekt. Er entsteht – das kann jetzt nach der Vollendung der Modelle behauptet werden – als detailgetreuer Nachbau.

Zu Beginn der Arbeit war dies durchaus nicht sicher. Vom Orgelprospekt ist nichts erhalten geblieben. Die üppige Orgelfassade – aus Holz geschnitzt – verbrannte in der Glut. Lediglich ein paar Tropfen Zinn der Orgelpfeifen fielen auf Christus, als er herabstürzte. Nur Fotos von der Orgel dienten als Gestaltungsvorlage. So wichtig sie als Quelle waren, allzu Genaues vermochten sie mit Sicherheit nicht zu vermitteln. Fotografien können nur bedingt Tiefen, Schattenwirkungen, Kanten, Rundungen, Krümmungen, Höhenverhältnisse wiedergeben. Der Prospekt ist reichlich damit ausgestattet. Die Architektin und der Bildhauer unterzogen noch einmal das ganze Konstrukt einer gründlichen Überprüfung, gingen zu barocken Kirchen auf Reisen, um sich in den Stil einzufühlen.

Christian Schulze ist in Dresdner Denkmalkreisen kein Unbekannter. Er hat schon sehr früh Konsolen für die Frauenkirche angefertigt, das Modell für das in England neu gestaltete Kirchkreuz stammt ebenfalls von ihm. Mit der Rekonstruktion des Nosseni-Altars in der Loschwitzer Kirche ist er in „den Kreis der Meister" aufgestiegen. Der üppige barocke Orgelprospekt der Frauenkirche liegt im Blickfeld der Kirchgemeinde. Auf dem großen Altarbild befindet sich das anrührende Bild des Gartens Gethsemane, das den knienden Jesus Christus vor seinem Leidensweg nach Golgatha zeigt.

Die Orgel der Frauenkirche baute Gottfried Silbermann. Sie wurde am 25. November 1736 geweiht. Den endgültigen Entwurf des Orgelprospekts führte der Baudirektor der Frauenkirche, Bähr, aus. Die Tischler- und Bildhauerarbeiten übernahm Johann Christian Feige, der Gestalter des Altars. Es waren also drei Große an dem Bau der Orgel beteiligt, Silbermann, Feige und Bähr. Auch die bisherigen Teilmodelle zum Bau der Orgel sind von drei Künstlern gefertigt worden, von Wanitschke, Graupner und Schulze. Der Bau des Instruments ist noch nicht begonnen worden. Die Verhandlungen mit der Elsässer Firma Kern stehen aus. Zur Zeit sei auch dafür kein Geld vorhanden, meint Baudirektor Eberhard Burger. Die jahrelangen Querelen um die neue Frauenkirchenorgel haben den Spendenfluss für die Orgel versiegen lassen.

Eine Million Steine im Gotteshaus versetzt

„Jetzt geht es aufs Ende zu", sagt Polier Henry Jäkel, „der Laternenhals ist vollendet. Vor dem letzten Wochenende wurde die Platte für die Ausssichtsplattform fertiggestellt. Knapp eine Million Steine stecken jetzt in der Kirche, kleine wie große, Fassaden- und Hintermauerungssteine." Jäkel legt den Kopf in den Nacken, sein Blick gleitet über die Kirchfassade, über die sandgelbe Hauptkuppel, hinauf bis zum zylinderförmigen Gerüst hinter der Plane. Dort wurde mit dem Bau der Laterne begonnen, dem filigransten Stück der Frauenkirche. Ende Juni war die Sandsteinkuppel vollendet, waren 60 Meter Kirchhöhe erreicht. Jetzt sind hinter den Planen knapp sieben Meter hinzugekommen. „Die Zeit läuft wie verrückt", fährt Jäkel fort. „Wir müssen noch einmal das Wetterschutzdach heben."

Nächstes Jahr Ende Februar soll die Laterne stehen. Noch gut drei Monate, dann ist der Steinbau vollendet. Jäkel, Steinkoordinator bei der „Walter Bau AG", ist seit 1997 am Bau der Kirche beteiligt. Als er dort antrat, war das Gotteshaus bei acht Metern Höhe angelangt. Jeden Stein, der seitdem in der Kirche seinen Platz fand, hat er abgerufen, herbeigeordert, aus dem Altsteinlager, aus den Sächsischen Sandsteinwerken Pirna. Das war oft ein Balanceakt, zur rechten Zeit die richtigen Stücke auf der Baustelle zur Verfügung zu haben. Was haben die Bauleute anfangs nach den passenden Steinen gesucht, die angeliefert worden waren. Es fehlte ein Aufbewahrsystem, eine Findekartei. Gottfried Ringelmann, der Oberbauleiter, inzwischen im Ruhestand, befahl Jäkel: „Lass dir was einfallen, aber schnell." Und Jäkel ist etwas eingefallen. Danach fanden die Kran- und Gabelstapelfahrer die Werksteine selbst unterm Schnee. „Ach, sind das Geschichten", sagt Jäkel. Und es schwingt etwas Wehmut in seinen Worten. Die meisten der Kirchbauer befinden sich bereits auf anderen Baustellen. „Wir haben Glück", sagt Jäkel, „dass am Wiener Platz gegenüber dem Dresdner Hauptbahnhof ein Glasbau errichtet wird. ‚Walter Bau' hat den Zuschlag erhalten. Göbel sehen Sie hier nicht mehr. Er richtet dort die Baustelle ein. Ich harre hier aus bis zum Schluss." Was sind das nur für prächtige Leute, bauen eine Kirche, die von aller Welt bestaunt wird und betrachten dies als selbstverständlich. Aber einmal hat mir auch Jäckel verraten, dass er glücklich ist, bei diesem Kirchbau dabei zu sein. Er hat alles aufgeschrieben und berechnet, die Zahl der Fahrzeuge, die hier Sandstein abluden, die Länge der Fugen, wenn man sie addiert.

Hinauf zur Laterne. Zuerst mit dem Aufzug, dann über Treppen, dann den langen, spiralenförmigen Aufgang zwischen der äußeren und inneren Kuppelschale entlang, zum Schluss über ein Treppchen zum Zylinder, zur Laterne. Eng ist es hier oben. Ein kräftiger Wind weht. Über der Stadt funkelt großer, goldgelber Okt-

Altartisch.

ober-Sonnenschein. Gedämpftes Licht flutet durch die Planen. Stille, die Stille der Steine. Es ist Feierabend. Die 64. Schicht ist verlegt. Die Kirche hat eine Höhe von 66,97 Metern erreicht, 66,97 von 91 Metern. Es ist soweit: Das Aufmauern der Laternenschäfte beginnt. Pro Tag ist das Versetzen nur einer Steinschicht möglich. Der Mörtel, in dem die Sandsteine ruhen, muss abbinden. Die Zeiten mit 30, 40 Versetzern pro Schicht, die an der Kuppel tätig waren, sind jetzt endgültig vorbei. Vielleicht noch drei-, viermal, dann werde auch ich das letzte Mal hier oben die Kirche als Baustelle erlebt haben. Die Laterne wird kräftig an den archäologischen Wiederaufbau erinnern. Der Laternenhals und die filigranen Schäfte werden 70 Altsteine bekommen. Sie werden davon berichten, dass sich die Architekten und Erbauer des barocken Gotteshauses bis zum Schluß um die Wiederverwendung der Altsteine bemüht haben.

Rund elf Meter Höhe sind es bis zur letzten Laternenschicht aus Stein. Danach folgt die Haube. Sie wird aus Holz hergestellt und mit Kupfer bedeckt. Die Bäume sind schon vor längerem gefällt worden. Sie befinden sich bereits im Sägewerk. Lärchen hat man ausgesucht, gut gewachsene Lärchen. Im Juni des kommenden Jahres wird die Haube mit dem Turmkreuz gesetzt. „Das will ich erleben", sagt Jäkel, „Wahrscheinlich werde ich oben auf dem Gerüst stehen, wenn Kreuz und Haube auf die Laterne sinken. Was einem die Arbeit alles beschert."

17. Dezember 2003
Altar im goldenen Glanz

Vor dem großen Altarschaubild der Frauenkirche stehen wieder Gerüste. Der untere Teil, die Apostelfiguren, Jesus auf dem Ölberg, liegt im Dunkel, aber darüber, auf der Höhe der Säulenkapitelle, leuchtet es hinter lichtdurchlässigen Planen. Sechs Restauratoren, zwei Damen und vier Herren, tragen auf den Sandstein Goldblättchen auf. Auf ihren Gesichtern glitzern winzige Goldstäubchen. Starkes Licht prallt auf die vergoldeten Kapitelle und Engelsköpfe. Üppig vergoldet hängt der Festonschmuck, die Ähren und Weintrauben. Das Gold grellt, laut, sehr laut. Nach dem Zusammenfügen des Altars und dem Ergänzen der fehlenden Stücke ist die Arbeit an Johann Christian Feiges Schaubild in eine neue, aufregende Phase getreten. Der Altar erhält möglicherweise seine endgültige farbliche Fassung. Aber hundertprozentig sei das alles noch nicht, schränkt Restaurator Joachim Bunzler ein. „Es kann – wenn es das Gesamtbild erfordert – wieder korrigiert werden." Und Anke Teeken, die aus dem Hessischen zu Michael Langes Freiberger Atelier für Restaurierung gefunden hat, meint: „Wir setzen hier um, was Bauherr und Kirche wünschen."

Die evangelische Landeskirche und die Stiftung Frauenkirche haben sich für reichen Goldschmuck entschieden, zumindest an den Kapitellen und an den Festons. Ihre Logik ist offensichtlich:

Altarkapitelle im neuen Glanz.

Wenn der gesamte Kirchraum in hellen Farben leuchtet, wenn er die ursprüngliche Farbgestaltung aus der Zeit George Bährs zurückerhält, dann darf der Chorraum, dürfen die Plastiken, Ornamente, Akanthusblätter nicht allzu stark in Grau- und Ockertönen verharren, dann muss die Versehrtheit, müssen die Male und Verwundungen am Stein stärker zurücktreten. Denn: Der Altarraum soll mit dem Kirchraum, den marmorierten Pfeilern, den farbigen Brüstungen der Emporen harmonieren. Allzu starke Brüche zwischen Chor- und Kirchraum sollen nicht entstehen. Ursprünglich gab es Vorstellungen, die Verluste des Altars stärker wirken zu lassen. Manche wünschten gar, den Altar weitgehend als Torso zu erhalten. So wäre er in all seinem Leid zu erleben gewesen. Davon sind Bauherr und Kirche ein ganzes Stück abgerückt.

Die Kapitelle links und rechts des Altarbildes unter der Orgelempore, die sich wie eine große Kehle in den Raum wölbt, sind bereits ganz in Gold getaucht. Vergoldet sind die steinernen Akanthusblätter, die Schwünge, Kanten und Voluten, vergoldet ist der Festonschmuck. Restaurator Wolfgang Benndorf: „Wir versuchen uns, der barocken Farbfassung von etwa 1740 anzunähern. Das jetzt auf Hochglanz polierte Gold kann später zurückgenommen, mattiert werden." Die Restaurierung folgt einem Prinzip. Die Intensität der Vergoldung nimmt vom Zentrum des Altars, dem Ölberg mit Jesus und der großen Gloriole, nach außen ab. An den Seiten befinden sich originale Altarstücke, die zum Teil noch originale Vergoldungen tragen. Sie werden nicht geschönt, sie sollen im Originalton leuchten. Auf diese Weise bleiben Zerstörung und Fehlstellen dem Betrachter erkennbar. Landeskonservator i. R. Heinrich Magirius, der den Altar betreut, beruhigt: Es werde nicht alles geglättet und wieder vollkommen hergestellt. Nein, diesen Perfektionismus will er nicht.

Für den Altar der Frauenkirche wurden stärkere Goldblättchen ausgewählt als allgemein üblich. Sie müssen sich – ohne zu brechen – in die Vertiefungen fügen, an die Kanten schmiegen, in die Windungen der Voluten einpassen. Dennoch sind sie gerade mal fünf Tausendstel Millimeter stark. Ihr Auftrag erfolgt mit einem „Anschießer", einem Pinsel aus Eichhörnchenhaar. „Viel Geduld", sagt Claudia Rikall, „ist die erste Pflicht bei dieser Arbeit."

Die Vergoldung der Kapitelle steht vor dem Abschluss. Neue Entscheidungen sind fällig. Noch verharren Christus, das Jerusalem-Relief, die großen Figuren in Steingrau. Ihre Fehlstellen sind nahezu vollständig ergänzt. „Wir werden noch viel probieren", sagt Benndorf, „um aus der Arbeit heraus zur farblichen Gestaltung des Altars zu finden."

Die Gratwanderung, die zu einer weiten Annäherung an das Original führen soll, ist auch in der letzten Phase der Arbeit nicht geringer geworden. Die großen heiligen Figuren, das große Relief, der Engel, die Gloriole sind plastisch wieder hergestellt, Armstücke, Gewandfalten, Fußstücke und Gesichtspartien sind wieder entstanden. Nach der Vergoldung der Kapitelle steigen die Restauratoren tiefer und setzen ihre Arbeit am mittleren Altarbild fort. Wie intensiv sie sich des Blattgoldes bedienen werden, wie perfekt die Bilder entstehen, das ist noch offen. Heinrich Magirius: „Ein endgültiger Weg steht noch nicht fest. Höhepunkt ist die strahlende, glanzvolle Mitte mit der großen Gloriole. Aber darüber hinaus wird es viele unterschiedliche Gold- und Ockertöne, auch Freiflächen geben."

Die weitgehende Wiederherstellung des Altars hat in der Fachwelt Aufsehen erregt. Was anfangs kaum für möglich gehalten wurde, gelang. An die 2000 Altar-Bruchstücke und Splitter wurden im Ruinenberg aufgespürt und geborgen, davon 1642 wieder in das Altarbild an ursprünglicher Stelle eingefügt. Damit besteht der Altar aus etwa 85 Prozent Originalsubstanz. Wann es zur endgültigen Farbfassung kommen muss, wird noch entschieden. Spätestens zur Weihe der Kirche im Oktober 2005 muss die Arbeit beendet sein.

28. Januar 2004
Haube für die Frauenkirche

Es riecht nach Holz, nach Lärchenholz. Ein wunderbarer Duft. Und die Maserungen schimmern matt, braun wie herbstliche Kastanienblätter. In einer Halle des „Berufsförderungswerkes Bau Sachsen e. V." auf der Neuländer Straße junge Leute über Holz gebeugt, Lehrlinge, Gesellen, junge Meister, konzentriert. Sie sägen, sie passen an, sie hobeln, sie fräsen. Und einer hat den Hut auf, trägt ihn zur Schau, trägt den breitkrempigen schwarzen Hut auf seinem Schädel, als sei er eine Krone, Detlef Kliemt, der Meister, 45 Jahre alt. „Wohlerfahren" hätte man ihm zu George Bährs Zeit bestätigt. Immerhin hat er als Zimmermann schon einige Spuren hinterlassen, im Hotel auf der Stephanshöhe in Schellerhau, an der Bobbahn in Altenberg, im Hauptbau des Glashütter Uhrenwerks. Kliemt ist für den Bau der Turmhaube für die Frauenkirche mit verantwortlich. „25 Tonnen Holz und etwas Stahl, einige hundert Einzelteile, schmale, breite, geschwungene, gebogene Sparren, das ist die Haube über der Laterne der Frauenkirche", sagt er. Wie viele Teile das im Einzelnen sind, weiß er nicht genau, da müsste er erst auf den Zeichnungen nachzählen. Aber ein paar hundert sind es schon. „In etwa einer Woche muss das hier alles fertiggestellt sein", sagt Kliemt, „dann geht´s zur Frauenkirche am Neumarkt."

George Bährs Kirche ist ein Steinbau. Nur die Haube über der offenen Laterne besteht aus einer Holzkonstruktion. Sie entstand erst nach Bährs Tod. Und sie soll annähernd wieder so ausgeführt werden, wie sie einst entstanden ist.

Aber wie das genau war, das weiß niemand, auch Kliemt nicht. Detaillierte Zeichnungen von der Holzkonstruktion der Haube liegen nicht vor. Planer und Praktiker haben zuvor Kirchenböden besucht, George Bährs Kirche in Schmiedeberg zum Beispiel, alte Dachstühle aus barocker Zeit studiert. Eine solche Haube – wie auf der Kuppel der Frauenkirche – hat doch seit Bährs Zeit kaum ein Zimmermann mehr gebaut. Mehrere Zeichnungen, die IPRO, der Planer der Frauenkirche, lieferte, zwei Modelle, die Kliemt mit jungen Leuten anfertigte, bildeten die Grundlage für die Konstruktion der Haube. Eines hatten alle Beteiligten immer im Blick: Sie wollten in der Haube alte Zimmermannstechniken ausführen.

Den achteckigen Grundriss des Haubenbodens gibt die Laterne vor. Er beträgt 6,50 mal 6,50 Meter. Die Haube erreicht eine Höhe von rund zehn Metern. Seit Oktober wird an ihr gearbeitet. Einer, der sich glücklich schätzt, dabei zu sein, ist der junge Zimmermannsmeister Norman Bioly aus Sachsen-Anhalt, gerade mal 24 Jahre alt. Auch er in schmucker schwarzer Weste und weißem Hemd. Er hatte gehört, dass für die Frauenkirche eine Haube zu bauen sei. Er bewarb sich. „Ich stehe fast noch am Anfang meiner Entwicklung als Zimmermann. Und dann gleich eine solche Arbeit", sagt er sichtlich stolz.

Die Holzkonstruktion der Turmhaube.

Obschon die Zimmerleute der alten Konstruktion sehr nahe kommen, gibt es doch einen auffälligen Unterschied in der Ausführung. Die originale Haube bestand ausschließlich aus Holz. Alle Verbindungen und Verstrebungen waren aus Holz und in Holz gefügt. Die neue Haube wird – wie die Fachleute sagen – im ingenieurtechnischen Holzbau ausgeführt. Dies bedeutet, dass mit hochwertigem Stahl und Stahlschrauben bestimmte Verbindungen hergestellt und Balken miteinander verbunden werden. Wie das im Einzelnen gelöst wird, interessiert inzwischen die Fachwelt der Zimmerleute. Sie pilgern zur Neuländer Straße.

Nach dem 9. Februar wird es sich zeigen, ob die Zimmerleute exakt gearbeitet haben. Die Haube wird vor der Frauenkirche zusammengefügt. Danach erhält sie eine Kupferdeckung. Auf die Haube wird das Kuppelkreuz geschraubt. Der 22. Juni dürfte wohl mit Sicherheit zum Höhepunkt der bisher zehnjährigen Bauzeit der Frauenkirche werden. An diesem Tag sollen Haube und Kuppelkreuz auf die Laterne gesetzt werden.

4. Februar 2004
Laterne erreicht 74 Meter

Die Laterne wächst hinter Planen verborgen. Und es bereitet etwas Mühe, sie in Augenschein zu nehmen. Zuerst in den Lift, dann den Eselsweg zwischen der äußeren und inneren Kuppelschale entlang. Auf ihm schleppten die Tiere zu Bährs Zeit das Baumaterial heran. Die Mühe lohnt sich. Die steinerne Laterne zeigt sich kurz vor ihrer Vollendung. Im Oktober des letzten Jahres hatte die Kirche 66,97 Meter erreicht, der Laternenhals war ausgeführt, jetzt liegt die 80. Schicht, die Laternenschäfte sind bei 73,75 Metern angelangt, bei 73,75 von 91 Metern Gesamthöhe der Kirche. Knapp sieben Meter sind in gut drei Monaten aufgesetzt worden. Bis zum Ende des Steinbaus fehlen noch 4,60 Meter.

Die Schäfte sind bis zum Bogenansatz ausgeführt. Polier Henry Jäkel, Walter Bau AG: „In so kurzer Zeit eine so große Höhe zu bewältigen, das ist noch nicht dagewesen. Freilich", schränkt er ein, „ist dies mit den Steinmassen, die wir zuvor versetzt haben, nicht zu vergleichen." Vor ein paar Tagen wurden in der Laterne die Ringanker gespannt. Jäkel weiß, dass dies schon die Erbauer der Bährschen Kirche so gehalten haben. Schließlich musste sie sicher allen Stürmen widerstehen.

George Bähr hat den Bau der Laterne nicht mehr erlebt. Um ihre Ausführung wurde noch zu seiner Lebzeit heftig gestritten. Jetzt steht der letzte Abschnitt am Steinbau bevor. Das Aufmauern der Laternenbögen beginnt. Da werden noch einmal imposante Steinmassen bewegt. Die Wochen bis zum 22. Juni, dem geplanten Hub der Laterne auf die Hauptkuppel, sind minutiös geplant: Mitte

März soll der Bau der Laterne beendet sein. Bauingenieur Dietmar Manig vom Dresdner Frauenkirchen-Planer IPRO: „Am kommenden Montag treffen die Einzelteile der Haube auf der Baustelle ein. Danach werden sie zu ebener Erde zusammengesetzt. Die Haube soll am 11. März fertig sein." Und Jäkel fügt gelassen hinzu: „Wir haben bisher noch alles zur rechten Zeit geschafft." Am 22. Juni soll ein Kran Haube und Turmkreuz auf die Kirche heben. Nur ein heftiger Wind könnte dem Aufbauteam einen Strich durch die Rechnung machen, ist man auf der Baustelle überzeugt.

8. Februar 2004
Matthias Grünert wird Kirchenkantor

Matthias Grünert: In der Frauenkirche zu arbeiten, ist etwas Einmaliges.

Herr Grünert, Sie sind noch bis Ende des Jahres im thüringischen Greiz tätig. Was machen Sie dort?
Ich arbeite an der Stadtkirche St. Marien als Kantor und Organist. Seit Oktober 2000. Dort hatte ich viele Möglichkeiten, mich zu betätigen und mich auch ein ganzes Stück auszuprobieren. So konnte ich u.a. eine Konzertreihe zu Bach veranstalten. In einem Jahr an 14 Abenden wurde das gesamte Orgelwerk von Bach gespielt. Die Konzerte sind in Greiz und Umgebung gut angenommen worden. Es war ein wundervolles Arbeiten in einer schönen Atmosphäre.

Was bewog Sie dann, sich an der Ausschreibung zum Kantor der Frauenkirche zu beteiligen, wenn es so großartig war?
Eine solche Chance wollte ich mir nicht entgehen lassen. Die Kirche ist fast wieder aufgebaut. Ein bedeutendes Bauwerk ist neu entstanden. Nächstes Jahr ist die Weihe. An einer solchen Kirche als Kantor zu arbeiten wäre etwas Einmaliges. Das waren so meine Gedanken, meine geheimen Träume, als ich mich bewarb.

Nun hat sich die Auswahlkommission für Sie entschieden und der Stiftungsrat der Frauenkirche ist dieser Empfehlung gefolgt. Waren Sie beim Vorspielen in der Neustädter Dreikönigskirche und der Gestaltung des Gottesdienstes nervös?

Das waren wohl alle vier Bewerber, die in die Entscheidung gekommen waren. Aber ich habe gelernt, in Drucksituationen ruhig zu bleiben. Und wenn ich auf der Orgel spiele, fallen alle Ängste ab.

Lassen Sie die Greizer ohne Probleme ziehen?

Ich habe bereits einige Anrufe erhalten. Man bedauert, dass ich gehe, aber es gibt auch Verständnis, dass ich Greiz verlassen werde.

Die letzten Schlusssteine. Bald ist auch die Laterne und damit der Steinbau beendet.

27. Februar 2004
Noch fünf Schichten bis zur Vollendung des Steinbaus

Aufstieg zur Laterne über der Kuppel des Gotteshauses. Es riecht nach Holz, nach Farbe, nach Stuck, nach frischem Putz. Männer sprühen Putz an die Wände. Am Ende der Spirale die schmale Wendelstiege hinauf. Tobias Lochmann, einer der letzten vier, die noch am Steinbau arbeiten, beugt sich über Fugen, fährt mit dem Daumen darüber. Der Mörtel ist gut abgebunden, die 85. Steinschicht der Kirche ist erreicht, die letzten Bogensteine sind versetzt. Aber noch fehlen fünf Schichten, ehe man sagen kann: Die Laterne ist vollendet, der Steinbau ist beendet, hat seine Höhe erreicht. Die Schäfte schimmern unter elektrischem Licht. Die Planen, die das Rund umgeben, knistern spitz.

Lochmann, sechziger Jahrgang, ist einer der dienstältesten Steinversetzer an der Frauenkirche. Seit Juni 1996 arbeitet er am Gotteshaus. „Es bleibt nicht mehr viel Zeit", sagt er, „dann ist hier Schluss mit der Arbeit." Was danach kommt, weiß er nicht. Vielleicht wird er zum Betonbauer oder Zimmerer umfunktioniert. Er ist froh, dass er die letzten Steine an der Kirche versetzt. „So kann ich sagen, ich bin von unten bis oben dabei gewesen." Lochmann gibt zu, dass ein bisschen Wehmut mitschwingt. So ergeht es auch den anderen drei: Herbert Drescher, Thomas Gäbler, Gerald Kramer. Mein Gott, war das eine Zeit, als 50, 60, 70 Leute in der Kirche arbeiteten.

Abstieg. Im Inneren der Kirche hohe Geschäftigkeit. Restauratoren am Altar, Stuckateure an den Emporen, der Dresdner Maler Christoph Wetzel unter der Innenkuppel. Er hat die Ornamente und Umrandungen der Kuppelfelder der Innenkuppel weitgehend ausgeführt. Sobald diese Architekturmalerei beendet ist, wird die Ausmalung der Kuppel fortgesetzt.

Zu ebener Erde unter Planen werden die Sparren zur Haube aufgerichtet. Schon schwingen sie in die Höhe. Nächsten Freitag wollen die Zimmerleute Richtfest feiern. Die größte Feier aber wird es für die Bauleute wohl am 13. April geben. Knapp zehn Jahre nach dem Aufrichten des ersten Türgewändes im Mai 1994 wird der letzte Sandstein am Kirchbau versetzt.

76 Meter Höhe hat die Kirche erreicht, die nächsten fünf Schichten fügen zwei Meter hinzu. Die dann noch fehlenden 13 Meter bis zur endgültigen Kirchhöhe von 91 Metern bringen Haube, Knauf und Kuppelkreuz. Das wird am 22. Juni, dem Hebetag des Kuppelkreuzes, soweit sein. Hoher Besuch hat sich zum Kuppelheben angekündigt. Dresden, das ist gewiss, wird an diesem Tag zumindest in Deutschland in vieler Munde sein.

12. März 2004
Porträt. Bernhard Walter

Die Beton- und Glassilhouette Frankfurts am Main im grauen Licht, März 2004, etwas Regen. Passt zu den Geldpalästen, die in diesem Grau verhalten glitzern. Bernhard Walter, der Vorsitzende des Stiftungsrates der Stiftung Frauenkirche Dresden, sitzt in der Gallusanlage, Dresdner Bank. Der Bau ist von älterer Art, niedriger, menschlicher. Ich bin auf den Mann neugierig. Zu Pressegesprächen in Dresden erlebte ich ihn meist kühl, sachlich. Selbst wenn er unter Druck geriet, wie in den Monaten des Orgelstreits, blieben seine Antworten temperiert, in der Diktion fast monoton. Ich kann mich nicht erinnern, dass jemals Emotionen aufblitzten. Aber irgendwann begann ich ihn zu verdächtigen. Sachlichkeit, Kühle, Beherrschtheit sind gewiss gut für einen Banker, sind wohl eine gute Grundlage für alle, die Erfolg anstreben. Warum aber kümmert er sich um die Kirche, seit zehn Jahren, wie ist er an die Ruine geraten? Das ist all die Jahre nicht immer eitel Freude gewesen.

Schlichtes Zimmer, Stühle, Tisch, ein großes Gemälde an der Wand, ein Modell der Frauenkirche. Draußen vor den Fenstern die Türme der Stadt. Der Tisch ist auf Hochglanz poliert. Ich hätte ihn gern in seinem Arbeitszimmer gesehen, aber das zeigt man heute

Hinauf bis zum Kreuz und ganz aus Stein

1738 bis 1743

Nach Bährs Tod begann der Streitkessel wieder zu brodeln. Seit 1737 war an der Kirche kaum gebaut worden. Noch immer fehlte dem Gotteshaus der Abschluss – Laterne, Haube und Kuppelkreuz. Der neue Gouverneur von Dresden und Kabinettsminister Heinrich Friedrich Reichsgraf von Friesen hatte die Stadt bereits 1738 zum Weiterbau gedrängt. Er hatte den Eindruck, als ob „der Kirchenbau mit Fleiß ins Weite gezogen werden solle". Er deutete an, dass auch der König damit unzufrieden sei. Was soll „Ihro Königliche Majestät davon halten"? Friesen gab sich überhaupt ungnädig. Der Grund: Immer noch stand ein Stück der alten Friedhofsmauer aus der Zeit der alten Frauenkirche mitten auf dem Neumarkt. Bereits August der Starke hatte ihren Abriss gefordert. Jetzt verlangte Friesen kategorisch den Abbruch, „da sie (die Mauer) der Residenz zur großen, männlich in die Augen falenden Unzierde dienet". Zur Mauer schwieg der Rat in seiner Antwort, wohl bewusst, dass es dafür keine wirkliche Begründung gab, die Friesen hätte akzeptieren können. Was aber die Verzögerung des Bauens betraf, wusch er seine Hände in Un-

schuld. Er schob George Bähr die Verantwortung zu. Dieser habe die neuen Risse, die gefordert worden waren, nicht geliefert, verwies allerdings darauf, dass der Ratszimmermeister „bettlegerig" gewesen sei. Nun aber war Bähr tot und nicht mehr in Verantwortung zu nehmen. Der Rat gab sich servil. Er fragte bei Friesen an, ob er die Laterne aus Stein oder eher aus leichtem Material fertigen lassen solle. Damit schob er erneut ein Stück seiner Entscheidung dem Hofbauamt zu. Die Probleme wiederholten sich. Wie zuvor an der Hauptkuppel stand die Frage, die Laterne aus Stein zu fügen, wie es Bähr gewollt hatte, oder aus Holz, wie es Ratsmaurermeister Fehre und der oberste Bauchef de Bodt vorgeschlagen hatten.

Friesens Antwort an den Rat ist eindeutig. Die Ober-Civil- und Militärbaukommission forderte das Abtragen des bereits fertigen Kuppelpostaments, auf dem die Laterne stehen sollte. An dessen Stelle sollte „eine kleine Laternich von Holtze (treten), so leicht als immer möglich, damit, wenn es mit Bley oder Kupffer gedecket, es die Schwehre der abgetragenen Steine nicht übertreffe". Friesen geht noch weiter. Wenn die Verringerung der Last danach trotzdem zu klein sei, „solle man die obere Kuppel ganz wieder abtragen und stattdessen, wie ehemals auch von Fehre befürwortet, eine hölzerne Kuppel bauen". Dieser Vorschlag war völlig unangemessen und zeugte von wenig Sachverstand, gab doch die Kuppel nicht unbedingt Anlass zu einer solchen Forderung. Und: Mit dieser Forderung befand sich Friesen im Widerspruch zu de Bodts Gutachten, das Bähr die steinerne Kuppel bestätigt hatte. Und der war gewiss der bessere Fachmann.

Der Rat geriet in helle Aufregung, zumal nach dem Tode Bährs an Pfeilern und Bögen neue Risse hinzugekommen waren. Nicht auszudenken, wenn die Standsicherheit der Kirche gefährdet sein sollte. Bähr konnte nicht mehr gefragt werden. Dennoch gab der Rat nicht gleich klein bei. Am 16. Juni 1738, also genau drei Monate nach Bährs Tod, begutachteten mehrere Fachleute die Kirche. Wieder stand Meinung gegen Meinung.

Um dem Streit ein Ende zu bereiten, sollte der „berühmte Baumeister" David Schatz aus Leipzig nach Dresden kommen, damit er den „gantzen Kirchen- und Kuppelbau mit Fleiß" examiniere. Dies brachte zwar weitere Bauverzögerungen und Kosten, aber der Rat stimmte zu. Für den Höhepunkt der Ablehnung hatte inzwischen Gaetano Chiaveri, der Architekt der Hofkirche, gesorgt: „… das einzige Mittel, so die Kirche zur lieben Frauen erhalten kann, ist, daß man die Cuppel, soweit es roth gezeichnet ist (er meinte die roten Striche auf seiner Zeichnung), abtrage und eine galante Cuppel von Holz mit Bley gedeckt darauf setzt." Er forderte sogar den Abriss der inneren Kuppel.

Schatz ließ sich nicht zweimal bitten, nach Dresden zu kommen. Nachdem ihm ein Honorar zugesichert worden war, reiste er in die Residenz und untersuchte gründlich die Kirche. Von seinem Urteil, das wird er wohl gewusst haben, hing das weitere Bauschicksal des Gotteshauses ab. Am 4. August 1738 kam es zur zweiten Besichtigung der Kirche. Schatz zog sogar einen Notar und einen Zeugen hinzu.

Der Leipziger Baumeister erwies sich als redlicher Mann und Kenner seines Fachs. Er bestätigte am 15. August 1738 die Solidität des Baus und bezeichnete „den nunmehr selig verstorbenen Zimmermeister Bähr als verständig(en) und geschickte(n) Baumeister". Die bisher eingetretenen Risse und Schäden seien „von keiner großen Wichtigkeit". Aber die steinerne Laterne wollte auch er nicht haben. Er schlug eine niedrige Balustrade auf der Kuppel vor. Der Austritt sollte als Observatorium dienen. Schatzens Gutachten beruhigte den Rat. Er war nun sicher: Eine aktuelle Gefahr ging von Kuppel und Postament nicht aus. Dies ließen die Herren Friesen wissen und teilten ihm mit, dass man Schatzens Vorschlägen folgen wolle.

Dem Kurfürsten selbst, Friedrich August II., wurden die Gutachten und Bedenken vorgestellt. Er ließ sich mit seiner Entscheidung Zeit, aber dann sprach er sich am 4. Juli 1739 für Schatzens Vorschlag aus und wünschte, dass der Bau „endlich einmal zum Ende gebracht werde". Und wieder geschah etwas Unvorhergesehenes. Offenbar waren nicht alle mit der Lösung des Leipziger Baumeisters zufrieden. Der Rat gab zwei Modelle in Auftrag, die Schatzens Vorschlag gestalteten. Sie wurden nacheinander auf das Postament der Kuppel gestellt. Ihr Anblick überzeugte nicht. Die Kirche wirkte über der Kuppel wie abgebrochen. Wieder war guter Rat teuer.

Der Rat gab zwei neue Entwürfe zum Bau der Laterne in Auftrag. Den einen fertigte Bährs Widersacher Knöffel, den anderen der Ratsmaurermeister Fehre an. Friedrich August II. musste sich zum zweiten Mal entscheiden. Und es passierte Erstaunliches. Nicht der Entwurf des Oberlandbaumeisters, der inzwischen in großer Gunst des Premiers Brühl stand, sondern der des städtischen Ratsmaurermeisters erhielt den Vorzug. Fehres Entwurf sah eine Laterne „von hartem Stein bis an die oberste Haube, diese aber von Holz mit Kupffer bedeckt" vor.

Das war eine Sternstunde in Dresdens Baugeschichte. Fehre, der zu Lebzeiten Bährs eine Laterne aus Holz gewünscht hatte, entschied sich nach dem Tode des Baumeisters für den Ratszimmermeister, er verwirklichte Bährs Grundidee, die Kirche „ganz aus Stein" zu bauen. Welch ein Charakter! Er vermochte sich zu korrigieren. Somit siegte Bährs Idee endgültig. Am 27. Mai 1743 wurden Kugel und Kreuz auf die Laterne gesetzt. Fünf Jahre nach Bährs Tod und 17 Jahre nach der Grundsteinlegung war das pro-

testantische Gotteshaus vollendet. Seine Majestät, Friedrich August II., ließ den Oberkonsistorialpräsidenten wissen, dass er mit dem „neu aufgesetzten Creuz und Knopfe ingleichen der grünen Kupferhaube...gnädigst zufrieden wären, annechst aber gerne sähen, wenn die Kuppel samt denen vier Thürmen etwa mit einer Steinfarbe angestrichen würden, inmaßen sowohl die Thürme als der untere Theil der Kuppel schon ganz schwarz wären". Diesmal blieb der Bauherr, der Dresdner Rat, standhaft, wohl das einzige Mal in der langen Baugeschichte der Frauenkirche, und verweigerte dem Kurfürsten die Erfüllung seines Wunsches. Die Kirche sei „gegenwärtig nicht im Stande... dergleichen Aufwand zu tun".

Bährs steinerner Kirchbau sollte schon bald, im Siebenjährigen Krieg, großen Gefahren ausgesetzt sein, der Kanonade des preußischen Königs Friedrich des Großen. Die schweren Steinkugeln prallten von der Kuppel ab. Der Preuße soll schließlich gesagt haben: „Dann lasst doch den alten Trutzer stehen." Die Kuppel überstand sogar die zwei Angriffe im Februar 1945, ehe sie zwei Tage später ausgeglüht einstürzte. Eines aber schien sicher: Zwar wurde der Bau im 20. Jahrhundert zweimal saniert und erhielt nachträglich statische Hilfskonstruktionen und Anker, aber dies änderte nichts daran, dass Bährs Baukonzept richtig war, dass sich alle seine Gegner geirrt hatten.

Der Gutachter Schatz schlug eine Balustrade auf der Kuppel vor.

kaum noch vor. Fast jedes Unternehmen, selbst die kleinen, empfangen meist in sterilen Sitzungsräumen. Das dämpft die Erwartungen oder sorgt für Unverbindlichkeit. Freundlich-sachliche Begrüßung.

Für Bernhard Walter und die Dresdner Bank wurde der Wiederaufbau der Kirche zur Herausforderung.

Vergangenheit zurückholen sol Bernhard Walter, über Gegenwart sprechen. Erinnern ist Arbeit, ist Auswahl, ist vielleicht Neuentdeckung. Wird er dazu bereit sein? Zweieinhalb Stunden Zeit gibt er sich und mir. Irgendjemand hat mir vor Jahren erzählt, dass es Walter vom Lehrling in der Dresdner Bank bis zu deren Vorstandssprecher gebracht hat. Nein, er kannte die DDR kaum, genauer, er kannte die DDR nur aus Besuchen der Leipziger Messe und in Ost-Berlin. Aber im Vorstand war er auch für Dresden verantwortlich. Die Stadt hatte all die Jahre eine besondere Aufmerksamkeit erfahren. Schließlich war die Dresdner Bank dort 1872 gegründet worden. Das erzählt Walter mit sachlichem Vergnügen. Noch längere Zeit nach dem Ende des zweiten Weltkrieges und der Teilung Deutschlands galt Dresden als juristischer Sitz. „Es gibt schon bemerkenswerte Zustände", sagt Walter.

Die Launen der Geschichte, manchmal verdichten sie die Ereignisse und Veränderungswünsche von Jahrzehnten, bis der Punkt erreicht ist, an dem das Fass überläuft, das Wasser siedet, das Wasser gefriert. Plötzlich springt die Geschichte, galoppiert. „Es waren aufregende Tage, als die Mauer fiel", sagt er. Und dann die Sprechchöre und Losungen: Wir sind ein Volk. Mein Gott, wer hatte damit gerechnet. Diese Bilder zuvor. Ungarn, Prag, Berlin." Wenn ihm einer gesagt hätte, er hätte dies für möglich gehalten, dann würde ihn Walter der Lüge bezichtigt haben. Aber es hat ihm keiner gesagt. „Wir saßen hier in Frankfurt und erlebten einen Erdrutsch. Sehr schnell war klar, wir müssen wieder nach Dresden, zum Ursprung der Bank."

Walter erinnert sich. Das Gespräch fließt. Er stand wohl am 18. November 1989 zum ersten Mal vor der Ruine der Frauenkirche.

Das war sein erster Besuch in Dresden. Er sah die schwarzen Steine, ahnte, mit welcher Wucht die Kuppel abgestürzt war. Ineinander verkeilt lagen die Brocken auf dem Ruinenberg. Der Sandstein schimmerte wie schwarzer Samt. Und er sagt schlicht: „Die schwarzen Steine und die beiden aufragenden Ruinenteile waren bewegend." Dieser Anblick, der sich ihm einprägte wie der Glanz eines kostbaren Gemäldes, sollte für vieles ausreichen und später über so manchen Ärger hinweghelfen. Zu dieser Zeit wusste er nicht, dass sich einige Bürger der Stadt bereits Gedanken über den Wiederaufbau der Frauenkirche machten, noch in aller Stille. Und als im Februar 1990 „Der Ruf aus Dresden", das Gotteshaus wieder aufzubauen, in die Welt geschickt wurde, konnte er dies verstehen. Das war der Wille, die Vergangenheit in die Gegenwart zu führen und sich an ihr zu kräftigen. Er begann, sich mit der Geschichte des Gotteshauses zu beschäftigen, merkte sich bewusst Einzelheiten, Jahreszahlen wie ein Schüler. Für Zahlen hatte er ein gutes Gedächtnis. „Die schwarzen Steine hatten ihre Würde", sagt er. Ja, ja, er vermochte nachzuempfinden, dass die Dresdner diese Kirche wieder haben wollten. Sie sprachen von der Krone der Stadt. Als man ihn 1994 fragte, ob er den Vorsitz in der zu gründenden Stiftung übernehmen würde, war er bereit. „Es hatte sich vorbereitet", sagt er. Das ist ein schöner Satz, der über dem blanken Tisch klingt.

Für 250 Millionen Deutsche Mark wollte die Bauherrin, die Stiftung Frauenkirche, George Bährs Gotteshaus wieder aufbauen. Das hatten die kühnen Planer und Experten errechnet. Weder die Evangelisch-Lutherische Kirche, noch die Stadt, noch der Freistaat, noch der Bund fielen in ein großes Jubelkonzert ein, als die ersten Summen bekannt wurden. Im Gegenteil. Von der Kirche gab es anfangs sogar Widerstand gegen den Wiederaufbau. Architekten hatten Bedenken oder lehnten den Neubau rundweg ab. Denkmalpfleger wollten ruhen lassen, was im Feuer untergegangen war. Es gab auch gallige Angriffe: Dresden, die Residenz, das Disneyland. Spenden sollten den Wiederaufbau ermöglichen. Sie sollten mindestens die Hälfte der Baukosten erbringen. Dies hielten manche für töricht.

Es gibt Dinge, die einem nur einmal im Leben passieren. Für Walter und die Dresdner Bank wurde der Wiederaufbau der Dresdner Frauenkirche zur Herausforderung. Bauen ist ohnehin etwas Faszinierendes, ein Gotteshaus von europäischem Rang wieder zu errichten, war etwas Einmaliges. Daran einen Anteil zu haben, muss motivieren. Der Vorstand stellte sich hinter den Aufbaugedanken. Einer musste koordinieren, rennen, verteidigen, schieben, entscheiden, Verantwortung tragen. Walter nahm sich der Sache an, die ihm Bürde, Last und Lust bescheren würde. Es galt, Millionen zu beschaffen, Menschen, Unternehmen zu überzeugen, Geld zu geben. Geld musste nach Dresden fließen. Ein Vorhaben in dieser Größe, mit dieser ideellen Herausforderung kannte die Bundesrepublik nicht, ein Vorhaben dieser Art hatte es nicht mal im Ansatz zuvor zwischen Rhein und Elbe gegeben. Nur wenn Spenden flossen, waren auch öffentliche Mittel zu erhalten. Die Idee der Stifterbriefe wurde im Haus geboren. Es gibt sie in Bronze, Silber, Gold und Platin. Mit einem Stifterbrief adaptiert der Käufer symbolisch einen Wiederaufbaustein, bezahlt Bauabschnitte der Frauenkirche, Portale, Fenstersprossen, Rosetten, Gewände, Kirchengestühl.

„Wie ein solcher Bau bewegen kann", sagt Walter. Er lässt den Satz in sich verklingen. Die Filialleiter, die Angestellten an den Schaltern machten es sich zur Aufgabe, Stifterbriefe ihren Kunden zu verkaufen. Große Firmen wurden für größere Summen geworben. Da haben Walter und seine Vorstandskollegen auch mitgeholfen. Die Dresdner Bank selbst spendierte sieben Millionen Euro. Die Bank motivierte, lud Mitarbeiter nach Dresden ein. „Es war beglückend, wie entschlossen sie zurückkamen. „Wissen Sie", sagt Walter, „ich hatte doch auch meine Bedenken und Zweifel, ob wir es schaffen, die notwendigen privaten Spenden zusammenzubringen. Es gab ja nicht wenige, die den Wiederaufbau überhaupt für ausgeschlossen hielten, schon gar nicht die Spendensumme, die dafür benötigt wurde. Aber die Bank stand mit all ihrer Erfahrung, mit all ihren Beziehungen dahinter. Das gab den Ausschlag. Ein paar tausend Mitarbeiter haben sich engagiert. Das war großartig. Auch Geld zu besorgen kann glücklich machen."

Die Sätze fließen, korrekt und enden in Punkten. Aber wie die Worte gesetzt werden, verrät innerliche Anteilnahme. Und ich frage ihn: „Hängen Sie sehr an dieser Kirche? Der Steinbau ist ja fast vollendet. Seine Antwort kommt ohne jedes Zögern. „Dies ist schön zu erleben. Über 62 Millionen Euro haben Privatpersonen und Firmen allein im Rahmen der Stifterbriefaktion der Dresdner Bank gespendet. Sie haben das Aufbauwerk möglich gemacht."

Soll ich dennoch Vergangenes aufrühren, zum Beispiel den Streit um den Bau der Frauenkirchenorgel, der über Jahre geführt wurde? Mehrere Male hatte der Stiftungsrat sich mit diesem Thema beschäftigt und dann endgültig entschieden. Walter reagiert gelassen: „Es haben durchaus ernst zu nehmende Menschen den Nachbau einer Silbermannorgel in der Frauenkirche gefordert. Wir hatten gute Gründe, die Entscheidung so zu treffen, wie sie getroffen wurde. Was haben sie denn für die Orgel getan? Die immer wieder neu entfachte Diskussion hat uns letztlich nur geschadet. Jetzt geraten wir möglicherweise noch unter Zeitdruck. Wir haben ein Jahr Arbeitszeit verloren". Interessant, wie ähnlich er denkt. Baudirektor Eberhard Burger hat dies kürzlich gesagt und der Vorstandsvorsitzende der Fördergesellschaft, Ludwig Güttler, ebenfalls. Jetzt blitzte auf, was ich auf den Pressegesprächen nie beobachten konnte: Beherrschter Zorn. Die Unterstellung, dass der Trompeter Ludwig Güttler an Konzerten in der Frauenkirche Geld verdient hätte, hat er einige Zeit mit Gefasstheit verfolgt. Dann war es Bernhard Walter zu viel geworden, er hatte unabhängige

Prüfer eingesetzt. „Das Ergebnis war eindeutig. Nicht einer der Vorwürfe stimmte."

Bernhard Walter freut sich auf das Setzen des Kuppelkreuzes im Juni dieses Jahres, auf die Weihe der Kirche im Oktober 2005. Die Bank will der Frauenkirche auch weiter verbunden bleiben. Noch liegt etwas Geldarbeit vor ihr. Der Stiftung fehlen acht Millionen Euro. Auf seinem Schreibtisch liegen Briefe an wichtige Geschäftspartner der Bank. Er wird noch einmal um Geld für das Gotteshaus bitten. Auch nach der Weihe der Kirche bleibt viel Arbeit. Nein, er hat nicht vor, sich aufs Land zurückzuziehen, wie es einige Blätter vorgaben, zu wissen. Er liebt Frankfurt, die Internationalität dieser Stadt, auch die Türme vor seinem Fenster.

Eine Frage muss ich ihm noch stellen: „Wie wird man Banker?" Die Antwort scheint ihm Spaß zu bereiten. Er lehnt sich zurück, schaut auf die steingewordenen Symbole des großen Geldes. In seinem familiären Umfeld gab es mehrere Beamte. Er meinte, dies reiche aus. Das Bankgeschäft interessierte ihn. „Meine Eltern waren der Ansicht, auch damit könne man seinen Lebensunterhalt verdienen und stimmten zu. So wurde ich Bankkaufmann oder, wie Sie es bezeichnen, Banker. Ich habe diesen Schritt nie bereut."

19. März 2004

Porträt. Ludwig Güttler

Der Wiederaufbau der Kirche hatte den Startrompeter Ludwig Güttler über Jahrzehnte nicht losgelassen.

Alles kommt von irgendwoher. Bögen öffnen und schließen sich. Und aus diesen Schwüngen erwachsen Biografien. „Manches ist einem vorgelegt", sagt Ludwig Güttler, „es kommt aus der Tiefe, ist vorbestimmt." Als die St.-Wolfgangs-Kirche in Schneeberg nach dem Ende des Zweiten Weltkrieges wieder aufgebaut wurde, hat dies den Jungen stark berührt. Er erinnert sich, dass viele Schnee-

Oberbürgermeister Herbert Wagner überreicht Ludwig Güttler am 27. Mai 1993 die Baugenehmigung.

berger damals gesagt hatten, wozu brauchen wir die große St.-Wolfgangs-Kirche. Wer soll sie bezahlen? Wir haben doch die Hospitalkirche, und die reicht uns. Der Vater seines Freundes Friedrich Kircheis, der damals in Schneeberg Pfarrer war, hat sich für den Wiederaufbau der Hallenkirche stark eingesetzt. Er hat nicht gefragt, wie lange er dauern, wie viel Zeit für jedes Joch benötigt wird, ihm war wichtig, dass die Kirche sich wieder eines Tages über der Stadt und dem Land erhebt. Vielleicht hat dieses frühe Erlebnis Ludwig Güttler mit geprägt, ohne dass er sich dessen bewusst geworden ist.

Plötzlich ist Fröhlichkeit im Raum. Ludwig Güttler lacht. Lachen habe ich ihn selten gesehen. Auch auf Fotos schaut er meist ernst. Aber jetzt lacht er. Und das gibt dem Gespräch Schwung. Seine Gesten werden heftiger. Zwei junge Herren, Mediziner, meldeten sich bei ihm im November 1989 an. Sie ließen Güttler wissen, dass sie ihn als Galionsfigur für den Wiederaufbau der Dresdner Frauenkirche gewinnen wollen. Die Idee muss bekannt, muss in die Welt getragen werden. Sein guter Ruf als Trompeter und seine Bekanntheit können sehr behilflich sein. Sie benutzten mehrere Male das Wort Galionsfigur. Güttler war sich nicht sicher, ob sie die Bedeutung des Wortes wirklich genau kannten. Er hatte nicht übel Lust, ihnen den Inhalt des Wortes zu erklären. Aber dann ließ er es. Die jungen Herren waren vom Wiederaufbau begeistert. Güttler sagte zu, an der nächsten Zusammenkunft teilzunehmen,

in der es um den Wiederaufbau der Frauenkirche gehen sollte. Zwar nicht als Galionsfigur, schränkte er ein, aber als Interessierter. Die Dresdner Frauenkirche, genauer die Ruine des Gotteshauses, war schon lange zuvor in sein Leben getreten. Aber das wusste niemand. Dies hatte er wie ein Geheimnis gehütet. Und Güttler ahnte an diesem Novembertag nicht, worauf er sich eingelassen hatte. Die Unerbittlichkeit dieser Aufgabe sollte ihn fast anderthalb Jahrzehnte fordern und drücken.

In jenen Wochen, als die Bürgerbewegung zum Wiederaufbau der Dresdner Frauenkirche entstand, war das Land zwischen Ostsee und Erzgebirge in Unruhe geraten. Das „Staatsvolk" übte den aufrechten Gang, es streifte die Fesseln des Stillhaltens und der Angst ab. Als die Mauer fiel, versank das Land in einen Glückstaumel. Bald wurde Bechers Wort „Deutschland einig Vaterland" in Leipzig skandiert. Vielleicht erfüllte sich wirklich, was Güttler vor vielen Jahren in seiner Ratlosigkeit in Leipzig gedacht hatte. Staatschef Ulbricht hatte am 30. Mai 1968 die Universitätskirche sprengen lassen. Güttler kannte die Kirche gut, war Mitglied der Studentengemeinde, hatte dort viele Musikaufführungen gehört und an einigen selbst mitgewirkt. Das Datum grub sich ihm ein wie ein Mal. Es war nicht irgendein Datum. Dieser 30. Mai war nicht eine Platzbereinigung, wie vorgegeben wurde. Die Universitätskirche war eine der ältesten in Deutschland. Die Sprengung war auch kein Zufall. In diesem Frühjahr 1968 schauten viele nach Prag.

Vielleicht kam es doch zu Veränderungen, vielleicht brach die Verkrustung des Ostens auf. Dann überrollten russische Panzer die Prager Hoffnungen.

Als die Paulinerkirche in Schutt und Asche lag, dachte Güttler: Man müsste die Verantwortlichen zwingen, sie wieder aufzubauen. Vielleicht kommt einmal der Tag, tröstete er sich. Der junge Güttler war sicher, dass die geistige Tradition, die in so einer Kirche steckt, nicht mit Sprengungen kaputtgemacht werden kann. Und er dachte an die Ruine der Dresdner Frauenkirche, die einen Platz in ihm hatte wie eine Ikone im Rahmen. Vielleicht würde auch sie eines Tages wieder entstehen. Diesen Gedanken behielt er für sich. Er erschien ihm selbst so unwirklich, dass er sich niemandem anvertraute. Und jetzt gab es einen Kreis, der wollte verwirklichen, was er so lange verborgen in sich getragen hatte. Wie sollte ihn da die Galionsfigur stören.

„Die Nähe zu historischen Gebäuden, zu Kirchen kommt aus meiner Familientradition", sagt Güttler. „Ich wollte noch als Schüler der 11. Klasse Architekt werden. Das war für mich ein vorgegebenes Ziel. Die Musik war immer erfüllend, aber spielerisch nebenbei. Ich habe Maurer gelernt. Das war vorgegeben. Meine Vorfahren mütterlicherseits sind nachweislich 400 Jahre in ununterbrochener Reihenfolge Bauleute. Mein Vater war Bauingenieur, meine Mutter Baumeister, mein Bruder ist Bauingenieur geworden. Dinge, die mit dem Bauen oder mit dem Einschätzen einer Proportion eines Bauwerkes oder dessen Perspektive etwas zu tun haben, muss ich mir gar nicht bewusst machen, es steckt in mir drin. Insofern haben mich immer Kirchen als Bauwerke einer besonders schönen, überragenden Idee, Fertigung, Widerspiegelung interessiert."

Der Wiederaufbau des Gotteshauses hatte ihn all die Jahre, Jahrzehnte nicht mehr losgelassen. Er wollte wissen, ob es abwegig war, solche Gedanken überhaupt zu hegen. Inzwischen war es ihm gelungen, aus dem kleinen Land zwischen Werra und Neiße auszubrechen. Seine Musik, seine Trompete hatten ihm die verschlossenen Tore geöffnet. Vor allem im westlichen Ausland begann er die Besucher seiner Konzerte zu befragen, später auch Politiker, prominente Persönlichkeiten, was sie tun würden, wenn es die Chance gäbe, die Dresdner Frauenkirche wieder aufzubauen, wenn wir aus der DDR um Ihre Hilfe bitten würden. „Es war beglückend zu hören, dass alle spontan Hilfe, Unterstützung zusagten. Sie wussten nicht, dass sie damit meinen Traum vom Wiederaufbau nährten. Es dämmerte mir, dass vielleicht eine nicht definierte Sehnsucht vorhanden ist, die geweckt werden kann."

Später erfuhr Güttler, dass es westdeutsche Politiker gab, die in Dresden den Wiederaufbau der Frauenkirche angesprochen hatten. Willy Brandt war darunter, natürlich der gebürtige Dresdener Herbert Wehner und Hans-Joachim Vogel. Güttler erfuhr, dass diese Bemühungen von der evangelischen Kirchenleitung abschlägig entschieden wurden. „Ideen sind etwas Wunderbares, sie können berauschen, sie können einen lange tragen, überleben lassen. Aber der Zeitpunkt muss stimmen, wenn sie öffentlich werden und Erfolg haben sollen. Vieles war im November, Dezember, Januar 1989/1990 völlig unklar. Woher das Geld für den Wiederaufbau nehmen? War es überhaupt möglich, die Kirche wieder so aufzubauen, wie sie George Bähr errichtet hatte? Stimmte sein statisches Konzept, das in Frage gestellt wurde? Sollte es wiederholt werden?" Wie war das alles zu organisieren, in welcher Rechtsform? Hunderte Fragen standen offen. Die Leitung der evangelischen Landeskirche wollte den Wiederaufbau der Kirche nicht. Ohne die Kirche oder gar gegen sie – davon war Güttler überzeugt und bald auch ein paar andere – konnte ihnen kein Erfolg beschieden sein. Und er setzte sich mit seiner Auffassung durch. Man erhob ihn zum Sprecher der Bürgerbewegung.

Trotz aller Mühen missriet die Veröffentlichung des „Rufs aus Dresden". Er wurde im Hotel Bellevue am 12. Februar 1990 der Öffentlichkeit vorgestellt. Hier kam es dann zum Eklat. Landesbischof Hempel, den die Bürgerbewegung für den Wiederaufbau der Frauenkirche gewonnen hatte, musste kurzfristig zu einem Begräbnis nach Afrika. Dort war ein Kirchenführer des Weltkirchenrates gestorben. Sein Stellvertreter Folkert Ihmels erklärte vor versammelter Presse die Ablehnung des Wiederaufbaus. „Wenn ich mich richtig erinnere, sagte er: ‚Wir werden nicht dafür einstehen.' Das war ein ziemlicher Schlag. Aber das konnte uns nicht mehr aufhalten. Wir waren uns im Klaren, dass der Ruf nach außen das eine war. Eben so wichtig war die Gewinnung der gesellschaftlichen Kräfte, der Stadt, des künftigen Freistaates und der Bundesebene. Und wir wollten die englische Königin und den Präsidenten von Amerika informieren. Es war der Bürgerbewegung wichtig, ein Signal zum Aufbruch zu setzen, dass es nicht nur eine Dresdner, eine sächsische oder deutsche Angelegenheit ist, sondern eine Weltangelegenheit. Die Frauenkirche fasste all diese Ansprüche zusammen."

Der anfangs kleine Kreis war sich nicht sicher, dass dies schnell gelingen wird. Es gab ja auch unter den Enthusiasten Bedenken. Führende westdeutsche Denkmalpfleger sprachen sich gegen den archäologischen Wiederaufbau aus. Warum eine Kirche aufbauen, die im Feuer des Krieges versunken ist? Bekannte Architekten lehnten den Wiederaufbau ab.

14 Jahre wirkt Ludwig Güttler als Vorsitzender des Fördervereins zum Wiederaufbau der Frauenkirche für das Gotteshaus. Lebenszeit ist vergangen, Güttler hat seine Professur aufgegeben und vieles mehr, um sich mehr Zeit für die Kirche zu nehmen. Ist das ein Opfer? frage ich. Er überlegt lange: „Nein", sagt er, „ich bin meiner inneren Stimme, meiner eigenen Wahrnehmung gefolgt. Die sagte mir: Mach das mit der Kirche so. Ich denke, meine Vorfah-

ren haben mir einfach einiges mitgegeben wie die Haar- oder die Augenfarbe, vielleicht auch ihre Sehnsüchte, ihr Staunen vor großen Bauwerken. Daran glaube ich." – „In den Jahren hat es auch Ärger und Missverständnisse, ja Konflikte gegeben." – „Das bleibt nicht aus", sagt Güttler. Aber eines hat ihn verletzt: die Unterstellung, dass er mit den Konzerten in der Kirche Geld verdient hätte. „Sie kam aus dem engeren Kreis der Frauenkirche. Sogar meine Abwahl wurde gefordert. Ja, dies hat mich verletzt." Güttler hält sich nicht lange damit auf. Für die Behauptung gab es nicht die geringsten Hinweise. „Was wir im Februar 1990 begonnen haben, hat sich nahezu vollendet. Der Steinbau steht. Bährs Steinerne Glocke bekrönt die Stadt."

Farben wie zu Bährs Zeit

Der erste Eindruck vom Gotteshaus: Licht ist das Innere der Kirche, Helligkeit fließt. Von draußen schwebt es korngelb in den hohen Raum, als wollte es mit ihm aufsteigen. Kraftvoll steigen die marmorierten Säulen zu den Bögen und der Innenkuppel. Alles scheint sich zur Höhe zu recken, zur Kuppel hinauf, die schon ihre erste dekorative Pracht andeutet. Die Emporen, deren Brüstungen farbig tönen und mit allerhand „Muschel- und Blumenpracht" besetzt sind – wie es Friedrich Schinkel mit Sicherheit ausgedrückt hätte – umschließen den Raum wie ein kostbares Amphirund. Die Akanthusblätter an den Kapitellen schimmern steinfarben. Nur die Engelsköpfe an den Pfeilern schauen mit entrücktem Ernst herab. In den verglasten Betstuben funkelt das Licht. Erstmals ist der Raum in seiner barocken Ausmalung unverstellt zu erleben.

Nach dem Ausrüsten des Inneren waren sogar einige Experten von der Wirkung überrascht. So hell, so freundlich hatten sie den Innenraum gar nicht erwartet. Dazu Landeskonservator i. R. Heinrich Magirius unlängst am Rande der Pressekonferenz zur geplanten Ausstellung über den Wiederaufbau der Frauenkirche: „In der Literatur wird oft von dunklen marmorierten Tönen gesprochen und nun diese freundliche Helligkeit." Er gab sich sehr zufrieden. Also haben alle Beteiligten die Herausforderungen bestanden. Und die waren hoch. Denn von der ursprünglichen barocken Gestaltung des Kirchraums war kaum etwas erhalten geblieben. Und bildliche Darstellungen aus dieser Zeit, die Aufschlüsse gegeben hätten, gab es nicht.

1732 begann die Ausmalung der Bährschen Kirche. Sie wurde erst 1740 abgeschlossen. Das 19. Jahrhundert gestaltete um, entfernte sich vom Barock. Um 1865 erhielt die Kirche eine neue Farbigkeit. 1904 und 1932 kam es erneut zu Veränderungen. Während der beiden großen Sanierungen in den Dreißiger- und Vierzigerjahren wurde erneut verändert. „Insgesamt" – so der Restaurator Wolfgang Benndorf – „sind fünf Farbfassungen im Kirchraum

nachweisbar." Mühevolle Arbeit, Spürsinn und Erfahrung waren notwendig, um mit einiger Sicherheit die Farbgestaltung des Innenraumes in der Fassung von 1740 nachzugestalten. Das war ein akribisches Abenteuer.

Gewisse Sicherheiten und Grundlagen für die jetzige barocke Farbfassung gibt es schon. Während der archäologischen Enttrümmerung entdeckte der Restaurator Hans-Christoph Walter 1994 Farbbefunde. Sie befanden sich an einem großen Steinkoloss aus der Kuppel. Auf ihm waren Teile der illusionistischen Kuppelmalerei zu erkennen. Das war ein glücklicher Fund. Weitere Hinweise zur farblichen Gestaltung fanden die Restauratoren am Altar, an den Chorpfeilern und deren Kapitellen. Gestützt wurde der Schauwert durch die erste schriftliche Schilderung aus dem Jahre 1781 von Johann Christan Hasche. Darin heißt es: „Die Mahlerei der Kirche ist gelblicht, und die Schäfte oder Säulen sind in derselben Farbe marmoriert..." Mit Sicherheit war in Erfahrung gebracht worden, dass es grün marmorierte Säulen am Altar gegeben hatte. Das Wenige bot den erfahrenen Restauratoren und Denkmalpflegern genügend Anhaltspunkte, um daraus die Farbfassung zu rekonstruieren. Das war wieder eine Begegnung mit dem Schöpfer des Altars, Johann Christian Feige.

1996/97 entstanden die ersten Entwürfe für die farbliche Gestaltung des Altars und den Innenraum des Gotteshauses. Bis auf den Altar und die Ausmalung der Innenkuppel, die Christoph Wetzel vornimmt, ist das Innenbild weitgehend vollendet. „Wir waren bemüht", so Wolfgang Benndorf, „uns der barocken Gestaltung aus George Bährs Zeit anzunähern", sagte er unlängst mit Blick auf den Altar. Der Bildhauer Christian Schulze, der die Modelle für die Engel auf dem Orgelprospekt schuf, schränkt seine Arbeit ein: „Wir können doch im besten Falle die Kunst des Barocks nur nachempfinden, barock gestalten können wir nicht." Vielleicht ist es dieser Zusammenklang zwischen heutiger Vollendung und barocker Rekonstruktion, die Bährs Kirchraum so glücklich ins Helle und Lichte stellt und ihn zum Klingen bringt.

Auf den inneren Ausbau der Kirche ist jetzt alle Konzentration gerichtet. Riesiger Lärm herrscht in der Kirche. Der Betonboden, auf dem das stählerne Gerüst gestanden hatte, wird aufgebohrt. Auf den Emporen begann das Verlegen der Dielen. 3000 Fußbodenplatten aus Sandstein sind zu verlegen. Der Wendelgang zur Laterne muss ausgelegt werden. Noch gut 17 Monate bleiben bis zur Weihe der Kirche im Oktober 2005.

Steinbau vollendet

Es ist geschafft. Hell steigen die filigranen Sandsteinschäfte hinter den Planen. Schwungvolle Bögen überspannen sie. Die Stadtchro-

Feierliches Setzen des letzten Steins.

nisten dürfen festhalten: Heute, an diesem Dienstag 2004, werden die letzten Sandsteinquader an George Bährs Kirche versetzt. Das Postament über der Laterne ist ausgeführt. Es steht bereit, das Kuppelkreuz aufzunehmen.

Der Laternenhals, der letzte steinerne Bauabschnitt, setzte über der Kuppel bei 67,42 Meter ein, auf 78,03 Meter Höhe ist der Steinbau vollendet. Die noch fehlenden 13 Meter bis zur Gesamthöhe des Gotteshauses von 91,23 Metern bringt das Kuppelkreuz.

Polier Henry Jäkel, Walter Bau AG, einer der letzten aus der großen Aufbaumannschaft, hatte kürzlich gesagt: „Das Gefühl, etwas zu vollenden, ist etwas Einmaliges." Und dann sehr ernst: „Was kommt danach?" Soviel steht fest: In der Frauenkirche wird es noch im April ein großes Fest geben. Und dazu sollen alle eingeladen werden, die an dem Gotteshaus mitgewirkt haben, auch jene, die inzwischen arbeitslos sind.

Am 27. Mai 1994 fand die erste offizielle Steinversetzung an der Frauenkirche statt. Knapp zehn Jahre später und 261 Jahre nach dem Setzen des ersten Kuppelkreuzes ist die Kirche „ganz aus Stein" errichtet, wie es Bähr gewünscht und gegen harte Widerstände durchgesetzt hatte. Der Steinbau ist ein Jahr eher vollen-

det, als ursprünglich geplant. Auch an der aus einer Holzkonstruktion bestehenden Haube wird inzwischen mit Hochdruck gearbeitet, sie erhält eine Kupferbedeckung, steht bald vor der Kirche zum Heben bereit. Und: Das von den Briten geschenkte Kuppelkreuz erhält noch seinen letzten Feinschliff. Alles ist auf ein Ereignis ausgerichtet: auf den Höhepunkt des zehnjährigen Kirchbaus in diesem Jahr, das Heben der Haube und des Kuppelkreuzes am 22. Juni.

16. Mai 2004
Große Gloriole in der Frauenkirche eingetroffen

Wieder ein Ereignis von Bedeutung. Gestern rollte eine kostbare Last von Pillnitz zur Frauenkirche: die große Gloriole für den Altar des Gotteshauses. Vinzenz Wanitschke, der Schöpfer der Lichtscheibe, war etwas aufgeregt. „Hoffentlich passiert nichts, hoffentlich geht alles in Ordnung." Die Gloriole ist aus Stuckgips gegossen, also leicht zerbrechlich. Die 2,60 mal 2,60 Meter sind zu groß, um sie als Ganzes zu transportieren. Daher waren zwei Transporte notwendig. Die Gloriole ist an einem Trägergerüst befestigt, das in zwei Teile zerlegt werden kann. Wanitschke: „War eine ziemlich knifflige Angelegenheit." Pünktlich zum Mit-

tagsgeläut traf die zweite Hälfte der Gloriole ein. Alle Beteiligten atmeten auf.

Die Ankunft der Gloriole setzt die Höhepunkte der letzten Wochen fort. Am 15. März schwebten die beiden Engel für den Orgelprospekt ein. In den ersten Maitagen fielen die Gerüste und gaben erstmals den Blick auf das Innere der Kirche frei. Und jetzt erhält der Altar sein zentrales Bildmotiv zurück, die Gloriole, das Sinnbild des Heiligen Geistes mit dem Strahlenkranz. Die Gloriole befindet sich über der Ölbergszene im Garten Gethsemane, schwebt über dem knienden Jesus, der den Kreuzigungstod noch vor sich hat. Sie markiert den Übergang vom Altarbild zum großen Orgelprospekt. Helle Engelsköpfe quellen aus weißen, weichen Wolkengebilden, Engelsköpfe an den Seiten, nebeneinander, übereinander, mit kleinen spitzen Flügeln, keck, ernst, nachdenklich, jeder Kopf mit eigenem Gesicht, mit eigenem Ausdruck. All das fügt sich zu einem Gesamtbild zusammen: Die Engelsköpfe schweben leicht wie ein Wirbel von Federn in Wolken.

Die Gestaltung hat Wanitschke zu schaffen gemacht. Niemand wusste genau, wie viele Engel sich in der Gloriole befanden. Denn: Nichts, aber auch nichts war von ihr erhalten geblieben. Wahrscheinlich bestand das Original aus Gips und Holz. Die Fotos vom Altar – ohnehin nur schwarz-weiß – bildeten nicht alle Engel ab. Genaue Maße zu Größe und Umfang der Gloriole lagen nicht vor. Zu Tiefen, Krümmungen. Windungen gab es ohnehin keine Hinweise. Was blieb, war ein langsames Herantasten auf unsicherem Grund. Wanitschke: „Es hat gedauert, ehe ich mich in die barocke Formensprache des Altars eingeschaut habe. Wirklich barock gestalten kann doch ein Künstler heute nicht mehr, er kann sich nur einfühlen, dem einstigen Werk dienen." Wanitschke zählte die Engelsköpfe auf den Fotos, fügte einige hinzu, glaubte, dass es 14 gewesen sein müssen. Während der Arbeit wurde eine Rechnung von Feige, dem Schöpfer des Altars, entdeckt. Einige freuten sich zu früh, auch Wanitschke. Die Rechnung sagte nur aus, dass die Gloriole aus „allerhand Materialien" gefertigt worden sei. Als die Gloriole in Gips gegossen wurde, förderten weitere Nachforschungen ein unbekanntes Foto zutage. Helle Aufregung im Atelier. Darauf waren alle Engel abgebildet. Wanitschke war froh, dass er weder einen Engel zu viel noch zu wenig gestaltet hatte. Es blieb dabei. Es waren 14.

Gegen 13 Uhr hing das erste Stück der Gloriole am Flaschenzug. Langsam glitt es in die Höhe. Am unteren linken Engelskopf neben dem Altartisch sind in den letzten Tagen Korrekturen vorgenommen worden. Altarrestaurator Wolfgang Benndorf hat die grelle Vergoldung entfernt. Der Engel mit dem Kreuz, ebenfalls in Wanitschkes Atelier völlig neu gestaltet, trifft in den nächsten Tagen ein. Auch der Strahlenkranz, der an die Gloriole gefügt wird, ist fertiggestellt. Damit sind die großen Bildelemente des Altars, die im Feuer verbrannt waren, vollständig neu entstanden.

Professor Jäger gibt seine Detailkenntnisse gerne weiter.

Bähr war von seiner Idee besessen

Prof. Dr.-Ing. Wolfram Jäger, Jahrgang 1951, lehrt an der TU Dresden als Professor für Tragwerksplanung. Er plante und betreute die archäologische Enttrümmerung der Frauenkirche 1993/1994. Seitdem sind er und sein Büro in Radebeul partnerschaftlich mit Fritz Wenzel an ihrem Wiederaufbau beteiligt.

Professor Jäger, Ihre Mitwirkung an der Frauenkirche steht kurz vor dem Abschluss. Sicher sind Sie auf besondere Weise mit George Bähr konfrontiert worden. Der Bähr-Biograf Sponsel schreibt, dass der Baumeister die großen Bauwerke Italiens geschaut haben muss. Sonst hätte er die Frauenkirche nicht bauen können. Was war Bähr für ein Mensch?
Ob er in Italien gewesen ist, ist bis heute nicht gesichert. Aber Bähr wusste, was im Bauen möglich ist, er kannte den neuesten Stand der Technik seiner Zeit. Von seinem Neffen Schmidt, der nach Bährs Tod an der Kirche weiterbaute, wissen wir, dass Bähr Stiche und zeichnerische Darstellungen von bedeutenden Bauten besaß. Daraus ist der Schluss berechtigt, dass er sehr wohl über die großen Bauwerke Bescheid wusste. Der Einbau der Ringanker dürfte aus diesem Wissen hergeleitet worden sein.

Bähr wird als der bedeutende Baumeister der Frauenkirche gefeiert. Enthusiasten bezeichnen ihn als Genie. Ist das gerechtfertigt? Der Anteil des Ratsmaurermeisters Fehre dürfte gewiss nicht niedrig sein. Ist eine Korrektur in der Beurteilung notwendig?

Es war gewiss früher nicht anders als heute. Die Kirche ist ein Werk vieler. Bähr war der streitbare Kopf. Das gilt als gesichert. Er hat taktiert, er hat sich gegenüber dem Dresdner Rat durchsetzen müssen, er hat abgewogen, er hat gewiss nicht immer alles gesagt, was er vorhatte. Gelegentlich greift er zu Rechenkunststücken, um den Rat und andere zu überzeugen. Insofern war er eindeutig der Baudirektor, der die gesamte Last der Verantwortung trug. Schließlich hat er auch seinen Kopf durchgesetzt und die steinerne Kuppel gebaut, die wir nachgebaut haben.

Er kalkulierte die Kosten meist zu niedrig, um den Rat nicht zu verschrecken, ihn bei der Stange zu halten.

Bähr war von seiner Idee besessen, er hat alles getan, um sie durchzusetzen. Dass er bewusst zu niedrig kalkuliert hat, dem will ich nicht unbedingt zustimmen.

Vielleicht noch ein paar Worte zum Verhältnis Bähr – Knöffel. Sie waren Rivalen. Knöffel hätte wohl ganz gern die Kirche selbst gebaut. Wie sehen Sie das als Kirchenbauer?

Das ist schwierig zu beurteilen. In erster Linie ging es beiden am Anfang darum, für die Kirche eine Gestalt zu finden. Bähr hat Knöffels Anregungen aufgenommen und sie überarbeitet. Es steht fest, dass der ausgeführte Bau besser ist als die ersten Entwürfe. Dies war ein Entwicklungsprozess, war ein gegenseitiges Nehmen und Geben. An der Gestalt der Kirche hat Knöffel einen gewichtigen Anteil. Vor ähnlichen Problemen standen auch wir. Im Bemühen, dem Bährschen Bau sehr nahe zu kommen, erging es dem Bauteam ähnlich. Es wurde erörtert, gerungen, auch gefochten, ehe es zu endgültigen Entscheidungen kam.

Wo sehen Sie die Schwachstellen der Bährschen Konstruktion?

Bähr stand nicht das Wissen über das Baumaterial zur Verfügung, das wir heute haben. Das damalige Sicherheitsverständnis entspricht nicht dem heutigen. Das ist wichtig. Schwachstellen waren Ungleichmäßigkeit der Fugenstärke, die unterschiedliche Qualität des Sandsteins, des zum Teil schlechten Mörtels. Sandstein ist nicht unbegrenzt belastbar. Das hat Generalleutnant Jean de Bodt dem Dresdner Rat bereits damals an einem Stück Würfelzucker demonstriert. Belastet man dieses mit 50 Pfund, wird es diese Last tragen. Gibt man aber nochmals 25 Pfund dazu, wird das Stück Zucker auseinander brechen. Das Wissen, wie weit man vom Bruchzustand entfernt sein muss, war bei Bähr ebenso wie bei den Empfängern des Gutachtens noch nicht vorhanden. Dennoch muss ich hervorheben, dass die Kirche immer eine Standsicherheit hatte,

die, mathematisch ausgedrückt, über 1 lag. Bähr hatte sein Ziel erreicht, dass die Kirche stand und stehen blieb, trotz der Risse, die sie hatte. Stauchungen des Mauerwerks der Pfeiler, Verformungen in bestimmten Bauwerksbereichen und nicht zuletzt Erstsetzungen im Baugrund machten George Bähr jedoch dann schwer zu schaffen. Wegen der sich nicht im erforderlichen Maße einstellenden Lastverteilung waren dann natürlich die Fundamentflächen unter den Pfeilern zu gering dimensioniert, um unterschiedliche Setzungen im Bauwerk zu vermeiden. An der hoch belastetsten Stelle befand sich die kleinste Fläche. Bähr wollte die Last der Kuppel sicher gleichmäßig auf die Pfeiler und das Außenmauerwerk absetzen. Zwar hat er das Wort gleichmäßig nicht verwendet, aber dies wohl so gewollt. Bei den Nachrechnungen der Ingenieurgemeinschaft ist herausgekommen, dass die Lastverteilung auf die Mauern und die Pfeiler nicht so funktioniert hat, wie es der Baumeister wollte. Er konnte den sich einstellenden Lastfluss nicht quantifizieren, er konnte ihn nur fühlen. Es war damals nicht üblich, Bauwerke zu berechnen und nachzuweisen. Sie wurden auf der Grundlage von Erfahrungen gebaut. Eine weitere Schwachstelle war, dass der Hauptsims sich verformte, nach außen getrieben wurde, eine logische Folge des stärkeren Setzens und Stauchens der vertikal unter der Kuppel liegenden, zentralen Stützbauteile. Neuere Forschungen ergaben, dass Bähr, kurz bevor er in Höhe des Hauptsimses angelangt war, Ringanker in Schmiedeberg bestellte. Unter Umständen wollte er sie in diesem Bereich einbauen, was gut gewesen wäre. Die Anker wurden aber nicht geliefert. Warum, ist unbekannt. Es ist anzunehmen, dass er über den Einbau der Anker in den Hauptsims nachgedacht hat. Dieser Schwachpunkt wurde mit dem von Fritz Wenzel und Bernd Frese vorgeschlagenen polygonalen Ringanker beseitigt.

Fritz Wenzel aus Karlsruhe und Sie haben gemeinsam die Beweise und Berechnungen der Stiftung vorgelegt, dass die Kirche George Bährs in Sandstein und Eisen dem originalen Tragwerkskonzept folgend wieder aufgebaut werden kann. Dennoch gab es zwischen Ihnen und Wenzel unterschiedliche Positionen zu den Großteilen im Trümmerberg. Sie traten vehement für den Erhalt und ihren Wiedereinbau ein, Wenzel und seine Ingenieure hatten erhebliche Bedenken. Lediglich der so genannte Schmetterling und ein weiteres Großteil wurden in den Bau eingefügt. Warum?

Durch eine starke emotionale Bindung – gewachsen und gestärkt während der Enttrümmerung – und wegen der technischen Herausforderung habe ich mich sicher vehement für die Bergung und auch für den Wiedereinbau ausgewählter Großteile außerhalb des Hauptlastflusses eingesetzt. Es schien mir auch ein Zeichen der Wahrhaftigkeit zu sein. Ich liebte diese originalen Teile und hätte sie gern in größerer Zahl in der Kirchfassade wieder gesehen. Das stimmt. Aber hohe Aufwendungen, verbunden mit erheblichen Mehrkosten und gewisse Risiken, die Dauerhaftigkeit betreffend, führten dazu, dass diese Idee auf ein vernünftiges Maß zurückgeschraubt werden musste. Der bewusste Schmetterling hat seinen originalen Platz als Dach des Treppenturms G wieder gefunden, ein weiteres ist am Treppenturm A unterhalb des Hauptsimses zu sehen. So haben schließlich mein Enthusiasmus und Fritz Wenzels Bedenken ein positives Endergebnis erbracht.

Ich frage Sie etwas, was ich später auch Fritz Wenzel fragen werde. Wie kamen Sie zum Kirchbau?
In Berlin wurde in den Siebzigerjahren der Dom wieder aufgebaut. Ich wurde von der Bauaufsicht beauftragt, noch einmal die Kuppel unabhängig nachzurechnen. Das war 1976. Ich kam mit einem wirklichkeitsnäheren Modell zu anderen Ergebnissen. Auf Grund meiner Ergebnisse musste dann die Planung noch einmal überarbeitet werden. Es kam sogar zu erheblichen Zeitproblemen in der Baudurchführung, da der Übergabetermin feststand. Eine Rechnung lief ca. acht Stunden, die ich meist neben dem Großrechner des nachts verbrachte. Meine Gedanken gingen immer wieder von dem doch recht einfachen Stabwerk des Berliner Domes zu der viel komplizierteren Steinkuppel der Frauenkirche. Warum sollte es nicht auch möglich sein, diese Kuppel wieder erstehen zu lassen? Wie trug sie, welche Probleme gab es, der Meister hätte sich dabei wohl „vertan" – hieß es. Mit der Berechnung der Berliner Domkuppel entstand das Verlangen, mich intensiver mit der Frauenkirche zu beschäftigen, ihrer Geschichte, ihrem Material, ihrem Bau, ihrem Lastabtrag. Sie erschien mir interessanter und schöner als die Berliner. Ich begann, mich mit der Frauenkirche zu befassen, ohne jeden Auftrag, nur für mich. Ich war gerade mit der Promotion fertig und hatte freie Valenzen für Neues. 1988 organisierte der Kulturbund eine Konferenz zum 250. Todestag von George Bähr. Das vorläufige Programm beinhaltete nur Vorträge von Kunsthistorikern, Denkmalpflegern und Architekten. Ich schlug vor, auch jemanden zur Ingenieurleistung Bährs sprechen zu lassen. Wen? Und schon hatte ich die delikate Aufgabe zu übernehmen. Mit viel Freude und Engagement habe ich dann den Vortrag vorbereitet und gehalten.

Stimmt es, dass Sie sehr früh Curt Siegel, der gemeinsam mit Rüth die Kirche saniert hatte, kennen gelernt haben?
Mir war 1988 eine Privatreise in die Bundesrepublik genehmigt worden. Bei Bertelsmann in Gütersloh warb ich für die Frauenkirche und ihren Wiederaufbau und wollte dort eine Publikation absetzen. Der Westen hatte Geld, vielleicht war dort Geld für einen schrittweisen Wiederaufbau einzuwerben? Ich besuchte mehrere Städte und kontaktierte Leute. Ich wollte wissen, wie man das machen kann. In Stuttgart fragte ich Professor Hans Dieter Blanek, der dann später nach Dresden ins Regierungspräsidium kam und danach an der HTW lehrte, ob denn Prof. Siegel noch lebt und wenn, wie man an ihn herankäme. Blanek griff zum Telefon und sagte kurz darauf: ‚Hier haben Sie ihn.' Ich wusste damals so gut wie nichts von Siegels Tätigkeit in Dresden. Bekannt war mir aus seinem Buch „Strukturformen der modernen Architektur"

nur, dass er bei Rüth, der die letzte Sanierung der Frauenkirche geleitet hatte, etwas mit der Frauenkirche zu tun hattet. Meine Reise war straff geplant, ich wollte am nächsten Tag schon wieder weiter. Daraufhin sagte Siegel sofort: ‚Dann kommen Sie doch gleich mal rüber.' Wir fuhren zu ihm nach Neuhausen in sein herrliches Architektenhaus. Siegel war anfangs sehr reserviert. Ich wollte wissen, was er mit der Frauenkirche zu tun hatte. Er wich mir aus und fragte mich: ‚Nun sagen Sie mir mal, wie wollen Sie denn das machen, die Frauenkirche wieder aufbauen? Wie soll das gehen?' Langsam fing er Feuer. Ich fragte ihn, ob er denn nicht noch irgendetwas an Unterlagen zur Frauenkirche hätte. Er stand auf, ging zum Bücherregal und holte eine orange Mappe aus einem Regal heraus, die persönliche Lichtpauskopie, die er sich im Büro Rüth hatte anfertigen lassen. Ich sehe diesen Augenblick noch heute vor mir. Die Mappe stand links oben im Regal. Er gab sie mir und sagte: ‚Das ist die Statik der Frauenkirche.' Danach holte er eine Kiste mit Dias und gab sie mir auch. Es war natürlich viel zu riskant, beide Sachen über die Grenze mitzunehmen. Prof. Blanek ließ alles kopieren und so gelangte das Material dann etwas später zu mir nach Radebeul. Als wir gingen, sagte Siegel: ‚Jäger, machen Sie! Machen Sie!'

Wie haben Sie Fritz Wenzel, ihren Partner, kennen gelernt?
In Florenz. Es war wieder Geburtstag in Krefeld, im März 1989. Meine Reise zu den vermeintlichen Verwandten 1. Grades wurde wieder erlaubt.

Aber sie hatten doch keine Reise nach Florez genehmigt bekommen.
In Florenz fand eine Tagung zur Erhaltung historischer Bauwerke statt. Ich hatte davon erfahren, fuhr zur Zentrale der Bauakademie nach Berlin und bat, nach Florenz reisen zu dürfen, um einen Vortrag über die Frauenkirche zu halten. Erst nahm man es als Scherz auf und hielt mich wohl für etwas verdreht. Dann ließ man mich wissen, dass ich den Vortrag ausarbeiten könnte und der Leitungshierarchie folgend der Institutsdirektor fahren würde, in dessen Verantwortungsbereich die Thematik fällt. In Viersen habe ich mir dann mit Unterstützung eines Freundes illegal einen vorläufigen Personalausweis der Bundesrepublik Deutschland ausstellen lassen. Das ging ohne Probleme. Verwandte aus Bad Orb gaben mir das Geld, um nach Florenz reisen zu können. Allerdings war dann doch noch ein Problem, das erst in Florenz aufbrach. Der Veranstalter verlangte von mir die 800 DM Tagungspauschale, dann könnte ich meinen Vortrag halten und an der Tagung teilnehmen. Ich checkte meine bescheidenen Geldmittel und bot dem Chairman Prof. Carlos Brebbia 100 DM an. Er überlegte eine Weile, las den vorbereiteten Text durch und nickte ab „als Anzahlung". Den Rest hat er mir später erlassen. Ich hielt meinen Vortrag, postulierte die technische Möglichkeit des Wiederaufbaus, interessierte die Fachwelt dafür, erfuhr viel Neues und lernte Fritz Wenzel persönlich kennen.

Sie mussten doch damit rechnen, dass Ihre Teilnahme an der Konferenz auch den DDR-Behörden bekannt wird.

Das war mir egal. Oder nein, es hätte mich sogar gefreut, wenn es der Präsident der Bauakademie erfahren hätte. Als es dann ernst mit dem Wiederaufbau der Frauenkirche wurde, war ich darauf vorbereitet.

10. Juni 2004
Es gibt noch viel zu tun

Herr Burger, am kommenden Dienstag soll das Turmkreuz gehoben werden. Eine gewisse Anspannung ist unübersehbar. Ist alles für den Tag vorbereitet?

Soweit wir die Dinge regeln konnten, ist alles vorbereitet. Nur das Wetter kann uns einen Strich durch die Rechnung machen. Wir können nur bis maximal 30 Kilometer pro Stunde Windgeschwindigkeit heben. Wir gehen davon aus, dass wir voraussichtlich 17 Uhr heben werden.

Wie viele Tonnen müssen in die Höhe?

28 Tonnen wiegt das Ganze, einschließlich der Hilfskonstruktion, die zum Heben gehört. Die Haube ist etwa 14 Meter hoch.

Der Steinbau erhält mit dem Turmkreuz seine Bekrönung. Die Kirche hat dann ihre Höhe von rund 91 Metern erreicht. Kritiker hatten immer wieder das Tragwerkkonzept George Bährs, des Erbauers der Kirche, in Frage gestellt. In der Tat hatte es Risse an Säulen und Gewölben gegeben. Hatten die Kritiker so unrecht?

George Bähr hat mit dem Kirchbau eine Leistung vollbracht, die seiner Zeit weit voraus war. Das Gebäude ist einzigartig. Die Lastverteilung von der runden Hauptkuppel acht Meter allseitig nach außen, also auf die Außenmauern, ist eine Konstruktion, die zu Bährs Zeit noch nicht vollgültig umgesetzt werden konnte. Alle späteren Reparaturen und Korrekturen haben dieses Tragwerkkonzept eigentlich zunichte gemacht. Es wurde letztendlich doch versucht, die Innenpfeiler so zu stabilisieren, dass sie alleine die Last der Kuppel tragen können. Wenn eine Konstruktion nicht in Anspruch genommen wird, dann reißt sie ab und ist nicht mehr funktionsfähig. Bei den ersten Reparaturen hat man das nicht erkannt, später hat man es erkannt, aber es gab keine andere Lösung. Dies hatte zur Folge, dass die Pfeiler mit Eisenbändern umgürtet und mit Zementemulsionen verpresst wurden. Durch den Einbau der stählernen Emporenkonstruktion wurden die Pfeiler zusätzlich ausgesteift. Als die Kirche einstürzte, war es nicht mehr das Bährsche Gebäude. Wir haben von Anfang an gesagt, dass wir heute in der Lage sind, Bährs Tragwerkkonzept umzusetzen. Es wird ohne Schäden die nächsten Jahrhunderte überstehen. Wir haben sogar eine Erdbebensicherheit nachgewiesen.

Sie betonten öfter die höhere Qualität des heutigen Steinbaus. Haben Bährs Zimmerleute und Steinmetze so schlecht gearbeitet?

Nein, das nicht. Aber wir erreichen eine höhere Qualität des Mauerwerks und damit eine größere Steifigkeit als damals. Unsere Fugen zum Beispiel sind von größter Gleichmäßigkeit. Der Sandstein ist von höchster Qualität. Bähr musste oft minderwertiges Steinmaterial verwenden.

Also sehen Sie nirgends ein Fehlkonzept Bährs?

Nein. Aber es war für Bähr schwierig, ja unmöglich, sein eigenes Tragkonzept umzusetzen. Deshalb mussten Risse im Bauwerk entstehen.

Curt Siegel, der sich um die Sanierung der Kirche vor ihrer Zerstörung verdient gemacht hat, meint, dass ein solches Bauwerk mit Rissen leben müsse.

Risse sind nicht gleich Risse. Es gab schon bedenkliche Risse in der Kirche. Aber es ist richtig: Ein rissfreies Mauerwerk solcher Art gibt es nicht.

Vor dem Heben des Turmkreuzes.

Hat auch die neue Kirche Risse?
Ja, natürlich, aber das sind eben Haarrisse. Sie rühren von der Bewegung des Bauwerkes her.

Wo befinden sich diese Risse?
In Gewölbescheiben, auch an einhüftigen Bögen, im Wendelgang der Kuppel. Aber das alles ist nicht bedenklich.

Die Frauenkirche ist dem archäologischen Wiederaufbau verpflichtet. Was ist an der zweiten Kirche dennoch anders als am Originalbau?
Etwas Wesentliches, ohne dass man es bemerkt. Wir haben nicht den schmiedeeisernen Anker in den Fugen liegen, sondern bohren in die Steinschicht und tragen die Druckkräfte mit den Ankern ins Mauerwerk ein. Auch an der Kuppel gibt es ähnliche Änderungen, die den Zugspannungen entgegen wirken. Das sind die hauptsächlichsten Änderungen. Natürlich beherrschen wir gewisse technologische Prozesse besser als zur Barockzeit. Nur ein Beispiel. Damals hat man den Mörtel im Mörtelkasten angerührt. War er zu steif, bekam er einen Schwab Wasser, mal größer, mal kleiner. Heute wird der Mörtel automatisch gemischt. Das Ergebnis ist eine gleichmäßige Qualität. Oder nehmen Sie die Steinauswahl. Wir wählen die Bänke bereits im Steinbruch aus. Bähr musste nehmen, was per Schiff in Dresden ankam.

Aber es gibt doch Veränderungen am Kirchbau.
Es gibt Zutaten am Bau, aber sonst ist es das Gebäude Bährs, auch wenn die Steine nicht mit der Hand, sondern mit der Säge zugeschnitten wurden. Öfter haben wir zwei, drei Werksteine zu einem zusammengefügt. Das war möglich, weil die Brückenträgerkrane bis zu fünf Tonnen tragen können. Aber damit haben wir Bährs Bauprinzip nicht verfälscht.

Die Hintermauerung ist doch anders strukturiert als im Originalbau.
Kaum, sie ist präziser ausgeführt.

Gelenkpunkte des Zugringes.

Die hochwertigen Pfeilersteine vor einem Originalpfeilerstück.

Sie sprachen von Zutaten.

Durch den Kuppelanlauf drang Wasser ins Kircheninnere ein. Dies unterbinden wir mit einer Dichtung unter den Abdeckplatten. Das Wasser läuft nicht mehr von oben über das Gebäude bis zum Sockel herunter. Wir fangen es an zwei Stellen auf und leiten es über Regenrinnen ab. Kürzlich haben wir uns für eine dritte Rinne unter dem Laternenhals entschieden.

Sie sind ein großer Verehrer George Bährs. Was war Bähr für ein Mensch?

Ich habe mich sehr intensiv mit ihm beschäftigt. Die Literatur über ihn gibt wenig her. Es wurde viel voneinander abgeschrieben. Vor allem das, was nicht stimmt. An Bähr fasziniert mich das baumeisterliche Denken und seine Bereitschaft, Verantwortung zu übernehmen. Er war der Architekt, er war der Statiker. Die Akustik im Raum hat gestimmt, die Lichtführung im Raum ebenfalls. Die Bauphysik war im Prinzip richtig. Das ist schon bewundernswert. Dieses Können ist heute so ziemlich verloren gegangen. Wir haben für jedes Gebiet einen Experten. Man darf das heute auch vom Gesetz her gar nicht allein verantworten. Man braucht mindestens einen, der das prüft. Sei es die Statik, sei es den Bau. Misst man sich an Bähr, dann ist uns Bauleuten einiges verloren gegangen.

Um die Chorschranke vor dem Altarraum wurde gestritten. Sie gehörten seinerzeit zu denen, die auf sie verzichten woll-

ten. Jetzt ist sie fast wieder errichtet. Empfindet dies der Baudirektor als Niederlage?

Ich habe nicht gesagt, wir brauchen die Chorschranke nicht. Ich habe gesagt, dass sie heute unserem Verständnis vom Gottesdienst nicht entspricht und dass sie die Sicht auf den Altar stören könnte. Vielleicht hätte ihr Fehlen auch die Kreativität der Pfarrer in der Gestaltung des Gottesdienstes gefördert. Aber die Landeskirche und Dresdens leitende Denkmalpfleger wollten die Chorschranke. Also wurde sie neu geschaffen. Inzwischen muss ich ehrlich zugeben: Dem Raum hätte etwas gefehlt, wenn sie nicht da wäre, sie prägt sehr stark die Architektur im Inneren, unterstützt den Charakter des Zentralraumes.

Bis zur Weihe der Frauenkirche sind es noch etwa 16 Monate. Was ist bis dahin zu bewältigen?

Viel, sehr viel. Die Farbfassung des Altars ist nicht vollendet. Dazu gibt es immer noch unterschiedliche Auffassungen. Schritt für Schritt wird entschieden wie weiter? Gelegentlich widersprechen sich auch Meinungen von Beratern. Im Moment entsteht der Orgelprospekt. Christoph Wetzel malt die Engel mit den Wolken. Die Fußböden auf den Emporen und im Innenraum werden verlegt. Es fehlen die Innen- und Außentüren. Sorgen bereiten uns die Klappsitze auf den Emporen, weil dort für sie sehr wenig Platz ist. Wir arbeiten an der Aussichtsplattform. Im April muss der Einbau der Orgel beginnen. Die Kirche ist also noch lange nicht vollendet.

Ursprünglich gab die Stiftung die Kosten des Wiederaufbaus mit 250 Millionen DM an. Jetzt heißt es, dass sich die Kosten auf etwa 256 Millionen DM netto, also ohne Mehrwertsteuer, belaufen werden. Im Februar sagten Sie, dass eine Deckungslücke von acht Millionen Euro besteht. Hat der Baudirektor trotzdem genug Geld zum Bauen oder muss er jetzt borgen?

Zur Zeit können wir so weiter bauen, wie wir uns das vorgenommen haben. Die jüngste Aktion der Dresdner Bank hat bereits erfreuliche Ergebnisse erbracht. Der Aufruf der Bundespräsidenten i. R. hat zu erhöhten Spendenaufkommen geführt. Wir hoffen, dass wir die Finanzierungslücke bis 2005 minimieren, aber durch Spenden werden wir sie nicht ganz schließen können. Nach wie vor haben wir Zusagen vom Land und vom Bund, dass man uns nicht im Regen stehen lassen wird, wenn uns das Geld zum Bauen ausgeht.

Und wo wollen Stiftung und Förderkreis Geld einnehmen?
Die Konzerte in der Kirche sollen mindestens plus minus Null abschließen. Die Aussichtsplattform soll uns Geld bringen. Für die Plattform wird ein Eintrittsgeld zwischen fünf und acht Euro erhoben. Von den Teilnehmern an Kirchenführungen erwarten wir weitere Spenden. Und: Wir hoffen, dass die neue Fördergesellschaft Projekte finanziell unterstützen wird.

Die Frauenkirche wird auch nach der Weihe Geld kosten. In welcher Höhe werden sich die Ausgaben bewegen?
Die Kosten pro Jahr sind mit rund 1,9 Millionen Euro kalkuliert. Nach unseren bisherigen Planungen werden wir in der Lage sein, diese Kosten jährlich aus Einnahmen, Spenden und anderen Zuwendungen aufzubringen. Allein die Eintrittsgelder zur Plattform sollen uns etwa 700 000 Euro bringen. Wir haben vom 30. Oktober 2005 bis Oktober 2006 für jede Stunde, für jeden Tag einen Plan aufgestellt.

Aussichtsplattform bei 66 Meter Höhe.

19. Juni 2004
Porträt. Alan Russell

Alan Russell, der Vorsitzende des britischen Dresden Trust, sah sich in der Pflicht, zum Wiederaufbau Dresdens beizutragen.

Jetzt ist er da, jetzt habe ich ihn für mich, Dr. Alan Russell, den Versöhner. Nein, Tee trinken will er nicht, auch keine Kekse essen. H. hat extra Kekse eingekauft. Er zieht Orangensaft vor. Das Klischee fällt durch. Ich bedaure es. Ich hätte gern mit Russell einen Tee getrunken. Der 22. Juni ist für ihn der wichtigste Tag seines Lebens, sagt er. Das Turmkreuz wird auf die Kuppel der Frauenkirche gehoben. Viele Briten sind nach Dresden gekommen, Alan Smith, der Kupferschmied, Grant MacDonalds, der Chef der Londoner Kupferschmiede, und der Herzog von Kent. „Es werden wohl über 200 sein. Sie alle wollen es erleben, wie das Turmkreuz auf die Laterne gesetzt wird, wollen es schauen", sagte er, „ich auch." Und ich denke, ohne diesen Mann, den Freund der Deutschen, gäbe es wahrscheinlich das Kreuz des Friedens nicht, das der Dresden Trust der Frauenkirche geschenkt hat. Wenn etwas gelingen soll, müssen sich immer Menschen finden, die das Gelingen wollen, die Gleichgesinnte suchen, sie überzeugen. Was hat ihn dazu veranlasst, was ihn getrieben, für die Frauenkirche zu wirken?

Ich hoffe, ich erfahre etwas darüber, ich hoffe, er ist bereit zu erzählen. Soviel weiß ich: Er liebt die deutsche Kultur, er liebt Johann Sebastian Bach. An Imanuel Kant hat der Oxfordstudent seine Logik geschult, als Leutnant für kurze Zeit in Düsseldorf und Dülken sein Deutsch vervollkommnet. „Wie?" Er lacht. Er hatte eine deutsche Freundin. Das ging ziemlich lange. Aber dann hat sie sich doch für einen Deutschen entschieden. Ein amüsiertes Lächeln steckt in seinen Mundwinkeln. „Sie hat sich später noch einmal an mich erinnert", sagt Russell. „Sie teilte mir mit, dass sie geschieden sei und ließ durchblicken, dass sie mich gern sehen würde. Da war ich schon verheiratet. Wie die Liebe so spielt."

Wie er das erzählt, leicht amüsiert, aber mit Nähe. Ich bin fast sicher, das Gespräch gelingt. Wir werden ein Stück gemeinsam spazieren gehen, vielleicht auf einem Weg zwischen Feldern, der auf einen Hügel zuführt, über dem sich große Sommerwolken bauschen.

Er ist in London geboren. Kinder von deutschen Emigranten, meist jüdischer Herkunft, waren seine Spielgefährten. Sonnabends besuchte er die Synagoge, gemeinsam mit seinem Freund, und Sonntag die Kirche. Zwei Kulturen stellten sich ihm in den Weg, damit er sie beachte. Und: Sie sammelten Metallstücke von Stukas, die über London abgeschossen worden waren, und Schrapnells. Das waren Abenteuer. Die Battle of Britain hatte über London begonnen. Und sie tauschten eifrig ihre Funde.

Ein frühes, aber wie er sagt, wichtiges Erlebnis bescherte ihm Deutschland. Er fand ein Land im Schockzustand vor und endlos zerstörte Städte. Und er begriff. Ein zweites Versailles war nur zu vermeiden, wenn Deutschland wieder in die Gemeinschaft der Nationen aufgenommen wird. Das war der Grund, aus dem vieles heraus wachsen sollte. Wichtig wurde ihm ein Satz. Ein deutscher Student hatte ihn in der Offiziersmesse gefragt: „Und was war mit Dresden?" Dieser Satz hakte sich fest.

Aber wenn Russell später an Deutschland dachte, dachte er an das Deutschland bis zur Elbe als Grenzfluss. Einmal war er mit einer Bekannten ein paar Tage in Jena. Auf dem Rücksitz seines Autos lag ein Buch, das er gekauft hatte: „Der Weg des Sozialismus". Russel, in Brüssel tätig, trug auf dem Nummernschild die EU-Sterne. Eine junge Grenzpolizistin fragte, was das zu bedeuten habe. Sie kannte das Nummernschild der Europäischen Gemeinschaft nicht. Russell klärte sie auf und fügte scherzend hinzu: „Vielleicht wird die DDR auch einmal Mitglied der Europäischen Gemeinschaft sein." „Sie hat gelächelt", sagt Russell, „und leicht mit den Schultern gezuckt. Solche Spiele treibt die Geschichte. Das war 1975. Ich war von der DDR beeindruckt, das muss ich sagen, auch wenn ich den Verfall besonders in den Städten sah und die wenig attraktiven Läden. Aber die Menschen haben mir sehr gefallen. Und die Wurst war hervorragend." Was ihn sehr gestört hat: keine westlichen Bücher, keine Zeitungen. Aber Naumburg und Weimar haben ihn beeindruckt. Es war für ihn ein großer Augenblick, vor dem Denkmal Goethes und Schillers zu stehen, vor dem National-theater. Er liebte die deutsche Literatur. Nach Dresden ist er nicht gekommen. Der Aufenthalt war zu kurz bemessen.

Der Orangensaft schmeckt ihm. Er trinkt das zweite Glas leer. Eine Kleinigkeit zu essen lehnt er ab, obwohl er die deutsche Bockwurst rühmt. H. wäre kurz zum Laden gegangen und hätte Bockwurst geholt. Also keine Bockwurst, keinen Tee, keinen Keks. Aus seinen weiteren Schilderungen wird deutlich: Alan Russell war vorbereitet, als der Bomber Command Harris als Denkmal in London auf-gestellt wurde. „Ich habe es mir voriges Jahr angeschaut", sage ich. „Die Briten scheinen eine besondere Vorliebe für Feldherren und Marschälle zu haben. Ich habe eine ganze Menge davon auf Sockeln gesehen. Es müssen tapfere Männer gewesen sein, von Indien bis Afrika."

„Ich bin kein fanatischer Mensch", sagt Alan Russell. „Ich bin eher um Ausgleich bemüht, wünsche mir Harmonie. Aber das Harris-Denkmal hat mich gestört. Ein Standbild eines unbekannten engli-schen Fliegers wäre angebracht gewesen. Es sind ja viele in den Tod gestürzt. Harris trug die Verantwortung für die sinnlose Zer-störung Dresdens und anderer Städte." Russell wusste inzwischen von dem Ruf aus Dresden, die Frauenkirche wieder aufzubauen. Er war 1992 zum ersten Mal in Dresden gewesen. Vom Hotel Hil-ton aus konnte er die Ruine nahezu mit den Händen greifen. „Diese stillen, schwarzen Steine, diese aufragenden Ruinenteile." Als das Denkmal von Harris enthüllt wurde, malte Russel ein Pla-kat. Ein Gedanke beherrschte ihn: Du musst etwas dagegen tun. Er fühlte sich zum ersten Mal in seinem Leben berufen, sich auf die Straße zu stellen. Er stellte sich auf die gegenüberliegende Straßenseite vom Denkmal. Er war nicht der einzige, der protes-tierte. Neben ihm stand eine Gruppe junger Leute. Sie warfen mit roter Farbe. Die Polizei schritt ein und nahm sie fest. Eine Gruppe von CND-Leuten protestierte ebenfalls. Sie wurde von Paul Öster-reicher, dem bekannten englischen Atomwaffengegner, ange-führt. Auf Russells Plakat stand, dass die Zerstörung von Dresden keine echte zu rechtfertigende Kriegshandlung war. Und er sah sich in der Pflicht, zum Wiederaufbau der Stadt beizutragen. Wie, wusste er nicht. Er suchte Gleichgesinnte und fand sie. Die ersten vier trafen sich zum ersten Mal im Süden Londons, darunter war der ehemalige Bomberpilot Peter Johnson. Das hat Russell sehr berührt.

Russell gönnt sich eine Pause. Diese hellen Augen, diese Nach-denklichkeit. Es ist gut, dass der Mann hier sitzt und ich ihm zuhö-ren kann. Welch ein Weg von dem Jungen, der Schrapnells sam-melte, bis zum Initiator einer großartigen Aktion. „Peter Johnson", sagt Russell, „hat mich beeindruckt. Er war Wing Commander und hat Bomben abgeworfen. Während seiner Einsätze über Deutsch-land fragte er sich zunehmend, ob das richtig sei, einen solchen Terror gegen die Zivilbevölkerung zu entfachen. Er zweifelte zu-nehmend. Er kannte Harris persönlich."

Harris lud ihn nach der Kapitulation Deutschlands zu einem Abendessen ein. Er bat Johnson, nach Deutschland in die britische Besatzungszone zu gehen, um dort einen Bericht über die Wirk-samkeit der Bombenangriffe zu verfassen. Harris erwartete einen Beitrag, wie die britische Luftwaffe zum Sieg beigetragen hatte. Johnson sah die Ergebnisse, die Zerstörungen, aber er formulierte, dass der Effekt, gemessen am Aufwand, viel kleiner ausfiel als es Harris annahm. „Harris", so Russell, „ist sehr wütend geworden.

Er hat nie wieder mit Johnson gesprochen. Der Bericht verschwand."

Im August 1993 wurde der britische Dresden Trust, eine Stiftung, gegründet. Der Vorstand bestand aus vier Mann, darunter Paul Österreicher. Lord Yehudi Menuhin wurde der erste Schirmherr des Trusts. Er ist inzwischen verstorben. Im Januar 1994 wandte sich der Trust mit einem Appell an die britische Öffentlichkeit. Darin bat er, den Wiederaufbau der Dresdner Frauenkirche finanziell zu unterstützen. Wenn auch Deutschland den Krieg begonnen, London mit den V-Raketen beschossen hatte, bestand die Pflicht zur Versöhnung.

Als aus Dresden die Anregung kam, sich an der Rekonstruktion des Turmkreuzes zu beteiligen, ging der Trust sofort darauf ein. Als er gegen Ende 1994 die ersten 10 000 Pfund zusammen

hatte, stand fest: Nicht beteiligen wollte man sich, nein, der Trust wollte das neue Kreuz der Frauenkirche zum Geschenk machen. Wie das im Einzelnen geschehen sollte, wusste man in London nicht. Im Oktober 1994 reisten Paul Österreicher, John Beam, Tim Everad und Alan Russell nach Dresden. Das Ergebnis der Reise war ermutigend. Die Deutschen würden die Planung und das Modell anfertigen, die Briten das Kreuz rekonstruieren. Dresden Trust schrieb den Bau des Kreuzes aus. Die Londoner Werkstatt von Grant MacDonald legte das beste Angebot vor. Es sollte ein Kreuz des Friedens werden. „Das ist uns gelungen", sagt Russell. „Deshalb sind wir hier. In drei Tagen wird es gehoben." Er schweigt eine Weile und fügt dann noch einen Satz hinzu: „Für mich erfüllt sich ein Herzenswunsch, erfüllt sich ein Lebenstraum. Und der heißt Versöhnung." Russell sitzt da, schweigt, die Augen fast geschlossen. Und ich bin glücklich, diesen Mann etwas näher kennen gelernt zu haben.

22. Juni 2004

Versöhnung im Kreuz

Vormittags

Was für ein Tag! Blauer Himmel und pfirsichgelbe Wolken über Dresden. Manchmal etwas Wind, aber nur für kurze Zeit. Dunkle Wolkengebilde ziehen auf, wie Meerblau im Sturm. Heute soll das Turmkreuz auf die Kuppel gesetzt werden, heute erhält die Frauenkirche ihre Krone. Zehn Jahre und ein Monat Bauzeit vollenden sich. Der Steinbau ist aufgerichtet. Eine kühne Idee ist verwirklicht worden. Bitte, nur keinen Regen, nur keinen starken Wind. Bei höchstens 30 Kilometer Windgeschwindigkeit pro Stunde dürfen Haube und Kreuz gehoben werden. Weht er heftiger, darf nicht gehoben werden.

Die Haube und das Turmkreuz, das die Briten, genauer der Dresden Trust, Dresden geschenkt haben, sind schon seit längerem miteinander verschraubt. Das Turmkreuz ist noch einmal von Engländern vergoldet worden. Grant MacDonald, in dessen Londoner Werkstatt das Kreuz entstand, ist vor kurzem eigens nach Dresden gekommen, um letzte Hand anzulegen. „Nichts, aber auch nichts darf an diesem Tag schief gehen", sagte er mir. Die Laserstrahler sind in den letzten Tagen angebracht worden. Bei Dunkelheit werden Haube und Kreuz angestrahlt. „Das Heben an sich", hatte Eberhard Burger gesagt, „ist nicht das Schwierige. Die Balken, auf denen die Haube ruht, müssen millimetergenau in die Schlitze in der Laterne eingefügt werden. Dies erfordert höchste Präzision."

Gegen Mittag

Die Wolken werden dichter, immer weniger Blau über Stadt und Fluss. Auf der Baustelle gewesen. Polier Henry Jäkel eilt über den Platz. Er winkt ab: „Keine Zeit, keine Zeit." Er ist einer der Letzten, der auf der Baustelle verblieben ist. An den Stufen zu den Porta-

Alan Smith montiert das Kreuz auf der Haube.

len wird in aller Ruhe gearbeitet. Anruf aus Berlin: Heike P. am Telefon, ehemalige Dresdnerin, aber nun leidenschaftliche Hauptstädterin: „Ihr Sachsen bekommt nun das Kreuz. Jetzt dürft ihr knien." Sie ist gallig. Das war sie immer, wenn es um die Kirche ging. „Nun dürfen auch die Preußen ihr Stadtschloss fordern und die Leipziger die Paulinerkirche", sagt sie. Abrupt bricht sie das Thema ab. Sie wollte nach Dresden kommen, um das Spektakel zu erleben. Ob ich ihr ein paar Fotos machen könne. Sie will sie Berliner Freunden zeigen und ihrem Chef, dem Chefdesigner. Ich sage es zu. Im Stadtzentrum bereits sehr viele Menschen. H. hatte gesagt, als die archäologische Enttrümmerung begann: „Ich möchte es erleben, dass die Frauenkirche wieder aufgebaut ist."

Gegen 15 Uhr
Mir ist, als swinge die Stadt. Viele Menschen streben ins Stadtzentrum. Die Augustusbrücke ist voller Beobachter. Die Brühlsche Terrasse ist schwarz von Menschen. Zwischen dem Dresdner Residenzschloss und dem Kulturpalast werden die Stehflächen immer rarer. Ein Meer von Erwartung.

Ab 16 Uhr
Die Spannung steigt. Rings um die Kirche, um den Neumarkt gibt es keine freien Flächen mehr. Auf dem Dach des Johanneums stehen Neugierige, auf dem Neubau des Polizeipräsidiums ebenfalls. Beifall kommt auf. Die hohen Gäste nehmen auf der Bühne Platz. Der Schirmherr des Dresden Trust, der Herzog von Kent, Sachsens Ministerpräsident Georg Milbradt, der Baudirektor Eberhard Burger ist ebenfalls anwesend, der Landesbischof Volker Kreß, der Oberbürgermeister Ingolf Roßberg. Posauen ertönen. Als Schuljunge habe ich ein paar Stunden Posaunenunterricht genommen. Die hat mir der Chef des Uhyster Posaunenchors gegeben. Und als es nicht gleich so klappte, wie er sich das vorstellte, erhielt ich Kopfnüsse, aber kräftige. Ich habe mich dann geweigert, zum Unterricht zu gehen. Schließlich hatte meine Mutter ein Einsehen.

16.30 Uhr
Plötzlich läutet eine Glocke; hell und rein, eine zweite gesellt sich hinzu, eine dritte. Bald schwingt das ganze Geläut, acht Stimmen, acht Töne. Sie jubeln, sie danken, sie loben den Herrn. Der Dresdner Kreuzchor singt: „Lobe den Herren, der alles so herrlich regieret." Der Bischof Volker Kreß spricht. Er dankt dem britischen Dresden Trust, bezeichnet den Wiederaufbau als Zeichen der Versöhnung. Der Himmel wird immer dunkler. Die ersten Regentropfen fallen, der Wind nimmt zu. H. ist ungeduldig. „Reden können sie danach. Sie sollen endlich das Kreuz heben."

Burger spricht von der langen Geschichte des Wiederaufbaus. Aber er hält sie kurz. Er hätte viel lieber, lässt er die Dresdner wissen, das Kreuz in aller Herrgottsfrühe gehoben, ohne Zuschauer. Dass er an die Bauleute erinnert, deren Arbeit sich vollendet, ist angenehm. Inzwischen sind einige ohne Arbeit. Der Wind nimmt

Blick vom Schlossareal auf die Frauenkirche.

zu. Die Fahnen flattern. Gesänge und Posaunentöne schweigen plötzlich. Burger verkündet, dass vorerst nicht gehoben werden kann. Auf der Kuppelspitze herrsche Windstärke acht, das Heben sei nicht möglich. Aber es bestünde Hoffnung, dass die Turbulenzen im Elbkessel in etwa zehn Minuten zu Ende gehen könnten. Beifall braust auf.

17.23 Uhr
Stille. Kein Posaunenton, kein Gebet, kein Gesang. Keine Ankündigung. Sie steigt plötzlich. Stilles Staunen. Es ist, als hielten Zehntausende den Atem an. Sie steigt. Langsam, lautlos, schön, sie gleitet gleichmäßig ins Blau, zur Kuppel hinauf, an der hellen, leuchtenden Kuppel vorbei, erreicht die Höhe der Laterne, steht still, gleitet senkrecht zum Zentrum der Laterne, sinkt, sinkt, eingewinkt von Armen und Gesten. Der Wind hat sich gelegt, die Sonne hat sich durchgesetzt, kupfern, golden gleißt das Metall, gleißt das goldene Kreuz, blinkt das Wolkengebilde. Das Geschenk der Briten hat sein Ziel erreicht, krönt die Kirche, krönt die Stadt, das Tal, den Fluss. Dann spricht Georg Milbradt: „Heute schließt sich eine Wunde im Herzen Europas." Oberbürgermeister Roßberg bedankt sich für die Hilfe. Herzog von Kent beginnt zu sprechen, spricht in Deutsch. Warmer Beifall empfängt ihn. „Es ist eine Ehre für mich, heute dabei zu sein. Ich empfinde es als Privileg, zum Kreuz beigetragen zu haben." Und dann nennt er Ludwig Güttler, Dr. Alan Russell, den Gründer des Dresden Trust. Und er mahnt, „die schmerzhafte schwierige Vergangenheit der beiden Völker nicht zu vergessen". Seine Worte versinken im Beifall.

Es ist ein Glück, an diesem Tag dabei sein zu können.

Chorschranke steht wieder im Kirchraum

Das Innere der Frauenkirche hat ein architektonisches Meisterstück zurückerhalten, die Chorschranke. Aus ihrer Mitte wächst die Kanzel heraus, geschmückt von Ornamenten und Akanthusblättern. Links und rechts führen zu ihr Stufen, verdeckt von zwei schwungvollen Brüstungen. Wie schön frisch gehauener Sandstein sein kann, führt die Chorschranke vor. In hellem Grau schimmert der Stein, zeigt seine feinen Maserungen, zeigt sein Wachsen und Werden. Es ist Cottaer Sandstein. Steinbildhauer rühmen ihn seit Jahrhunderten, weil er sich besonders gut für bildhauerische Gestaltung eignet. Er ist geschmeidiger und weicher als der härtere Postaer Sandstein.

Die Chorschranke steht zwischen Kirch- und Altarraum. Sie trennt die beiden Räume, behindert gar die freie Sicht auf das untere Altarwerk. Gerade dies und eine andere Auffassung vom Gottesdienst als zur Barockzeit drohte, 1998/99 zu einem unversöhnlichen Streit zu führen. Die Besonnenen predigten Ruhe und maßvolles Handeln. Die Frauenkirche hatte gerade den langen Streit um den Einbau des Westgiebels überstanden, den die Dresdner Denkmalpflege kompromisslos gegen den Bauherren geführt

hatte, allen voran Dresdens Denkmalpfleger Hans Nadler und Gerhard Glaser. Sie wollten das Trümmerstück zu ebener Erde als Mahnmal liegen lassen.

Ähnlich wie zuvor beim Westgiebel wurden die unterschiedlichen Auffassungen zur Chorschranke längere Zeit hinter verschlossenen Türen gehalten. Die Auseinandersetzungen sollten den Wiederaufbau des Gotteshauses nicht stören. Aber dann bekam die Presse Wind. Die SZ titelte am 24. Februar 1999: „Erneut Streit um die Frauenkirche. Denkmalpflege will Rekonstruktion der Chorschranke. Bauteam dagegen." Baudirektor Eberhard Burger begründete: Die Chorschranke entspräche nicht mehr dem heutigen Verständnis vom evangelischen Gottesdienst. Landeskonservator Heinrich Magirius ging mit beherrschtem Zorn in die Öffentlichkeit: Die Chorschranke sei unverzichtbar, ließ er die Ablehner wissen, sie sei ein integraler Bestandteil der Innenarchitektur. Schließlich setzten sich die Denkmalpfleger und die Landeskirche durch. Die Chorschranke wurde rekonstruiert. Die Sächsischen Sandsteinwerke Pirna und der Innungsbetrieb Andreas Geith aus Dresden nahmen sich der Arbeit an. Die Voraussetzungen für die Rekonstruktion waren nicht die besten. Die Chorschranke war total zerschlagen worden. Aber handwerkliche Meisterschaft, Einfühlungsvermögen und Akribie führten schließlich zum Erfolg.

Chorschranke mit Lesepult.

Aus dem Trümmerberg konnten nur sehr wenige Stücke von der originalen Chorschranke geborgen werden. Dennoch waren sie für das Feststellen der Maße überaus wichtig. Glück war, dass sich Reste von Farbspuren erhalten hatten. Matthias Tomschke, Steinbildhauer bei den Sandsteinwerken, verantwortlich für die Steinherstellung: „Die Fotos ließen gewisse Rückschlüsse auf Profilierungen, Bildplastik und Oberflächenbearbeitung zu. Das Modell für die Kanzel hatte Vinzenz Wanitschke entwickelt. Die Größe der Steine, die Längen, die Krümmungen, all das musste berechnet und entwickelt werden. Die Trümmerstücke halfen. Wir haben die gesamte Chorschranke dreidimensional im Computer gezeichnet und die steintechnische Versetzung entwickelt. Schwierig war dann die Anpassung der einzelnen Teile. Das war kompliziert, aber auch aufregend." Eines der Hauptstücke, den Kanzelfuß und den Kanzelkorb, führte Stefan Geith aus.

Wer genau hinsieht, bemerkt im hellen, frischen Stein drei kleine braune Verfärbungen. Sie heben sich deutlich vom hellen Grau ab. Darüber darf man sich wundern. Aber es ist kein schlechtes Material, es sind kleine Originalstücke aus der ursprünglichen Chorschranke. So bleiben sich die Erbauer der Kirche auch an der Chorschranke treu. Was sich an Originalsubstanz eignet, wird in die neue Kirche eingebaut. Noch ist die Chorschranke nicht vollständig fertiggestellt. Sie soll eine sparsame Farbfassung erhalten. Welcher Art sie sein wird, darüber debattieren die Experten. In jedem Fall aber gibt es einen versöhnlichen Schluss. Baudirektor Eberhard Burger, der sich die Kirche auch ohne Chorschranke vorstellen konnte, wiederholt noch einmal: „Inzwischen muss ich ehrlich zugeben: Dem Raum hätte etwas gefehlt, wenn sie nicht da wäre, sie prägt stark die Architektur im Inneren."

14. Juli 2004
Porträt. Stephan Fritz

Als das Turmkreuz am 22. Juni auf die Kuppel gehoben wurde, war Pfarrer Stephan Fritz erkrankt, er trug es mit Fassung. Seine Bemerkung paar Tage später war lakonisch: „Leider hatte es mich erwischt." Ich hätte gern seine Worte zum großen Hebefest gehört. Aber jetzt habe ich ihn für mich. In Dresden ist Fritz geboren, in Leipzig und Berlin hat er an kirchlichen Hochschulen Theologie studiert, Studentenpfarrer war er an der Technischen Universität Dresden, ehe er am 2. Januar 2000 die Berufung zum Pfarrer der Frauenkirche erhielt. Es ist Nachmittag. Draußen jagen dunkle Wolken über Dresden. Fritz sitzt im Licht, das durch das Fenster des Coselpalais fällt, schmal, sehr aufrecht.

Die Frauenkirche besitzt keine eigne Gemeinde. Diese Feststellung bereitet ihm keine Probleme. Ähnliche Fragen ist er gewöhnt. „Die Wirkung der Frauenkirche wird größer sein als die einer Pfarrgemeinde", meint er: „Die Kirche wird keine klassische Ortsgemein-

Das ungewöhnliche Konzept für die Frauenkirche sieht deren Pfarrer Stephan Fritz als Herausforderung.

de sein." Und er gibt zu, dass dies manchmal Verwunderung auslöst, wenn er das so nüchtern feststellt. Und er hebt zu einer längeren Erklärung an.

Die kirchliche Landschaft hat sich seit der Zerstörung der Frauenkirche in Dresden erheblich verändert. 80 Prozent der Dresdner Bevölkerung geben an, konfessionslos zu sein. Das heißt aber nicht, dass sie kein Interesse an religiösen Fragen hätten. Dem steht nach wie vor annähernd die gleiche Anzahl von Kirchen und Gemeinden gegenüber wie vor dem Ausbruch des Zweiten Weltkrieges. Das sind in Dresden 49 evangelische Ortsgemeinden. Im Stadtzentrum selbst aber leben immer weniger Menschen. „Es würde wenig Sinn machen", so Fritz, „die wenigen Gemeindemitglieder in zwei Gemeinden aufzuteilen. Also bleiben sie bei der Kreuzkirche." Seine Erklärung wirkt so nüchtern wie ein weißes Blatt. Zur Frauenkirche kommen viele Menschen, Touristen, Gäste, Dresdner. Wenn sie an Gottesdiensten teilnehmen, sagt ihnen Fritz: „Sie sind für die Zeit, die Sie hier verweilen, die Gemeinde der Frauenkirche auf Zeit." Deshalb wird die Frauenkirche auch ein anderes Konzept haben als die Stadtkirchen. „Wir sind eine Angebotskirche. Hier gibt es und wird es viele Veranstaltungen geben, Gottesdienste, Kirchenführungen, Konzerte, Lesungen, Vortragsreihen, Chorgesang, Jugendbegegnungen. Wir wirken also weit über eine kirchliche Grenze hinaus." Draußen geht ein kurzer, heftiger Schauer nieder. Aber das Rauschen ist nicht zu hören. Die Fenster schließen dicht. Im Raum wird es dunkler. Was wird aus der frühen Idee, in der Frauenkirche ein internationales Friedenszentrum einzurichten? Ist sie aufgegeben worden?

„Sie ist nicht aufgegeben worden", behauptet Fritz. Er bezieht sich auf Paul Österreicher, den langjährigen Leiter der Kathedrale in Coventry und großen Aussöhner und Brückenbauer. Die Frauenkirche ist ein „Lernort des Friedens", regional und überregional, im

Gloriole.

kirchlichen Alltag und während herausragender Ereignisse. In der Vortragsreihe „Wege zur Kultur des Friedens" spiegelt sich diese Idee bereits wider, besonders auch in den Jugendprojekten. An einem Konzept „Friedensforum Frauenkirche" wird gearbeitet. Am 13. Februar 2005, dem 60. Jahrestag der Zerstörung Dresdens, wird die Frauenkirche in die weltweite Nagelkreuzgemeinschaft aufgenommen. Diese Bewegung ist von Coventry ausgegangen. Sie vereint heute mehr als 200 Zentren, an denen man sich der Versöhnungs- und Friedensarbeit verschrieben hat. Es gibt noch andere Vorstellungen. Aber über sie will er nicht öffentlich reden. Und dann fällt ein Satz, der wohl vieldeutig ist. „Es wird viel zu viel über Dinge gekräht, die noch nicht klar sind." Dann folgt Bekanntes: „Die Frauenkirche ist ein Ort des Glaubens, der Hoffnung und des Neuanfangs, sie ist ein Ort der Versöhnung."

Ich will es etwas Praktischer haben. Mich interessiert seine Meinung zur Gestaltung des Altars. Ursprünglich hat es Überlegungen gegeben, den Altar stärker in seiner Versehrtheit, in seinem Leid zu erhalten, ihn nicht zu glätten. Davon wurde immer mehr abgerückt. „Jetzt entsteht ein sehr goldener, weitgehend ergänzter und wieder hergestellter Altar", sage ich. „Dass dies so gekommen ist, hat die Kirche stark gewollt, auch Sie?"

Fritz überlegt, fügt die Floskel „also" ein und sagt: „Der Altar wird Verwundungen zeigen, aber auf den zweiten Blick." In der Tat stand anfangs die Frage, lässt man ihn fragmentarisch bestehen oder ergänzt man ihn so, dass das Prinzip der geheilten Wunde erkennbar bleibt. Es fehlten wesentliche Teile des Altars, der Engel, der das Kreuz tragende Engel, die Gloriole. Die großen Figuren waren abgestürzt. Klar war, dass über dem Altar der prächtige historische Orgelprospekt neu entsteht. Als dann die Entscheidung fiel, im Innenraum die barocke Farbigkeit wieder herzustellen, hatte das Konsequenzen. Der Altar war nicht mehr als Torso hinzunehmen. Die Architektur der Chorschranke, der Kanzel, des Taufsteins dramatisiert den Blick in Richtung des großen Altars mit seinen Bildwerken. Hier erfährt der Kirchraum seinen gestalterischen und sinnbildlichen Höhepunkt. „Darauf wollten und durften wir nicht verzichten", meint Pfarrer Fritz. „Dies schloss auch eine Steigerung der Farbigkeit und die weitgehende Wiederherstellung des Altarraumes, des Zentrums der Kirche, ein. Eine Belassung der Wunde hätte die totale Zurücknahme der Farbigkeit notwendig gemacht. Damit wäre der Sinn des Altars verfälscht worden. Das wollten wir zunehmend nicht. Gegen das Fragment sprach auch, dass der Altar der Frauenkirche – anders als zum Beispiel in der Dreikönigskirche – kein Solitär ist, sondern ein architektonischer Bestandteil des Gotteshauses. Schließlich entschieden wir: Die Botschaft des Altars muss auch in der wiederaufgebauten Kirche klar ablesbar sein. Schrittweise haben wir uns alle, Restauratoren, Denkmalpfleger, wir, die Kirche, dieser Aussage, diesen Bildern angenähert. Gelegentlich haben wir gesucht, gestritten, gezögert, auch verworfen, aber was entstanden ist, ist richtig."

Ich sehe es Fritz an. Er hat gern darüber geredet. Seit dem Jahr 2000 ist er an der Kirche. Er sieht ihrer Weihe mit Anspannung und Gelassenheit entgegen. Er freut sich auf die ersten Taufen und Eheschließungen. Bereits jetzt gibt es Anfragen, wann das möglich sein wird. Einige wollen sogar mit der Eheschließung warten, bis sie in der Frauenkirche möglich ist. „Die Frauenkirche", sagt Fritz, „wird zuerst Kirche sein, auch wenn sie keine eigene Gemeinde im herkömmlichen Sinne besitzt."

Als ich aus dem Cose palais trete, setzt ein heftiger Regen ein. Schnell bilden sich kleine Bäche an den Rinnsteinen. Vor dem Coselpalais riecht es nach Brot und Bier. Die Touristen flüchten in die Cafés. In der Kirche treffe ich Oberkirchenrat Dieter Zuber. Er ist verärgert, dass die Medien die ablehnende Haltung der Kirche, die 1990 gegen einen Wiederaufbau der Frauenkirche gewesen ist, einseitig und wenig differenziert darstellen. „Was heißt die Kirche", sagt Zuber. „Es gibt nicht die Kirche. Und die evangelische Kirche war es nicht, die abgelehnt hat, das waren immer einzelne Personen. Aus damaliger Zeit gesehen, waren ihre Bedenken nicht so falsch. Denken Sie nur an den baulichen Zustand vieler Kirchen. Es gab sicher Dringenderes im Lande als die Frauenkirche aufzubauen." Zuber formuliert einen Satz, den ich so nicht erwartet hätte. „Die evangelische Landeskirche hätte damals durchaus die Macht und die Kraft gehabt, den Bau zu verhindern. Sie hat es nicht getan. Das sollte man auch bedenken." Seine Behauptung scheint mir überzogen. Ich bezweifle sie. Zubers Hand streicht schwungvoll über sein glattes graues Haar, wischt darüber, drückt es fest. Seine Gesten geraten in Schwung. „Der Zeitpunkt, zum Wiederaufbau zu rufen, war bestens gewählt. Der Ruf aus Dresden erfuhr im Einheitstaumel viel Sympathie. Vielleicht schon ein halbes Jahr später wäre dessen Wirkung viel geringer ausgefallen. Ein halbes oder gar ganzes Jahr gegen den Wiederaufbau zu sein, wäre durchaus möglich gewesen. Ob dann noch der Aufbauschwung ausgereicht hätte?"

Zuber lässt die Frage offen. Aber er weiß, wovon er spricht. Er hat alle Anfänge des Wiederaufbaus erlebt, war eine Art Mittelsmann zwischen der evangelischen Kirchenleitung und der frühen Bürgerbewegung, er war auch im Hotel Bellevue dabei, als am 12. Februar 1990 der Ruf aus Dresden der Öffentlichkeit vorgestellt wurde, und er hat die Ablehnung des Wiederaufbaus der Frauenkirche an diesem Tag durch Volkert Ihmels, der für Bischof Hempel erschienen war, wohl gehört. „Es war für mich eine große

Gratwanderung. Und jetzt ist die Kirche fast fertig. Morgen wird wieder über den Altar beraten." Wolfgang Benndorf, der am Altar arbeitet, kennt den Termin. Als sich Dieter Zuber verabschiedet, sagt Benndorf: „Weitere Entscheidungen müssen her. Die Zeit wird knapp." Und Zuber bestätigt das mit großem Handschwung. Benndorf widmet sich wieder dem Engelskopf. Es hat aufgehört zu regnen. Die Kuppel ist regendunkel.

15. Juli 2004
Schauen wie Johann Wolfgang von Goethe

Wind und ein weiter Blick auf die Stadt, auf den Fluss, auf die Höhenzüge. Dresdens neueste Attraktion ist nahezu vollendet: die Aussichtsplattform der Frauenkirche über der Steinernen Glocke. Wie einst der Dichterfürst Johann Wolfgang von Goethe kann man bald schauen. Eine Vorabbesichtigung der Plattform hat durch die Bauaufsicht stattgefunden. Spätestens Anfang nächsten Jahres soll die Plattform die ersten Besucher aufnehmen. Die Stiftung Frauenkirche benötigt Geld, um u. a. die Betriebskosten der fertiggestellten Kirche zu decken. Die Plattform soll dazu beitragen. Projektleiter Karl-Heinz Schützhold vom Hauptplaner der Frauenkirche IPRO: „Der Bauherr wünschte eine Nutzung der Plattform vor der Kirchweihe im Oktober 2005. Wir haben dann den Termin Ende 2004, Anfang 2005 für möglich gehalten. Jetzt stehen wir unter Termindruck. Aber das war all die zurückliegenden Jahre so."

Zur Plattform gelangt man mit dem Aufzug, einer Zugabe zu Bährs wiederaufgebauter Kirche. Dann geht es zwischen den beiden Kuppelschalen hinauf, der äußeren und der inneren. Die Bodenplatten des spiralenförmigen Aufgangs sind verlegt, der Gang ist geweißt. Großartige Einsichten in die Hauptkuppel tun sich auf. Altrosa und Gelb leuchten. Licht fließt durch die hohen und ovalen Fenster und füllt den Kuppelraum. Eine schwere Holztür ist zu öffnen, ehe man die Plattform betritt. Eine kreisrunde sandfarbene Balustrade umgibt sie. Der Stein ist so frisch, dass er duftet. Zwei Dachklempner von der Firma Döschner hocken auf dem Boden. Stefan Hoffmann: „Der Boden wird mit Edelstahlblech bedeckt. Darauf kommt ein Gitterrost aus Holz. Das war's dann." Seit 1992 hat die Dresdner Firma Döschner gemeinsam mit dem Arbeitsgemeinschaftspartner Böhme aus Klotzsche die Blei- und Kupferarbeiten an der Kirchfassade ausgeführt.

Eine Aussichtsplattform für Besucher hatte der Erbauer des Gotteshauses George Bähr nicht vorgesehen. Der Ratszimmermeister hatte ursprünglich einen steinernen Obelisken auf die Kuppel setzen wollen. Ihn auszuführen war ihm nicht vergönnt. Bähr starb 1738. Nach seinem Tode wurde die Kirche 1743 mit Laterne, Haube und Kreuz bekrönt. Ähnlich wie zur Gemäldegalerie erhielten ausgewählte Personen zur Kuppel Zutritt. Zu ihnen gehörte auch der junge Johann Wolfgang Goethe. Als Student in Leipzig besuchte er als 18-Jähriger Dresden und bestieg 1768 das erste Mal die Kuppel. Seit der preußischen Beschießung der Stadt 1760 waren acht Jahre vergangen. In den Straßen befanden sich Ruinen. Der Turm der Kreuzkirche war noch nicht wieder hergestellt. Von der Kuppel sah der angehender Dichter, der an der „Laune des Verliebten" schrieb, „die „leidigen Trümmer zwischen die schöne städtische Ordnung hineingesät". Und der Küster sagte ihm: „Das hat der Feind gethan!"

Die Aussichtsplattform befindet sich in 66,5 Meter Höhe. „Wesentliche konstruktive Veränderungen an der Geometrie und der Konstruktion des Steinbaus machten sich nicht notwendig", so der Architekt Uwe Kind. Ein Blick zur Laterne beruhigt all jene, die äußerliche Veränderungen am Gotteshaus befürchtet hatten. Der Zugang und Abgang musste im Inneren so gelegt werden, dass sich die Besucher nicht gegenseitig behindern. Daher entschieden sich die Planer bei aller Enge für einen Zu- und einen Abgang. Kind: „Solche getrennten Verkehrswege gab es in der Bährschen Kirche natürlich nicht." Es bot sich an, vom oberen Teil der Wendelrampe eine zusätzliche Treppe zum Laternenhals und von da ab eine 2. Wendeltreppe zur Laternenplattform einzubauen. Die

Besucher werden so zur Plattform geführt, dass sie die Gottesdienste und Veranstaltungen im Kirchraum nicht stören. Zusätzlicher Brandschutz und Rettungswege sind natürlich vorhanden. An die Plattform werden große Erwartungen geknüpft. Die Optimisten meinen: Es könnten 1500 bis 2000 Besucher pro Tag hinaufeilen. Und sie wünschen sich Schlangen vor dem Eingang, wie am Dom in Florenz. Das freilich ist eine theoretische Möglichkeit. Finanzdirektor Heinz Wissenbach gibt sich zurückhaltend. Er rechnet mit etwa 200 000 Besuchern pro Jahr. Das Eintrittsgeld wird zwischen fünf und acht Euro betragen. Davon gehen Kosten ab. Wenn am Ende pro Jahr eine Million Euro in die Kassen der Stiftung fließen würde, wäre das ein wahrer Geldsegen.

28. Juli 2004

Porträt. Thomas Gottschlich

Endlich kommt es zu einem längeren Gespräch mit dem Architekten Thomas Gottschlich. Es war höchste Zeit. Gottschlich arbeitet seit Januar 1997 auf der Bauherrenseite für die Frauenkirche. Er hat sich bei der Stiftung beworben und wurde angenommen. Er ist einer der jüngsten Architekten im engeren Bauteam. Der Schreibtisch voller Briefe und Ordner. Auf dem Fußboden Papierstapel, Zeichnungen, Fotos. Solange an der Kirche bauen zu können empfindet er als Glück. Planen, Abstimmen, Details entscheiden, Koordinieren, genau Hinschauen, ob auch das ausgeführt wird, was der Bauherr will, das ist seine Aufgabe. „Alles optimal zusammenführen ist wie das Knüpfen eines feingliedrigen Netzes", sagt er. „Es muss halten und stimmen." Vor allem für den Innenausbau zeichnet er verantwortlich, für die Arbeitsgruppe Innenraumfarbigkeit, für die Innenkuppel, die Orgel. Die Wiederherstellung des Altars zum Beispiel liegt in der Verantwortung des Bauherren. Er vergibt die Aufträge. Gottschlich hat sie im Auftrag des Bauherren zu betreuen. „Das ist ein kompliziertes Unternehmen. Da reden viele mit, Denkmalpfleger, Restauratoren, Planer, Pfarrer und Landeskirche. Sie alle haben Ideen, Gedanken, Vorstellungen. Das macht die Sache ziemlich kompliziert."

Er spricht es nicht aus, aber es ist unumstößlich: Allzu viel Zeit bleibt nicht mehr. Der Altar muss fertig werden. Über ihm wird am Orgelprospekt gebaut. Auch hier sind die Termine knapp. Gottschlich ist sich sicher, dass bis zum letzten Tag vor der Weihe der Kirche im Oktober 2005 mit viel Kraft und Einsatz gearbeitet wird. Spätestens dann wird er wohl von seinem Schreibtisch im Coselpalais Abschied nehmen. Was danach kommt, wie es mit ihm weitergeht, weiß er nicht. „Darüber nachzudenken bleibt mir noch Zeit", sagt er. Diese Gelassenheit, vielleicht ist es auch die Gelassenheit der Jugend oder der anderen Herkunft. Gottschlich hat in Braunschweig und in Darmstadt studiert. Dort ist es schon eher üblich gewesen, zu wissen, dass man eine Arbeit nicht auf Lebenszeit hat. Als er das Studium beendete, lief die archäologische

Das Turmkreuz krönt wieder die Stadt.

Orgelbauer Kern vor den Einzelteilen seines Instrumentes im Kirchschiff.

Enttrümmerung der Ruine (1993/1994). Zuvor hatte er in Pirna und Berlin gearbeitet.

In all den Jahren habe ich Gottschlich immer sehr ruhig, zurückhaltend erlebt. Ob es denn für ihn schwierige Situationen gegeben habe, will ich wissen. Er denkt länger nach. Wahrscheinlich will er nichts sagen. Er ist wach, er ist misstrauisch. „Gab es etwas, dass Sie besonders geärgert oder herausgefordert hat?"

Er denkt wieder nach, seine Antwort bleibt allgemein. „Ich kann mich schon ärgern, ich kann auch ungeduldig werden. Schließlich muss ich das Für und Wider zusammenführen, einen Konsens im Interesse des Bauherrn finden, damit es an der Kirche weitergeht. Da ist für eigenen Ärger wenig Raum."

So richtig zu fassen bekomme ich ihn nicht. Zur Sanierung des Altars hat es gelegentlich unterschiedliche Wünsche und Auffassungen gegeben. Sie halten an. Selbst Baudirektor Burger beklagt dies gelegentlich. Wie Gottschlich damit umgeht, will ich wissen. Diesmal kommt die Antwort schnell. Es zählt das Wort des Bischofs Hempel wieder. „Es gilt, die ‚geheilte Wunde zu zeigen'. Dies muss konsequent in der Restaurierung durchgesetzt werden. Dass in diesem Prozess allzu Subjektives stört, liegt auf der Hand." Mehr ist ihm nicht zu entlocken. Ich stelle eine weitere Frage.

„Was hat Sie in all den Aufbaujahren besonders beeindruckt?" – „Die Glockenweihe und das erste Läuten, dass die innere Bestimmung des Gebäudes wieder hörbar wurde."

Das Telefon klingelt. Gottschlich lässt es unbeachtet klingen. Das gefällt mir.

Zur Zeit gilt alle Kraft der Orgel, der Herstellung der Bildplastik und der Festlegung der farblichen Gestaltung des Orgelprospekts. „Wenn das Orgelwerk eingebaut, die Farbfassung vollendet und die Orgel intoniert ist", sagt er, „ist der Wiederaufbau abgeschlossen."

30. Juli 2004
Vertrag erfüllt

Herrliches Wetter, weiße Wolken und Sonnenschein. Nazarenerblau über Dresden. Das Ende einer großen Bauzeit wurde heute an der Frauenkirche zelebriert. Prominente waren eingeladen, die wichtigsten Macher. Stiftungschef Bernhard Walter hatte ins Hilton zum Festschmaus gebeten, die Bauleute blieben unter sich, sie feierten an der Kirche. Das erinnert an Bährs Zeit. Damals blieb die Prominenz, der Stadtrat, die kirchlichen Würdenträger, auch unter

ßen wieder einmal vor Dresden. Friedrich der Große befahl die Belagerung der Residenz. Hinter den Mauern und Toren hielten sich etwa 14 000 Österreicher und Reichstruppen, Sachsens Verbündete und Gegner Preußens, auf. Friedrich der Große wollte die Stadt in jedem Falle einnehmen. Er befahl, die linkselbische Altstadt von Dresden zu bombardieren. Am 19. Juli donnerten 19 Mörser. Kirchen und Häuser gingen in Flammen auf. Die Pirnaische Vorstadt brannte nahezu ab, die Annenkirche brannte, die Kreuzkirche wurde schwer getroffen, ihr Turm stürzte ein. Gezielt wurde auf die Frauenkirche. Aber die Kugeln prallten von ihrer Kuppel ab. Als die Artillerie schwieg und der Rauch verzogen war, thronte die Steinerne Glocke über der Stadt, als habe es die mörderische Beschießung nicht gegeben.

Die Preußen rückten ab und hinterließen eine zerstörte Stadt. Sie sollte sich nur allmählich erholen. Selbst der junge Goethe, der Dresden 1768 zum ersten Mal besuchte, musste noch Ruinen erblicken. Das Bombardement aber hatte allen Kritikern und Panikmachern, die gar einen Abriss der Kuppel gefordert hatten, eines eindrucksvoll bewiesen: Es bestand nicht die geringste Einsturzgefahr. Fundamente, Pfeiler und Mauern waren nicht nur in der Lage, die Hauptkuppel und die steinerne Laterne zu tragen, sie vermochten auch äußeren Gewalten, Bomben und Schlägen standzuhalten.

„1765 wurden Risse im Bauwerk an Pfeilern und Bögen beobachtet", schreibt der Statiker und Miterbauer der Frauenkirche Wolfram Jäger im Jahrbuch 1997. Maurermeister Hünich hält 1820 in einem Gutachten fest, dass „die Kuppel mit Gras und Unrat stark bewachsen ist und die Fugen gereinigt und neu verschlossen werden müssten". 1887 und 1892/93 musste gar die Hauptkuppel ausgebessert werden. Zu Beginn des 20. Jahrhunderts wurden „zerdrückte Kapitellsteine ausgewechselt", 1905 und 1908 gab es wieder Schäden in Fugen. Eines wurde immer offensichtlicher: Rund 150 Jahre nach der Vollendung des Kirchbaus machte sich seine umfassende Sanierung und Instandsetzung notwendig. Aber damals wie gegenwärtig erging es der Bauherrin ähnlich: Die Kirche war knapp bei Kasse.

Dann kam es doch zu einer Aufsehen erregenden Entscheidung. Genaue Untersuchungen ergaben zunehmend schlechte Befunde. Die Kirche bewegte sich, die Fundamente hatten sich unregelmäßig gesetzt. Es half nichts. Das Gotteshaus musste baupolizeilich gesperrt werden. 1924 begann die erste umfassende Sanierung der Frauenkirche. Stadtbaurat Paul Wolf leitete sie. Große Flächenstücke der Kuppel waren mürbe – sie wurden durch neue härtere Sandsteinplatten Postaer Varietät ersetzt, so nach dem Ort Posta bei Pirna benannt. Bähr hatte seiner Kirche mit Eisenankern zusätz-

Risse, Bomben, Ankereisen

1760 bis 1942

Bereits zu Lebzeiten George Bährs traten im Baugefüge der Frauenkirche Risse auf. Sie entstanden vor allem an den Pfeilerschäften im Inneren des Kirchenraumes, aber auch an Bögen. Selbst die Kapitelle wiesen Schäden auf. Sehr früh kam es zu Problemen, sie hielten fast zwei Jahrhunderte die Bauüberwacher der Kirche in Atem. Die Fugen im Kuppelanlauf wurden immer wieder undicht, Wasser drang ein. Bähr selbst räumte wiederholt vor dem Rat die Risse ein, versuchte ihn aber zu beruhigen. Es sei – meinte er – nichts Ernsthaftes zu befürchten. Und in gewisser Weise hatte er recht. Große steinerne Bauwerke leben mit Rissen, sie sind ihnen nahezu wesenseigen. Dass dies Bährs Kritiker und Gegner anders sahen, ist bekannt. Curt Siegel, der an der Sanierung der Frauenkirche in den vierziger Jahren beteiligt sein wird, meinte aus dem Blick seiner Erfahrung 1995, „daß es geradezu zum Wesen alter Steinbauten gehört, gewisse Risse zu haben". Er behauptet: „Sie sind oft unvermeidbar und zum großen Teil ohne jede statische Bedeutung."

Im Siebenjährigen Krieg (1756-1763) wurde Sachsen mehrere Male zum Kampfschauplatz. Im Sommer 1760 standen die Preu-

liche Sicherheit zu geben versucht. Der Bau erhielt nun weitere Anker. Die Sanierung musste 1932 wegen Geldmangels eingestellt werden.

Die Hoffnung erwies sich als trügerisch. 1934 wurden kräftige Bewegungen am Bau festgestellt. Drei Jahre später, 1937, drangen große Mengen Regenwasser in die Kirche ein. Dies nahm die Kirchenleitung so ernst, dass sie weitere Sanierungsmaßnahmen und konstruktive Sicherungen beschloss. Jetzt war die Kompetenz von zwei Männern gefragt, die sich um die Frauenkirche große Verdienste erwerben sollten. Der Architekt Arno Kiesling übernahm die Bauleitung vor Ort und Prof. Dr.-Ing. Georg Rüth, Lehrer an der Technischen Hochschule Dresden, unterzog die Kirche einer eingehenden statischen Untersuchung. Kiesling fertigte ein Aufmaß der Kirche an und kartierte die Bauschäden. Seine Arbeiten sind von unschätzbarem Wert. Beim Wiederaufbau der Frauenkirche leistete sein Aufmaß dem Aufbauteam wertvolle Dienste. Anders als zu Bährs Zeit, als empirische Erfahrungen die Grundlage des Bauens bildeten, war die Statik inzwischen zu einer Wissenschaft herangereift, die exakte Berechnungen errmöglichte. Rüht und seine Mitarbeiter, darunter auch der junge Curt Siegel, lieferten sie.

Zum ersten Mal in der etwa 210-jährigen Baugeschichte der Frauenkirche entstand eine statische Untersuchung der Frauenkirche auf exakter Grundlage. Rüth erfasste die Lastenverteilung und Lastenableitung und deckte konstruktive Schwachstellen in der Kirche auf. Und – wohl das Wichtigste: Nach Rüths Meinung war die „Sicherheit der äußeren Massivkuppel nur gegeben, wenn die von George Bähr eingebauten Anker die vorhandenen Ringzugkräfte aufnehmen". Dies sei nicht mehr der Fall, meinte Rüth, auch deshalb nicht, weil Bährs Eisenanker zum Teil angerostet waren. Um eine gleichmäßige Lastenverteilung zu ermöglichen, baute Rüth – ihm stand Stahlbeton zur Verfügung, den es zu Bährs Zeit nicht gab – drei Kuppelringanker aus Stahlbeton ein, die er innen an der Außenschale anbrachte.

Auch das Innere der Kirche erfuhr eine Erneuerung. Im Laufe der Zeit war es zu Veränderungen in der Kirche gekommen, die ihr „zum Nachteil gereichten". Die Restauratoren waren bemüht, die ursprüngliche Farbgestaltung der Bährschen Kirche wieder herzustellen. Ob das tatsächlich gelang, darüber gehen die Meinungen auseinander. Die Kirche hatte während der napoleonischen Kriege den Franzosen als Lazarett und Pferdestall gedient. Den Soldaten und Ärzten war das originale Kirchgestühl im Weg gewesen. Die Militärs zerschlugen es und nutzten es als Feuerholz. Das später angefertigte Gestühl war von minderer Qualität. Inzwischen war es von Holzwürmern zerfressen. Neues Kirchgestühl wurde in Auftrag gegeben, allerdings reichte das Geld nur für die Ausstattung des Kirchenschiffes. Die Emporen behielten die alten Bänke.

All diese Arbeiten gestalteten sich unter den Bedingungen des Krieges äußerst kompliziert. Es fehlten Fachleute, es fehlte Baumaterial. Arno Kiesling wurde eingezogen. Dennoch wurde 1942, also mitten im Krieg gegen die Sowjetunion, die große Sanierung und Stabilisierung des Bährschen Gotteshauses abgeschlossen. Im November wurde die Frauenkirche mit einem Festgottesdienst eröffnet. Dresden besaß wieder eine helle, frische Kirche. Es war die umfassendste Sanierung und Erneuerung des Gotteshauses seit dessen endgültiger Fertigstellung 1743. Als das schöne Lutherlied „Ein feste Burg ist unser Gott, ein gute Wehr und Waffe" im Kirchraum erklang, als die Silbermannorgel brauste, grollte das Donnern der Geschütze an den Fronten, starben Millionen Menschen. Bald erreichte der Bombenterror die deutschen Städte und legte sie in Schutt und Asche. Dresden blieb verschont, bis zum 13. Februar 1945, als die Niederlage Nazi-Deutschlands gewiss war.

Deutlich ist zu sehen, wie eng die Bauten um die Frauenkirche standen.

sich. Und Bähr und seine Mannen tranken Freiberger Bier. Kurzes Gespräch mit Hans-Joachim Jäger, Geschäftsführer des Fördervereins zum Wiederaufbau der Frauenkirche. Er war weiß vor Zorn. „Sehen Sie genau hin, sehen Sie noch andere aus der Bürgerbewegung, die den Wiederaufbau angeregt und befördert haben?" Immerhin Pfarrer Karl-Ludwig Hoch war da. Er fand sogar Zeit zu ein paar freundlichen Worten über mein Taschenbuch zur Frauenkirche, das am 22. Juni erschienen war. Hans Nadler im Rollstuhl. Schön, ihn wiederzusehen. Jörg Peter, der Prüfingenieur aus Stuttgart, war da, Fritz Wenzel aus Karlsruhe, Wolfram Jäger aus Radebeul, die Chefstatiker der Kirche, die Planer von IPRO, Karl-Heinz Schützhold und Ulrich Schönfeld.

Der Chef der Arbeitsgemeinschaft Frauenkirche, Frank Spiegel von der Walter Bau AG, übergab den Steinbau der Stiftung Frauenkirche. Baudirektor Eberhard Burger bestätigte die solide Arbeit der Gewerke. „Wir haben am 31. März 1999 52,4 Millionen Euro in Auftrag gegeben. Sie wurden redlich verbaut." Die letzten Gerüste, die eigens für diesen Tag stehen gelassen wurden, nahmen Zimmerleute ab. Schließlich sollten die Pressefotografen doch ein Bild machen können. Der Symbolträchtigkeit halber. Mit der Unterzeichnung des Übergabeprotokolls, das Burger, Manig, Spiegel unterschrieben, wurde der Auftragnehmer seiner Pflichten enthoben. Dresdner Silber- und Goldschmiede sorgten für eine schöne Überraschung: Sie schenkten der Stiftung einen silbernen Pokal. Beste Laune kam auf, als der Pokal zum ersten Mal mit Wein gefüllt und dann von Hand zu Hand gereicht wurde.

Vor gut zehn Tagen wurde die Laterne ausgerüstet, Ende vorige Woche war der 110 Meter hohe Kran abgebaut worden. Bis zum letzten Augenblick wurde aufgeräumt, verfugt und gekarrt, damit die Gäste eine besonders gut geordnete Baustelle erleben. Selbst Polier Henry Jäkel fuhr mit dem Gabelstapler Balken und Gerüststangen zu den Containern. Das Gotteshaus steht nunmehr völlig frei von Gerüsten im Zentrum der historischen Altstadt, bekrönt von der Steinernen Glocke, Haube und Kreuz.

Seit 1995 baute die ARGE, bestehend aus der Walter Bau AG vereint mit DYWIDAG und den Sächsischen Sandsteinwerken Pirna, an der Bährschen Frauenkirche. Die Verträge zum letzten und teuersten Bauabschnitt wurden nach monatelangen harten Verhandlungen am 31. März 1999 unterschrieben, nachdem die Unternehmen ihre Kalkulation offen gelegt hatten. Wer die Präzision der Planungen ermessen will, dem sei nur ein Fakt mitgeteilt. Das Heben des Kuppelkreuzes am 22. Juni wurde im Vertragswerk vor reichlich fünf Jahren festgelegt.

Am Rande der kleinen Feier, die wieder der Freundeskreis der Frauenkirche aus Celle den Bauarbeitern ausrichtete, sagte der Maurer Uwe Kleebank, seit 1995 an der Frauenkirche tätig: „Diese Zeit war der Höhepunkt in meinem Berufsleben. Aber es kommt

auch etwas Wehmut auf." Und sein Blick ging in die Höhe: „Wir fragen uns, wie es mit uns weitergeht."

4. August 2004
Porträt. Karl-Heinz Schützhold

Karl-Heinz Schützhold.

Ist die Arbeit auf der Baustelle am Neumarkt erledigt, geht Dr. Karl-Heinz Schützhold um die Frauenkirche herum, oder er schaut aus größerer Entfernung auf sie zurück. Nicht jeden Tag, nein, aber jetzt geschieht dies immer öfter. Das hat mit dem sich nähernden Ende der Bauzeit zu tun. Sein Blick wandert über die Schwünge des Kuppelanlaufs, bleibt meist für kurze Zeit an der Kuppel haften, gleitet weiter zu der Laterne, bis er schließlich das Turmkreuz erfasst. Seine Empfindung ist eindeutig. Die Frauenkirche ist ein großartiger Bau. Daran haben er und seine Mannschaft Anteil. Sie haben den Wiederaufbau bis zum letzten Stein geplant. In sein Empfinden mischt sich ein gewisses Bedauern. Der Steinbau ist vollendet, gar ein Jahr eher, als ursprünglich ins Auge gefasst. Das Aufbauteam hat alles getan, dass dies so gekommen ist. Und nun müssen sie alle ein Jahr eher von der Kirche Abschied nehmen. Etwa 15 Monate bleiben bis zur Weihe des Gotteshauses im Oktober 2005. Bis dahin wartet noch viel Arbeit im Inneren der Kirche, aber der Arbeitsaufwand reduziert sich von Monat zu Monat.

Schützhold ist zu mir gekommen. Wir wollen ungestört reden, ohne Telefonanrufe und Rückfragen. Er ist sofort zum Fenster gegangen, schaut aus dem zehnten Stock meines Arbeitszimmers über Dresden. Klares Licht, gute Sicht. Deutlich zeichnen sich die Höhenzüge des Elbsandsteingebirges ab. Übergroß wirkt der Lilienstein, eingehüllt vom dunklen Tintenblau. Schön die Höhenlinien zum Borsberg hin. Und es fällt ein schöner Satz, der unvermittelt kommt: „Die Bestimmung der Bauleute ist Ankommen, Bauen, Beenden und Weiterziehen. So ist das."

Dass Schützhold an der Frauenkirche bauen wird, hat er vor knapp einem Jahrzehnt nicht gedacht. Zu DDR-Zeiten hatte er am Kernkraftwerk Stendal projektiert. Dann kam die Wende, die auch in sein Leben eingriff. Stendal wurde aufgegeben, blieb Investruine. Anteil hat er an den frühen Anfängen des Kirchenwiederaufbaus kaum genommen. Erst als ihn die Architekten- und Ingenieurgesellschaft IPRO holte und auf der Brühlschen Terrasse an der Kunstakademie einsetzte, die saniert werden musste, rückte die Ruine in sein Blickfeld. Bis zu ihr waren es kaum hundert Meter. Er schaute öfter hinüber; manchmal spazierte er über den Neumarkt, beobachtete, wie der Berg der schwarzen Steine abgetragen wurde, wie das Bauen einsetzte. Er ist sich nicht sicher, ob er sich gewünscht hatte, an der Frauenkirche zu bauen, eher nicht. Ihn beglückte etwas anderes. Sein Großvater Kurt Schützhold hatte an der Akademie studiert. Und nun baute der Enkel an dem Haus, das dringender Erneuerung bedurfte. Eines wusste Schützhold: IPRO plante den Wiederaufbau des Gotteshauses. Ihm war auch bekannt, dass ein Spezialistenteam für die Frauenkirche gebildet worden war. Keinen Gedanken verschwendete er daran, dass er dem Team gern angehören möchte. Die Sanierung der Kunstakademie füllte ihn aus. Dieser Bau war ein herausgehobenes Gebäude der Stadt. Dann geschah, womit er nicht gerechnet hatte. Die IPRO-Leitung trug ihm an, im Team Frauenkirche mitzuwirken. Schützhold blieb ruhig. Aber im Inneren leistete er sich etwas Stolz. Das war im November 1994. Und der Tag war trüb.

Am 1. Januar 1995 setzte IPRO Schützhold als Projektmanager ein. Das Ausschachten der Baugrube für das künftige unterirdische Außenbauwerk, das es an der Bährschen Kirche nicht gegeben hatte, hatte gerade begonnen. Dieser Bauabschnitt war nicht sonderlich aufregend. Das Außenbauwerk, das Garderoben, technische Räume aufnehmen sollte, wurde in Beton gegossen. Schützhold ist Betonspezialist. Über Beton hat er an der Technischen Universität Dresden promoviert. Routinearbeit erwartete ihn vorerst. Dennoch fühlte er sich etwas erhoben. Er würde an George Bährs barocker Kirche bauen. Er liebte Dresden, seine alten Monumente, auch wenn er Freitaler war. Ihre Geschichte war aufregend. Vor allem die barocke Zeit interessierte ihn, Dresdens Glanzzeit im Bauen.

Schützhold gehört nicht zu jenen, die den Wiederaufbau der Frauenkirche in Frage stellten. Bereits während des Bauens auf der Brühlschen Terrasse hatte sich in ihm die Überzeugung gefestigt,

dass die Bährsche Kirche neu entstehen sollte. Er hatte Verständnis für jene, die lieber das Mahnmal wollten. Aber er sah es voraus: Irgendwann würde der Neumarkt wieder bebaut sein. Darauf war kein Platz für die Ruine. Auch eine wiederaufgebaute Kirche kann ein Mahnmal sein, dachte er gelegentlich, wenn die Wiederaufbaugegner Protest bliesen. Die Ruine hätte saniert werden müssen. Auf Dauer hätte sie nicht bestehen können, vielleicht 100, 150 Jahre. Dann wäre ohnehin ihr Ende gekommen. Nein, er ließ sich nicht verunsichern, nicht beirren. Der Wiederaufbau der Frauenkirche schloss eine Wunde mitten in der Stadt.

„Hatten Sie wirklich nicht die geringsten Zweifel? Es gab ja einige interessante Vorschläge, wie die Ruine erhalten werden könnte", wende ich ein. Schützhold drückt die Handflächen gegeneinander, erlaubt sich einen Blick aus dem Fenster. „Nein. Auch städtebaulich wäre die Ruine dort nicht zu akzeptieren gewesen. Unkraut wäre gewachsen. Die Sicherheit der Ruinen hätte ständig im Auge behalten werden müssen. All das hätte Geld gekostet. Deshalb war ich auch für den Einbau des Westgiebels, den die führenden Denkmalpfleger zu ebener Erde liegen lassen wollten. Er wäre im Laufe der Jahre zum Schandfleck verkommen."

Die Sätze fließen ruhig. Einmal hat er mir gesagt: „Der Stress ist manchmal sehr groß, die Bewältigung der Aufgaben drückt wie ein Mühlstein. Aber aus jedem Stück Meter Höhe strömt mehr Sicherheit. Die Steine beruhigen, sie sind schön und manchmal sogar heiter. Dass Wunder des Bauens, man muss es erleben."

Zehn Jahre Lebenszeit hat die Kirche Schützhold abverlangt. Aus dem Rückblick erscheint ihm die Fertigstellung der Unterkirche überaus wichtig. Es hatte durchaus Fragen, Zweifel gegeben: Können wir Bährs Kirche wieder so aufbauen, wie er sie errichtet hat, ist ihr getreuer Nachbau sinnvoll? Günter Behnisch, der Architekt des Münchner Olympiaparks, hat sich Anfang der neunziger Jahre mit der Frauenkirche beschäftigt. Es hatte wohl Überlegungen gegeben, ihn für das Bauvorhaben zu gewinnen. Er aber wollte dem Aufbaukonzept, dem archäologischen Wiederaufbau, nicht folgen. Ihm erschien der Innenraum der Kirche von minderer Qualität. Er wünschte sich einen modern gestalteten Kirchraum. „Als die Unterkirche geweiht wurde", sagt Schützhold, „wussten wir, es geht. Wir können das Gotteshaus bauen wie Bähr, mit den heutigen Baumethoden, Materialien, unserer Technologie und unserem Fachwissen. Freilich, das waren erste Ermutigungen, wir wurden nicht überschwänglich. Wir wussten, dass die baumeisterlichen Anforderungen mit den kommenden Höhen wachsen werden. Und wie! Dies zu erfahren stand noch vor uns."

Konfliktfrei ging der Bau der Unterkirche nicht ab. Die Dresdner Denkmalpflege, allen voran Landeskonservator Heinrich Magirius, kritisierte heftig die Ausführung der Kellergewölbe. Die Kellersteine waren maschinell gesägt worden. Nur ihre Sichtfläche war beschlagen. Das missfiel ihm. Er hätte sich sechsseitig beschlagene Steine gewünscht und das unruhige Fugenbild der historischen Keller. Das wäre nicht zu bezahlen gewesen. Magirius soll so verärgert gewesen sein, dass er zur Weihe der Unterkirche nicht erschien. Eine solche Haltung hat Charakter. Inzwischen lebt man mit der Unterkirche wie selbstverständlich. Es ist eingetreten, was oft geschieht. Die Schaugewohnheit versöhnt.

„Ein solcher Bau", sagt Schützhold, „fordert fast täglich neue Entscheidungen." Als das Außenbauwerk und der historische Keller fertiggestellt waren, standen die Erbauer vor der Frage, die für den weiteren Bauverlauf von außerordentlicher Bedeutung war. Wie weiter bauen? Unsere wichtigste Erfahrung des bisherigen Bauens besagte: Der Turmdrehkran eignet sich nicht zum Weiterbauen. Was also und wie? „Die Antwort", sagt Schützhold, „lag nicht in der Wiege."

Sie probierten es mit einem Brückenkran. Und als die statischen Verhältnisse der Gerüste und Mauern seine Befestigung erlaubten, wussten sie: Das war die Lösung. Punktgenaues Hinsetzen der Steine wurde möglich, die Schwingungen des Turmdrehkranes fielen weg. All das haben sie am Bauabschnitt 1 (Probelos 1) an der Umfassungsmauer des Treppenturms C ausprobiert. Zwar senkten sich etwas die Gerüste, aber das würden sie künftig zu vermeiden wissen. Heute darf festgestellt werden: Dass die Kirche ein Jahr eher geweiht wird, ist dieser neuen Technologie mit zu verdanken. „Das Aufbauteam hatte die künftige Versetzungstechnologie gefunden. Und eine weitere Verbesserung kam zustande. Das flache Wetterschutzdach lag bisher auf den Außenmauern. Das ging nicht mehr. Die Mauern sollten wachsen. Wieder stand die Frage: Was tun? Wie das neue Dach konstruieren und aufsetzen?

Schützhold erinnert sich noch genau. Baudirektor Burger und die Planer von IPRO und der Ingenieurgemeinschaft hatten gemeinsam die Idee, die Brückenkräne an dem Wetterschutzdach zu befestigen. Er, Schützhold, und der Architekt Christoph Frenzel stellten fest: Das geht nicht an der bisherigen Konstruktion, die ja auch für andere Aufgaben ausgebildet war. Schützhold meldete sich beim Baudirektor an. Sein wichtigster Satz: „Das jetzige Wetterschutzdach ist dafür unbrauchbar. Wir müssen etwas vollkommen Neues schaffen." Es war erst einmal Stille im Raum. Ein glücklicher Umstand half bei der Realisierung des neuen Daches. Thyssen Hünnebeck hatte die Gerüste gespendet. Bei Schützhold meldete sich Frank Weichelt an. Er hatte vor Jahren als Diplomand Schützhold konsultiert. Thyssen Hünnebeck stellte den Mann ein. Weichelt berechnete die statisch-konstruktiven Grundlagen des neuen Daches und der Gerüste. Seine Berechnungen ermöglichten eine kühne Dachkonstruktion und neue technologische Lösungen. Sie waren für den weiteren Wiederaufbau von immenser Bedeutung. Das Aufbauteam setzte das neue Wetterschutzdach auf Stützen, die auf dem Außenbauwerk standen, und innen ruhte es auf

einem Stahlturm in der Mitte der Kirche, der dafür konstruiert und gebaut wurde. Diese Idee hatte Bernd Frese, leitender Tragwerksplaner der Ingenieurgemeinschaft aus Karlsruhe. Das neue Wetterschutzdach überspannte hinfort den gesamten Kirchengrundriss. Später wurde diese Technologie durch das hydraulische Heben des gesamten Daches ergänzt. Ursprünglich glaubt man, dass zu jedem neuen Heben das Wetterschutzdach abgebaut werden müsste. Adolf Rudolf, Maschinen- und Stahlbau Dresden, hatte dann die Idee, das gesamte Dach mit den Brückenkränen zu heben. Schützhold: „Das war eine kühnes Unternehmen. Meines Wissens ist nirgends eine so große Dachfläche komplett mit allen Ausrüstungen gehoben worden. Sie wog rund 300 Tonnen. Hochachtung vor Burger. Er hätte sagen können, dass ist zu kritisch, zu riskant, das ist noch nirgends gemacht worden. Aber er vertraute allen Beteiligten und sich selbst. Damit war der weitere Wiederaufbau der Kirche in hohem Tempo gesichert."

Karl-Heinz Schützhold sitzt gelöst im Sessel. Immer wieder schaut er hinaus. „So ist die Kirche geworden", sagt er. Es war die anspruchsvollste Aufgabe seines bisherigen Lebens. Ähnliches kommt nicht wieder, das weiß er. Etwas Wehmut und Bedauern klingen. Er ist 57 Jahre alt. Sein Planungsteam ist in den letzten Monaten von zehn auf vier Mitarbeiter geschrumpft. Schützhold sagt: „Die Freude, der Stolz, dabei gewesen zu sein, überwiegen bei allen Abschiedsgedanken dennoch." Und er gibt zu: „Das Ende ist überschaubar. Ein wenig ist es auch Erlösung. Die ungeheure Anspannung all die Jahre, immer drückten die Termine. Immer saß im Nacken die Angst: Halten wir den Termin?"

10. August 2004
Duftendes Lindenholz im Orgelprospekt

Hinauf zum Orgelprospekt, dem großen Schaubild der künftigen Orgel. Orgelmusik ertönt, schöner Klang im Raum – aus dem Radio. Tischler bei der Arbeit. Maserungen schimmern im hellen, duftenden Holz. Schwungvoll wölbt sich über der großen Gloriole des Altarbildes die Orgelempore ins Raumgefüge des Chorraumes, mit Schnitzereien verziert. Der kleine Engelskopf im Zentrum der Orgelempore schaut umrahmt von Blattwerk in den Kirchraum. „Es ist geschafft", sagt Holzbildhauermeister Erhard Schaarschmidt aus Arnsfeld bei Annaberg. „Die Abnahmekommission war hier. Sie ist zufrieden." Den Kopf hat sein Sohn Ralf geschnitzt. Schaarschmidts Blick gleitet über die Schnitzereien. „Das war´s dann hier."

Vier kannelierte Säulen und Pilaster strecken sich in die Höhe. Vergleichbar mit einem Haus steigt der Prospekt in zwei, manche sprechen in drei, Etagen auf und erreicht eine Höhe von 10,50 Meter. Den Abschluss bildet eine Bekrönung. Auf den Ecken über den Außenpilastern sitzen die beiden Engel, die im bayrischen

Das Innere des Orgelprospekts vor dem Einbau der Pfeifen.

Wald geschnitzt wurden. Thomas Gottschlich, Architekt der Stiftung Frauenkirche: „Die Sitzhaltung der Engel wird korrigiert. Sie müssen sich stärker der Mitte des Prospekts zuwenden." Der Prospekt der Orgel ist im August weitgehend in der Rohfassung vollendet. Zwar fehlen noch das Mittelstück mit dem Cherub über dem Spieltisch und die Kartusche in der Bekrönung, zwar fehlen noch Farbe und Gold, aber die künftige barocke Gestalt und Pracht ist nachvollziehbar, die Hauptarbeit getan.

Tischlermeister Ronny Richter von der Firma Karsten Püschner aus Hartmannsdorf, die den Auftrag zum Bau des Orgelprospekts erhielt, sagt: „Die Herren und Damen von der Stiftung Frauenkirche und der Denkmalpflege sind von unserer Arbeit angetan. Besonders die Holzverbindungen und Anschlüsse im Gehäuse der Orgel haben gefallen. Sie sind aus historischen Vorbildern hergeleitet. Wie sie original wirklich waren, weiß keiner. Aber sie könnten so gewesen sein. Und sie sind solides Handwerk." Blick zu den Balken. „Fichte ist das", sagt er. „Die Schnitzereien, an denen mehrere Bildhauer arbeiten, sind aus Lindenholz. Das ist weich und lässt sich gut schnitzen."

Seit etwa einem Jahr arbeiten die Püschner-Leute am Orgelprospekt und dem Gehäuse, das die Orgelpfeifen und die Orgel aufnehmen wird. Hinter dem Prospekt findet die Frauenkirchenorgel ihren Platz, die zurzeit in Straßburg entsteht. Richter hat nicht zum ersten Mal mit der Frauenkirche zu tun. Für den Eingang „C" hat er die große Eingangstür aus Eichenholz gestaltet. Damals kam er mit barocker Kirchgestaltung in Berührung. Das Schmuckwerk in der Türleibung war nicht genau bekannt. Karsten Püschner, der Chef der Firma, empfand das Rankenwerk barock nach und führte

es aus. Über der Tür ist Richter 2002 mit 33 Jahren zum Meister geworden, besiegelt und bestätigt. Ähnlich ergeht es auch den anderen Tischlern und Bildhauern des Orgelprospekts. Auch für den Prospekt und das Gehäuse mussten Details abgeleitet und mit Hilfe vergrößerter Fotos die Ausführung entwickelt werden. Zu den wichtigsten Schmuckwerken schufen Bildhauer Modelle. Aber nun hat die Arbeit am Prospekt und am Gehäuse – von einigen Kleinigkeiten, die noch geändert werden müssen abgesehen – den Segen des Bauherren und der Fachleute erhalten.

Der Orgelprospekt wurde originalgetreu in der Fassung von 1736 rekonstruiert. Dazu gab es ursprünglich mehrere Entwürfe. Sie befriedigten Bähr, den Baudirektor der Frauenkirche, nicht. Den endgültigen Entwurf schuf er selbst. Von Johann Christian Feige, dem Schöpfer des Altars, stammen die Bildhauer- und Tischlerarbeiten. Auch die Vergoldungen sind sein Werk. Während der Arbeit an der Orgel kam es zwischen Bähr und Silbermann zu Verstimmungen. Silbermann warf Bähr vor dem Dresdner Rat vor, dass er die Termine nicht halte. Dadurch entstünden ihm, Silbermann, Mehrkosten. Die wollte er bezahlt haben. Bähr machte Superintendent Löscher dafür verantwortlich. In der Tat fand die Orgelweihe etwa ein Jahr später als vorgesehen am 22. November 1736 statt.

Demnächst wird der Orgelbauer Alfred Kern aus Straßburg in der Frauenkirche erwartet. Die Orgel soll ab April nächsten Jahres in das Gehäuse eingefügt werden. Obschon durch die lange Diskussion um die Frauenkirchenorgel ihr Bau nahezu ein Jahr später begann als ursprünglich vorgesehen, wird die Orgel zur Weihe im Oktober nächsten Jahres fertig gestellt sein, versichert Baudirektor Eberhard Burger.

15. August 2004

Nach den Regeln der Baukunst

Prof. Dr. Ing. Fritz Wenzel, in Schlesien geboren, Jahrgang 1930, ist seit 1992 als Bauingenieur für den Wiederaufbau der Frauenkirche statisch-konstruktiv mitverantwortlich. 1967 wurde er auf den Lehrstuhl Baustatik für Architekten, später Institut für Tragkonstruktion, an der Universität Karlsruhe berufen. 1968 gründete er in Karlsruhe das Büro für Baukonstruktionen.

Herr Professor Wenzel, Sie sind in Karlsruhe zu Hause. Wie sind Sie an die Frauenkirche gekommen?

Das ist ein langer Weg. Auf der Flucht aus Schlesien stand ich als 15-Jähriger im Mai 1945 vor der Ruine der Frauenkirche. Viel später lernte ich dann die DDR durch viele Besuche kennen, war aber lange Jahre nicht wieder in Dresden. Erst 1986 kam ich erneut in die Stadt. Ich hielt Gastvorlesungen an der TU Dresden und der TH Leipzig. Die Ruine war inzwischen zum Mahnmal geworden. Helmut Kohl und Erich Honecker vereinbarten die Gründung einer deutsch-deutschen Kommission für wissenschaftlich-technische Zusammenarbeit. Ich wurde ihr Mitglied und zuständig für die Substanzerhaltung historischer Bauten. Damit hatte ich als Bauingenieur einige Erfahrungen. 1990 dachten auch im Westen einige Leute an den Wiederaufbau der Frauenkirche. Curt Siegel, der vor dem Krieg als junger Ingenieur mit Georg Rüth an der großen Sanierung der Frauenkirche beteiligt war, fragte mich, ob ich im Falle eines Wiederaufbaus mitmachen würde. Ich sagte sofort zu. Am Ende des Jahres 1991 entwickelte ich, zusammen mit Wolfram Jäger aus Radebeul, erste Gedanken und Vorstellungen zum Wiederaufbau.

Wurde gleich an einen archäologischen Wiederaufbau gedacht?

Die Idee ist nicht neu. Über einen archäologischen Wiederaufbau wurde schon kurz nach der Zerstörung der Kirche nachgedacht. Ob er allerdings verwirklichbar war, das musste sich erst noch erweisen. Im Januar 1992 erhielten dann Wolfram Jäger und ich den Teilauftrag zu untersuchen, ob der Wiederaufbau der Bährschen Kirche mit dem gleichen Material, also mit Stein und Eisen, möglich sei. Bereits im Mai konnten wir dies bestätigen. Danach erging der Gesamtauftrag für die Ingenieurplanung der Frauenkirche an uns. Ich gründete ein Büro in Dresden. Über viele Jahre arbeiteten mehrere meiner Mitarbeiter an der Planung und Bauüberwachung des Wiederaufbaus der Frauenkirche mit, darunter Dr. Bernd Frese, Dipl.-Ing. Hartmut Pliett und Dr. Markus Hauer.

Gegner des Wiederaufbaus sprachen von einer simplen Kopie. Andere wollten mehr Erinnerungswert an der Kirche

erhalten. Der Architekt des Münchner Olympiaparks Günter Behnisch stand anfangs in Dresden hoch im Kurs, die Kirche als Architekt zu betreuen. Als er sich einen anderen Innenraum vorstellen konnte, wurde er fallen gelassen und zog sich zurück. Was haben Sie gedacht?

Anfangs neigte ich Behnischs Idee einer zeitgemäßen Neufassung des Innenraumes zu. Dann fragte ich mich, ob meine Anstrengungen, die Konstruktion dieses Barockbauwerkes so weit wie möglich am Original auszurichten, nicht widersprüchlich bleiben, wenn das Wichtigste des Barock, die innere Fassung und Ausstattung, ganz neu gestaltet werden sollen. So stimmte ich vom Verstand, wenn auch nicht vom Gefühl, der Restaurierung (Rekonstruktion) des Inneren zu. Allerdings: Dass die Narben und Wundmale im Inneren, ganz im Gegensatz zum Äußeren, wenn überhaupt, dann nur noch für Eingeweihte auffindbar sind, das empfinde ich als Mangel. Als stille Wegweiser der Erinnerung und leise Zeichen der Versöhnung fehlen sie mir.

Enthusiasten behaupten, George Bähr habe die Kirche genial ausgeführt. Ihm seien keine gravierenden Fehler in der Konstruktion und Statik unterlaufen. Ist das nicht überzogen? Es wurden ja einige Zutaten beim Wiederaufbau notwendig, über die heftig gestritten wurde. Curt Siegel zum Beispiel war ein erbitterter Gegner des zusätzlichen Ankerrings, der die Kirche zusammenhält.

Das ist richtig. Aber vor uns allen stand die Aufgabe, Bährs Kirche ohne die Mängel im Konstruktionsgefüge wiederzuerrichten. Das war der Grund für die Ergänzung der Bährschen Anker durch einen zusätzlichen Ankerring am Kuppelfuß. Curt Siegel und ich fanden

Spannen der Hauptkuppelringanker.

in der Sache nicht zueinander. Schließlich trennten wir uns im Streit.

Andere wollten die Mängel der Konstruktion mit Beton beseitigen. Der Bauingenieur Fritz Leonhardt, Ihnen aus gemeinsamer Arbeit vertraut, wollte um den Kuppelfuß ins Steingefüge Beton gießen, um damit eine höhere Steifigkeit zu erreichen. Auch mit ihm kam es zum Bruch. Eine Kirche entzweite langjährige Weggenossen. Empfinden Sie das nicht als tragisch?

Sicher, aber in solchen Grundfragen gibt es manchmal kein Zusammenfinden. Wir wollten George Bährs Kirche wieder errichten in seinem Geist, nicht nur in ihrem Material, sondern auch in ihrer inneren Wahrhaftigkeit. Die Widerstände spornten an, den Ankerring noch einfacher, noch robuster zu machen. Den Ingenieurkollegen Jörg Peter und Wolfram Jäger bin ich dankbar, dass sie aus fachlicher Einsicht zu mir standen.

Anfangs gab es Behauptungen, dass gewisse Kräfte den Wiederaufbau stärker in westdeutsche Hände legen wollten. Baudirektor Burger stand unter Druck. Seine Fachkompetenz wurde sogar – allerdings unter der Hand – in Frage gestellt. Sind Sie damit konfrontiert worden?

Nein. Am Wiederaufbau der Frauenkirche haben Ost und West einvernehmlich zusammengearbeitet. Und der Baudirektor, der sich seiner selbst durchaus bewusst ist und mit dem es nicht ohne Auseinandersetzungen ausging, hat eine großartige Leistung vollbracht.

Sind die konstruktiven Mängel beseitigt worden?

Man kann nicht sagen, dass die Konstruktion der alten Frauenkirche durchgängig schwach gewesen wäre. Sie wurde auf tragfähigem Sand und Kies gegründet, mit Fundamenten aus Naturstein, allesamt sauber geschichtet und tief genug herabgeführt. Die Wände aus behauenem Sandstein und mit Mörtelfugen üblicher Dicke entsprachen ebenfalls den damaligen Regeln der Baukunst. Die Pfeiler allerdings und die von ihnen ausgehenden, nach außen weisenden Flügelwände der Eingänge und Treppenhäuser, von George Bähr als Spieramen bezeichnet, waren Schwachpunkte. Sie spalteten unter der schweren Last der Steinkuppel auf und gaben nach, ihre Risse setzten sich nach oben in die Kuppeln und Gewölbe fort. Die zweite große Schwachstelle war der undichte Kuppelanlauf. All das haben wir beseitigt.

Wie und womit?

Mit besserem Steinmaterial, mit einer sehr geringen Fugendicke bei den Pfeilern von nur 5 Millimetern, mit einem zusätzlichen Ankersystem am Kuppelfuß. Das Gleiche kommt noch einmal durch das verbesserte Ankersystem hinzu. Die Kuppellast wird auf die Pfeiler und die Wände gleichmäßig abgetragen. Allein die ausgesucht höhere Qualität des Sandsteines, seiner gesägten Flanken

und seiner glatten dünnen Fugen garantieren für sich schon die doppelte Tragfähigkeit des Baugefüges gegenüber früher. Das Gleiche kommt noch einmal durch das verbesserte Ankersystem dazu. Und: Ein Eindringen von Regenwasser durch den Kuppelanlauf – wie in der alten Kirche sehr häufig geschehen – wird es nicht geben. Hier zu einer besseren Lösung beigetragen zu haben bin ich froh.

Noch ein paar Worte zu anderen Bauten, an denen Sie gewirkt haben.

Bauaufgaben führten mich an viele historisch bedeutsame Bauwerke in Deutschland und in der Welt, unter anderem an die Bischofskirche St. Peter und Paul in St. Petersburg, an die Geburtskirche Jesu in Bethlehem und an die Hagia Sophia. Die Aufgaben an der Frauenkirche stehen mit diesen in der obersten Reihe.

Es bleiben rund 14 Monate bis zum großen Weihefest im Oktober nächsten Jahres. Ist ein Wunsch offen?

Wir Bauingenieure sind all die Aufbaujahre eher im Hintergrund geblieben. Auch jetzt sind unsere Wünsche bescheiden, und sie betreffen eigentlich Selbstverständliches: Für die verbleibende Zeit das Aufstellen eines Bauschildes mit dem Namen der Planer und des Prüfers und bei der Weihe des Gotteshauses einen Platz in der Kirche, nicht zentral im Rampenlicht, aber doch erkennbar im Kreise der Hauptverantwortlichen. Schließlich war George Bährs Kirche beides, ein Werk der Architektur und der Ingenieurbaukunst, und für das Wiedererstehen des Letzteren haben wir hart gearbeitet und Verantwortung übernommen.

26. November 2004
Wie der Gang eines Uhrwerks

„Die Frauenkirche ist noch lange nicht fertig", sagt Uwe Kind vom Dresdner Hauptplaner IPRO. Und er muss es wissen, ist er doch als leitender Architekt für den Innenausbau verantwortlich. „Dieser Eindruck entstand ", fügt Kind hinzu, „als über die Vollendung des Steinbaus und das Heben des Turmkreuzes berichtet wurde." Kind hat recht. Der Innenausbau stand zumeist im Schatten des Interesses, war nicht so spektakulär wie der Steinbau. Aber nun gilt ihm alle Kraft.

Feierabend. In der Frauenkirche ist es so still, als halte sie vor den großen Aufgaben den Atem an. Das Farbspiel der Säulen und Emporen im dämmrigen Licht, die marmorierten Halbsäulen schimmern. Die Sandsteinplatten sind auf den Rohfußböden und im Aufgang zur Laterne verlegt. Die Orgelbrüstung, die Schmuck ziert, ist ausgeführt. Nur im Chorraum am Altar sind mehrere Restauratoren bei der Arbeit. Die vergoldeten Bärte der Heiligen schimmern, an Faltenwürfen und Kapitellen leuchtet Gold. Eine

Gestühlsbank, die als Muster gilt, steht mitten im Kirchraum. Die Kuppelgemälde Christoph Wetzels sind weit gediehen. Nur noch zwei Felder sind frei. Den Evangelisten Lukas, dessen Rot stark in den Kirchraum wirkte, hat er wieder übermalt. Auf den Emporen – außer der vierten – sind die meisten Dielen verlegt.

Die Architekten behaupten, dass die geometrisch-konstruktive Rekonstruktion des Bährschen Gotteshauses komplizierter sei als der Steinbau. Die Kubatur des Steinbaus war vorgegeben, die Gestalt ebenfalls, die Höhe der Steinschichten war bekannt, die Quellenlage durchaus zufriedenstellend. Nicht so im Kirchraum, ganz und gar nicht! Wie der Raum im Einzelnen ausgesehen hat, war vage bekannt. Bis auf Ausnahmen ist fast alle Originalsubstanz verloren gegangen. Mehrere Farbstudien brachten eine Annäherung an die barocke Farbigkeit aus Bährs Zeit. „Bähr" – so Kind – „benötigte keinen Platz für eine Fußbodenheizung, für Klima und Luft, für Heizungsrohre, für Brandschutzverkleidungen, haustechnische Installationen. Manchmal war es zum Verzweifeln: Es fehlte an Platz, an Raum. Denn alles, was neu hinzu kam, sollte nicht stören, sollte versteckt werden. Die Architekten rangen um Platz für Schalter, Kabel, Heizleitungen, Unterputzgehäuse für Leuchten, Lautsprecher, Regeltechnik. Im Bereich der Chorschranke zum Beispiel waren vier Quadratmeter Abluftfläche zu verbergen. Die Kirche muss den neuesten Anforderungen an Brandsicherheit, Fluchtwegen, Beleuchtung entsprechen. Da eine Aussichtsplattform hinzu kommt, war ein Aufgang und Abgang notwendig, in der Enge oben aber schwierig auszuführen. Das Aufbauteam entschied sich mit Zustimmung der Denkmalpflege für Stahltreppen. Sie hat es in Bährs Kirche auch nicht gegeben. Aber für zwei steinerne Treppen wäre kein Platz gewesen."

Vergleiche mit anderen Kirchen aus der Barockzeit und anderen Kirchbauten Bährs ließen auch für die Dresdner Frauenkirche Rückschlüsse zu. Bähr hat, bevor er den Bau der Kirche 1726 begann, mehrere kleinere Dorfkirchen um- oder neu gebaut, u. a. in Kesselsdorf, Hohnstein, Schmiedeberg. Der Ausbau dieser Kirchen wurde zunächst aufgemessen und im Detail studiert, um die überlieferten Fotos vom Innenraum der Frauenkirche besser interpretieren zu können.

Es geht auf den Dezember zu. Noch zehn Monate bleiben bis zum großen Halleluja. Im Februar muss das Deckengemälde der Innenkuppel vollendet sein. Spätestens im April beginnt der Einbau der Orgel, das kunstgeschmiedete Ziergeländer auf dem Kranzgesims unter der Innenkuppel muss demnächst aufgestellt werden. Einige im Trümmerberg entdeckte Originalstücke wurden aufgearbeitet und in das neue Geländer eingearbeitet. Manchmal wacht Uwe Kind mitten in der Nacht auf. Schaffen wir das? Bisher haben sie immer noch alles geschafft, allerdings war so mancher Termin auch verschiebbar, jetzt nicht mehr, jetzt müssen die Termine stimmen wie der Gang eines Uhrwerks.

Architekt Uwe Kind im wiederentstandenen Kirchenraum.

Altes Turmkreuz aufgestellt

Das alte Turmkreuz der Bährschen Frauenkirche hat im Innenraum des Gotteshauses seinen endgültigen Platz erhalten. Endlich! Dort soll es an die Zerstörung der Kirche im Februar 1945 erinnern. Damit wird das lange Suchen nach einem Standort, das zum Teil kontrovers diskutiert wurde, beendet. Darüber sind viele, die sich um das Kreuz gekümmert haben, glücklich. Thomas Gottschlich, von der Stiftung Frauenkirche, sagt: „Wer künftig den Kirchraum betritt, wird wohl zuerst auf den Altar schauen, aber wohl gleich danach das südlich im Raum aufgerichtete Turmkreuz sehen. Es ist ein guter Ort, den das Kreuz erhalten hat." Heinrich Magirius, Landeskonservator i. R., hingegen ist anderer Meinung. Ihm erscheint das Turmkreuz zu wenig gewürdigt. „Es steht sehr an der Seite, fast achtlos." Er hätte sich einen anderen Standort gewünscht, „einen mehr im Mittelpunkt".

In das Innere der Kirche sprüht Sommerlicht, das durch die hohen Fenster fällt. Vor dem Altar und dem großen Orgelprospekt stehen noch Gerüste. Sie behindern eine uneingeschränkte Sicht auf die Heiligen, auf die Gethsemaneszene, den Garten in Jerusalem. Das Turmkreuz aber erhebt sich freistehend ins dämmrige Licht der Kirche. Dunkel schimmert das Metall, die alte Patina scheint einen Schimmer von Samt zu tragen. Ein Kranz von Wärme umgibt den geschundenen Strahlenkranz. Das Turmkreuz wächst aus der Halterung heraus. „Sie reckt wie ein stummer Diener das Turmkreuz in die Höhe", meint der Dresdner Künstler Einhart Grotegut, der die Halterung entworfen und gestaltet hat. Pfarrer Karl-Ludwig Hoch, der Erstverfasser des „Rufs aus Dresden", in dem der Wiederaufbau des Bährschen Gotteshauses angeregt wurde, sagt: „Es gleicht an ein Wunder, dass das Turmkreuz relativ gut erhalten blieb. Als es aus einer Höhe von über 90 Metern abstürzte, wurde der Fall durch den Sims und durch andere Bauteile gebremst. Dann begrub die Steinlast das Turmkreuz, ich möchte sagen fast gnädig und schützte es vor weiterer Zerstörung."

Am 1. Juni 1993 wurde das Kirchkreuz im Trümmerberg entdeckt. Was mit dem Turmkreuz tun? Das Kreuz als Ganzes und wichtige Teile waren verhältnismäßig gut erhalten. Der Knauf, der an anderer Stelle gefunden wurde, war allerdings stark demoliert. Es gab anfangs Überlegungen, das Turmkreuz zu restaurieren und fehlende Teile zu rekonstruieren. Damit hätte sich der Bauherr, die Stiftung Frauenkirche, in Übereinstimmung mit der Wiederaufbausatzung befunden. Sie verpflichtet das Aufbauteam zum archäologischen Wiederaufbau des Gotteshauses. Eine berechtigte Überlegung. Schließlich sollte jeder brauchbare Stein wieder in den Kirchbau eingefügt werden, oft mit starken Ergänzungen. Das Turmkreuz, darüber waren sich alle Beteiligten einig, besaß einen hohen Symbolwert, eine hohe Geschichtlichkeit. Es war zusammen mit dem Knauf 1743 auf die Frauenkirche gesetzt worden.

Verworfene Variante zum Standort des alten Turmkreuzes in der Unterkirche.

Also, der inneren Wahrheit des Wiederaufbaus folgen und das Turmkreuz rekonstruieren? Dann kam alles ganz anders und unerwartet. Das historische Turmkreuz verlor an Gewichtigkeit.

Der britische Dresden Trust erklärte sich bereit, ein neues Kreuz zu gestalten und es der wiederaufgebauten Frauenkirche als Spende zu übergeben. Diese Geste der Versöhnung wurde in Dresden mit großer Freude aufgenommen. Damit aber war die Frage, was mit dem alten Kreuz geschehen sollte, keinesfalls erledigt. Sehr schnell fanden sich Stimmen, die meinten, wenn nicht schon restauriert und wieder hergestellt, dann muss wenigstens ein würdiger Platz für das alte Kreuz in der Frauenkirche gefunden werden. Diese Auseinandersetzungen wurden im Stillen ohne Öffentlichkeit zum Teil heftig und kontrovers geführt. Möglich erschien ein Platz in der neuen Unterkirche. Aber auch dieser Gedanke wurde aufgegeben. So stand das Kreuz über Jahre an verschiedenen Stellen. Einer formulierte es gallig: „Es wurde herumgeschubst wie ein ungeliebtes Kind, dessen man sich nicht entledigen konnte."

Auf 20 Sitzplätze verzichteten Stiftung und Kirche, damit das Turmkreuz einen gebührenden Freiraum im Kirchenraum erhielt. Und: Es steht etwa an der Stelle, wo es im Trümmerberg entdeckt wurde. Das Turmkreuz wurde weder ergänzt noch das Fehlende vervollständigt. So wie einst aus dem Trümmerberg geborgen, wurde es lediglich gesäubert und etwas gerichtet. Es soll die Besucher an die Passion der Kirche, an ihre Zerstörung und vielleicht auch die verbrannten Toten erinnern.

Glaube, Hoffnung, Liebe, Barmherzigkeit und die vier Evangelisten.

Orgelbaumeister Daniel Kern beim Intonieren.

Orgel vor Vollendung

Es braust kräftig, es pfeift, es tönt hell im hohen lichten Kirchraum. Der elsässische Orgelbaumeister Daniel Kern ist nach Dresden zurückgekehrt, um die Orgel der Frauenkirche zu vollenden. Mitte Juni waren er und seine Mannschaft aus der Kirche geflüchtet. Der Einbau des Fußbodens und Kirchgestühls hatte später begonnen als ursprünglich geplant und zu viel Lärm verursacht, Staub kam hinzu, der auf die Orgelpfeifen sank. Das Intonieren der Pfeifen war unter diesen Bedingungen kaum möglich. „Aber keine Angst", hatte Kern gesagt, „es ist alles vorbereitet, wir schaffen es schon." Damals war nur reichlich die Hälfte der 4867 Orgelpfeifen eingesetzt. Inzwischen ist das Orgelwerk vollständig ins Gehäuse eingepasst, ebenso die Windladen, die Mechanik, nahezu vollendet ist der Einbau der Orgelpfeifen. Von den 67 Registern sind 40 eingebaut. Das Feinstimmen des Instruments hat begonnen. Im September müssen die Straßburger den richtigen Klang komponiert haben, denn dann erfolgt die Abnahme.

Welch ein imposantes Bild bietet sich im Kirchraum dar: Ausgerüstet ist der Orgelprospekt, die Schauseite der Orgel, der Altar und die Ölbergszene. Der Orgelprospekt und der Altarraum sind erstmals in ihrem Zusammenklang mit dem Kirchraum zu erleben, in seiner barocken Farbigkeit. Und das ist schon ein Ereignis, auf das alle Baubeteiligten lange gewartet haben. Ein erster Kommentar von einem, der den Farbentwurf für das Innere der Kirche entworfen hat, Restaurator Wolfgang Benndorf. „Es klingt, es stimmt, es harmoniert."

Die Töne schweben in der Stille des Kirchraums, versinken im Rieseln des Lichts, verstummen, klingen auf. Prächtig steigt der große barocke Orgelprospekt, füllt über dem Altar den Chorraum, der im Dämmerlicht liegt. Blattgold schimmert. Silbern streben die großen Prospektpfeifen ins bernsteinfarbene Licht, im Mittelteil die kräftigen dicken, an den beiden Seiten die dünneren, bekrönt von den beiden Engeln und der Orgelkrone. Die größten Orgelpfeifen sind etwa sechs Meter lang, die kleinsten nur wenige Millimeter hoch.

Daniel Kern sieht den kommenden Wochen mit Gelassenheit und Spannung entgegen. Er ist sicher: „Es wird ein wunderbares Instrument, keine Silbermannorgel, nein." Die, meint er, könne man nicht nachbauen, sich ihr höchstens annähern, aber dann wäre es eben keine Silbermannorgel. Er verneint, dass ein Nachbau in Silbermanns Ton möglich gewesen wäre. Kern spielt auf den großen Streit an, der um die Orgel der Frauenkirche von der Gruppe „Pro Silbermann", der Stiftung Frauenkirche und der Orgelkommission bis zur Vergabe des Auftrags nach Straßburg unversöhnlich geführt worden war.

Die Initiative „Pro Silbermann" hatte einen strengen Nachbau der einstigen Silbermannorgel gefordert, die anderen plädierten für eine modernere Fassung. „Die Dresdner Presse", sagt Kern, „hat mich nicht sonderlich gut behandelt, auch gewisse Leute nicht. Ich war der Eindringling, der den sächsischen Orgelbauern die Arbeit gestohlen hat. Dass sich die Stiftung für meine Orgel entschieden hat, das darf man mir doch nicht vorhalten. Ich habe mich nicht aufgedrängt, habe mich nach Aufforderung an der Ausschreibung beteiligt."

Kern ist anzumerken, dass ihn die Auseinandersetzungen um das Instrument stark berührt haben und heute noch nachklingen. Deshalb ist er Anfang Mai mit einigem Herzklopfen nach Dresden gekommen. Wie würde man ihn aufnehmen? Gott sei Dank habe man ihn in Ruhe arbeiten lassen, ist er froh. „Ich baue eine Orgel", fährt er fort, „in der drei Orgelkulturen erklingen werden: die sächsische durch Gottfried Silbermann, die elsässische durch Andreas Silbermann, den Bruder Gottfrieds, und die Pariser durch Cavaillé-Coll. Jede Annäherung an ein Original hat ihre Grenzen. Es bleibt eine Kern-Orgel. In ihr steckt mein Charakter." Er ist sicher, dass ihm das gelingt. Und: Er fühlt sich glücklich, zum Sinnwort des Wiederaufbaus der Frauenkirche beizutragen: „Brücken bauen, Versöhnung leben".

Die Finanzierung der Orgel – betonte Baudirektor Eberhard Burger – sei auch gesichert. Und das trotz der Absage der Dussmannstiftung, die ursprünglich den Orgelbau bezahlen wollte, allerdings nur einen strengen Nachbau der einstigen Silbermannorgel. „Wir haben die 1,8 Millionen Euro für den Orgelbau zur Verfügung", sagte der Baudirektor.

1. August 2005
Der schwierige Weg zu Christus

Drei Monate vor der Weihe des Gotteshauses ist der Feigesche Altar der Frauenkirche wieder nahezu hergestellt. Die Fachwelt außerhalb Dresdens war nach der archäologischen Enttrümmerung der Ruine skeptisch, ob ein Zusammenfügen der originalen Bruchstücke gelingt. Jetzt ist sie sich weitgehend einig: Im Bährschen Gotteshaus wurde eine restauratorische Leistung vollbracht, die hohe fachliche Anerkennung verdient. 1642 Bruchstücke fanden im Altar wieder ihren ursprünglichen Platz.

Wer den Altar bereits jetzt erlebt, wird die Augen schließen, um die Bilder zu verinnerlichen: die große Gloriole mit dem goldenen Strahlenkranz über der Ölbergszene, das Wolkengebilde, die Engel, den wieder aufgerichteten Christus, der den Kelch des Leidens noch vor sich hat, die beiden Apostel.

Dieses Ergebnis war möglich, weil das Prinzip des schrittweisen Vorgehens vor Ort, vor den Heiligen, vor dem großen Altarbild, das gemeinsame Suchen nach Lösungen meist zu einvernehmlichen Lösungen geführt hat. Aber jetzt, kurz vor der Vollendung des Altars, drohen Verstimmungen zur endgültigen Fassung. Sie waren schon länger vorhanden, wurden aber immer wieder umgangen. Jetzt gibt es kein Ausweichen mehr. Die Weihe steht bevor.

Die Auseinandersetzungen konzentrieren sich vor allem auf die Christusfigur im Zentrum des Altarbildes. Landeskirche und Stif-

tung wollen weitere Korrekturen, wollen einen strahlenden Christus, der die Botschaft des Heils verkündet, Denkmalpfleger und Restauratoren hingegen mahnen mehr Versehrtheit an, wollen mehr Leid im Altar bewahrt wissen. Landeskonservator Heinrich Magirius i.R., der im Auftrag der Fördergesellschaft den Altar fachlich begleitet, wird sehr deutlich: „Es hat den Anschein, als bedürfe es des Rates erfahrener Denkmalpfleger nicht mehr." Der Dresdner Kunsthistoriker Hans Joachim Neidhardt, auch Mitglied der Arbeitsgruppe „Magirius", drückt es noch weitaus drastischer aus. „Wenn man unsere Kompetenz nicht mehr wünscht, dann soll man es uns wenigstens sagen. Aber man schweigt. Das ist arrogant."

Inzwischen gibt es einen Brief des Landesbischofs an die Stiftung, der seinen Standpunkt zum weiteren Vorgehen am Altar darlegt. Frauenkirchenpfarrer Stephan Fritz, der den Inhalt des Briefs kennt, verteidigt die kirchliche Auffassung: „Bisher gab es meist Konsens zur Gestaltung des Altars. Dass es jetzt Leute gibt, die damit ganz unglücklich sind, ist bedauernswert." Ihm geht es um die Farbfassung der Christusfigur. Der Orgelprospekt ist neu und strahlend, die Engel sind neu, die Gloriole ebenfalls. „Das ist ein Farbklang. Ich kann nicht so tun, als gebe es ihn nicht." Feiges Altargestaltung sei ein einheitliches Kunstwerk. Der Altar ist eine aufsteigende Linie, die an der Chorschranke beginnt, über den Taufstein fortgeführt wird und im Bild des Gethsemanegartens mit Christus seinen Höhepunkt findet. Christus wird als Mitte der Zeit verstanden, als Zentrum der Heilskirche. „Diese theologische Aussage", fordert er, „muss wiederkommen." Wie das geschieht, sei Sache der Fachleute, der Denkmalpfleger, der Restauratoren. „Der jetzige Zustand kann nicht der Endzustand sein, auch gewisse Retuschen ändern daran nichts. Der Gruppe um Magirius ist schon der jetzige Farbzustand zu viel. Sie will einen stärker versehrten Christus. Sie sieht ihn als Erinnerung an den 13. Februar, an die Zerstörung der Stadt."

Die Theologen meinen, dass mit der Interpretation in den Altar ein ihm fremdes Argument hineingetragen wird. Es verändere die Aussage des Altars und den Zusammenhang des Gesamtkunstwerkes Frauenkirche. Daher sind sie nicht für den jetzt erreichten Zustands des Altarbildes. Die beteiligten Theologen wünschen eine Christusfigur, die den benachbarten Apostelfiguren, insbesondere des Apostels Paulus, durch eine farbliche Aufwertung angeglichen wird. Im jetzigen steingrauen Zustand falle Christus zu stark aus dem Gesamtbild der Kirche heraus. Pfarrer Fritz verweist darauf, dass es im Stiftungszweck heißt, dass die Verwundungen des Krieges insbesondere im Äußeren der Kirche zu dokumentieren seien. „Das Innere der Kirche", behauptet er, „ist darin bewusst nicht mit einbezogen." Auch Baudirektor Eberhard Burger, der Sprecher der Stiftung Frauenkirche, vertritt diese Auffassung. Er will auch weitere Änderungen am Altar, eine stärkere Aufwertung des Christus.

Die sächsische Landeskonservatorin Rosemarie Pohlack hingegen sieht alles gemilderter und zuversichtlicher. Sie verweist darauf, dass es auch zurückliegend unterschiedliche Auffassungen zur Sanierung und Rekonstruktion des Altars gegeben habe. Das hält sie bei so einem Werk für völlig normal. „Wir werden auch diesmal schrittweise eine einvernehmliche Lösung anstreben." Die Haltung der Landeskirche, dass die Zerstörung der Kirche nicht das Hauptkriterium für die endgültige Gestaltung des Altarbildes sei, könne sie „total nachvollziehen". Aber in einem scheint auch sie unnachgiebig: „Die Zerstörung des Gotteshauses muss im Innenraum deutlich erkennbar bleiben. Das halten wir als Denkmalpfleger für unverzichtbar." Und sie fügt hinzu: „Der ins Altar-Kunstwerk integrierte versehrte Christus, das ist mir erst während der Arbeit am Altar nach und nach deutlich geworden, wird eine eindringlichere Botschaft sprechen als ein glanzvoller Heiler." Und sie interpretiert: „Irgendwie hat sich in der Figur des Christus das Leiden der Dresdner in der Februarnacht 1945 festgeschrieben. Ein Kuppelstück über ihm hat ihn im Trümmerberg vor weiterer Zerstörung behütet. Er sollte mit all seinen Versehrungen jetzt wieder weiter leben." Dies wäre für sie eine ganz eindringliche Botschaft.

5. August 2005
Einigung vor dem Altar

Eine gute Nachricht. Baudirektor Burger teilte mir gestern am Telefon mit, dass es zwischen allen Beteiligten vor dem Altar der Frauenkirche zu einem „menschenmöglichen Kompromiss" gekommen sei. Die Unterschiede zwischen hell und dunkel im Altarbild würden gemildert, die Figuren etwas aufgehellt, auch Christus. Damit fielen die Übergänge zur Gloriole, zu den Engeln, zu den Vergoldungen nicht so krass aus, hieß es. „Das ist ein Ergebnis, das im Moment erreichbar war", sagte Burger, „mehr war nicht drin." Burger bleibt dabei: Er persönlich hätte sich weitergehende Veränderungen am Altar gewünscht.

Landeskonservatorin Rosemarie Pohlack betonte den Kompromiss: „Für die einen ist es zu viel, für die anderen zu wenig." Die Erinnerung an die Zerstörung der Stadt am 13. Februar, an ihr Leid, sagen diejenigen, die eine weitere Aufwertung des Altars abgelehnt hatten, bleibe auch nach dem Kompromiss erhalten. Das sei die frohe Botschaft nach dem langen Weg zur Christusfigur. Auch Restaurator Wolfgang Benndorf ist froh. Er wollte keine weitere Veredelung der Christusfigur. Er erhielt gestern den Auftrag, die Gestaltung des Altars im Sinne des Kompromisses abzuschließen.

Das Nagelkreuz auf dem Frauenkirchenaltar als Symbol der Versöhnung „Father forgive".

30. Oktober 2005

Die Weihe der Frauenkirche

Welch eine Woge trug diesen Kirchenbau. Heute, Sonntag, zum Reformationsfest, wird das Hosianna erklingen, wird das Gotteshaus geweiht. In festlicher Erwartung ist die Stadt, schon seit Tagen, ja seit Wochen. Es ist nicht vermessen zu sagen: Die Welt schaut nach Dresden. Fernsehstationen aller fünf Kontinente sind vor Ort, Journalisten aus aller Welt berichten von dem großen Aufbauwerk.

Deutschlands Politprominenz ist nach Dresden gekommen. Der Bundestagspräsident Horst Köhler, der amtierende Bundeskanzler Gerhard Schröder, die künftige Kanzlerin Angela Merkel, gekommen ist auch Günter Blobel, der Präsident von Friends of Dresden, dem amerikanischen Förderverein, Alan Russell vom britischen Dresden Trust. Und selbstverständlich gehören der Ministerpräsident Georg Milbradt und der Oberbürgermeister der Stadt Dresden, Ingolf Roßberg, zu den Ehrengästen. Die englische Königin, die so sehr herbeigewünscht wurde, lässt sich durch den Herzog von Kent vertreten, den Dresdenfreund und Förderer des Wiederaufbaus der Frauenkirche. Gekommen sind auch die Altbundespräsidenten Richard von Weizsäcker, Roman Herzog und Johannes Rau, ehemalige Minister, Politiker der Parteien.

Am 12. Oktober war ich das letzte Mal in der Kirche, ganz allein. Ich habe es gar nicht erst versucht, zur Weihe einen Platz zu erhalten. Es gab so viele, die bei diesem Fest dabei sein wollen. Aber das Kircheninnere hat nur Raum für 1800 Menschen. Es war eine wunderbare Stille. Helles Licht strömte in den hohen Raum. Das Blattgold gleißte. Die Engelsgesichter schauten weltabgewandt. Und die Heiligen im Altarraum standen groß, ernst und still. Jesus

auf dem Ölberg, der im Zentrum des Altars kniet, erwartete die Passion, die Hände erhoben.

Ich gehe mit H. zur Frauenkirche. Welch ein wundervoller Tag. Blauer Himmel und Sonnenschein, ein makelloses kühles Blau über der Stadt. Der Oktober war ungewöhnlich warm und voller Sonnenschein. Kurz vor der Weihe war das Wetter oft im Gespräch. Hoffentlich hält es an, ja hoffentlich. Es hat gehalten. Die Dresdner Kircherbauer haben einen geheimen Vertrag mit dem Schöpfer geschlossen. Etwas Wind weht. Die Stadt ist schwarz von Menschen. Posaunen schallen. In ihrem Messing gleißt die Sonne. Weiße Fahnen, in die ein lila Kreuz gestellt ist, bauscht der Wind. Schüler der Internationalen Schule Dresden tragen die heiligen Geräte in den Kirchraum – Bibel, Leuchter. Die Blicke sind auf die beiden Videowände gerichtet. Der Festgottesdienst beginnt. Zehntausende halten den Atem an, Tausende schließen die Augen, senken die Köpfe, bewegen die Lippen. Kanzel, Taufstein, Altar und Orgel werden einzeln geweiht, dann die Kirche als Ganzes. Ein großer Gesang steigt. „Nun ist groß Fried ohn Unterlass, all Fehd hat nun ein Ende." Ein schönes Lied, ein wahres Lied, es stimmt, Fehde hat es auch in den Jahren des Wiederaufbaus gegeben, Fehde untereinander, Enttäuschung, Zweifel. Aber das Werk hat sie schließlich alle geeint, versöhnt, beflügelt, hat Eitelkeiten stillgelegt. Wechselnde Bilder auf der Leinwand: Pfarrer Stephan Fritz, Baudirektor Eberhard Burger, Bischof Jochen Bohl, die Altbischöfe Johannes Hempel und Volker Kreß, katholische Würdenträger, der Kreuzchor, der Kammerchor der Frauenkirche. Welch eine Inszenierung!

Mehr als elf Jahre hat mich die Kirche beschäftigt, immer wieder habe ich über sie geschrieben. Es gab Monate, in denen ich drei-, viermal und mehr auf der Baustelle am Neumarkt gewesen bin. Zu

Eröffnungskonzert für die Bauleute anlässlich der Weihe.
Erste Eheschließung in der neuen Frauenkirche.

beobachten, wie das Gotteshaus wieder entstand, wie ein Bau von europäischem Rang in die Stadt zurückkehrte, das war ein anrührendes Erlebnis. Ich verstehe sie alle, die sagen: Das war groß, das war bedeutend, das war der Höhepunkt meines beruflichen Lebens. Jedes Mal aufs Neue muss ich staunen, wenn ich die Kirche sehe. Etwa 20.000 Menschen haben hinter Dresdens Mauern gelebt, als George Bähr die Kirche erbaute. Ich kann es kaum nachvollziehen, dass sich die Bürger eine so große und so teure Kirche geleistet haben. Wie muss sie in dieser Enge, in der Festung gewirkt haben, weit ins Land hinein, tröstend, Mut machend.

Gegen Ende hat sich alles glücklich gefügt, auch die finanziellen Sorgen der Bauherrin, der Stiftung, haben sich geglättet. Die Kulturstaatsministerin Christa Weiß hatte am 26. August 2004 Dresden besucht. Und sie hatte ein Geschenk mitgebracht. Der Bund stellt vier Millionen Euro für die Endphase des Wiederaufbaus zur Verfügung, ließ sie damals wissen... „Das Geld ist im Haushalt 2005 fest eingeplant", sagte die Ministerin. Auch der Freistaat hatte vier Millionen versprochen.

Vor dem Haupteingang stehen viele, viele Menschen. Sie warten unruhig, bis ihnen die Türen geöffnet werden. Glockengeläut setzt ein. Es kündet vom Ende des Weihegottesdienstes. Der Ausmarsch der Prominenz und der Ehrengäste beginnt. Die Wartenden sind nicht mehr zu halten. Sie drängen, sie stoßen, Stimmen kreischen, gurgeln, pressen. Die Ordner sind machtlos. Die Menschen ergießen sich ins Kircheninnere, laut, nahezu bedrohlich. Stifter, Spender, Neugierige, Gäste, Dresdener nehmen von der Frauenkirche heftig Besitz. Mir fällt ein Satz Ludwig Güttlers ein. „Wir haben gearbeitet und sind von Tausenden beschenkt worden." Und der Satz aus der Rede Horst Köhlers summt: „Wer die Zuversicht verloren hat, der gewinnt sie wieder beim Anblick der wieder entstandenen Frauenkirche." Welch eine Woge trug diesen Bau! H., die all die Jahre an meiner Arbeit, an meinem Schreiben teilgenommen hat, fragt: „Und worüber schreibst du jetzt?"

Nach der Weihe gab der sächsische Ministerpräsident Georg Milbradt und der Dresdner Oberbürgermeister Ingolf Roßberg im Albertinum einen Empfang. Ich kenne mehrere Leute, die meinen, darauf hätte man verzichten sollen. Soviel äußerer Glanz – Luther hätte ihn nicht zum Reformationstag gewünscht.

Zeitenläufe. Mit flackernden Lichtern im Februar an der Ruine der Frauenkirche hat etwas in tiefer DDR-Zeit begonnen. Niemand ahnte, was sich daraus ergeben wird. Im Oktober 1989 begannen an der Ruine die ersten großen Demonstrationszüge. Zeitenwende. Dresden hat seine Krone zurückerhalten. Das Werk der Versöhnung ist gelungen.

Taufgottesdienst zur Amtseinführung des Pfarrers Holger Treumann am 1. Sonntag nach Epiphanias 2006.

DIE CHRONIK

1666   15. März. George Bähr wird im erzgebirgischen Fürstenwalde geboren.

1689   Bähr vermutlich in Dresden ansässig als „Künstler in mechanicis".

1705   Der 39-jährige „Mechanicus" wird zum Ratszimmermeister berufen.

1722/23   Alte Frauenkirche stark baufällig. Erste Bährsche Vorprojekte zum Bau einer neuen Kirche mit Holzkuppel und ohne Ecktürme.

1724/25   Erstes Projekt Bährs, Holzkuppel, ein Turm, Kostenanschlag 103 075 Taler, drei Groschen und 9 Pfennige, im November 1725 Gegenentwurf vom Landbaumeister Knöffel zum Bährschen Projekt. Spannungen zwischen Hof und Dresdner Rat.

1726   Genehmigung zum Bau der Frauenkirche mit vier Ecktürmen, Grundsteinlegung im August.

1728   Bähr taktiert und schlägt einen steinernen Kuppelanlauf vor.

1729   Ende des Jahres erreicht die Frauenkirche den Hauptsims, Rat beschließt, den Kuppelanlauf „von Steinwerk" zu bauen; der obere Teil, also die eigentliche Hauptkuppel, soll aus Holz bestehen und mit Kupfer bedeckt werden.

1732   Kuppelanlauf wird aus Stein ausgeführt.

1733   Tod Augusts des Starken. Sein Sohn wird Kurfürst (Friedrich August II.), er fordert kategorisch den Weiterbau des Gotteshauses, bewilligt 28 366 Taler, die aus einer Kollekte für die Salzburger Emigranten stammen. Kontrakt mit Bähr, auch die Hauptkuppel mit Stein zu decken.

1734   Erster Gottesdienst in der unvollendeten Kirche.

1738   Tod George Bährs. Laterne, Haube und Kreuz fehlen noch. Streit, ob Laterne aus Holz oder Stein ausgeführt wird.

1743   Vollendung des Baus durch Ratsmaurermeister Johann Gottfried Fehre und Bährs Schüler Johann Georg Schmidt. Laterne wird, so wie Bähr sie gewünscht hatte, mit Stein ausgeführt, Haube aus Holz. Risse an Bögen, Kapitellen.

1760   Frauenkirche übersteht die Kanonade Friedrichs des Großen (Siebenjähriger Krieg 1756-1763). Kugeln prallen ab. Kommentar des preußischen Königs: „Da bleibt der Dickkopf eben stehen."

1813   Schlacht bei Dresden. Frauenkirche dient als Lazarett und Pferdestall. Das Kirchengestühl aus Bährs Zeit wird zu Feuerholz zerschlagen.

1887-1892   Erste große Reparatur an Fassade und Hauptkuppel.

1924-1930   Von der Kuppel stürzen Steine herab. Baupolizeiliche Sperrung der Kirche. Große Sanierung, farbliche Erneuerung des Inneren. Innenpfeiler werden mit Flachstahl umgurtet. Geldknappheit, Sanierung bleibt unvollendet.

1938-1942   Erneute Schließung der Frauenkirche, umfassende Sanierung. Statische Sicherung unter Leitung von Georg Rüth. Hauptkuppel erhält innen drei Ringanker aus Stahlbeton. Im November 1942 Wiedereröffnung.

1945   Zwei Tage nach dem Luftangriff auf Dresden stürzt die Kirche am 15. Februar ein. Bereits im März erste Bergungsarbeiten, Begehung der Ruine im Herbst.

1946   „Großer Dresdner Aufbauplan" sieht Wiederaufbau der Frauenkirche vor.

1948/49   Im November Untersuchung der Ruine, Bergung von Trümmerteilen, 600 Kubikmeter wiederverwendbares Material wird auf der Salzgasse gestapelt. Das waren 6856 Steine. Ein archäologischer Wiederaufbau der Kirche wird für möglich gehalten.

1950   Aufbaugesetz der DDR. Legt den Wiederaufbau der Städte fest.

1958   Standsicherheit der stehenden Ruinenteile wird durch staatliche Organe angezweifelt.

1962	Ein Wegräumen der Ruine droht und damit das Ende der Frauenkirche. Die Kosten für die Beräumung werden mit 982 000 Mark angegeben. Das Geld ist nicht vorhanden. Die Ruine bleibt unangetastet.
1963	Umpflanzung der Ruine mit Rosen.
1966	Im Mai beschließt der Rat der Stadt Dresden in Vorbereitung der Arbeiterfestspiele in Dresden, die Ruine der Frauenkirche als Mahnmal zu gestalten. Die Ruine ist gerettet.
1990	Am 12. Februar veröffentlicht eine Bürgerbewegung den „Ruf aus Dresden", darin Aufruf zum Wiederaufbau des Gotteshauses. Der englischen Königin und dem Präsidenten von Amerika wird der Ruf über ihre Botschaften in Deutschland übergeben.
1991	Am 18. März entscheidet sich die Synode der Evangelisch-Lutherischen Landeskirche mit deutlicher Mehrheit für den Wiederaufbau der Frauenkirche, der in Kirchenkreisen umstritten ist.
1992	Die Dresdner Stadtverordnetenversammlung stimmt dem Wiederaufbau zu.
1993/94	Archäologische Enttrümmerung der Ruine. Am 27. Mai 1994 übergibt Oberbürgermeister Herbert Wagner die Baugenehmigung, damit offizieller Baubeginn. Im August wird die Stiftung Frauenkirche genehmigt.
1995	Im März startet die Dresdner Bank die Aktion „Stifterbriefe". Konzentrierte Arbeit am Altar, Sicherung der Säulen, Aufspüren von Altarstücken.
1996	Im August wird die Unterkirche geweiht.
1997	Der Restaurator Wolfgang Benndorf legt erste Entwürfe zur farbigen Rekonstruktion des Kircheninneren vor.
1998	Die Regelpfeiler im Inneren fertiggestellt, Höhe 18,37 Meter. Der Streit um den Westgiebel eskaliert. Die Dresdner Denkmalpflege will das Trümmerstück am Boden vor der Kirche als Mahnmal liegen lassen, die Stiftung wünscht den Einbau. Sie setzt sich durch. Im Juni wird der Westgiebel zerlegt und für den späteren Einbau vorbereitet.
1999	Im März erreicht die Kirche 24 Meter Höhe, reichlich ein Viertel der Gesamthöhe (rund 91 Meter). Stiftung und Förderverein fassen einen Aufsehen erregenden Beschluss. Die Kirche soll ein Jahr eher als ursprünglich geplant fertig sein, und zwar im Oktober 2005. Der Dresdner Bildhauer Wanitschke beginnt mit der Arbeit an der großen Gloriole für den Altar.
2000	Im Februar übergibt Herzog von Kent das vom „Dresden Trust" in Auftrag gegebene Kuppelkreuz an Landesbischof Volker Kreß.
2001	Die zehn Meter hohe Innenkuppel ist fertiggestellt. Im Oktober erreicht die Kirche 37,4 Meter Höhe.
2002	Am 13. Mai beginnt der Bau der Steinernen Glocke auf 40 Meter Höhe. Probeachse entsteht. Sie soll Sicherheit zur Gestaltung der Frauenkirche geben. Beginn des Orgelstreits. Pro-Silbermann-Gruppe fordert Rekonstruktion der Silbermannorgel. Kontroverser Streit. Stiftung will modifizierte Orgel „in Silbermanns Geist".
2003	1. Februar. Nach langem unversöhnlichem Streit entscheidet sich der Stiftungsrat für den Bau einer modernen Orgel und damit gegen „einen epigonalen Nachbau", den die Pro-Silbermann-Gruppe fordert. Der Auftrag zum Bau der Orgel geht an die Straßburger Firma Kern. Im Juli wird der letzte Stein in der Hauptkuppel versetzt. In ihr befinden sich 3355 Steine. Im September thront die Kuppel ohne Gerüste über Dresden.
2004	Im April Abbau der Gerüste im Inneren der Kirche. Der Innenraum ist erstmals in seiner nachgestalteten barocken Farbigkeit zu erleben.
22. Juni	Setzen des Turmkreuzes mit Haube auf die Laterne des Gotteshauses.
Okt. 2005	Weihe der Kirche zum Reformationsfest.

PERSONENVERZEICHNIS

ORTS- UND SACHREGISTER

BILDNACHWEIS

Reinhard Delau

Reinhard Delau, Erzähler, Publizist, Journalist. Jahrgang 1940. Er lebt und arbeitet in Dresden, seit 1982 freischaffend. Mehr als ein Dutzend Bücher, Filmtexte, zahlreiche Reportagen. Delau beschäftigt sich seit seiner Rückkehr aus Ägypten, wo er als Hochschullehrer an der islamischen Al-Azhar-Universität Kairo (1971-1975) tätig war, mit sächsischer Geschichte und Kulturgeschichte. Seit 1990 arbeitet Delau unter anderem für die Sächsische Zeitung. Publizistisch begleitet er den Wiederaufbau der Dresdner Frauenkirche seit Beginn der archäologischen Enttrümmerung 1993.

Jens Christian Giese

Jens Christian Giese, Diplom-Bauingenieur, Jahrgang 1968, ist gebürtiger Dresdner. Seit Beginn der Bauarbeiten wirkte er als Bauüberwacher der Planungs- und Ingenieuraktiengesellschaft IPRO Dresden vor Ort am Wiederaufbau mit. In seiner Leidenschaft für den Bau setzte er im Hintergrund die technischen Fakten und seine persönlichen Erlebnisse auf der Baustelle unermüdlich und liebevoll in Fotos um. So entstanden seit 1989 über 10 000 Aufnahmen. Eine Auswahl der eigentlich nur als fotografisches Notizbuch angelegten Sammlung ergänzt nun in eindrucksvoller Bildersprache dieses Tagebuch.